JN313320

母子臨床の精神力動
精神分析・発達心理学から子育て支援へ

ジョーン・ラファエル-レフ 編

木部則雄 監訳

長沼佐代子・長尾牧子・坂井直子・金沢聡子 訳

岩崎学術出版社

Parent-Infant Psychodynamics: Wild Things, Mirrors & Ghosts
edited by Joan Raphael-Leff
Copyright © 2008 Joan Raphael-Leff
Reprinted, 2008, 2009 and 2010, Anna Freud Centre.
First published 2003 and reprinted 2004 and 2006, Whurr Publishers.
2007, Wiley & Sons
Japanese translation rights arranged with Joan Raphael-Leff, London
through Tuttle-Mori Agency, Inc., Tokyo.

Individual chapters:
Chapter 2 was extracted from: The Predicament of the Family: a Psycho-Analytical Simposium
  Copyright © 1967 Donald Winnicott
  By the permission of Winnicott Trust c/o Random House Archive & Literary
Chapter 3: "Conversations with A Two-month Old" by Colwyn Trevarthen
  Copyright © 2003 Whurr Publishers Ltd.
  Iwasaki Gakujutsu Shuppan agrees to indemnify RBI and New Scientist against any claim arising from incorrect or misleading translation.
  Reprinted by permission of New Scientist Syndication, London
Chapter 4: "Emotions and Emotional Communication in Infants" (from "American Psychologist") by Edward Z. Tronick
  Copyright © 1989, American Psychological Association
  Reprinted by permission of American Psychological Association
  c/o Rights Link Copyrights Clearance Center, Inc.
Chapter 6: "The Experience of the Skin in Early Object-Relations" by Esther Bick (The International Journal of Psychoanalysis, Vol. 49, p. 484-486)
  Copyright © 2003 Whurr Publishers Ltd
  Reproduced by permission of Blackwell Publishing Ltd.
Chapter 7: "A Theory of Thinking" by Wilfred R. Bion (The International Journal of Psychoanalysis, Vol. 43, p. 306-319)
  Copyright © 2003 Whurr Publishers Ltd
  Reproduced by permission of Blackwell Publishing Ltd.
Chapter 8 was published in Journal of the American Academy of Child Psychiatry, Vol. 14, issue 3, 1975, Selma Fraiberg, Edna Adelson and Vivian Shapiro, "Ghosts in the Nursery: A Psychoanalytic Approach to the Problems of Impaired Infant-Mother Relationships", pp.387-421, Copyright © 2003 Whurr Publishers Ltd.
  Reproduced by permission of Elsevier Ltd., Oxford through Tuttle-Mori Agency, Inc., Tokyo
Chapter 9: "Therapeutic interventions in infancy: Two contrasting cases of persistent crying" by Juliet Hopkins
  Copyright © 2003 Whurr Publishers Ltd
Chapter 12: "Unconscious Communication" by Enid Balint
  Copyright © 2003 Whurr Publishers Ltd
Chapter 13 was extracted from: "On Private Madness"
  Copyright © André Green c/o Random House Archive & Library
Chapter 16: "Amanda: by Observations and reflections of a bottle-fed baby who found a breast mother" by Francis Grier
  Copyright © 2003 Whurr Publishers Ltd
Chapter 18 from "Psychoanalytic Insight and Relationships" by Isca Salzberger-Wittenberg
  Copyright © 2003 Whurr Publishers Ltd
  Reproduced by permission of Taylor & Francis Books UK
Chapter 20 was extracted from "The Effect of Infant's Behaviour on Mental Health"
  Copyright © Lynne Murray
  By the permission of Lynne Murray
Chapter 22 was published in The Lancet, vol. 324, issue 8393, 1984, Stanford Bourne and Emanuel Lewis, "Pregnancy after Stillbirth or Neonatal Death: Psychological Risks and Management", pp. 31-33, Copyright © 2003 Whurr Publishers Ltd.
  Reproduced by permission of Elsevier Ltd., Oxford
All permissions made through Tuttle-Mori Agency, Inc., Tokyo.

ダニエル，イングリッド，アストリッド，そして
過去，現在，未来のすべての私たちの赤ん坊に捧ぐ

「長く生きれば生きるほど，私たちは皆この世界で苦悩に苛まれることを確信するようになる。それは自分の親たちから引き継いだものだけではなく，数え切れないほどの古い偏見や信念から成るおばけたちのせいでもある。それらは半ば忘れ去られた残酷さや裏切りでもある。私たちはそれに気づいてさえいないこともある。それでもおばけたちは変わらずそこにいて取り除くことはできない。世界のすべては死んだ過去のおばけにとり憑かれている。私たちにできるのは過去の出来事の背後を行き来するおばけたちを見つけることだけである。せめて私たちにおばけを一掃して光の下に晒す勇気があれば」
(*Ghosts*, Ibsen, 1881, tr. Eva Le Gallienne, Modern Library Books, Random House, 1957, p. 119)

目　次

監訳者まえがき　xi

まえがき　xvii

執筆者一覧　xix

序　説　内なるかいじゅう──精神分析的視点への序説　xxv
　　　　ジョーン・ラファエル‐レフ

第Ⅰ部　顔を合わせて──コンテインメントと早期の母子交流
　　　　1

第1章　顔と表情──乳児の鏡としての母親の顔　5
　　　　ケン・ライト

第2章　子どもの発達における母親と家族の鏡役割　21
　　　　ドナルド・ウィニコット

第3章　2カ月児との会話　30
　　　　コルウィン・トレヴァーセン

第4章　乳児の情緒と情緒のコミュニケーション　42
　　　　エドワード・Z・トロニック

第5章　かいじゅうたちのいるところ　63
　　　　ジョーン・ラファエル‐レフ

第6章　早期対象関係における皮膚の体験　83
　　　　エスター・ビック

第7章　思考作用についての理論　　88
　　　　ウィルフレッド・ビオン

第Ⅱ部　未消化な残存物　99

第8章　赤ちゃん部屋のおばけ——傷ついた乳幼児‐母親関係の問題への精神分析的アプローチ　　103
　　　　セルマ・フライバーグ，エドナ・アデルソン，ヴィヴィアン・シャピロ

第9章　乳幼児期における心理療法的介入——頑固な泣き叫びを主訴とする対照的なふたつの症例　　140
　　　　ジュリエット・ホプキンス

第10章　乳幼児の睡眠に関する問題　　156
　　　　ディリス・ドーズ

第11章　夜の中へ——子どもの夢の本　　169
　　　　エレン・ハンドラー・スピッツ

第12章　無意識によるコミュニケーション　　183
　　　　イーニド・バリント

第13章　デッドマザー・コンプレックス　　194
　　　　アンドレ・グリーン

第Ⅲ部　表象と現実　209

第14章　喜びと苦悩——胎児検査への反応　　211
　　　　グレン・ホイットニー

第15章　先天奇形を伴う乳児の子育て——自尊心の調整　　222

ドリアン・ミンツァー，ハイエデリス・アルス，
エドワード・トロニック，ベリー・ブラゼルトン

第16章 アマンダ——乳房としての母親を見出した哺乳瓶で養育された乳児の観察と考察　*251*
フランシス・グリアー

第17章 カニバリズムと救いとなるもの——いつも乳房が一番よいのか（アマンダに関する考察）　*279*
ジョーン・ラファエル‐レフ

第Ⅳ部　マネージメントに関する問題　*291*

第18章 精神分析的洞察と関係性　*295*
イスカ・ザルツバーガー‐ウィッテンバーグ

第19章 赤ん坊の言葉を理解すること　*309*
ジョアンナ・ホーソン

第20章 子どもの行動が母親の精神衛生に及ぼす影響　*316*
リン・マリー

第21章 周産期における双子の一方の喪失のマネージメント　*323*
エマニュエル・ルイス，エリザベス・ブライアン

第22章 死産や新生児の死後の妊娠——心理的リスクとそのマネージメント　*331*
スタンフォード・ボーン，エマニュエル・ルイス

第23章 乳幼児期の授乳や食事に関する障害　*340*
ステラ・アクアローネ

本書で使用されている精神分析的用語解説　　353

人名索引　　357

事項索引　　360

監訳者まえがき

　本書は英国で子育て支援の専門家となる人のためのセミナーのテキストである「PARENT-INFANT PSYCHODYNAMICS」の全訳である．本書は母子関係を理解するために必須な精神分析，発達心理学の諸論文から構成されている．本書のタイトルは「母子臨床の精神力動」としたが，母子臨床には，母子だけでなく父親，周囲の人々との関与の意味を込めている．本書の編者であるJoan Raphael-Leff は，女性性，妊婦から母親になる心理的過程，および母親と胎児，新生児との心理的な相互関係に関する研究，臨床における世界的な第一人者である．

　我が国の子育て支援は，主にソーシャルサポートを中心としたものであり，精神分析，発達心理学的視点からの直接的な実践アプローチへの示唆はほとんど為されていない．しかし，日常の子育て支援の相談に深刻な母子関係の問題，虐待などが潜み，より専門的な施設や医療機関への相談，受診に至る症例もしばしば見受けられる．こうした深刻なケースにおいて必要とされるのは，精神分析や発達心理学的知識に裏付けられた直接的実践アプローチによるサポートである．このような視点からすれば，本書は日本より深刻な現状に苛まれている英国の母子臨床のテキストであり，その実践に必須な豊かな知見に溢れた論文集である．

　本書は Raphael-Leff によって 4 部に分類され，Ken Wright による「第1章 顔と表情――乳児の鏡としての母親の顔」，序章および各部の扉において，本書の大枠についての説明が為されている．しかし，私はここで本書の新たな読み方をひとつ提示したいと思う．それは読者を混乱させることになるかもしれないが，一案としてお読み頂きたい．

　まず，健康な母子関係というのはどのようなものであるのかについて詳細に知って欲しい．そのためには Francis Grier による乳幼児観察の総括である「第16章 アマンダ――乳房としての母親を見出した哺乳瓶で養育された乳児の観察と考察」と，Joan Raphael-Leff によるその論文へのコメント「第17章 カニバリズムと救いとなるもの――いつも乳房が一番よいのか（アマンダに関する考察）」を読むことをお勧めしたい．それによって，健康な母子関係にも必

ず潜む関係性の精神病理の詳細を理解することができるはずである。つまり，完璧な乳児，母親，そして母子関係は存在することはなく，理想に過ぎないということである。

次に，母子間の空想的なやりとり，世代間伝達などの早期母子関係の障害についての論文へと読み進める。Joan Raphael-Leff による「第5章 かいじゅうたちのいるところ」は，胎生期の母子のやりとりの場である胎盤を中心に考察したものである。次に，乳幼児精神医学の金字塔としての Selma Fraiberg 他による臨床実践の論文である「第8章 赤ちゃん部屋のおばけ――傷ついた乳幼児‐母親関係の問題への精神分析的アプローチ」は必読の論文である。そして，André Green の「第13章 デッドマザー・コンプレックス」は乳幼児期の母子の病的なやりとりに関して記載されている。Enid Balint による「第12章 無意識によるコミュニケーション」は一世代を超えた世代間伝達であり，興味深い。ここでさらに，本書には収録されていないが，フランスの児童精神科医である Lebovisi, S. による「幻想的な相互作用と世代間伝達」(Lebovisi, S. (1988) : Fantasmatic Interaction and Intergenerational Transmission. *Infant Mental Health Journal* Vol. 9, No. 1, 10-19　小此木啓吾訳：精神分析研究 Vol. 34 No. 5, 1-8 1991）の論文を加えると，母親になることの精神分析的な意味を総括的に理解することができるであろう。

さて，残りの諸論文をどのような順序で読んで頂いても構わないが，カテゴリー化して読むことをお勧めしたい。諸論文をカテゴリーに分類すると，早期母子関係に関する精神分析，発達心理学，そして乳幼児精神医学に関連した諸論文となる。さらに，乳幼児精神医学の諸論文は，睡眠に関する臨床実践アプローチと，奇形，死産，摂食障害等の周産期，小児科疾患領域に関連した臨床実践とに分けられる。

精神分析の早期母子関係への考察は，フロイトの弟子のフェレンツィから始まるが，本書にはその後の英国の代表的な3論文が掲載されている。Donald W. Winnicott による「第2章 子どもの発達における母親と家族の鏡役割」，Esther Bick による「第6章 早期対象関係における皮膚の体験」，Wilfred R. Bion による「第7章 思考作用についての理論」である。これらは，既に邦訳され，精神分析に関心ある読書には馴染みのある論文であろう。また，Isca Salzberger-Wittenberg による「第18章 精神分析的洞察と関係性」が掲載されているが，これはおそらくまだ精神分析的アプローチに慣れていない読者には極めて有用な臨床実践でのアプローチの示唆を与えるであろう。

そして，精神分析の個々の詳細な臨床実践，臨床知見から導かれた仮説に関して，発達心理学の早期母子関係とその病理の論文が科学的な根拠を与えている。本書の特徴である精神分析と発達心理学のコラボレーションであるが，次の4論文は主に乳児の潜在的な卓越した能力に関しての実証研究である。Colwyn Trevarthen による「第3章 2カ月児との会話」，Edward Z. Tronick による「第4章 乳児の情緒と情緒のコミュニケーション」，Joanna Hawthorne による「第19章 赤ん坊の言葉を理解すること」，Lynne Murray による「第20章 子どもの行動が母親の精神衛生に及ぼす影響」である。現代を代表する発達心理学者である Trevarthen, Murray の論文が収録されることで，本書が科学的知見も重視している立場にあることを明確に示している。

英国だけでなく欧米諸国では母子が別々の寝室を使用する時期が早く，夜泣きが問題となることがしばしばある。これに関連して，本書では Juliet Hopkins による「第9章 乳幼児期における心理療法的介入──頑固な泣き叫びを主訴とする対照的なふたつの症例」，Dilys Daws による「第10章 乳幼児の睡眠に関する問題」が掲載されている。このふたりは英国の代表的な母子心理療法のセラピストであり，タヴィストックで長年にわたり，母子臨床セミナーを主催していた。また，Ellen Handler Spitz による「第11章 夜の中へ──子どもの夢の本」はおやすみの絵本を中心とした文学作品を心理学的な視点から取り上げ，こどもの睡眠に纏わる問題を論じている。

本書には，先天奇形，死産などの周産期に両親が経験する悲惨なトラブルについての論文が掲載されている。哲学者である Glenn Whitney は「第14章 喜びと苦悩──胎児検査への反応」で障害児を養育するかどうかの選択と先進医学というトピックを扱っている。それは幸いなことに現代の先進技術の誤りという予想外の顛末を迎える。Dorian Mintzer 他は「第15章 先天奇形を伴う乳児の子育て──自尊心の調整」の論文で，それぞれの家族によって，先天奇形の受け入れに関する興味深い相違があることを記している。Emanuel Lewis 他は「第21章 周産期における双子の一方の喪失のマネージメント」，Stanford Bourne 他は「第22章 死産や新生児の死後の妊娠──心理的リスクとそのマネージメント」で，周産期の家族が経験する危機的状況を描いている。我が国では，この領域での心理的サポートは限られたものとなっており，啓示的な諸論文である。これに続く，乳児期の問題として，Stella Acquarone は「第23章 乳幼児期の授乳や食事に関する障害」を記している。

編者の Raphael-Leff は精神分析，発達心理，乳幼児精神医学の論文を混在さ

せることで，そのコラボレーションを意図したのかもしれないが，以上のような，原点に戻る読み方も，本書の理解のための一案かもしれない。

最後に監訳者として，日本で母子臨床に関わる専門家が，子育て支援をする際に欠かせない母子の精神病理の理解に関連して，育児困難の展開について若干の説明を加えておきたい。育児困難は必ずしも母親側の問題で起きるわけでなく，子ども側からの問題でも起きることがある。また，相互関係で起きることもある。しかし，一旦，育児困難が生じれば，その相互関係は悪循環に陥ってしまう。図を参照しながら以下を読んで頂きたい。育児困難の原因となるものには，経済的な問題，夫婦関係，嫁姑問題などの現実的な問題から，世代間伝達として総括されている家族の文化，母親自身が受けた虐待などの養育体験が挙げられる。これらの育児困難の現実のストレスや空想が母親の心の中に保持できなければ，それらは投影同一化によって乳幼児の中に排泄されてしまう。このことは図で，母親の黒丸として表してある。すると，乳幼児が健康な場合ですら母親の投影同一化に晒され障害のある乳幼児として母親に同定されてしまうことになる。そうなれば，乳幼児は母親に育児の喜びを与える存在でなく，母親の養育を非難する迫害的な対象として母親を攻撃する存在になってしまう。こうした状況の中では，母親はさらに子どもの障害を妄想的に日々の育児で確信し，悪循環に陥ってしまう。これを図では「悪循環Ⅰ」として表記した。また，子どもからの攻撃に，母親は自分の育児を責められたと感じ，病的な罪悪

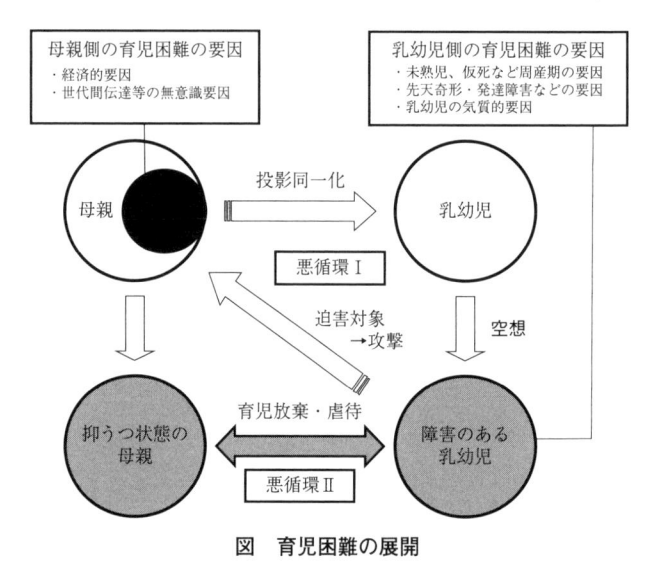

図　育児困難の展開

感が増して，抑うつ状態に陥ってしまうこともあるだろう。抑うつ状態に陥った母親は子育ての活力を失い，ますます母子は悪循環に陥ってしまう。これを図では「悪循環Ⅱ」とした。子育てに深刻な悩みをもつ母親は多くの場合，このふたつの悪循環に陥っていることが多い。こうした母親の子育て困難の精神病理に熟知することが，子育て支援の臨床実践に必須であろう。

　また，子ども側の現実の奇形などの障害や育て難さを主な要因とするならば，図の「障害のある乳幼児」を起点として想定して欲しい。それは母親の心的世界に影響を与え，同じような悪循環に陥ることが容易に想像できるだろう。したがって，子育て支援等の母子臨床に関わる専門家は，育児困難に陥っている要因，そして悪循環を見出し，合理的，かつ効果的な治療構造を創造することが任務である。本書がそうした専門家の援助となることは疑いない。

　本書は白百合女子大学発達臨床コース大学院を卒業した母子臨床に関心のある長沼，長尾，坂井，金沢によって訳出されたものである。本書は大冊であるのにもかかわらず，4名の辛抱強く，真摯な作業によって成されたものである。しかしながら，当然のことであるが，翻訳の全責任は監訳者にある。大冊ゆえに，不適切な訳も含まれているかもしれないが，忌憚のないご意見を期待している。最後になるが，岩崎学術出版社の長谷川純氏には，丹念な原稿のチェックと並々ならない援助を頂いた。ここに訳者一同と共に深く感謝する。

木部　則雄

まえがき

　近年，政府やユネスコの指導では，出産や養育における精神的な問題の重要性と，子どもや家族の精神的健康を育むための個々の文化にも配慮した専門的ケアを提供する必要性への意識が高まってきたことが示唆されている。

　本書は，妊婦，親，乳児，その養育者に携わる数多くの職種の専門家，つまり，助産婦，保健師，ソーシャルワーカー，カップルセラピスト，子どもの心理療法家，親－乳幼児心理療法家や家族療法家，一般臨床の看護師，医師，精神科の看護師，出産に関する専門家，産婦人科医などを対象としている。

　本書は，元々エセックス大学の精神分析研究センターが開催している専門家コースおよび夏期講習の受講生たちの要望に合わせて編集され，過去の長きにわたる精神分析の考え方を保健サービスに関連付けている。地域保健サービスの指導者たちのコンサルテーションにおいて，家族の構築，周産期の情緒障害，精神力動的観察，集団や組織，精神病，職場関係などに関する様々な理論的セミナーや臨床的なワークショップから構成されたプログラムが考案された。これらのコースの狙いは，家族の相互関係やクライエントとの相互作用についてその領域の専門家が精神力動的に捉え，それによって情緒的理解を促進し，現在行っているサービスの提供の質を上げようというものである[原註1]。

　私たちの知る限り，この包括的プログラムは，社会文化的な期待や倫理的に考慮すべき事柄，生物学的な現実といったパターンが変化し続ける傍らで，家族のメンバーと保健衛生の専門家との間で絡み合う心的現実と無意識の力動を探求している点で他に類を見ないものである。本書のテーマは広範囲にわたり，病気であれ，健康であれ，様々なライフサイクルの局面で家族と共に働く専門家の役割を自己内省的に考えること（特に，クライエントの情緒的脆弱性や臨床家へのクライエントの影響といった領域に関わる危険因子の認識）に役立つ。したがって，本書の焦点は家族や施設に特有な相互作用パターンの出現，それらのパターンの起源，そして変化への抵抗を示すすべての関連事項に置かれて

原註1）イベントやコースの詳細については http://www.essex.ac.uk/centres/psycho，または email cpsgen@essex.ac.uk または郵送にて Administrator, CPS, University of Essex, Wivenhoe Park, Colchester CO4 3SQ; tel:01206-873745; fax:01206 872746 まで。

いる。
　本書に収録されている論文には，このような複雑なアプローチが反映されている。そして，本書がこのような考え方に必ずしも馴染みのない様々な保健衛生に携わる人々にも役立つことを期待している。

執筆者一覧

ステラ・アクアローネ Stella Acquarone アクアローネはロンドンにある the School of Infant Mental Health と the Parent-Infant Clinic の設立者であり，理事でもある。臨床心理学博士であり，過去 30 年間，the National Health Service の児童，思春期，成人の心理療法家として勤務しており，個人開業もしている。過去 18 年以上，親‐乳幼児心理療法の先駆者となって，専門家や両親，家族の情緒に対するダメージのアセスメントや治療を専門として働き，子どもの遺伝的障害やハンディキャップに関する問題に通じ，これらの問題について幅広く論文を発表している。

エドナ・アデルソン Edna Adelson アデルソンは the British Psychoanalytical Society のシニア訓練分析家であった。ロンドンにある市民相談協会を創立し，タヴィストック研究所に the Family Discussion Bureau（後に the Institute of Marital Studies と呼ばれる）も設立した。夫のマイケル・バリント Michael Balint と共に，一般臨床家のために「バリントグループ」を発足した。ジュリエット・ミッチェル Juliet Mitchell とマイケル・パーソンズ Michael Parsons がアデルソンの書いた多くの論文を編集し，『Before I was I – Psychoanalysis and the imagination』（Free Association Books, 1993）として出版した。

エスター・ビック Esther Bick ビックは直観に満ちた指導者であるが，残念なことに論文は僅かしか書いていない。1948 年にジョン・ボウルビィ John Bowlby と共にタヴィストック・クリニックで児童心理療法コースを創立した。この中心は乳幼児観察であった。これはビックの教育的な調査・訓練方法であり，1960 年には the Institute of Psychoanalysis で児童精神分析家に向けて紹介された。ビックの主たる関心は，感覚的経験と心的経験の境界や心的外傷となるような分離と喪失が及ぼす影響にある。発表されている論文は「Child Analysis Today（今日の子どもの分析）」(1962)，「Notes on Infant Observation in Psychoanalytic Training」(1964)，「The Experience of the Skin in Early Object Relations（早期対象関係における皮膚の体験）」(1968)，「Further Considerations on the Function of the Skin in Early Object Relations」(1986) のみである。

ウィルフレッド・ビオン Wilfred R. Bion ビオンは偉大な精神分析の革新者であり，戦時下で行われたビオンの精神科リハビリテーションに関する研究や，その後の知的探求は集団精神療法の実践，精神病的過程の理解，精神分析的理解や世界中の認識論的問題に影響を与えた。ビオンの多くの著書には『Experience in Groups（集団精神療法の基礎）』(1961)，『Learning from Experience（経験から学ぶこと）』(1962)，『The Elements of Psychoanalysis（精神分析の要素）』(1963)，『Transformations（変形）』

(1965)，『Second Thoughts（再考：精神病の精神分析論）』(1967)，三部作から成る『A Memoire of the Future』(1975, 1977, 1979) などがある。

スタンフォード・ボーン Stanford Bourne　ボーンは精神分析家であり，精神科医でもある。ロンドンのタヴィストック・クリニックで1993年に引退するまで長期にコンサルタント精神科医として勤務していた。1968年に死産を「無かったこととして」扱う専門家の態度を露にする論文を執筆した。周産期臨床の変革の領域で働いた後，エマニュエル・ルイス Emanuel Lewis と共にロンドンのタヴィストック・クリニックに周産期における死産援助ユニットを開設し，心理療法家やカウンセラーへの理解を広めた。

ベリー・ブラゼルトン T. Berry Brazelton　ブラゼルトンはハーバード・メディカル・スクールの小児科教授であり，マサチューセッツ州のボストンにある小児医療センターの小児発達ユニットを設立した。ブラゼルトンの新生児行動評価尺度は世界中で使用されている。ブラゼルトンは200本以上の論文を執筆し，『Toddlers and Parents』(1989)，『On Becoming a Family（ブラゼルトンの親と子のきずな——アタッチメントを育てるとは）』(1992)，『Touchpoints』(1992) など，何冊かの影響力のある著書を出版している。

エリザベス・ブライアン Elizabeth Bryan　ブライアンはロンドンにあるクイーン・シャーロット・チェルシー病院の小児科の教授である。多産に関する問題が専門であり，同病院の多産ユニットの医学部門の責任者である。

ディリス・ドーズ Dilys Daws　ドーズは英国の学際的組織である the Association of Infant Mental Health の設立者であり，初代会長である。タヴィストックの児童・家庭部門にある5歳以下のカウンセリング部門で，何年も児童心理療法家として勤務していた。また，乳幼児健診の保健師と一緒に活動し，そこでは有名なことであるが，自らを「身体測定の傍らに立つ」役割としていた。乳児期の混乱への短期介入を専門としており，著書『Through the Night: Helping Parents and Sleepless Infants』は実際に，とても多くの親たちの援助となっている。

セルマ・フライバーグ Selma Fraiberg　フライバーグは精神分析家であり，サンフランシスコにあるカリフォルニア大学で児童精神分析の教授をしていた。家庭をベースにした「台所での心理療法」の中で，精神分析的理解を親子と共に行う心理療法に応用した世界的な専門家である。心理学者や精神科医，ソーシャルワーカー，小児科看護師から構成されたチームをスーパーヴァイズした。フライバーグはそのチームを「科学者の仲介者たち」と呼んだ。報告症例はミシガンのアン・アーバーで行われた児童発達プロジェクトのものであり，心理学者スタッフの**エドナ・アデルソン Edna Adelson** とソーシャルワーカースタッフの**ヴィヴィアン・シャピロ Vivian Shapiro** が主に臨床実践を行った。著書には『The Magic Years（小さな魔術師——幼児期の心の発達）』や『Clinical Studies in Infant Mental Health』がある。

アンドレ・グリーン Andrè Green　グリーンはフランスのフロイト派の中で最も傑出した精神分析家であり，14冊の著書（『On Private Madness』(Horgath Press, 1972. 本

書に編集した論文はここから引用されている）や約 200 本の論文がある。1961 年から 1967 年にかけてはラカンセミナーに参加した。意見の相違にもかかわらず，ラカンを「膨大な知的刺激剤」として認めた。グリーンの 70 歳を記念した本，『Dead Mother』はグレゴリオ・コホン Gregorio Kohon によって編集され，New Library of Psycho-Analysis から 1999 年に出版された。

フランシス・グリアー Francis Grier　グリアーは the British Institute of Psycho-analysis での訓練中に本論文を執筆した。ロンドンの the Tavistock Marital Studies Institute の夫婦関係を専門とするシニア心理療法家として勤務している。著書『Brief Encounters with Couples – some analytic perspectives』は Karnac から 2001 年に出版されている。現在は精神分析家としての資格を有している。

ジョアンナ・ホーソン Joanna Hawthorne　ホーソンはケンブリッジ大学の家族研究センターの研究心理学者であり，英国の the Brazelton Centre，ケンブリッジの Addenbrookes NHS Trust のコーディネーターである。ホーソンはケンブリッジでブラゼルトン新生児行動評価を使用するための専門的訓練を受けた。

ジュリエット・ホプキンス Juliet Hopkins　ホプキンスは児童心理療法家であり，以前はタヴィストックの児童・家庭部門に在籍し，愛着理論や親子の相互作用の理解の促進に大きく貢献した。ホプキンスは the British Association of Psychotherapists の児童青年訓練部門の企画と教育に助力した。the Journal of Child Psychotherapy の編集委員を務めたこともあり，現在は the Journal of Infant Observation の論文の査読委員である。

エマニュエル・ルイス Emanuel Lewis　ルイスは英国の心理療法家である。スタンフォード・ボーンと共同してタヴィストック・クリニックに新生児の死を援助するユニットを設立し，『Psychological aspects of stillbirth and neonatal death: Annoted bibliography』を著している。ふたりの影響で新生児の死に対する専門家の態度は変わり，喪の作業を促進させる技法が発展した。

ドリアン・ミンツァー Dorian Mintzer　ミンツァー博士はニュートンとボストンで心理療法家として開業している。同僚の**ハイエデリス・アルス Heidelise Als** はハーバード・メディカル・スクールの小児科（心理学）の准教授であり，ボストンの小児医療センターの児童発達ユニットの臨床研究の代表である。

リン・マリー Lynne Murray　マリーはレディング大学のウィニコット研究所の教授である。マリーはコルウィン・トレヴァーセン教授 Colwyn Trevarthan とのエジンバラでの初期の研究以降，母子のやりとりを研究するため革新的な方法を用いている。1997 年にはピーター・クーパー Peter Cooper と共に『Postpartum Depression and Child Development』（New York: Guilford）を著し，2000 年には『The Social Baby』（リズ・アンドリュース Liz Andrews と共著）という乳幼児の能力に関する素晴らしい写真入りの本を出している。

ジョーン・ラファエル-レフ Joan Raphael-Leff　ラファエル-レフは精神分析家として臨床を行い，出産に関わる問題を扱うことを専門としている。レフはエセックス

大学の the Centre of Psychoanalytic Studies の精神分析の教授であり，1998年から2001年には女性と精神分析に関する the International Psychoanalytical Association's Committee の議長であった。論文は60本以上あり，著書には『Psychological Processes of Childbearing and Pregnancy – the inside story』『Female Experience』『Spilt Milk – perinatal loss and breakdown』など7冊がある。

イスカ・ザルツバーガー - ウィッテンバーグ Isca Salzberger-Wittenberg ウィッテンバーグは児童心理療法家であり，以前はタヴィストック・クリニックの児童・青年部門に在籍し，副代表を務めた。ウィッテンバーグは乳幼児観察の素晴らしい指導者であり，世界中のプロジェクトとのコンサルタントとしても活躍している。

エレン・ハンドラー・スピッツ Ellen Handler Spitz スピッツはカリフォルニアのスタンフォード大学の芸術・美術史学部に所属している。著書には，『Museums of the Mind: Margrette's Labyrinth and other essays in the Arts』，『Image and Insight- essays in Psychoanalysis and the Arts』，『Art and Psyche: a study in Psychoanalysis and aesthetics』，『Inside Picture Books（絵本のなかへ）』がある。

コルウィン・トレヴァーセン Colwyn Trevarthen トレヴァーセンはエジンバラ大学の児童心理学，精神生物学の教授（名誉教授）であり，1971年には名誉研究員となっている。神経心理学や脳の発達，乳幼児期のコミュニケーションについての本を出版している。トレヴァーセンの研究は感覚運動の障害，自閉症，レット症候群，音楽や音楽療法に関する近年の論点にまで展開されている。エジンバラの The Royal Society の特別研究員であり，ノルウェーの人文科学アカデミーの会員である。

エドワード・トロニック Edward Z. Tronick トロニックはアマーストのマサチューセッツ大学の心理学部の教授である。現在はボストン小児病院の児童発達部門の研究計画チームの代表である。ハーバード・メディカル・スクールの小児科の准教授でもある。

グレン・ホイットニー Glen Whitney ホイットニーはロンドンを基盤とした心理学者であり，主に組織の管理職とチームに関する心理学者である。ホイットニーの論文は訓練中に書かれたものである。

ドナルド・ウィニコット Donald W. Winnicott ウィニコットはおそらく英国の独立派グループの中で最も広く知れ渡っている精神分析家であり，過去には the British Psychoanalytical Society の会長を務めた。臨床家としての人生を通して，ウィニコットは小児科医と成人の精神分析家というふたつの職業を兼務していた。その間，ウィニコットは 60,000件の症例を見たとされる。ウィニコットは多数の本を出版し，400本の論文を発表した著作の多い執筆家でもあった。とても著名な著作の中には『The Maturational Processes and the Facilitating Environment（情緒発達の精神分析理論――自我の芽ばえと母なるもの）』（1965），『Collected Papers: Through Paediatrics to Psycho-Analysis（小児医学から精神分析へ――ウィニコット臨床論文集）』（1975），『The Piggle: an account of psychoanalytic treatment of a little girl（ピグル――分析医の治療ノート）』（1977）がある。

ケン・ライト Ken Wright ライトは個人開業をしている英国の精神分析家であり，エセ

ックスの the Centre for Psychoanalytic Studies の特別研究員である。著書の『*Vision and Separation between Mother and Baby*』（1991, Free Association Press）は，自他の区別からいかに象徴形成が生じるかを探索している。ライトは近年自らの関心領域である想像性の分野で多くの論文を執筆している。

序説　内なるかいじゅう──精神分析的視点への序説

ジョーン・ラファエル‐レフ

　私はコルチェスターからロンドンまでの高速道路を運転していた。その時に私の目を捕らえたのは道端でうつ伏せになり，じっと動かないでいる毛皮で覆われた大きな動物であった。そこを通り過ぎる時，それが特大のテディーベアであることに気づいた。旅の間中ずっと，私はこの遠く離れたぬいぐるみに纏わる物語に思いを馳せていた。激しく疾走する車がそれを追い出したのだろうか。誰が，なぜ，それを窓から放り投げたのか。不幸なテディーがどんな気持ちの流れを辿ったのかについては，皆さんの想像にお任せするとしよう。……しかし，私たちはこの結末のない挿話を用いて，人々はみな自分たちの内的世界と外的世界に意味を探求し，それらを結びつけることに関心を持っているということを力説したい。

　フロイトは人間のこころを記述する方法を探究するにあたり，こころを「不思議なメモ帳」と呼ばれるものに喩えた。この小さなメモ帳の一番上の透明なシートを持ち上げると，不思議なことにそれまで書かれていたものは消えている。しかし，すぐ下にある蠟版に近づいて見れば，前に書かれた文字の痕跡を見ることができる。フロイトは以前に消え去ったものの痕跡を無意識に維持しながら，一方で新鮮な出会いに備えている知覚装置としてこころの喩えを提起した。

　本書に記述されている数々のケースから学ぶことになるであろうが，こころとメモ帳の比喩をさらに推し進めて考えると，表にある「ページ」を消してきれいにすることができない人には，新しいメッセージを受け取るための空いたスペースがほとんどなく，ページは以前に書き留められたものの寄せ集めで覆われていたり，混乱していることになる。蠟版の下敷きに深い溝ができてしまい，「鉄筆」がいつもすべって古いパターンと同じところをなぞってしまうという人もいる。さらには，蠟版に重ねられた様々なメッセージの解読に囚われ，表面との接触にまったく辿り着くことができない人もいる。

　しかし，話はよりいっそう複雑である。私たちの精神の「痕跡」は，単に事

実に符合する文字ではなく，私たち自身の過去に起因する意味を授けられ，その意味によって改変されている。精神分析的理解は無意識の存在を基本としている。つまり，実のところ解釈がしばしば自然に生じて一体化するのと同じように，私たちの日々の世界を特徴付ける主観的なインフラにおいては，曖昧さや矛盾が生じて一体化が起きている。さらに，私たちが他人と相互に関与する時にも他者は空想を解き放って自由に再演を行わせ，私たちの中に眠っている記憶を活性化させている。

自らの内なるかいじゅうと対人間のかいじゅう

　本書に収録された論文は豊富な文献から慎重に厳選され，人間の捉えどころのない精神内部の経験と，親密な人同士の間での絡み合うこころの複雑な力動の双方を説明している。

　本書の副題となっている情景は，モーリス・センダックの子ども向けの本，『*Where the Wild Things Are*（かいじゅうたちのいるところ）』から一部拝借した。この本は幼少期の情緒の複雑さを明確に理解しており，マックスが癇癪を起して大騒ぎして自分の部屋に追いやられた時に，「すごい　こえで　うぉーっと　ほえて，すごい　はを　がちがち　ならして，すごい　めだまをぎょろぎょろ　させて，すごい　つめを　むきだした」[訳註1]かいじゅうが出てきた空想の騒ぎの中で，マックスが自分の内的世界をどのように演じたのかを描き出している。しかし，マックスはかいじゅうたちの王になり，「かいじゅうならしの　まほうを　つかった。マックスが　めを　かっと　ひらいて，かいじゅうたちの　きいろい　めを　じーっと　にらんだ」と。この話は，やはり「やさしいだれかさん」に自分が愛されているということ[訳註2]を知ることが，かいじゅうを自分自身の中にあるものと認め，洞察を通してそれらを飼い馴らす能力を促進する様を示している。

　このおとぎ話は，癇癪を起して激しい騒ぎに乗り出した子どもが一瞬にして自分にとって心地よいものをすべて見失ってしまうことを示している。子どもの情緒が養育者に与える影響と，それらが大人の中に呼び覚ますかいじゅうたちのことはあまり周知されていない。

　強い力が荒れ狂う勢いを作り出す。もし両者の対立が意地のぶつかり合いに

訳註1）『かいじゅうたちのいるところ』からの引用には神宮輝夫の訳を用いた。
訳註2）原文直訳では自分が「誰よりも一番」愛されているということ。

変われば，その勢いは拡大し，元の不満は強化されるように思える。子どもと養育者の両方にその荒々しいものが共有され，それが潜在的破壊性の証拠となると不安が生じる。罪の意識が怒りに取って代わるまで，その不安は続く。一方では口論になる親がいて，他方では騒ぎを悪化させることなく回避できる親がいるのはなぜか。癇癪を防ぐために気晴らしをさせる作戦を企てる親もいれば，コントロールするのを諦めること，分離や複雑な気持ちを体験することについての根底にある不安に屈せず，声に出すことで癇癪を小さくしようとする親もいるのはなぜだろうか。さらに，大混乱に引きずり込まれる親もいる。同じように，得体の知れない欲求や言葉にならない不安といった乳児の中の大混乱が，動じやすい大人を圧倒するのはなぜだろうか。

過去の力

　私たちは皆過去の恐怖を引きずったまま新しい状況に出会う。そして，過去の状況がより外傷体験的であればあるほど，現在の状況についての不安が大きくなるのは明らかである。反対に，危険を覚悟で新しく不確かな出来事に身を晒すことに対する自信は，内的な確信，自分自身の資質，および恵み深い世界への信頼に基づいている。言い換えれば，私たちを大人ならしめるものの多くは，私たちの幼少期に由来する早期の経験の土壌に根ざしている。生後数年間は，情緒が強力で，それを解釈する能力が統合されておらず，子ども（そして，特に言葉を組織化する能力に欠ける「乳児」）はそれらを理解するために援助を必要とする。

　乳児は生来的に社会化する欲求を有しており，生後数日で相互作用を開始し，やりとりを継続するためにそれを誘発するような試みを見せる。乳児は表情を読むのに長けており，養育者の顔はその人自身の情緒に手がかりを与えるだけではなく，私たちが見ていくように，最初の鏡，つまり反射する鏡として機能する。乳児は好むと好まざるとにかかわらず，自分がその中に表わされているのを見る。実際に，乳児の自己感は一部には初期の養育者のこころの中の無意識の経験を通して構成される。そして，子どもの信頼感は映し出されること，さらに健全な方法で安全に「抱えられること」によって生まれると言えるかもしれない。これが副題の鏡の意味である。「おばけ」に関して，この概念はほどなく明らかにされる。私は中核となるテーマを紹介しながら，4つのセクションのそれぞれの概観を提示する。

第 I 部　顔を合わせて──コンテインメントと早期の母子交流

　過去30年以上に及ぶ新生児の研究は，乳児が早期の母子交流での受動的な受け手というイメージとは遥かに懸け離れ，いかに頻回に相互作用の形式を決定するかを明示してきた。健康な新生児は，誕生直後から協調反応，つまり何かを凝視したり，後を追ったり，「何かを掴もうとする前の」コントロールされた動作を見せたりすることができる。しかし，最も巧妙な努力は親密な接触を引き起こしたり，始めさせようとすることに繋がっている。それは赤ん坊が人間関係や間主観性への生来的な欲求を表していると考えられる。本書の読者にはこうした革新的研究のいくつかを示したい。

　第1章で，精神分析家のケン・ライト Ken Wright は他者を認識する上で，また他者の目を通して自分を見る上で，顔や表情が持つ重要性に焦点を当てている。ライトは新生児の研究や発達論者から得られた証左を概観し，関連文献について言及している。本書では第2章に掲載されているウィニコット Winnicott の古典的な論文もそのひとつである。第2章で，ウィニコットは母親の顔がいかに「鏡」として働いているかについて説明しており，実際その鏡を通した初期のミラーリングが子どもの自己イメージを構成していること，しかも，それは母親がこころに赤ん坊を「抱えている」時の眼差しの中に見られるものやその経験を通して得られるものから巧みに作り出されることを説明している。第3章では，コルウィン・トレヴァーセン Colwyn Trevarthen がミラーリングのテーマを継続して，自分の研究から得られた証左を使い，乳児が発達早期から人と物とを区別して関与していることを示している。乳児は養育者によって話される独特の高音でリズミックな「直感的な母親の赤ちゃん言葉」に反応してコミュニケーションを開始する。母親の赤ちゃん言葉は，生来的な「前言語」のレパートリーを引き出すものであり，無意識に自分自身の幼少期の「赤ちゃん言葉」の影響を受けている。画面分割したビデオ録画など技術の進歩により，いまや新生児研究はパートナー両者の会話のやりとりにおける詳細な性質や心理学的変化を実証的に描き出すことができる。画面分割したビデオでは早期のやりとりの詳細を見ることができ，交差する形式での模

倣，交替，生来的な身振りのレパートリーなど会話の基本となるものの兆候を示しながら，乳児が「言葉の原型」パターンに携わっていくのを見ることができる。生後4〜6週までに，乳児は五感を同時に働かせ，適切に反応した微笑や喉を優しく鳴らすような発声を伴いながら，「会話的」な交互のパターンや唇や舌の「前言語」のパターンを見せる。乳児は応答を待ち，他者がやりとりを楽しむのに大きな喜びを覚える。しかし，このような前言語的な会話は困難に満ちている。第4章で，エド・トロニック Ed Tronick は自らのビデオを用いた研究からの知見を紹介し，親子間の情緒的なやりとりが私たちが想像するような完全な共感的「ダンス」からは懸け離れており，それらが交わされる時間のうち，完全に調和しているのは約30％に過ぎないことを示している。トロニックは，誤解を修復して情緒的目標を調整しようとする養育者だけでなく，同じことをする乳児の努力に関しても説明を加えている。この修復は他者の表情の情緒的理解や母親の感受性によって可能となる。しかし，親の応答性がなく，発達課題を遂行する上で乳児に必要な価値ある情報が奪われる場合のように，さらに親が邪魔をしてその修復が妨害されることもしばしばある（トレヴァーセンもトロニックも寛大にも自分たちの古典的な論文を本書の読者のために改訂し，トロニックは，修復とそれぞれのやりとりのパターンの独特さについてのテーマを補足した）。第5章で，私は初期のやりとりにおける互恵的な影響の問題を追究している。ここでは，親のうつ病や迫害的な気持ちなどの何らかの理由で親たちの中にいる「かいじゅうたち」が，自分たちの子どもによって喚起される時に親たちに生じる混乱を探究している。これらは双方向のやりとりに関する親たちの無意識的表象が誤った幼少期の経験に合わせて形作られている場合に生じることを私は示唆している。しばしば，赤ん坊は養育者自身の中にある赤ん坊の自己の理想化された部分や否認された部分と，養育者の情緒的応答性やその欠如に関する前言語的，潜在的記憶によって作られる。養育者の中にある赤ん坊の自己は最早期の養育者の眼差しの中で想像された自己によって形作られる。

このセクションには，もうふたつの論文を収めている。どちらも簡単に読めるものではないが，とても価値があり，苦労して読むに値する。まず，エスター・ビック Esther Bick は，母親なる人物が「束ねる」力を提供し損ねた場合に赤ん坊が受ける影響を説明している。束ねる力は，赤ん坊が（ウィニコットが言うところの）「自分」と「自分でないもの」を区別する境界としての皮膚感覚を作り出すことを可能にする。通常は，母親機能への同一化を通して，乳

児は初期の未統合な状態を克服することができる。そして，徐々に自己感が発達し，それが外と内の「空間」に関連を持たせる。この母親の束ねる機能がないと，赤ん坊は筋肉組織や衣服，言語的「殻」を使用して，人工的な「第二の皮膚」を作り出さなければならない。その結果，統合された身体，姿勢，運動性，精神の欠如による脆弱性が後の人生で顕在化することは明らかである。ビックは精神分析の転移における依存と分離の問題との関連から4つの症例の中でこのことを描き出している。

　第7章（特に14から21段落目）では，同じく精神分析家であるウィルフレッド・ビオン Wilfred Bion が，ビックよりも6年も早く執筆した論文の中で，いかに発達早期の赤ん坊には自他の区別がないのか，また，いかに赤ん坊が「投影同一化」，つまり母親の中に気持ちを「排泄する」ことによって，痛みや欲求不満，恐怖を母親に「伝えるのか」を示している。理想的には，母親はこれらの情緒を受容可能な形で照らし返すことによって応答する。このことは，「夢想」という状態を通して成し遂げられる。夢想とは赤ん坊の情緒状態を受け取り，コンテインし，変容する能力である。耐え難い感覚や生々しい知覚データを「夢思考のためのマテリアル」に変えること（ビオンが「アルファ機能」と呼んだもの）で，母親は赤ん坊が自らの経験を「取り入れる」ことができるようにさせる。乳児の欲求が叶わないと，欲求充足が行われないことで，思考が呼び覚まされる。乳児は母親のコンテイニング機能の内在化により，次第にこれらのアイディアを考えるための「装置」を発達させ，それを「乳房」としての母親が不在の際に利用することが可能になる。不安の処理に際して，母親の処理によって感情が解毒されず，耐えられる形にされなければ，赤ん坊は（母親の）不安を扱う能力がないという感覚を戻されて，「言いようのない恐怖」や受け入れられないという気持ちを抱く結果となる。もしこのような外界の援助者が利用不可能であったり，感受性が低かったり，歪んでいる場合に，このようなことが起こる。それが人人になっても残存することがしばしばある。

　母親の夢想と赤ん坊の「意識の萌芽」との早期の「相互作用」の崩壊に関する考え方は複雑でこころをかき乱すものでもあり，とても凝縮されたものである。私は読者がこの論文が難解だからといって興味を失うことなく，新しい理解が生まれる度に何度もこれらのセクションを読み直すことをお勧めしたい。ビオンの基本的な主張は「未消化の」経験が心的な成長に寄与することは不可能であるということである。さらに，次の第Ⅱ部の「未消化な残存物」で紹介されるように，発達の早期でコンテインに失敗すると，大抵子どもは一見，理

性的な大人へと成長するが，その底流には不合理な力が働いている。日常生活だけでなく仕事の場面でも，人は怒りを爆発させる。それは，非現実的な「完璧さ」への期待や「完全さ」への期待外れな渇望，欲求不満への不耐性，突然の強い恐怖，「路上の激怒[訳註1]」や人種差別を受けた時に抱くかっとするような攻撃性を感じるような時である。もしくは，それが自己に向け返されてくれば，苦悩の続く中で怒りを感じることもある。それ以上に，脆弱な人々は赤ん坊を育てる時，原始的な不安の中へと押し戻され，これらの荒々しい力を再び誘発する。これらは意識的な記憶としてではなく，具体化した記憶，つまり未解決の問題の反復強迫や再演として再び現れて来る。それは過去からの「おばけ」が自宅を再び訪れるかの如くである。

訳註1) 運転中のストレスでドライバーがかっとなること。

第1章　顔と表情——乳児の鏡としての母親の顔[原註1]

ケン・ライト

　本論では，母親と乳児の早期の相互関係と，その後の発達にその相互関係が潜在的に有する重要性に焦点を当てる。生後間もない時期のこれらの相互関係の多くは顔と関わり，その後の人生でも，顔はしばしば自分や人と密接な関連があるように感じられる。おそらく母親の顔というものが，自分の行動を操作する対象であるだけでなく，情報の源でもあるからであろう。乳児にとって，母親の顔はその身体の他の各部分と異なるものとして早期から体験され，関心の中心となっている（Wright, 1991）。母親の顔は生涯を通して特に重要であり続ける。

アイデンティティの核としての顔

　次の質問について考えてみて欲しい。私たちは誰かと知り合った時，人の身体のどの部分を見るだろうか。入国審査でパスポートをチェックする人は，身体のどの部分を調べるだろうか。接近して親密になっている時，恋人たちはどこを見るだろうか。そして，母親は生まれたばかりの赤ん坊のことを理解しようとする時，どこを見つめるだろうか。

　たとえ，各々の場合で目的や強調される部分が異なるにせよ，関心は顔に向けられる。すなわち，顔は人を識別する際の中心であり，他者についての重要な情報源でもある。個人のアイデンティティは，しばしば顔にあるかのように扱われている。したがって，他者は人相や顔の表情を通して認識，識別される。このように述べることは，私たちが他の手がかりを利用することを否定しているわけではない。私たちは，声や話題，人の行動や動作，服装や家の装飾など，少なからずその人と周囲のものとの関連の仕方に注目している。それにもかかわらず，人のアイデンティティと顔の繋がりには何らかの根本的なものが残さ

原註1）この論文は，2001年のエセックス大学で開講されたCPSのサマースクールのために執筆されたものである。

れており，私たちはしばしば顔を，人の内面へ「最も忠実」，かつ直接的に近づくルートとして体験する。

　しかし多くの場合，その繋がりはあまりに当然のことであるように感じられている。それはとても基本的なものであるため，私たちが吸っている空気と同じように思われる。しかし，呼吸に支障が生じると，つまり呼吸器感染したり，標高が高くなったりすると，呼吸をしていることに気づくかもしれないように，私たちが内的な困難と闘っている時には，自分たちの顔に気が付いたり，不快に感じたりするかもしれない。

　たとえば，ある人が自分に自信がないとする。その人は他の人々が自分をどう思うかについて過度に考え，これはしばしば外見についての不安を引き起こす。すると，自意識が高まり，監視されている，見られているという気持ちが常軌を逸したものになることもある。このような瞬間，人は自分を別人であるかのごとく外側から見ているのだろう。まるで，人が一瞬，他者という鏡の中にだけ存在するかのように，自分自身の体験から外部の視点へと焦点の移動が起きている。

鏡としての他者

　他者が自己の鏡になることがあるというのは単に詩的な比喩ではなく，社会心理学の特定の学派における中心的概念でもある（Cooley, 1902; Mead, 1934 参照）。この意味を理解するには，自分を見る時に現実の鏡を覗くという過程を考えてみることが役に立つ。鏡を覗く際には，通常，点検の手続きが含まれる。まるで私たちは自分が期待から外れていないかどうか，つまり人がどのように自分を見ているだろうかと考え，人にどのように見て欲しいのかを確かめるかのように鏡に映ったものをチェックする。自分に不安を感じている時，人は鏡に映ったものに過剰に囚われるようになる。そして，普段のチェックより長時間を要することもある。よくあることだが，鏡に映ったものを変えようと試み，その結果，本当の自分を隠す仮面をつけたり，変装をしたりする。たとえば，鏡の前で何時間も過ごして，自らを「化粧」で自分の空想上の「美女」へと変身させる女性もいる。自分が禿げていることを過剰に気にして，それを隠すことに完全にとり憑かれてしまう男性もいる。同様に，美容整形，皺取り，植毛などの美容整形手術に大金を費やす人もいる。このような場合，その人は他の人に与える印象を操作するために自分の外見を変えていると考えることも

可能である。これらはすべて，ある一定の限度に収まっている限りにおいては正常である。しかし，それが過剰になると，これにすべての生活が占領されてしまうこともある。

　そのため，形成外科医がいわゆる醜形恐怖の人々に出会うことはよくある。醜形恐怖の人は鼻の大小や凹凸，耳の大小や形状，胸の大小，不格好な体型などある器官の形や大きさがよくないことによって自分の人生が台無しになっていると信じ込んでいる。このような人は頻繁に欠陥を想定し，それらのせいで自分の人生が台無しにされていると勝手に思い込んでいる。簡単な手術で万事が上手くいき，それによって最終的には自分がなりたい人間になることができるという考えに拘るようになる。このような場合には，目で見ることのできる身体の見かけ，つまり，大抵それは顔あるいはその一部であったりするのだが，それが内的自己感を占領しているように考えられる。外的なイメージ，つまり人が自分を外側からどのように見ているかの方が，内的感情生活の地位を奪ってしまうのである。

　心理学的な調査では，そのような人々は脆弱で不安定なパーソナリティであることがしばしば明らかにされている。外見を違ったものに作り上げることによって，自分に感じられる弱点を覆い隠し，埋め合わせたいと願っている。最も極端な場合，たとえば若い人が深刻な精神疾患を患っている場合，一日の多くの時間を鏡に映った自分を見つめることに費やすということが起こりうる。このような人たちは，こうした行為に自らを駆り立てるものを言語化するのは難しいと感じていることもあるが，時にはすべての自己感が不確かになっていると考えられることもある。鏡の中のイメージはなぜかすぐに人を安心させ，ぼろぼろに崩れたアイデンティティの感覚を支える助けとなる。フランスの精神分析家ジャック・ラカン Jacques Lacan（1949）が示唆しているように，おそらくこのイメージの一貫性と完全性が，精神病の中にしばしば存在する断片化された感覚を補償するのであろう。

　個人のアイデンティティの感覚における顔の重要性を強調するもうひとつの状況がある。人の顔がたとえば火傷や怪我によってひどく損傷を受けている時，その人やその周りにいる人の双方にとって危機的な場面が作り出される。親しい知人はかつて自分たちが知っていたその人物の雰囲気にしがみつこうと一生懸命になることもある。思いがけずその人に会った人は，出会った際に混乱した感覚を経験するかもしれない。最もましな場合でも決まり悪さ，日常的な関係性からは逸脱する感覚，最悪の場合には怪物のような奇妙な何かにその人が

負けてしまったような感じを与えることもある。苦しんでいる人もまた，必ず自分の慣れ親しんだ世界から位置がずれてしまったように感じる。その人が現実の鏡を見る時には，見覚えのない誰かに気づく。さらに，他の人の顔を見る時，狼狽し恥ずかしいと感じる。このように顔の怪我は個人を識別する際の感覚全体を徹底的に脅かす。

　ここまで私は，顔やその表情がいかに人間関係という織物に織り込まれているか，そして，顔や表情がいかに主観的客観的側面の双方における人の識別を支えているのかを描き出すために十分に言及してきた。そこで，次に精神分析家が理論と臨床の両方において，かなりアンビヴァレントな方法で顔を扱っていることについて触れたい。

精神分析と顔

　個人のアイデンティティにおける顔の重要性を考慮すれば，精神分析的思考において，顔が主たる関心事であると思われているかもしれない。しかし，注目に値する例外はあるものの，事実はそうではない。顔が省かれることの理由を詳しく調べることはとても興味深い。

　フロイトは，当初，患者に寝椅子に横たわるように求め，催眠をかけるために患者と向かい合って座る治療方法を開発した。しかし，次第に新しく独創的な治療方法が発展し，催眠は患者が自発的に考えていることを自由に表現するという方法に取って代わった。その間，患者に与える影響を紛れもなく減少させるだけでなく，かつ常に見られているという感情を避けるために，フロイトは寝椅子の後ろに座った。勿論，これはフロイトが患者の顔の表情を見るということを阻むことになった。多くの場合，精神分析家は先例に従い，それが分析家から非言語的コミュニケーションの最も重要な経路を奪うことになった。精神分析の理論において，顔がほとんど考慮されない理由の一部はまさにこのことに違いない。

　精神分析は常に身体を重要なものと見なしているが，古典的には身体といっても顔以外の部分である。身体には，口，手，乳房，ペニス，ヴァギナがあり，これらの器官を通して基本的本能が満たされる。しかし，豊富なコミュニケーション上の重要性を持つ顔はほとんど無視されている。コミュニケーションを考慮した治療方法でありながら，情緒を表現する主たる経路を敢えて無視しなければならないというのは逆説的なことである（Darwin, 1872）。しかし少な

くとも初期の70年間は，精神分析ではこのような考え方が為されていた。

　状況は1950年代に変化し始めた。この変化はおそらく精神分析家がより様々な状況で仕事をし始めたことによって起きてきたのであろう。いまやそれは観察者と被観察者がお互いに顔を合わせるという構造を含むようになった。たとえば，アメリカのルネ・スピッツ Rene Spitz（1965）など分析家の中には，母親との日常的相互作用という自然な文脈の中で乳児を観察し始める者もいた。同じくアメリカのハロルド・サールズ Harold Searles（1965）のように，しばしば深く退行し，時には無言になる統合失調症の患者との治療を始めた分析家もいた。どちらのタイプの状況も，もはや言葉はコミュニケーションの主たる媒介ではなかった。実際，非言語的コミュニケーションが明らかにより重要なものであることが多かった。したがって，乳児と母親の相互の微笑を観察していたスピッツ Spitz は，乳児の発達の定式に母親の顔と乳児の微笑を含めるようになった（Spitz & Wolf, 1946）。さらに，退行した統合失調症患者と対面で治療を行ったサールズ（1963）は，患者と分析家のコミュニケーションにおける顔の重要性を益々強調した。したがって，設定や治療方法，患者のタイプによって，集められた素材の種類がいかに影響を受けるかを理解するのは難しいことではない。

　これを説明するために，アメリカからふたりの専門家の業績を提示してきた。ここで最後に，私はイギリスの精神分析家ドナルド・ウィニコット Donald Winnicott のとても独創的な臨床実践から例を挙げようと思う。ウィニコットは小児科医で，後になって精神分析家としての訓練を受けた。ここでも設定が決定的な重要性を持っていたらしい。ウィニコットは，この時小児科クリニックでスピッツのように母親と赤ん坊を相手に仕事していた。そして，ウィニコットの研究は常に経験からの影響を受けていた。ウィニコットの乳児発達の説明は，現実の母親が発達過程において極めて重要な部分を占めているという点で，メラニー・クライン Melanie Klein などのウィニコットと同時代の著名な研究者とは大きく異なる。母親と赤ん坊のコミュニケーションはウィニコットの理論的枠組みの核心であり，乳児と自分の鏡となる母親の顔との関係は最も重要な論文のテーマとなっている（Winnicott, 1967）。

　要約すると，古典的な精神分析家は人の発達における顔の役割を無視し，身体的欲求の満足をすべての中心に据えていた。これらの欲求が重要であったため，パーソナリティの社会的側面や関係性的側面は，とにもかくにも身体的経験の満足から生じているに違いないというように理解する偏見を生じさせたの

である。このようにして，精神分析の理論は人の顔を適切に扱うのに失敗したのと同じように，人のパーソナリティに本質的な関係性という核を見落とした。これは，対面の設定で患者と治療を行ったり，母親と乳児を直接相手にして働いたりする精神分析家が出始めるにつれて，変化し始めた。私はこのような臨床的実践の3つの例を挙げた。しかし，これらとは異なった意味で重要であるという理由から，4番目にジョン・ボウルビィ John Bowlby の研究について論じたいと思う。

ジョン・ボウルビィの研究

多くの人はボウルビィの愛着理論やボウルビィの最も初期の説明を『Chid Care and the Growth of Love』（1965）の中で見聞きしているだろう。愛着理論は，『Attachment and Loss（母子関係の理論）』（1969, 1973, 1980）の3巻からなる主たる研究で詳細に述べられ，さらに十分に展開されている。『Chid Care and the Growth of Love』は，母親から分離させられた幼児の研究である。分離が引き起こす結果を再考し，ボウルビィは少なくとも英国の対象関係論者以外の精神分析家の中では独創的だった視点に行き着いた。母親への乳児の欲求は自分の身体的な欲求を満たす対象としての母親に依拠しているというのが，それまで共通して記述されていたが，ボウルビィの視点はこれを否定するものであった。反対に，愛着の欲求は一次的なものである，つまり愛着の欲求自体が本能のようなものであり，それ自体が重要なのである。このように，ボウルビィは・誕・生・直・後・か・ら・母・親・へ・の・一・次・的・な・欲・求・が・存・在・するという視点に至っている。ボウルビィはこの視点を臨床的な素材だけでなく，他の哺乳動物の愛着行動を研究している比較行動学からの証拠によっても裏付けている。要約すれば，ボウルビィは母親からの分離に対する乳児の反応の仕方は，単に母親の身体的な養育や母親からの供給の喪失に対する二次的なものではなく，一次的な愛着の絆の役目を果たすものから生じていることを主張している。したがって，愛着それ自体が基礎となるものであり，人間の社・会・的・性・質を支えるものなのである。

ボウルビィの正当性は多くの証拠によって示唆されているが，もしボウルビィが正しいとするなら，授乳や身体的な養育，感覚的な接触に対する欲求が基本的なものであるのと同様に，母親と乳児の間の愛着の維持も基本的な欲求なのである。ここから生じるのは，乳児の中に愛着の欲求に寄与する装置が埋め込まれているという視点である。したがって，誕生直後から母親に身体的にし

がみつくことを可能にする装置がサルの赤ん坊に埋め込まれており，文字通り母親との愛着を維持するように，乳児の中にも母親側に愛着行動とその絆を引き起こすことを可能にするような装置が埋め込まれていることになる。つまり，人間の乳児の行動はサルの赤ん坊の母親へのしがみつきのように母親への近接を保証することはできないが，乳児の行動は母親が乳児と親密な絆を形成するのを援助し，実際に絆の形成の助けになる。そして，母親が確実に存在し続けるのを大きく促進することにもなる。ボウルビィはこの枠組みの中で，乳児が母親に微笑む反応（これはスピッツの研究の中心であったのだが）を，子育てや養育行動に母親が携わるのを促進させるために乳児に埋め込まれたレパートリーの一部であると考えている（ちなみに，微笑反応は養育してくれる人からの微笑や他のアプローチに応じて微笑むという乳児の傾性である）。

　乳児の微笑反応と赤ん坊ザルのしがみつき行動には，重要な相違が明確に存在する。微笑反応は生後数週間のうちに始まり強化される。その後，数週間，数カ月間のうちに，それは母親に限定されたものになる。サルのしがみつき行動は誕生直後から十分に見られる。しかし，サルの愛着行動は比較的一方的なもの，つまり赤ん坊ザルは母親が木々の間を渡っている時，しがみついたり，摑まったりするが，人間の赤ん坊の場合，愛着は双方向である。赤ん坊の微笑は母親から微笑を引き出し，これが次に乳児の微笑を強化し促進する。このように人間の愛着行動は相互に強化され，相互依存的なものである。多くの研究者はこの相互作用の行動が特に人間の社会的関係性の基礎であると考えている。この相互作用の行動はコミュニケーションに準ずる，連続性のある行動様式という形を誕生直後から取っており，それが徐々に一種の社会的なレパートリーを形成する。数カ月すれば，それは母親と乳児の間の微笑や発声という複雑な連続性のある行動様式へと発展する。これは特定の母親と乳児のペアに強く限局されるものである。これらはある種の会話の原型の構成要素となり，参加する両者に重要且つ楽しいという印象を与える。この会話の原型という考え方は，特にコルウィン・トレヴァーセン Colwyn Trevarthen (1979)[原註2]によって発展させられている。

原註2）本書第3章を参照［編者］。

実証的乳幼児研究

　訓練中の精神分析家は皆，少なくとも最低 1 年間，毎週乳児の自宅で乳児を観察しなければならない。しかし，厳しく実証的な流儀で乳児の行動を観察する分析家というのは極めて稀で，この意味においてボウルビィの科学的，観察的なアプローチは典型的なものではなかった。しかし，過去 30 年間ほどで乳児の行動に関する実証研究が急速に発展した。こうした研究の多くは精神分析の先入観に捕らわれたものではなかった（Brazelton, 1976; Murray, 1988, 1992; Stern, 1985; Trevarthen, 1979）。これは精神分析家たちが考慮すべき，興味深いデータを提供している。この研究から浮かび上がることのひとつは，とても幼い乳児の認知能力が高度に発達しており，その能力は並外れた細部にわたって母親の行動を目で追ったり，頻繁に模倣したりすることを可能にするという事実である。大抵の場合，肉眼で見つけ出すことが難しい数多くの様々な例が，ビデオの録画技術によって明らかにされている。これらは様々な方法で区別，整理されており，かつて認識されていたよりもさらにもっと複雑な乳児像を次々と明示している。母親と乳児は両者の間で確立され学習される極めて特別な方法でお互いに強く巻き込まれており，他の養育者で代用できないという原則に比べれば，詳細はあまり重要ではない。さらに，これだけではなく，乳児は生後数日の間に自分の母親の母乳の匂いを学び，他の人の母乳の匂いよりも自分の母親の母乳の匂いによく反応する。その錯綜的な相互作用は社会的なものであり，相互に錯綜した反応が複雑に連続することを伴っている。

　この研究は，母親と乳児の間の出来事はすべての母親と乳児のペアに極めて特有なものであるということを示している。誕生直後から，乳児は母親との前言語的「会話」という触媒の中に浸っている。そして，少なくとも母親の純粋な身体的な養育に依存しているのと同じ程度に，乳児はほぼ確実に母親のこの側面に依存している。これらの発見は愛着の考え方に新しい次元を与える。生後数週間経たないうちに乳児を母親から分離させると，とても特有で個人的な関わり方のパターンを壊してしまう。この文脈に従えば，心的外傷を残さずに養育者を変えることが可能であるという考え方は支持し難い。

　これらの見解を充実させるために，『*The Earliest Relationship*（最早期の関係性）』（Brazelton & Cramer, 1991）に記述されたブラゼルトン Brazelton とクラーマー Cramer の研究からひとつの例を挙げよう。著者らは母子間の多くの早期の連続性のある行動様式は二者間の模倣行動を基礎としている

が，時が経つにつれ連続性のある相互作用の中のふたりの違いと多様性が重要となってくると記述している。母子は多くの無言での見つめ合いや微笑，発声，目を逸らすことを含め，そのような連続性のある行動様式の例を「同調 entrainment」と呼んでいる。ブラゼルトンとクラーマーはこれを次のように説明している。

> 母親と乳児は，長い連続的なやりとりの中でお互いのそれぞれの反応を予想し始める。それぞれ相手の求めることを学習することで，まるで規則があるかのようにリズムを作り上げることができるようになる。じきに，このリズムの力は期待を確立することになる。……この期待は強力なものであるため，ペアそれぞれのメンバーにこれを続行させる。……まず，ヴァイオリンの初心者のように，既に共時性の基本として確立されている注意と不注意のリズムを一方が開始することによって，もう一方の行動を「一緒に引っ張っていく」ことができる（p. 124）。

互いに相手に応じて奏でるヴァイオリニストの音楽の比喩は，大いに喚起的である。母親と乳児はそれぞれ，お互いに相互依存的なペアとして発達する。その中で，類似する行動や相互作用は互いに共有された直感的な規則に従って合図を送られ，展開されていく。それぞれがもう一方への調律と調整を行い，おそらくお互いの能力に依拠しているのだろう。それは相手の動きを知り，予想することができるダンスのパートナーのようなものである。この考え方が愛着の考え方に深みと詳細さを与える。また同時に，この考え方に従えば子どもを失うことに痛烈な感覚が伴うことも理解しやすい。

さらにまた，こうした観察研究が母親と乳児の間で起こっていることに関する私たちの構想を大きく広げていることが分かる。しかしながら，そのような相互依存的な連続性のある行動様式に巻き込まれている乳児の内的経験について詳しく調べる試みは為されていない。したがって，私はこの問題について言及しようとしたドナルド・ウィニコットの業績について論じようと思う。

ウィニコットの貢献

ウィニコットが執筆をしていた1950年代の後半，当時の乳児研究は草創期にあった。そのため，ウィニコットは乳児そのものにはあまり注意を払っていないようであった。しかしながら，ウィニコットは母親との関係での包み込むという性質に関して，そして赤ん坊がそのような早期の母性的環境にいかに巻

き込まれていると感じているかに関して鋭く直感的な感覚を持っていた。ウィニコットの「ひとりの赤ん坊というものは存在しない」という記述がよく引用される。ここで，赤ん坊を単体で考えることは無意味であると言及していた。なぜなら，そこには常に母親，または母親と乳児のペアが存在していたからであり，その中で赤ん坊の未発達の情動的自己が抱えられ，養育されていたからである。ウィニコットによれば，赤ん坊は生後数カ月，母親に溶け込んだ状態で存在している。そこに母親から分離しているという現実の感覚はない。母親は「環境」であり，つまり乳児の体験の一部とでも言える独立した行動の源として客観的に認識される対象ではなかった。通常，母親は赤ん坊の期待を満たし，赤ん坊のリズムに同期していた。

　当初，ウィニコットは授乳場面を頭に置いていた。産後の母親は赤ん坊の期待を感じ取り，乳房を差し出し，ほぼその期待に応えることができるとても敏感な状態にあるとウィニコットは考えた。母親が完全には適応していないという時にのみ，赤ん坊も母親を違うものとして，または分離していると体験するようになった（この意味での分離は，期待を満たしていない，必要とされているものを与えていない，または同期していないやり方でそれを与えているということを意味している）。したがって，ウィニコットの研究の大部分はブラゼルトンやクラーマーらよりも以前に行われているが，ウィニコットの考え方をブラゼルトンらの考え方に関連付けるのは容易なことである。

　ウィニコットは，母親が適応的な「同期した」方法で振舞っている時に，赤ん坊はよい体験をしていると考えた。しかし，これは母親が赤ん坊の望むものを与えているからだけではなく，もうひとつの重要な理由による。赤ん坊の期待を満たすことは，赤ん坊が環境に関して潜在力のようなものを感じることを可能にした。それはあたかも母親が与えたものを，自分の想像によって自分が創造したと感じることができるかのようであった。母親の応答による調律は，「できた」，「私だよ」と赤ん坊に感じさせた。ウィニコットによれば，それが自己感の基礎となる。ウィニコット（1967）は後にこの初期の見解を興味深い方向に展開した。「Mirror role of mother and family in child development（子どもの発達における母親と家族の鏡役割）」と呼ばれる論文で自らの関心を，乳房から母親の顔に対する乳児の相互作用に移した[原註3]。これは重要であった。なぜなら，社会的なコミュニケーションの領域を発達の中心に据えた

原註3）本書第2章を参照［編者］。

からである。

　ウィニコットは「赤ん坊は母親の顔を覗きこむ時，何を見ているのか」という疑問を投げかけている。「私は普段，赤ん坊が見ているものは自分自身であると提唱している。言い換えれば，母親は赤ん坊を見ており，母親の様子は，母親がそこで見ているものと関係している (1967, p. 112)」。ウィニコットはこの段階の赤ん坊は主として母親を対象として，別の言い方で表現すれば，母親の顔を母親の気分を表すものとして見てはいないと主張している。むしろ赤ん坊は母親の顔を自分の気分や表情を映す鏡のようなもの，母親の表情は自分自身の気持ちと共鳴していると見ている。したがって繰り返しになるが，母親の応答は乳児の情動的自己の一面として見なされている。それは実際には「向こう」にあるにもかかわらず，主観的で「こちら」にあるもの，言い換えれば赤ん坊の一部を具現化し，目に見えるようにするのである。それゆえに，母親の顔は乳児の最初の鏡というイメージなのである。

　ウィニコットの定式化は，連続性のある行動，たとえば乳児の微笑反応への母親の反応などを乳児の自己体験を形成するものに変容させる。ほんの少し前には，母親の乳房の与え方が赤ん坊に心地よく創造的であると感じさせたように，今度は母親の肯定的な微笑が乳児の内側にある「心地よく，微笑ましい気持ち」を捉えて「固定する」のである。母親が乳児の感情をそのまま反復的に応答することによって，乳児の感情は現実化され，高められる。ここから，人の経験が完全に現実のものとして体験されるためには，他者によって捉えられ，映し出されることを必要とするという考えと類似している。この意味において，私たちは他者がいてこそ，すなわち発生しようとしている私たちの感情に他者が共鳴し，確証を与える時にのみにやっと十分に生き生きするということができる。

　大人の生活におけるあらゆる体験の一つひとつまでもが，他者を通した変容という過程を経験していなくてはならないと言っているわけではない。体験を生き生きとしたものとして維持するには他の方法もある。しかしながら，このことは，少なくとも乳児期において乳児が生き生きとした自己感を発達させ維持するには，映し出して応答してもらえるということが恒常的に必要であることを示唆している。

母親の調律

　調律として知られている相互作用の様式に言及することなくして，母親と乳児の早期の対話についての記述は完全なものにはならないであろう。この概念はエムディ（Emde, 1988）とスターン（Stern, 1985）が発展させてきた。ふたりはどちらも母親と乳児のやりとりについての研究の発展に影響を及ぼした新生児の研究者であり，精神分析家でもある。その概念は，言語の発現の直前の時期に絶頂を極める母親の行動様式を指している。スターンは調律を「感情状態の鋳直し」と記述している（Stern, 1985, p. 161）。これはウィニコットの映し出すという母親の応答と類似しているが，より高い年齢に使用され，より様々な範囲にわたる乳児の行動や，より豊富な母親の応答レパートリーを含む。基本的にスターンが記述しようとしたのは，乳児が何を行うにしても常に背景となる感情状態，すなわち展開中のものと一体化した緊張や覚醒状態が存在しているということである。これは必ずしも乳児の意識の一部とは限らないが，乳児の行動の中に，その情動の随伴物として存在する。これらの情動が一般的に喜びや怒り，恐れ，嫌悪感などといった，人間の基本的な情緒として説明されるものと同じではないことをスターンは明確にしている。すなわち，情動は別の領域を占めており，より絶え間なく，満ち足り欠けたりするのである。赤ん坊が床を這い回ろうが，立ち上がろうが，おもちゃに手を伸ばそうが，猫のしっぽを叩こうが，情動は変化するがある特定の感情の質を持った背景状態を形成する。スターンによれば，私たちが他者のこころの中に残すもののひとつは，たとえば興奮や関心が高まったり静まったり，潮のように満ちたり引いたり，持続したり消失したりする過程などの感情の「形状」の変化である。それゆえ，たとえば子どもがおもちゃに手を伸ばすとしよう。私たちは子どもがおもちゃに向かう時にはその子の強力な熱意を，おもちゃに少し届かない時にはその子の不安を，何とかしてそれに届くとその子の喜びを，やっとおもちゃで遊ぶことができた時にはその子の興奮を感じるかもしれない。スターンによれば，母親は直感的にほぼ途切れることなく，赤ん坊のこのような状態に接触し，それを体験している。それは母親自身の身体の緊張状態やリズムの中でほとんど無意識的な同一化を通して行われる。この同一化を通した体験が調律のひとつの要素である。もうひとつの要素はこれもまた直感的なものであり，大抵はほとんど無意識的な母親の応答である。母親が同一化を通して自分が経験したことを赤ん坊に再生する方法を持っているということは，観察によって明

らかにされている。このような再生は変化し続ける赤ん坊の状態を母親が知覚し、それを映し出し、再演するという軽微なパフォーマンスの形をとる。たとえば、赤ん坊がおもちゃに手を伸ばす時、母親は何らかの形でまさに手をやる瞬間の赤ん坊の体験の「形」を表現して描き出すような一連の音を発することがある。母親の発声のパターンや、時にはその仕草の形やリズムは、赤ん坊の興奮の形やリズムを生き生きと描き出しているのであろう。

　母親が知らないうちに提供しているものが、赤ん坊の感情状態を明確に対象化しているということを理解することが重要である。ウィニコット的に言えば、これは母親の微笑の中に自分を確かめたり、その乳房に自分自身の期待が具現化したものを見出したりする赤ん坊に対応するものである。スターンが述べている調律的応答においては、赤ん坊は母親の発声や仕草に自らの直前の「形」や形式を見ることができる能力を潜在的に有しているのである。

　私たちは、母親の適応、ミラーリング、調律の行く手に共感性が見出せることを期待できるかもしれない。つまり言語が登場すれば、映し返しと理解は言語で伝えることができる。私は人の体験を自らがどのように共有してきたかを、人に伝えることができる。本論では、言語に先行するもの、つまり双方向の非言語的形式で伝達され、共有される乳児の感情を中心とする対話に関心を持ってきた。この対話の中に将来的には共感性に繋がるルーツの存在、そして単に感情を表現する能力というより、むしろ感情を持つ能力が母親と乳児の間に鳴り響く回路の中に確立されることの両方を私は示唆している。

母親のうつ病

　ここまで乳児の自己の発達を促進すると思われる母親の応答性や対話のタイプについて論じてきた。もし母親のうつ病の考察を行わないとしたら、この論考は不完全なものになってしまうであろう。産後うつ病は極めて一般的なものであるだけでなく、応答のない母親という亡霊を出現させる。もし母親が自分自身に囚われ、自分の赤ん坊に同一化するという鋭い感覚を失うと、生き生きとしたやり方で応答する能力が明白に損なわれる。したがって、うつ病が悲惨な結果を導くことになるのは明らかである。赤ん坊の視点に立てば、母親はもはや生き生きと共鳴する鏡ではない。母親は事実上「デッドマザー」[原註4]であ

原註4）本書第13章参照［編者］。

り，何も返してくることがないか，または生気のない感情を発散しているかのどちらかである。このような母親の赤ん坊が感じていることについて確信を持って記述するのは難しい。しかし，もし応答を得ている赤ん坊が自分の感情状態を高めるもの，つまりは「やった，やったよ」とか，「やった，見て」といったような感覚を感じるとすれば，うつ病の母親の赤ん坊はそれとはかなり異なるもの，「やったよ。だからどうしたっていうの」「笑ったよ。だけど，何も起こらないよ」といったことを感じるというのは往々にしてあり得そうなことである。この見解に従えば，赤ん坊の情動的自己の成長が阻害されることもあり得る。

　事実，乳児の発達に母親のうつ病が与える影響に関する意義深い研究が行われてきた（特に Murray, 1988, 1992[原註5]）。この研究はうつ病の母親がコントロール対照群と比べて，確かに応答性が低いことを示しているだけでなく，発達指標の分布幅に無視できない影響を及ぼしていることを実証している。有意に情緒や認知の発達が損なわれている。

　大抵の場合，精神分析家が患者に会うのは，幼少期が終わって暫く経ってからである。私たちにできるのは，患者の過去がどのようなものであったかを想像上で再構築することだけである（Green, 1983 など）。私たちは情緒的発達が阻害され，死んでいるように見える患者に会うことが頻繁にある。こうした場合，私たちはある意味では，その母親が自分の子どもから情緒的に距離を置いていたことの証拠を見つけてしまったように感じることも多い。詳細な相互作用という点では，そのような患者の幼少期を再構築することは不可能かもしれない。しかし，このような場合，面接室は大抵抑うつ的で気が抜けた存在で満たされているように感じられる。その時，分析家はこの患者の母親の子どもであることは，どんな感じなのかを何となく知っているように感じるのである。

　本論は，第一線で健康に関わる専門家に向けられたものであるため，私はこの臨床的テーマを展開させないでおく。これは母親のうつ病には犠牲者が伴うことを十分に明示しており，プライマリーケアの計り知れない重要性を強調している。それゆえに，母親のうつ病の予防，発見，早期治療は，プライマリーケアの大きな難題となるのである。

参考文献

Bowlby, J. (1965) *Child Care and the Growth of Love*. Harmondsworth: Penguin.

原註5）本書第20章参照［編者］。

Bowlby, J. (1969, 1973, 1980) *Attachment and Loss. Vol. 1. Attachment.* [1969]; *Vol. 2. Separation* [1973]; *Vol. 3. Loss* [1980]. London: Hogarth Press and the Institute of Psycho-Analysis.（黒田実郎他訳：母子関係の理論Ⅰ, Ⅱ, Ⅲ. 岩崎学術出版社, 1976, 1977, 1981.）

Brazleton, T.B. (1976) Early parent-infant reciprocity. In: V.C.Vaughan and T.B. Brazleton (eds), *The Family. Can It Be Saved?* New York: Yearbook.

Brazleton, T.B. and Cramer, B.G. (1991) *The Earliest Relationship. Parents, Infants and the Drama of Early Attachment.* London: Karnac.

Cooley, C.H. (1902) *Human Nature and the Social Order.* New York: Scribner's.

Darwin, C. (1872) *The Expression of the Emotions in Man and Animals.* London: John Murray.（浜中浜太郎訳：人及び動物の表情について. 岩波書店, 1931.）

Emde, R.N. (1988) Development terminable and interminable. Innate and motivational factors from infancy. *International Journal of Psychoanalysis.* 69: 23-42.

Green, A. (1983) The dead mother. In: *On Private Madness.* London: Hogarth Press, 1986.

Lacan, J. (1949) The mirror image as formative of the function of the T. In: *Ecrits: A Selection.* Trans. A. Sheridan, pp. 1-7.（宮本忠雄訳：〈わたし〉の機能を形成するものとしての鏡像段階. エクリⅠ. 弘文堂, 1972.）

Mead, G.H. (1934) *Mind, Self and Society.* Ed. C.W. Morris. Chicago: University of Chicago Press.（河村望訳：精神・自我・社会. 人間の科学社, 1995.）

Murray, L. (1988) Effect of post-natal depression on infant development: Direct studies of early mother-infant interaction. In: Brockington, I. and Kumar, R. (eds), Motherhood and Mental Illness, Vol. 2. Bristol: John Wright.（北村俊則他訳：母性と精神疾患. 学芸社, 1988.）

Murray, L. (1992) Impact of post-natal depression on infant development. *Journal of Child Psychology and Psychiatry,* 33(3), 543-61.

Searles, H. (1963) The place of neutral therapist responses in psychotherapy with the schizophrenic patient. In: H. Searles (1965).

Searles, H. (1965) *Collected Papers on Schizophrenia and Related Topics.* London: The Hogarth Press.

Spitz, R.A. (1965) *The First Year of Life.* New York: International Universities Press.

Spitz, R.A. and Wolf, K.M. (1946) The smiling response: A contribution to the ontogenesis of social relations. *Genetic Psychology Monograph,* 34, 57-105.

Stern, D. (1985) *The Interpersonal World of the Infant. A View from Psychoanalysis and Developmental Psychology.* New York: Basic Books.

Trevarthen, C. (1979) Communication and cooperation in early infancy: Description of primary intersubjectivity. In: M.M. Bullowa (ed.), *Before Speech: The Beginning of Interpersonal Communication.* New York: Cambridge University Press.

Winnicott, D.W. (1951) Transitional objects and transitional phenomena: A study of the first not-me possession. In: D.W. Winnicott (1958) *Collected Papers – Through Paediatrics to Psycho-Analysis.* London: Tavistock..（橋本雅雄訳：移行対象と移行

現象．遊ぶことと現実．岩崎学術出版社，1979；北山修訳：移行対象と移行現象．小児医学から精神分析へ——ウィニコット臨床論文集〔北山修監訳〕．岩崎学術出版社，2005.）

Winnicott, D.W. (1967) Mirror role of mother and family in child development. In: D.W. Winnicott (1971) *Playing and Reality*. London: Tavistock..（橋本雅雄訳：小児発達における母親と家族の鏡としての役割．遊ぶことと現実．岩崎学術出版社，1979.）

Wright, K. (1991) *Vision and Separation. Between Mother and Baby*. London: Free Association Books.

第2章 子どもの発達における母親と家族の鏡役割[原註1)]

ドナルド・ウィニコット

　ここでの私のテーマはとても簡潔なものである。それは個人の情緒的発達において，鏡の役割に先立つものが母親の顔であるということである。私はこのことの健常な側面だけでなく，その精神病理にも言及したい。私がジャック・ラカン Jacques Lacan の論文「Le Stade du Miroir（鏡像段階）」から影響を受けたことは紛れもない事実である。ラカンは各個人の自我の発達における鏡の使用について論じている。しかし，私は本論でラカンが言及していない母親の顔という観点からの鏡の使用について論じたいと思っている。

　私は視力障害のない乳児についてのみ言及する。このアイディアを弱視や全盲の乳児を含めて広く適応させることは，主たるテーマが論じられるまで保留して置かなければならない。ここでの論述の骨子は次のようなものである。人間の乳児の情緒的発達の早期段階では，乳児自身によって自分から未だに分離されていない環境が重要な役割を果たしている。漸次，自分から自分でないものの分離が為されて行く。このテンポは乳児や環境によって異なっている。その重要な変化は客観的に認識された環境特性として母親を分離することによって達成される。もし母親であるべき人がそこにいなければ，乳児の発達の課題は著しく込み入ったものになる。

　環境機能を単純化し，簡潔に説明するとすれば，次のことが含まれる。

1　抱っこすること holding
2　あやすこと handling
3　対象を差し出すこと object-presenting

乳児はこうした環境から提供されるものに反応するであろうが，この結果，

原註1）本論文はピーター・ロマス Peter Lomas 編の1967年にロンドンの Hogarth & Institute of Psychoanalysis から出版された『*The Predicament of the Family*』に初めて掲載された。ここにはウィニコット財団による許可の下，再掲載した。

赤ん坊の中で最大限の個人の成熟が成される。私はこの段階で成熟という用語を使用することによって、統合という用語のもつ多岐にわたる意味を含めようと意図している。そこには、精神身体の相互関係や対象と関係することの意味も含まれている。

　赤ん坊は抱っこされ、満足のいくようにあやされ、そして赤ん坊として当然の万能的な体験が妨げられないように対象が与えられる。その結果、赤ん坊は対象を使用できるようになり、あたかもこの対象が主観的対象であり、自分自身で創り出したかのように感じるに違いない。

　こうしたすべてのことは誕生後すぐに起きる出来事であり、このことから広大なコンプレックスが展開し、それが乳幼児や子どもの情緒的、心的発達を構成する。

　ある時から、赤ん坊は周囲に視線を配るようになる。大抵の場合、胸に抱っこされている時の赤ん坊は胸を見ていない。胸よりも顔を見ている方が、より特徴的なことであるようである（Gough, 1962）。赤ん坊はそこに何を見ているのであろうか。私たちはその答えを見出すために、最早期の現象に到達し、しかも前言語的なものや非言語的なもの、詩の中でしか言語化できないものの繊細さを損ねることなく、（言語化が可能と感じた時に）言語で表現することができる精神分析の患者たちとの経験に頼らざるを得ない。

　赤ん坊は母親の顔に注目している時、何を見ているのであろうか。普段、赤ん坊は自分自身をそこに見ているのではないだろうか。別の言い方をすれば、母親が赤ん坊を見つめ、その母親の様子が、そこで母親が見ているものと関連している。こうしたすべてのことはあまりに当然のことと思われ過ぎている。乳児を世話している母親によって自然に上手に為されるこうしたことを、当たり前に受け止めないで欲しいと私は思う。ここで、母親の不機嫌さ、さらに悪いことは母親自身の防衛の硬さから影響を受けた赤ん坊のケースに目を転じることで、この論点を明確にすることができる。こうした場合、赤ん坊は何を見ているのだろうか。

　勿論、母親が反応できなかったたった1回の機会だけを取り上げて何かを語ることはできない。しかし、多くの赤ん坊は実際に自分たちが与えているものを取り戻せないという経験に長期にわたって耐えなければならない。赤ん坊は眼差しを向けるが、自分自身を見ることはできない。その結果、次のようなことが起こる。まず、赤ん坊自身の創造的な能力は萎縮し始め、そしてあらゆる方法を用いて、環境から自分自身の何かを取り戻すための他の手段を周囲に探

し求める。赤ん坊は他の方法によって，これを達成することができるかもしれない。盲目の赤ん坊は視覚以外の感覚を通して，自分自身を映し出す必要がある。実際に，表情の乏しい母親であっても他の方法で対応することができるかもしれない。多くの母親は赤ん坊がむずかっていたり，苛々していたり，特に病気だったりする時には，上手く対処することができる。次に，赤ん坊は自分が眼差しを向けている時，見えているものが母親の顔であるという考えに基盤を見出すようになる。その時，母親の顔は鏡ではない。このようにして，知覚は意識的な知覚（統覚）となる。世界との意義ある交流，つまり自己を豊かにすることと目に見えるものの世界の中に意味を発見するといったことが交互に起こる相互プロセスの始まりとなるものに取って代わる。

　当然，こうした一連の出来事の図式には途上の段階が存在している。赤ん坊の中には希望をまったく捨てない赤ん坊もいる。赤ん坊は対象を注視し，感じさえすれば，そこにあるべき意味を対象の中に見つけるために可能な限りのことをすべてする。他には，母親のケアが適切でないことによって苛立たされるが，母親の機嫌を予想しようと試みるうちに多様な母親の顔付きを学んでしまう赤ん坊もいる。これはまさしく天気予報と同じである。その赤ん坊はすぐさま，「いまなら安心してママのご機嫌を忘れて，自分の思い通りに振舞っても大丈夫だけど，すぐにママの顔は強張り，機嫌も悪くなっちゃうはず。そうなったら自分の中心的な自己が傷つかないように，自分の欲求を控えなければならないんだ」といったように予想することを習得してしまう。

　この予想能力が病的な方向に行き過ぎると，それはすぐさま危険なものとなり，赤ん坊を次々と起こる事態への対処能力の限界まで酷使してしまう。これはカオスへの前兆となり，その赤ん坊は防衛としてひきこもりを組織化するか，知覚の目的以外に眼差しを向けることはなくなるだろう。このように養育された赤ん坊は成長と共に，鏡や鏡に映し出されているものについて困惑することになるだろう。もし母親の顔が反応しなければ，その時，鏡は眼差しを向けられるものであり，中身を見ることのできないものとなる。

　ここで健康な発達の経路に立ち返ると，普通の少女が鏡の中の自分の顔を注意して見る時，そこに母親のイメージがあり，母親が自分に眼差しを向けることができれば，母親が自分と一体化していることになりその子は自信を新たにする。二次的自己愛の状態にある少年少女が美しい人を見て，その人と恋に落ちるために眼差しを向けるのは，母親の継続した愛情と世話に関して疑念が忍び込んできたことの証拠を既に示している。つまり，美しい人と恋に落ちる男

性は，ある少女を愛し，その子を美しいと感じ，その子の何が美しいのかを理解できる男性とはまったく異なっている。

　私は自分のアイディアを押し付けるつもりはないが，その代わりに例証を提示し，私が提案したアイディアを読者に吟味して欲しい。

例証Ｉ

　まず，私は知人の既婚女性について言及しよう。その女性は3人の男の子を立派に育てた。さらに，創造的で重要な仕事をしている夫を十分にサポートしていた。こうした状況の背後で，この女性は慢性的なうつ病のようであった。毎朝，絶望状態で起床し，これが結婚生活に深刻な障害を与えていた。この女性はこれに為す術もなく，身動きできない抑うつ感を解決するため，いよいよ起きなければならない時間になると顔を洗って着替えをした。それを済ませることで，「いつもの振りをする」ことができたのだった。そこでやっとその女性は再生したと感じ，世界と向き合い，家族の責務を担うことができた。この卓越した理性と強い責任感をもつ人は，慢性的な抑うつ状態を発現させることによって，最終的にこの不幸に反応していたのである。結果的に，それは慢性的に生活に支障をきたすような身体障害に隠されるようになった。

　これは一般的に起きうる行動様式であり，すべての人の社会的，臨床的経験において容易く見出すことができる。この症例は正常な状態を誇張したものに過ぎない。その誇張とは，鏡に認識させ是認させるといった任務の誇張である。その女性は自分自身の母親でなければならなかった。もしこの女性に娘がいたなら，大いなる安堵を見出したに違いないであろう。しかし，おそらくその娘は苦しむに違いない。というのは，その娘は自分の母親の視界に自分が入っているかどうかという母親自身の不安を修正するといったあまりに重要な役割を課せられるからである。

　読者はフランシス・ベイコン Francis Bacon を既に思い浮かべているだろう。ここで言うのは「美しい顔は静かな称賛である」，「美しい顔は美の極致であり，それは描くこともできない」と語ったベイコンではなく，意味ありげに歪曲した人の顔を描き続けていたひどく癪にさわる，熟練した，挑戦的な現代の芸術家の方である。この論文の立脚点からすれば，このフランシス・ベイコンは母親の顔の中に自分自身を見ていたが，そこにはベイコンと母親の中の歪みが加わっており，それがベイコンと私たち双方を惑わせるのである。私はこの芸

家の私生活について何も知らないが、私がベイコンをここで引用しているのは、ベイコンが顔と自己についてのここでの議論に必須だからである。ベイコンの描く顔は現実の知覚から遥かに懸け離れているように思える。その顔を見ると、見てもらうために痛々しい奮闘努力をしているかのように思えるが、それは創造的に見るということの基盤である。

　私は見られることに依拠している（個人の）歴史的過程を仮定することによって、知覚と意識的な知覚（統覚）を連結しようと思っている。

　私が眼差しを向ける時、私は見られている、それゆえに、私が存在する。

　いま私は眼差しを向けることも、見ることもできる。

　いま私は創造的に眼差しを向け、さらに私は私が意識的に知覚（統覚）したものを知覚する。

　実際に、（私が疲れていない限り）私はそこでは見られないものを見ないように注意している。

例証Ⅱ

　ある患者は「昨晩カフェバーに行って、色々な人を見ていて、とっても面白かったわ」と報告した。そして、これら数名の人の描写をした。この時、この患者は人目を引く外見をしていた。その気になれば、どんなグループの中でも注目の的になることができただろう。私は「誰もあなたに視線を向けなかったのですか」と尋ねた。この患者は多少なりとも注目を引いたというこの考えを受け入れることができたが、男友達を一緒に連れていたので、人々が眼差しを向けていたのは、この男友達に違いないと感じていた。

　ここから私と患者は協力しながら、この患者に自分が存在していると感じさせるという意味で、見られるという観点から、患者の早期の生育歴や幼児期を予め見渡してみた。実際、この患者はこの関係では悲惨な経験をしていた。

　そして、このテーマは暫くの間、面接では他の素材が話され、この話題は姿を消したが、ある意味、この患者の全体的な分析治療は、どの瞬間にもこの患者が実際は何者であるかを求めて、この「見られる」ことを中心に展開した。そして時々、この患者がまさしく実際に静かに見られていることが、この治療で重要なことであった。この患者は絵画だけでなく、視覚的な芸術についての特別な審美眼を持っていた。美がないとそのパーソナリティはばらばらになってしまい、この患者は自分ではそれをおぞましい感覚（ばらばらになる、ある

いは人格がなくなる）として認識するのであった。

例証 III

　私はかなり長期間に及ぶ精神分析を行っている女性の研究症例を提示する。この患者は人生の晩年になって「現実」感を取り戻した。今更といった感じの皮肉もあるだろう。しかし，この患者はそれを価値あるものと感じ，私自身もこの患者を通して早期の現象について数多くのことを学んだ。

　この分析は乳幼児依存への重篤で深い退行を伴っていた。生育歴では環境に多くの点で深刻な不備が認められていたが，ここで私は母親のうつ病の影響について取り上げる。これは繰り返し徹底的に検討され，私はこの患者が人として出発するのを可能にするために，分析家としてこの母親と大胆に置き換わらなければならなかった。

　私との分析がついに終結に近づいた時に，この患者は乳母の写真を送ってきた。私は既にこの患者の母親の写真を持っていたし，母親の防衛の堅固さを詳しく知っていた。明らかになったのは，（その患者が語ったのであるが）母親は自分のために抑うつ的な乳母を選んだということであった。その結果，母親は子どもたちとの接触を失うことを避けることができたのかもしれない。もし元気な乳母であったなら，抑うつ的な母親から自然に子どもたちを「盗む」ことになっていただろう。

　この患者にはとても多くの女性に特徴的な顔への関心がまったく欠如していた。確かに，この患者には鏡の中の自分自身を吟味する思春期はなく，今は「年老いた醜い女に見える」（この患者の表現）自分自身に気づくためにだけ鏡を覗き込んでいた。

　これと同じ週に，この患者はある本の表紙に私の顔写真を見つけた。この患者は私に手紙で，もっと大きな写真が必要であること，それがあれば，この年老いた表情の皺やすべての特徴を見ることができると書いてきた。私はこの患者にその写真を送り（この患者は遠くに住み，今は時々しか会っていなかった），同時にこの論文で語りたいと思っていることを基盤とした解釈を添えた。

　この患者は自分のためにかなりの苦労をした（実際に私は苦労したが）この男性の写真を何の労もなく手に入れられると思っていた。しかし，この患者に伝えなければならないことは，私の皺のある顔はこの患者にとって母親や乳母の表情の堅さと関連するいくつかの特徴があることだった。

私は次のことを確信している。私がこの顔に関することを知り，この患者が自分自身を映し出すことのできる顔を探し求めているという解釈をすることができたことが重要であった。同時に写真の私の顔が皺のせいで母親の堅さのいくつかを再現していたことが分かった。

　実際に，この患者は完璧に申し分のない顔をしていた。そして，この患者は自分でもそうしたいと感じる時には，いつもと違い優れて共感的な人柄であった。この患者はある一定の期間であれば，他人の事件やトラブルに対して思いやることが可能だった。この性格のおかげで，一体何度人々がこの患者を頼りがいのある人と勘違いしたであろうか。しかしながら，実際この患者は特に誰か他の人の抑うつ感に巻き込まれたと感じた瞬間，自動的にひきこもって，自分の魂を癒すために湯たんぽを持ってベッドにもぐり込んでしまうのであった。

例証Ⅳ

　これらすべてを書いた後に，ある患者は私の書いている論文の題材と思わせるようなものをセッションに持ち込んできた。この女性は個人として自分自身を確立する段階についてとても大きな危惧を抱いていた。この特別なセッションの経過中，この患者は「鏡よ，鏡よ，鏡さん」などと言及してから，「もし子どもが鏡を覗き込んで，何も見えなかったら，どんなに恐ろしいことでしょう」と語った。

　それ以外の題材はこの患者が赤ん坊であった時に母親から与えられた養育環境に関することであった。それは赤ん坊との積極的な関与に没頭することを除いて，他の人とお喋りをしている母親の描写であった。ここに含意されているのは，赤ん坊が母親に眼差しを向けていたとしても，他の人とお喋りをしている母親が見えるということである。次に，その患者はフランシス・ベイコンの絵画にとても大きな関心を持っていることを話し始め，ベイコンの本[原註2]を私に貸そうかどうしようか迷っていた。この患者はその本の詳細を語った。フランシス・ベイコンは「自分は絵をガラスで覆うのが好きだ。というのは，人々が絵に視線を向ける時，人々が見るものは正しくは絵ではなく，実際は自分自身を見ることになるのかもしれないと語っている」と。

　この後，その患者はラカンの業績を知っているために，「Le Stade du Miroir（鏡像段階）」について語り始めた。しかし，この患者は私が感じていた鏡と母親の顔の繋がりについて理解することはできなかった。この繋がりを

このセッションで示唆することは私の役割ではなかった。というのは，その患者は本質的に自分自身でそのことを発見する段階にあり，こうした状況では早すぎる解釈は患者の創造性を壊滅させ，成熟過程に反するという意味で心的外傷となってしまうからである。このテーマはこの患者の分析で重要であり続けているが，今は別の姿に変装して現れている。

乳幼児が母親の顔に，そして後に鏡の中に自分自身を見ることを一通り見てきたが，それは精神分析や心理療法的な実践を考える際に，ひとつの視点を与えてくれる。心理療法というものは賢く鋭い解釈を与えることではない。大枠，それは患者が長期間にわたって持ち込んでくるものを患者に返すということである。心理療法はそこに見られるものを映し出す顔の複雑な派生物である。私は自分の仕事をそのように考えたいし，私がこれをこのように十分に上手く行えば，患者は自分自身の自己を発見し，存在することができ，現実を感じることが可能になると考えたい。現実を感じることは存在すること以上のものである。現実を感じることで，自分自身として存在し，自分自身として対象に関わり，リラックスのための退却先として自己を持つための解決策が見つかる。

しかし，私は患者が持ち込んでくるものを映し出すというこの仕事が容易であるという印象を与えたくない。それは容易なことではなく，情緒的には疲労困憊してしまう。しかし，私たちにも報われることもある。患者が良くならない時ですら，患者はあるがままの自分を見てくれることに感謝し，このことはある種の深い満足を私たちに与える。

赤ん坊に赤ん坊自身の自己を戻す母親の役割という点から私が言及してきたことは，子どもと家族という観点からも重要である。子どもが発達し，成熟過程が洗練化され，同一化が多方面に及ぶにつれて，自然に母親や父親の顔から，そして親子関係やきょうだい関係にある他の人たちの顔から自分自身を取り戻すことに対する子どもの依存性は重要性を減ぜられる（Winnicott, 1960）。そ

原註2）フランシス・ベイコン：ロナルド・アリー Ronald Alley によって体系的に整理された目録と資料（Thamaes & Hudson, London, 1964）。ジョン・ローゼンスタイン John Rothenstein による序文に「ベイコンの絵画を見ることは鏡を覗き込むことである。そこに自分自身の苦悩，そして孤独や挫折，幻滅，老い，死，名状し難い破局の前兆の恐怖を見ることになる」，「ガラスに覆われた自分の絵が好みであるというベイコンの自認は，偶然に依拠する自身の感覚にも関連していた。その好みはガラスが絵を幾分か環境から際立たせるという事実に拠っている（まさにベイコンの描くヒナギクや柵が絵で表した環境から絵の主題を際立たせるように）。また，ガラスが保護をしているという事実にも拠っている。しかし，この場合さらに重要なことは反射という偶発的な遊びがその絵画の価値を高めるという彼の確信である。特にベイコンのダークブルーの絵は，彼の短評を聞く限り，観客がガラスの中に自分自身の顔を見られることでいっそう引き立つ。

れにも関わらず，家族が変わりなく継続した関係があれば，子どもは各々，ある期間，家族の個々のメンバーや家族全体としての態度の中に自分自身を見ることができるということから利益を得る。こうしたものには，家にある実際の鏡や，両親が自分たち自身に眼差しを向けることを見る機会を含めることができる。しかしながら，実際の鏡は主に比喩的な意味において意義があると理解するべきである。

　このことは，個々の家族メンバーのパーソナリティを育み，豊かにすることに対して家族が為しうる貢献を説明するひとつの手段となりうる。

参考文献

Lacan, J. (1949) Le Stade du Miroir. In English 'The mirror stage as formative of the function of the I', pp. 1-7. In: *Ecrits – A Selection,* trans. A. Sheridan. Tavistock, 1977.（宮本忠雄訳：〈わたし〉の機能を形成するものとしての鏡像段階．エクリⅠ．弘文堂，1972．）

Gough, D. (1962) The behaviour of infants in the first year of life. *Proceedings of the Royal Society of Medicine* 55.

Winnicott, D.W. (1960) Ego distortion in terms of True and False Self. In *The Maturational Processes and the Facilitating Environment*, pp. 140-52, London, Hogarth Press and the Institute of Psycho-analysis, 1965.（牛島定信訳：本当の，および偽りの自己という観点からみた，自我の歪曲．情緒発達の精神分析理論．岩崎学術出版社，1977．）

第3章　2カ月児との会話[原注1]

コルウィン・トレヴァーセン

新たな序章―2002

　私たちが「会話の原型」に関して四半世紀以上前に執筆した初期の研究報告を読むのはとても興味深い。幼い子どもたちの表情や感情，母親の愛情深い話し掛けに対する子どもたちの感受性について描いた図が今なお古びていないことが分かり，私は喜ばしく思う。今回，私はほとんど変更を加えるつもりはない。しかし，仲間を捜し求めるひとりの人間，また探索し，他者と「話す」体験の発見にも興味を持つひとりの人間としての乳児の理解に確信を与え，それを展開する新しい知見はたくさんある。

　リン・マリー Lynne Murray は自らの素晴らしい分析によって，こうした研究の先駆者であるジョン・テータム John Tatuam の古典的な結論を実証的研究に導いた。それは，2カ月児が「表情のない」母親や，母親のコミュニケーションをビデオで再生したものに示す困惑した悲しげな反応を分析したものである。これによって，私はお喋りの中で共感的な母親が映し出す感情の即時性を乳児が直観的に理解していることを確信した。私たちは生後1年間，録画による研究を行い，ペニー・ハブリー Penny Hubley が9カ月時の赤ん坊に起こる注目すべき変化を見出した。9カ月になると，赤ん坊の興味は徐々に他者が意図していることや興味を抱いているものに向かい始める。これにより，意味の世界，つまり人の手によるもの，伝統や文化の一部を担いうるものが意味するものについての学習が始まる。マイケル・ハリデー Michael Halliday が説明しているように，乳児は言葉が始まるずっと前に「意味する方法」を学び，他者が意味することも理解するようになる。

　他者の意図や目的に関心を持つことが，どのようにして言葉や，やがて教育

原注1）この論文は，1974年5月2日の the New Scientist に初めて掲載された。ここには，著者の許可を得て再収録された。著者は本書の読者のために新しく序文を寄せてくれた。

者たちが興味を示すような賢さといった類のものに繋がるのかというストーリーについて，これまでにも多くのことが詳細に述べられている。しかし，この心理はとても複雑で断片的である。乳児の認知に関する実験を行う専門家たちには，乳児が動機や道徳的な感覚，そして誰かれ構わず人を評価，査定する複雑な情緒を持つ，全体としてまとまった活動的なひとりの人間であるということを再度，思い出してもらわなければならない。直感や意思が認知を有効なものにするということも同じである。最後にこれが最も重要なことであるが，私たちの師であり，冒険の方向性を知っているのは幼い子どもであり，その冒険のために私たちは援助を差し伸べ，情報を提供すべきであるということを，私たちはよりいっそう強くこころに留めておかなければならない。

　最新の科学的発展はステファン・マロック Stephan Malloch との協力から生まれたものである。コミュニケーションの音楽性というマロックの理論は，親子間の会話や声の遊び，歌の中の「音楽」の細部にわたる音響上の分析から構築されたものである。この理論は複雑な時間感覚や表現の質の理解が，人間的な思考や思考の共有という物語に命を与えることを明らかにしている。音楽は生得的な「音楽的才能」を基に育まれ，感動の中の時間と優美から成り立っている。そのこころの生産物がなければ，人々が親密に互いの存在を共有することは不可能である。

　私は以前に乳児とのコミュニケーションを可能にする特化した脳の神経ネットワークは存在しないだろうと記述したが，未だに結論には至っていない。子どもの脳がいかに急速に成長し，子どもたちが発達早期にいかに「柔軟」であるのかを示すあらゆる証拠も，必要な部分つまり動機の構造を未だ明らかにしてはいない。しかし，脳科学者たちが発達や意識においていかに情緒と認知が複雑に関係しているか，いかに情緒が認知を導くのかを心理学者たちに示唆していることは大きな進展である。模倣の生理学的メカニズムが存在するという証拠が確固たるものになったことで，新生児の驚異的な模倣もそれほど信じられない話ではなくなっている。しかし，明確な注意や意図，気分を繊細な動作で表現する際に，脳が乳児の身体のあらゆる部分をとても見事に同期的に動かしているメカニズムが理解されていないということも今なお事実である。会話はどのようにしてこうした人間の活力の状態を高め，人を惹きつけ情熱的でユーモアのある忘れ難いものにすることができるのか。……私たちには皆目，見当も付かない。

2カ月児との会話

　数年前，私は乳児の中に眠っている，もしくは微弱に現れている内在的知能構造を示すサインを探求する意図を持って乳児研究を開始した。私は新生児が大きく精巧な脳を持っていること，そしてその脳はほとんど機能していないと認識されていることを知り，困惑した。ほどなくして，私は現代の記録技術，特にテレビと映像の助けを借りて，人間の意志の生得的パターンの多くや，人々を含めた世界を知覚し利用しようとする先天的素因は，従来の科学的な乳幼児研究で蔑ろにされてきたと推測させるようなデータを得た。最も顕著な例は，生後数週間の乳児が喋ろうとする意志を表す兆候を見せることであった。乳児はこの後，よくまとまり，時に機知に富んでユーモラスでさえある大人との会話のようなやりとりを始めようとしていた。

　録画による予備的研究でマーティン・リチャーズ Martin Richards と私はハーバードでジェローム・ブルーナ Jerome Bruner と共同研究を行い，乳児を対象に物と人の識別を示す行動の有無，またその行動が現れる時期を検討しようと試みた。私たちは5人の赤ん坊を誕生後から6カ月間，週1回録画撮影し，その際には乳児のほぼ真ん前に小さなおもちゃを吊るすか，母親を同席させた。

　母親同席の時はすべての赤ん坊が，人とコミュニケーションを取る時に特有のとても精巧な活動を見せた。母親には「赤ちゃんとお話をして下さい」とだけ依頼したが，これを奇妙な要求だと思った母親はいなかった。母親の存在，様子，動き方，母親が立てる音は，たとえ生後数週間の赤ん坊の場合でも，少し時間が経過した後に，吊るされた物に見せる動作とは異なる動作を生んだ。乳児は2種類の異なる関心対象にふたつの自発的な反応を見せた。つまり，物に対する反応と母親に対する反応である。顕著な相違は表情，声，手であった。私たちは心理学的行為にはふたつの様式があることを仮定した。それは人とのコミュニケーションと物に対する「行い」である。後者には視覚的に探索し，追跡し，摑み，蹴ったり乗ったり，口に入れようとすることが含まれる。

　エジンバラから赴任して以降，私はペネロピー・ハブリー Penelope Hubley やリン・シェーラン Lynne Sheeran と一緒に録画研究を行っている。このフィルムを詳細に分析することで，2カ月児が他者の注目に反応した行為が，大人同士の会話の数々の心理学的過程の輪郭を明確に描いていることが明らかになった。ここで私たちは，「プレスピーチ」と名称するのが最も妥当な活動性を発見した。この名称が最も妥当である理由は，その活動が生じてくる文脈や

その形態も，唇や舌の動きによる話すことの基本形態を示しているからである。月齢の少ない乳児の場合，これら個々の動きは発声を伴わないことが多いが，とても賑やかに口や舌を動かす時に多彩な喃語を発する幼い赤ん坊もいる。発声がない時ですら，プレスピーチに伴う呼吸の特定のパターンが見出されている。

　プレスピーチには，「関心に満ち」「生き生きとした」会話の中で大人が示すようなジェスチャーや身振りと発達的に関連する独特の「手を振る」動きが伴う。話すことであれ，ジェスチャーであれ，言語の成立において文化的発達は重要であるが，人間同士の対人的コミュニケーションの基盤は誕生時から「そこに」あり，認知と記憶過程がまさに始まる生後8週までにその土台はかなり有用なものになっているということを私たちは確信した。

コミュニケーションは核心である

　私たちはいまや，この月齢の乳児のコミュニケーション活動はその他の活動形態と比較してよりいっそう複雑であることを確信している。人間の知性は最初から対人的過程として発達し，意識の成熟や身体的世界で随意調節を用いて活動する能力はこの過程の構成要素ではなく，むしろその産物であるという結論が出た。

　乳児のコミュニケーションは相手を必要とする。それは母親の態度にある多くの特別な順応に依拠している。その順応の中には母親の随意運動の通常のリズムや組織化によってほとんど自動的に為されるものもあれば，母親が他の大人とコミュニケーションする時のような方法での無意識的修正を必要とするものもあることが判明した。自然体の母親は皆，よりゆっくりとした，より勢いはあるもののより優しい動きに，そして「赤ちゃん言葉」へといった変化を見せる。これらの変化は母親の生得的社会的対人行為のレパートリーの中のより初歩的な，もしくは基本的な構成要素への回帰から生じる。母親や心理学者たちは赤ん坊の養育とその効用に関して各々持論があるだろうが，乳児の杣やかなムードを導いたり，支えたりするために母親がやっていることは自然で無意識的なものであるということは誰もが確信している。会話に類似した母子のやりとりのチャートによって，時間経過の中での規則的なパターンが見出された。母子ふたりの相互対人的な動作がいくつかの段階，またはレベルを上下に移動するのをチャートに書き込むことによって，母子の役割の交替を図に表すこと

が可能であると判明した。母親が必要な刺激を適切な方法で提供していることは明白であった。さらに，この月齢の乳児は通常は相手の真似をすることに時間を費やすことはなく，ただ自分たち側の役割を演じるだけであることも分かった。

幼い赤ん坊が他者の動作を模倣するために，たとえ自分に見えない体の一部分を動かさなければならない場合であっても，正確に模倣できることがあるのは，従来心理学者にとって不可思議で重要な現象と思われていた。これは赤ん坊が指令を遂行していることを示していると考えられる。しかし，指令を遂行するには，精巧な構造が生得的に備わっていなければならない。生後2カ月の赤ん坊でさえ，母親の口の動きや舌の突出を模倣する[原註2]。そのためには赤ん坊は脳内に母親の顔のモデルを保持し，これを赤ん坊自身の顔の運動装置の上に正しく写し取らなければならない。顔だけでなく，頭や手の動きが模倣を引き出すのかもしれない。赤ん坊は顔と同じように頭や手のモデルを持っているに違いない。

私たちは研究ビデオの中で6カ月未満の乳児に稀にこの類の模倣を認めた。模倣が起きる時，乳児は会話の流れから関心を逸らし，模倣する前にモデルとなる人がしていることを暫く一心不乱に注視する。それ以上に，相手は教師のようにその行為を明解に何度も反復することで模倣させなければならない。この方法は母親と幼い乳児の間では一般的な行動ではない。一方，私たちは母親が赤ん坊のより動きのある動作を巧妙に忠実に模倣していることに感心した。明らかに，母親による模倣は赤ん坊による会話的な活動を自然に促す重要な部分を担っている。

心理学的コミュニケーション

乳児がコミュニケーションとして言語を使用する約2年も前に，その社会的動作に未発達の言語を見出した。これは昨今の心理学者の見解を強く裏付けた。その見解とは，言語は非言語的コミュニケーションの生得的文脈の中に埋め込まれ，その非言語的コミュニケーションによって意図したことや経験が人から人へと伝達されるというものである。オックスフォードの哲学者オースティン Austin やグライス Grice，ストローソン Strawson が明確にしたように，話

原註2) いまやこれは生後数時間の乳児にも可能なことが知られている ［編者］。

し手は情報や命令や指示を与えたり，その他，他者の行為や経験に影響を及ぼそうという明白な意思を持っている。ひとつの単語が有する複数の意味は話すという行為が生じている文脈によって変化する。生後数カ月の乳児が人に影響や印象を与え，相手から関心を獲得するという基本的目的を明瞭に達成する時，乳児は話し言葉のようなパターンの動作をする。世界についての意味ある情報を伝達していない場合であっても，その行為は明らかに心理的，論理的なコミュニケーションのひとつであり，「間主観性」を示していると判断することができるかもしれない。

　生後2カ月ほどの乳児と「話している」母親の会話の中には，赤ん坊に話す番を与えたり，プレスピーチで「言いたいことを話させる」ようにするフレーズが見られる。興奮や行為への衝動を表現する赤ん坊の行動の多くは母親にしっかりと見守られている。多くの場合，母親には乳児が行っていることを理解する能力があり，それによって母親は強勢のある行為の共時性を獲得できる。そのため，両者はまるで一緒にダンスをしているかのように完璧に協調して振舞う。しかし，これはプレスピーチに該当しない。プレスピーチには通常，模倣したり，後追いをするといったサインはほとんど観察されない。

　名前を付けたり，出来事や人，自分や他者の行為といった共通する領域での経験について話すための言語の使用が可能となるにはさらに月日を要する。つまり，それは探索的，操作的知性がかなり発達した後，自由に移動できるようになり始めてからのことである。ジャン・ピアジェ Jean Piaget は，この事実は対象を識別可能になるためにはスキーマの発達がまず必要であるということを証明していると結論している。このことはケンブリッジのジョアンナ・ライアン Joanna Ryan が提案しているように，何か意味を表現したり特定するための言語の使用の前に，言語を使わない間主観的コミュニケーションの相当な発達が必要であると示唆している。

　他者とのコミュニケーションが早期に出現することによって，乳児のこころの中に乳児があらゆる行為や目的を，より有能で知的な人間である大人と共有するために必要なものが提供されると考えられる。最初，乳児は対人的な遊びの形式的側面に完全に没頭している。しかし，生後4カ月になると，対象への注意，認識する能力，特にコントロールしながら自発的に対象に手を伸ばし，操つり，口に入れる能力が発達する。それは凝視していたものや手を伸ばしたもの，行動について乳児が会話可能になったことを意味する。これは物，つまり「おもちゃ」を使った遊びの始まりなのである。

会話への準備

　すべての遊びは対人的要素を孕んでいると考えられている。ひとり遊びといった個人的な遊びにこうした要素が覆われている時であっても，そこに対人的な要素があることは同じである。ボストンのピーター・ウォルフ Peter Wolff は，母親と生後 6 週または 8 週の幼い乳児の純粋に対人的遊びを研究している。この遊びは母子で行ういないいないばあや手あそび歌の中に認められている。このコミュニケーションは物を使う遊びの準備となる。

　もし生後 4 カ月ほどの乳児が明らかに何かを凝視したり，意図的に何かに手を伸ばしたり，指を差したりすることで大人の世話に反応するとすれば，それはすぐさま相手の関心の中心にもなる。生後 5 カ月ほどになると，多くの乳児が外部からの話題を意図的に「会話」の中に持ち込むことが顕著に増えることがこの研究で証明された。また，この月齢の乳児にとって脅威となる見知らぬ人ではなく，途切れない「会話」が為されているくらいの単なる知り合い程度の人と母親など特に親しい人を比較した場合，乳児は親しい相手に対し，上記の傾向をより顕著に示した。

　これは人がやっていることを赤ん坊に見せることが初めて可能になる月齢である。そして，この月齢で赤ん坊は母親の口に強い関心を抱き，母親が話す動きを模倣できるようになる。明らかに，このような発達は人々や場所，物に関する意思や経験と関連するコミュニケーションとしての言語の成長への準備として大きな意味がある。

　多くの研究は乳児がいつから母親を特別な人，もしくは同一性を持つ対象として識別するかを探求してきた。また，これと逆にいつ赤ん坊たちが見知らぬ人に恐れを示すかを見つけ出そうとしてきた。これらの研究の多くは生後 4 カ月か 5 カ月で重要な変化を記録している。そして現在，一般の心理学者はこれが乳児に見知らぬ人と親しい人の知覚的識別を可能にする学習や認知過程の進展に依拠するとしている。精神分析家はこの変化は情緒的過程の発達であり，つまり親密な関係にある養育者への愛情と関連していると主張している。

　しかし，同じ時期，乳児は母親と会話で遊ぶことを望まず，母親より親密ではない人とはそうしようとすることが頻繁にある。これまでの研究結果から，社会的行動における新たな主体性と，物を摑んだり，操作しようとする意思の出現の関連性が示唆されている。対象に影響を与えるような行為をすることが可能になると，新たな記憶や知覚過程の段階はひたすら共に発展していく。こ

れらの進展は，他者とりわけ特別な愛着を形成しつつある他者の行為への乳児の依存の類における，同じく重要な変化と繋がっている。

　人の個々の反応が基本的に生得的であることは，健全な赤ん坊の様々な機能のあらゆる成長がすべて共通した道のりを辿っていくということだけでなく，個人差が存在するということからも明らかである。大人の個性は多彩であり，乳児に大きく異なる方法で対応する。たとえとても愛想のいい赤ん坊にも，恥ずかしそうにおどおどして振舞う人もいる。父親と母親にも重要な点での相違がある。父親は母親と比較して，より荒々しい類の遊びを好むことを実証している研究もある。これらの遊びは冗談を言ったり，プレスピーチ的なしかめっ面を真似てみたり，くすぐったりしながら行われる。したがって，父親は母親よりも子どもを興奮させ，叫んだり笑ったり，元気に身体を動かしたりさせる。父親は男児と比べて女児にたくさん話し，優しく触れること，男児にはより権威的な様子で，時にはとても元気に接することが観察された。しかし，とても幼い男児や女児の行為にさえも差があり，性差が完全に社会的役割の学習によるものではないことも示されている。生後2カ月になったばかりの男の子の赤ん坊は，通常より活発に身体を動かし，母親との会話的なやりとりでいとも容易く主導的な立場をとった。女の子の赤ん坊はむしろ注視して対象を目で追い，見事に手を動かしながら生き生きした表情や口の動きを見せた。

　乳児と両親各々を対象とした僅かな症例研究によれば，間主観的行動パターンに影響を与える生得的パーソナリティの差異は，同性の大人や赤ん坊の間にも広く見られるという傾向が示唆されている。したがって，とても幼い子どもたちのパーソナリティのタイプを説明するためには，さらに多大な研究が必要である。

　乳児期早期における間主観性に関する最近の研究結果のひとつは，情動と乳児が人に向ける行為の関係という，乳幼児の発達に関するフロイト派の理論で核心的な重要性を持つ主題に光を投げかける。私の研究室の大学院生ジョン・テータムは母親の的外れな行為が乳児の情動に与える影響についての実験を行っている。テータムはマジックミラーと光の強さが変化するライトを用意した。赤ん坊には母親が継続的に見えているが，母親が途中から赤ん坊を見なくなり，同じ場所で大人を見るように設定した。途中で実験者が文字の書かれたカードを掲げ，だまって母親に質問をする。乳児には母親だけが見えるようにしてあった。長い時間，質問に答えるうちに母親の話し方は自然に赤ん坊に相応しいものから大人に適したものへと変化した。そして勿論，赤ん坊がすることに反

応するのも止まった。

　生後8週から10週の乳児は皆，母親の変化に明らかに困惑を見せた。乳児は母親の注意を引き戻そうと大袈裟に母親を求め，間もなく落胆した様子を見せ，無関心になり，急性の抑うつ状態となった。そしてライトの光が変わって母親の注意が乳児に戻るとやがてその状態は和らいだ。

　ロンドンにあるタヴィストック研究所の人間関係部門のジョン・ボウルビィ博士は，第二次世界大戦以降，母親やその他の養育者との分離，その喪失が乳幼児の健康や精神に与える抑うつの影響に関する豊富な証拠を収集した。ボウルビィは初期の愛着は生得的なものであるが，コンラード・ローレンツ Konrad Lorenz やハリー・ハーロー Harry Harlow が動物で研究していたような2, 3の社会的解発機構に基づくと考えた。実際にテータムの実験は，とても幼い乳児が人とコミュニケーションを取っている時の人の知覚と情緒の関係が，いかに複雑なものかを示している。対人的関係性の基本は誕生直後の時点から明らかに大いに複雑で情緒的なものである。

　私たちの見出したものは，人間の知能の社会化について既に受け入れられている視点に疑問を投げかける。ジャン・ピアジェ Jean Piaget は人のこころの生物学的決定因は強力で，発達すると信じているが，乳児は自分たちの経験世界と自分との分離を最初は意識できていないと考えている。経験との一体化から抜け出すと，物と人の両方のふたつを区別することなく「客観化する」。しかし，ピアジェは対象に対する脳のスキーマの発達に随伴して「対象は自己からの類推により，活発で生命を持ち，意識のあるものとして理解される」，そして「対象が例外的で予知不能な興味ある物‐人の場合は，特にこのことが当てはまる」と述べている。ピアジェは生後数カ月の乳児が人に対して反射作用以外の特別な反応をしているという兆候はなく，乳児の情緒は情動的反射によって決定され，情動的反射は平衡を崩したり取り戻したりという単純なことで誘発されると考えている。ジークムンド・フロイト Sigmund Freud と同じく，ピアジェは人間の社会的経験の基礎を自己の生物学的欲求にあるとしている。

　フロイトはこれらの欲求は生理学的維持に重要とされる身体についての感情から引き起こされたものであると考えた。しかし，生後数カ月には母親との「対象関係」の基礎となる情緒の機能の発達も同じくとても重要であると考えた。前述の通り，精神科医であり精神分析家でもあるジョン・ボウルビィは，大人と赤ん坊の愛着は生得的解発刺激によって発達する，また一般的には母親である，特定の人物に対する赤ん坊のインプリンティングという行動生物学者

の考えを受け入れている。

　グラスゴーのストラスクライド大学のルドルフ・シェーファー Rudolph Shaffer は「乳児とは非社会的生物である」と記述している。その後，ルドルフは「他者を見て，感じ，耳を傾けることは魅力的なことであると知るが，それでもなお，他者は非生物的世界と区別される刺激の種類を構成しておらず」，しかも「子どもは生まれた時から『利口な』人間なのではない」と結論した。

　しかし，この研究の映像は，乳児は生後3週目までに人と物にまったく違った接近をすることが出来るよう適応していくことを示唆している。生後2, 3カ月目の乳児の社会的反応や社会的表現の巧妙さは，乳児が物を意図的にコントロールしながら触り，口に入れ始める前に，既に間主観性が当初からその効果を決定するものとして発達していることを実証している。人間の社会的知性は，心理学的機能に生得的人間的様式が発達した結果として養われるものであり，その発達は他者との交流によって初めて可能となる。話すという人間の極めて独特な活動の萌芽もこの心理学的機能に含まれる。これは個々の人間の心的発達の主たる媒体であり，文明社会の本質的要素である。

相互作用とコミュニケーション

　子どものこころの経験的または科学的思考過程の展開や，それと関連する対象の認知過程は，時に人との間主観性の成長と競いながら，または不均衡に発達するのだろう。しかし，世界を認知する能力の定型発達は個人的経験と社会的コミュニケーションの協同的相互作用を通して展開し，どちらか一方が欠けても不十分であるということも私は確信している。

　人間は自分たちのこころを世界に投影し，事物に意思を持たせる。それは人が世界と自分を混同しているからではない。人には自分たちを映し，お返しに自分たちが移し返す人たちの意図とコミュニケーションする基本的才能が天賦されているからである。人にこのような能力が生物学的に埋め込まれているということは，それらの能力がどのように成長していくかといったことや，個人の人生の岐路を決定する役割を果たしていることを示唆する。生得的社会機能は成長していくという考え方は，家族や学校，会社，スポーツなど人が相互的な活動を行うところであればどこでも，様々な年齢の人々が協力しようと努めていることの意味を理解することの必要性を立証していると考えられる。

　乳児期に対する私の当初の疑問を促した神経生理学的考察は現時点では遥か

彼方に後退している。既知の解剖学的スキーマは役立たないため，いまや私は心理学的考察に熱中している。規則正しい配列の特化した神経ネットワークは存在するに違いないが，脳内でそれがどのように，どこで特化されているのかは私にはまったく未知である。

参考文献

Malloch, S. (1999) Mother and infants and communicative musicality. In: 'Rhythms, Musical Narrative, and the Origins of Human Communication' *Musicae Scientiae*, Special Issue, 1999-2000, (pp. 29-57). Liège: European Society for the Cognitive Sciences of Music.

Murray, L. and Trevarthen, C. (1985) Emotional regulation of interactions between two month-olds and their mothers. In T.M. Field and N.A. Fox (eds), *Social Perception in Infants* (pp. 177-98) Norwood, NJ: Ablex.

Trevarthen, C. (1993) The function of emotions in early infant communication and development. In: J. Nadel and L. Camaioni (eds), *New Perspectives in Early Communicative Development* (pp. 48-81). London: Routledge.

Trevarthen, C. (1998) The concept and foundations of infant intersubjectivity. In S. Braten (ed.), *Intersubjective Communication and Emotion in Early Ontogeny* (pp. 15-46). Cambridge: Cambridge University Press.

Trevarthen, C. (1999) Musicality and the intrinsic motive pulse: evidence from human psychobiology and infant communication. In: 'Rhythms, Musical Narrative, and the Origins of Human Communication'. *Musicae Scientiae*, Special Issue, 1999-2000, (pp. 157-213). liège: European Society for the Cognitive Sciences of Music.

Trevarthen, C. (2001a) The neurobiblogy of early communication: Intersubjective regulations in human brain development. In A.F. Kalverboer and A. Gramsbergen (eds), *Handbook on Brain and Behavior in Human Development* (pp. 841-82). Dordrecht, The Netherlands: Kluwer.

Trevarthen, C. (2001b) Intrinsic motives for companionship in understanding: Their origin, development and significance for infant mental health. *International Journal of Infant Mental Health*, 22(1-2), 95-131.

Trevarthen, C. (2002) Origins of musical identity: evidence from infancy for musical social awareness. In R. MacDonald, D.J. Hargreaves and D. Miell (eds), *Musical Identities* (pp. 21-38). Oxford: Oxford University Press.

Trevarthen, C. and Aitken K.J. (2001) Infant intersubjectivity: research, theory and clinical applications. Annual Research Review, *Journal of Child Psychology and Psychiatry*, 42(1), 3-48.

Trevarthen, C. and Hubley, P. (1978) Secondary intersubjectivity: confidence, confiding and acts of meaning in the first year. In A. Lock (ed.), *Action, Gesture and Symbol: The Emergence of Language* (pp. 183-229). London, New York, San Francisco: Academic Press.

Trevarthen, C. and Malloch, S. (2000) The dance of wellbeing: defining the musical therapeutic effect. *The Nordic Journal of Music Therapy*, 9(2), 3–17.

Trevarthen, C, Kokkinaki, T. and Fiamenghi, G.A. Jr. (1999) What infants' imitations communicate: with mothers, with fathers and with peers. In J. Nadel and G. Butterworth (eds), *Imitation in Infancy* (pp. 127–85) Cambridge: Cambridge University Press.

第4章　乳児の情緒[訳註1]と情緒のコミュニケーション

エドワード・Z・トロニック

相互調節に関する新たな考え——共同的な創造と特異性— 2002

　本論での私の考え方にはふたつの決定的な修正がある。まず，ここに提示されたモデルでの相互調節の過程は，母親と乳児または乳児と他の特定の人が，共にいる独自のあり様を作り出す共同的な創造の過程であるということが認識されていないという点である。論文に提示されているように，この相互作用に関するモデルは，予め形作られたメッセージを乳児と母親が交換することを想定している。乳児の笑いや受容的な身振りは「今やっていることを続けて」というメッセージを伝え，怒りの表現は，「変えて」，または「止めて」というメッセージを伝えている。母親も似たようなメッセージを表現するので，乳児と母親は相手のメッセージを理解できる。これらのメッセージには固定された意味や形式がある。しかし，微細時間のレベルで調べると，相互作用と同様にとても多岐にわたることを私は認識するようになった。これらのメッセージは固定された形式を持たず，法則によって厳密に縛られているわけでもない。たとえば，「続けて」という時の感情の形態は，微笑むことや微笑と身振り，笑いを伴わないが肯定的な発声，笑いを伴わない発声と身振りなどから成り立っているだろう。すべての乳児と母親がお互い一緒にいるかをコミュニケーションする仕方は，このような差異によって特徴付けられている。コミュニケーションをもっと複雑にすると，行動の配列もとても多岐にわたるのである。
　したがって，コミュニケーションのシステムが固定化されることはまずない。コミュニケーションは大雑把なところがあり，そのような大枠なシステムがなぜこれほど効果的に相互作用を制御するのだろうかという疑問がすぐに湧くだろう。

訳註1）本論では emotion を情緒，affect を感情と訳し分けた。

私の相互調節モデルについて私が行った修正は，意味の固定されたやりとりのモデルと対照的に，共同して意味を作り上げていく過程でその大枠さは克服されるというものである。乳児と母親は，「さあ，続けましょう」のように大枠にしか表現されない意味や対人間における意図を表出する。パートナーは大枠を何となくそれを「受け止め」，そして今度は自分自身も「そう，でも何を」という大枠なメッセージで返答する。このような時間をかけた行き来の過程が，共有された意味を共同して創造することを可能にする。この過程は，いわば何をしようかとか，どのように一緒にいるかということを廻る意味の相互的な読み込みのプロセスである。「私はお父さんと追いかけっこをするの。あなたとするんじゃないわ」といった感じである。

　共同して創造するということは修復という考えを精緻化したものであり，それぞれのパートナーの積極的な役割や，相互作用から生まれた一緒にいる新しいあり様の可能性を強調する。一緒にいる独自のあり様を共同して創造する過程は，ある重要なことを暗示している。それは誰かと一緒にいるというあり様は，特に母-乳児の相互作用のパターンにおいては一通りではなく，愛着理論の主張のように，他との相互作用の原型としての役割を果たし得ないという事実である。母-乳児の関係には一般的な形式というものはない。それは共に作られるものであり，一緒にいる独自のあり様を共に作り続ける。母子が一緒にいる独自のあり様を他の人と一緒にいるあり様に変換することはできない。他の誰も母子の意味の構造を共有することはできない。授乳時のちょっと微笑を浮かべた目配せは「もっとちょうだい」を意味していること，しかし，寝る時のそれは「まだ行かないで」を意味していることを母子は暗黙に理解し合っている。他の誰もそのような感情や相関的な意図という意味合いを決して知ることはできない。そして，授乳に関して当てはまることは高度に分化したすべての母子関係の特徴を表現している。私はずっとそれを濃密さと呼んできたのであるが，それは母子関係を他の人間関係のモデルとしてまったく「使いものにならない」。

　私の相互調節モデルの二番目の修正がある。それは成功した調節から浮かび上がるものである。成功した調節は感情の一致や共時性という相互的な状態を導くばかりでなく，もっと重要なことに私が意識の二者状態と呼んでいるものを出現させる。意識状態は相互作用をする時に互いに伝達される本質的な意味の集合である。これらは私が意図することや，私たちがどうしたら一緒にいることができるのかということを意味するものである。それらは大脳組織が複雑

化し，凝集した状態として考えることができる。

　この二者システムを創造するには，乳児と母親が相手の意識状態の要素を理解する必要がある。相互理解がなければ，二者システムを作り出すことは不可能であろう。たとえば，乳児は本当は母親の顔を撫でるつもりでいたのに，母親が乳児の意識状態をボールへ手を伸ばすつもりだと理解したら，二者システムは創造されないだろう。乳児と母親のこの二者システムは，引き離され統合されず分離されたままだろう。このように人間の二者システムを統制している原理は，対人関係上の相互作用の相互調節が成功するには，それぞれのパートナーの意識状態の意味の集合の（いくつかの）地図を相手のパートナーの脳に相互に描くことが必要だということである。これを文字通りに記述すると次のようになる。個人はそれぞれ他者の意味の集合を自分自身の意識状態に組み込む。

　このような組み込みが成された結果，意識の二者システムのメンバー各々の意識は拡大する。この拡大には成長する感覚や今の自分よりももっと大きくなるという感覚が伴う。さらに，相手から意味の集合体を組み込むことによって，各々の個人の意識状態は複雑化し，凝集性を高める。こうして意識状態やその拡大は独特な相互作用の重要な特徴を備えるのである。母親と乳児によって達成されたこの意識状態は，父親と一緒に達成されたものとはまったく異なり，見知らぬ人と共に達成されることもないだろう。さらに，意識の二者システムを共に創造するということからは，どうすれば母親との関係性が他者との関係性の原型として働きうるのかという疑問が生じる。

　これらの相互調節モデルについての私の考えの修正は，共に意味を創造する過程と意識の二者システムを発達の中心へと繋げる。それらは乳児が母親，父親，また他の人と一緒にいる時の独特なあり様に私たちを焦点付けることにもなる。実際，それは私たちのすべての関係性が独自なものであることに気づかせ，また私たち自身にもある独自性にも気づかせると思われる。

乳児の情緒と，情緒のコミュニケーション[原註1]

概　要

　近年，乳児の情緒や乳児と大人の間の情緒のコミュニケーションの本質に関する研究は重要な進展を遂げている。乳児の情緒や情緒のコミュニケーションは旧来考えられていたよりも遥かに組織化されている。乳児は出来事の性質や

文脈に適した,とても多彩で異なる感情的表現を見せる。また,乳児は養育者が見せる感情の情緒的な意味を正しく認識している。乳児と養育者の感情の表出は互いに相互作用を調節するのを可能にする。実際,子どもを発達させる主要な要素はこのコミュニケーションシステムの操作と関連していると思われる。プラス方向の発達は相互作用の失敗を頻繁に修復するような特徴を持つ,調節された相互作用の経験と関連するかもしれない。また,それは否定的感情から肯定的感情への変換とも関連付けられるかもしれない。一方,マイナス方向への発達は,相互作用の失敗や否定的感情が一定期間持続されることに関連していると考えられる。悲しくなったり,無関心になったり,自尊心が足りない子がいたり,怒って集中力をなくし不安定な自己主張しかできなくなる子がいる一方で,幸せで好奇心に満ち愛情深く自信のある子どもがいるのはどうしてなのだろうか。臨床家であり,研究者であり,政策立案者としての私たちの目的は,これらの結果を導くプロセスを理解しなければならず,ただそれらの指標を作ることであってはならない。そのプロセスを理解することで,問題を含み障害を生じさせる発達の結果は予防や修正が可能となる。これらのプロセスの本質はまだ知られていないとはいえ,答えは乳児と養育者の情緒のコミュニケーションの性質についての最近の研究の基礎の上に明確に成りつつある。

明らかになりつつあることは,乳児と大人は感情のコミュニケーションシステムの参加者であるということである。中心的仮説は,コミュニケーションシステムの操作をいかに上手く行えるかが乳児自身の目的をいかに上手く達成することや,乳児が経験する情緒,さらに乳児の発達の成否に大きな影響力を持っているというものである。もしこの仮説が正しければ,鍵となる問題はこのシステムがどのように作用するのかを理解することにある。私たちは乳児の情緒と行動,養育者の情緒と行動,それに乳児が自分の目標に到達するよう努力している時に乳児が経験する成功や失敗,相互作用の間違いに対する修復などというものの間の込み入った繋がりを探索する必要がある。ブラゼルトンの研究(Brazelton et al, 1974)から引用された乳児と母親の相互作用に関するふたつの対照的な例が,この感情のコミュニケーションシステムの機能を最初に探索するための基本となるだろう。

いないいないばあで遊んでいる2組の乳児と母親を想像してみよう。最初の

原註1) 本論は the *American Psychologist*, 1989, 44: 112-9 に最初に掲載された。ここには版権を有する the American Psychological Association の許可を得て掲載されている。ジアニーノ A. Gianino が多くの専門用語の責を負っている。

ペアでは，そのゲームの盛り上がりが最高潮に達した時，乳児は母親からいきなり顔を逸らし，自分の指をしゃぶり，ぼんやりした表情でじっと宙を見つめ始める。そこで母親はゲームを止めて，何もせずに乳児を見守っている。少し経って乳児は興味深げな，誘うような表情で母親の方を振り返る。母親は近づいて微笑み，高い調子の誇張した声で，「あら，ゲームに戻ったのね」と言う。乳児はそれに応じて，微笑み，声を出す。母親が一緒に歓声を上げるのを止めた途端，乳児はまた指をくわえ顔を背ける。母親は再び待ち，やがて乳児はまた母親の方を向き，互いににっこり笑い合う。

　この乳児が顔を背けた後，母親の顔を振り返って見ないこと以外は同じである二番目の状況を想像してみよう。母親は待ち，それから乳児の注意を引くために自分の舌を鳴らすと同時に，乳児の視線上に屈み込むが，乳児は母親を無視し，目を逸らし続ける。母親は諦めずに繰り返し，乳児の方に自分の頭を近づける。乳児は母親の顔を押しながら顔を歪め騒ぎ立てる。数秒以内に，乳児は母親からもっと遠くの方を向いて自分の指をくわえ続ける。

　二番目の例で誰に相互作用の失敗の原因があるのかという問題に，私はまだ焦点を合わせるつもりはない。そうではなく，それぞれの相互作用の重要な特徴に焦点を合わせようと思う。つまり，どちらの乳児と母親の各々の感情のコミュニケーションも，実際に相手の情緒的な体験と行動を変化させるということである。どちらの症例も顔を背けることと指しゃぶりは，乳児が気持ちを落ち着かせ，自分の情緒状態を調節する必要があるというメッセージを伝えている。各々の母親は待つということによって，そのメッセージを受け入れる。少し経って，最初の例の乳児は母親の方へ顔を戻し，相互作用をする用意ができたことを伝え，母親は微笑んで近寄ることによってそれに応え，乳児も微笑を返す。互いに微笑むことで，ふたりがしていることの肯定的な評価が伝達される。二番目の例では，母親は待つが，次に子どものメッセージを無視し，乳児の注意を引くために積極的に行動する。母親は近づき乳児がやっていることを変え，自分に注目させようと活発に乳児にサインを送る。乳児は強く否定的感情できっぱり遠くを見て応え，変えるべきなのは母親であると伝える。しかし，母親はそのメッセージを無視し，乳児は母親が邪魔し続けることに対して対抗しようとするように，さらに否定的な感情を表してくる。

　さて，これらのエピソードはそれぞれ二者関係の原型であると想像して欲しい。最初の症例の二者関係は相互作用の失敗が容易く修復されるような相互の肯定的なやりとりを通常通り体験しているが，二番目の例の二者関係は葛藤的

で否定的なやりとりを繰り返し体験している。これらの相互作用の特徴を誇張して描く必要はない。確かに最初の二者関係もいくらか葛藤的な相互作用を経験しており，二番目の母子もいくらか相互の肯定的な相互作用を経験している。しかし，ふたつの例において，肯定的，否定的やりとりのバランスに差異があることを認めるなら，最初の乳児は二番目の乳児よりも多く母親へ顔を向け，肯定的感情をより多く表わす傾向を発展させ，ストレスを経験した時も二番目の乳児より苦痛を経験するのが少ないだろうという仮説が立てられる。二番目の乳児はそれに対して，もっと無関心となり，もっと悲しみを表出するようになるだろう。この予測を（後に示すように）支持する証拠がある。しかし，私は最初にこの仮説の根底にある理論上の仮定を考察していくことにする。

情緒，目標，他者志向と自己志向的調節行動

　まず初めに，他のすべての生物と同じく乳児も多様な目標を持っている（Bowlby, 1982; Trevarthen, 1974）。それらの中には，対人的環境や無生物的環境を利用するための目標が含まれる（たとえば，他者と相互交流すること，養育者との接近の維持，相互の喜びや互恵性に特色付けられた相互作用に従事すること，対象への働きかけ）。さらにそれには内的な目標も含まれる（たとえば，ホメオスタシスの維持，安心感の確立，肯定的情緒の経験，否定的情緒の統制）。乳児はそれらの目標に到達するために，自分の目標に関連付けて自分の現在の状態の情報を処理する。乳児は自分たちが上手くいっているのか，いっていないのかを評価し，その評価を自分たちの目標を達成したり，他の目標に向かって自分たちの努力の方向を修正することを意図した行動を導くために利用する（Tronick, 1980）。たとえば，前述の一例目の乳児は母親の方を見て笑って，まさに相互作用をするばかりとなった時，母親へ感情を表すサインを送ることで自分の相互作用の目的を充たしている。また，その乳児は顔を背けたり，指しゃぶりをしたりすることで情緒状態を統制する目的を充たしてもいる。このように子どもは能動的であり受身的ではない。

　情緒はこのような評価過程で重要な役割を果たす。乳児が自分の目標を達成できたと評価すると，喜びや関心といった肯定的な情緒状態になり，それがさらに関与への動機となる（たとえば，一例目の乳児は笑って母親を見続けている）。乳児が目標は達成されていないと評価している場合，否定的な情緒を体験する。さらに詳細に言えば，もし乳児が目標の達成を阻んでいる障害物を克

服できると評価すれば，その結果，怒りという情緒状態が生まれ，乳児はその障害物を取り除こうとする動機を持つ（たとえば，二番目の乳児は怒りの表情を見せて母親を押しのけた）。しかし，乳児が障害物を克服できないと評価すれば，悲しみや撤退という結果が生じる（たとえば，二番目の乳児は最後には無関心になる）。このように情緒は乳児の行動を混乱させるのではなく，行動への動機をもたらし，組織化するのである（et al., 1983; Izard, 1978）。

　乳児がこれらの目標を自力で達成できる能力を生来的に備えていないことは自明である。乳児の力は未熟で限界があり，上手く整理されていない。そればかりか，内側からも外側からも（たとえば，外的障害からと同じく，空腹や統制されない感情のような内的な生理学的状態から），乳児の進行中の行動を混乱させることが起こるのである。このような限界や混乱があっても，乳児は概して目標を達成できないことはなく，絶え間なく否定的な情緒を経験しないのはなぜだろうか。

　とても単純に考えると，その答えは乳児が感情のコミュニケーションシステムの一部分であり，その中で乳児の目標志向的努力が養育者の様々な能力によって促進され，補われるためである。乳児の感情表出は自分が目標に到達しているかどうかという乳児の評価を示すメッセージとしての役割を果たしている。養育者はこのメッセージを「解読」し，乳児の努力を促進させるための自らの行動を導くのに利用する。ジアニーノとトロニック（Gianino & Tronick, 1988）は，このような感情表出を，それらが乳児のパートナーの行動を調節する機能を捉えて他者指向的調節行動と呼んでいる。

　次の例を考えてみよう。そこでは乳児の目的は手が届きそうで届かない対象を摑まえることにある。生後6カ月の乳児は対象の方に手を伸ばす。しかし，それを摑まえることができないので怒って落胆する。その乳児は少しの間，顔を背けて指しゃぶりをする。気持ちを落ち着かせると，もう一度その対象の方に向き直り，それに手を伸ばす。しかし，この試みも失敗してまた怒る。養育者がこの場面を見て，静かに話しかける。乳児は穏やかになり，興味深げな表情になってその対象をしばらく見つめ，それを摑まえるためにもう一度挑戦する。養育者は対象を乳児の手が届く所に持ってくる。乳児は無事にそれを捕まえて吟味し，笑う。この例では，養育者は乳児の感情表出を読み取って，この情報を利用して乳児の目的を志向する行動を促進し，乳児が情緒状態を変化させる手助けをしている。もっとはっきり言えば，養育者は乳児の失敗を成功へと修復させる責任があり，また同時に否定的感情を肯定的感情に変化させる責

任がある（Gianino & Tronick, 1988）。

　この例にはもうひとつの重要な特色がある。乳児は自分が体験する否定的感情を統制するのに，養育者にただ依存しているだけではない。乳児はいくつかの対処行動をすることで役立てている。顔を背けること，自分を落ち着かせること，それに自分に刺激を与えることさえできるのである。これらの行動は混乱させる出来事から乳児の注意を逸らしたり，否定的刺激を肯定的なものに取り替えたりすることで，自分の否定的感情を統制している（Rothbart & Derryberry, 1984）。たとえば，顔を背けるという行動はストレスに晒されている時に乳児の心拍数を減じ，指しゃぶりは困っているこころを落ち着かせるのである。

　ジアニーノとトロニック（1988）はこのような対処行動を・自・己・指・向・的・調・節・行・動と名付け，これらの行動が乳児自身の感情状態を統制し変化させるように機能していることを示唆している（Beebe & Stern, 1977）。これが成功した時には，これらの行動は乳児の他者指向的調節行動のように，乳児の否定的な情緒状態をもっと肯定的な状態に変化させるので，乳児は他者や対象物との目的指向的な関わりを推し進めることができる。前述の例で言えば，乳児は顔を背けたり指をしゃぶったりして自分自身を落ち着けてから，やっと再び対象に手を伸ばすことができるようになる。

　自己指向的行動と他者指向的行動の区別は厳密なものではないことは明らかである。自己指向的行動はコミュニケーションとしての役割を果たし，乳児は成功とか失敗という自分の評価や自分の情緒の状態を養育者に伝えることがある。それを受けて養育者は乳児が内的，外的な目標を完遂するのを助けるために，このコミュニケーションに働きかける場合もある。これは前述の例でも生じたことである。

　他者指向的調節行動や自己指向的調節行動は悲しみやコントロールできない怒り，そして苦痛へと一転しかねない肯定的感情の極端な状態に対処する乳児の健全なレパートリーの一部である。それらはこのような感情やその極端な状態が乳児の目的指向活動に与える潜在的な破壊的影響を乳児にコントロールさせることができる。これらの対処行動によって，乳児が他者と相互作用をしたり，無生物的な世界に働きかけながら，自分の情緒状態をコントロールするというふたつの同時進行の課題達成が可能になる。

　調節行動が乳児の情緒に及ぼす最も劇的な影響のいくつかは，母親の行動を操作することで互恵的な相互作用のための目標に乳児が上手く到達することを

妨げる時に表れる。このような操作には，非応答的な方法（たとえば，乳児を見つめる時に無表情なままでいる），あるいは妨害的な方法（たとえば，情緒的に単調または無関心な形で相互作用を行う。これは抑うつ的な母親の非関与を模している。Cohn & Tronick, 1983; Tronick, 1980）で振舞うように母親に指図することによって，母親の感情的行動を歪ませることが必要かもしれない。

　このような操作に直面すると，生後3カ月のほとんどの乳児は母親に適切な行動に戻ってもらうために，最初は表情や発声や身振りで母親に合図する。母親が行動を変えるべきだというメッセージを乳児は送っている。これらの他者指向的行動が目標の到達に至らないと，乳児は否定的な情緒を表し，自分の情緒的な反応をコントロールしようと自己指向的調節行動を利用するようになる。顔を背けて自分を慰めるのである。このような反応は母親がほんの少しの間だけ無表情でいる時でさえも生じる。さらに，乳児の否定的感情や自己指向的調節行動の利用は，ただ母親が適切な行動に戻るだけでは終わらない。むしろ乳児の否定的な雰囲気は続き，この後の数分間は母親に視覚的関心を払うことは少なくなる。こうした発見は生後3カ月の乳児でさえ，目前の刺激状態によってコントロールされているのではなく，出来事の影響を永続して受けており，つまりそうした出来事が内的に表象されていることを示唆している。これらの影響は，防衛的行動やこの論文で後述される精神病理にも関連してくるだろう。今のところ私はこうした研究から推論されること，つまり乳児の情緒は母親や他者の情緒行動を乳児が能動的に処理し，評価することに対する特定の意味深い反応であるということに焦点を当てたい。

乳児の情緒の組織化された性質

　生後2カ月の乳児は人と物の基本的な識別ができる（Brazelton et al., 1974; Trevarthen, 1974）。与えられた物に手を伸ばせるようになる前の乳児は，じっとそれを眺め背筋を伸ばして座り，そのまま比較的じっとして，視線を据えながら時折腕を大きく横に振ったり，少しの間視線を逸らしたりする。それが人であれば，乳児の姿勢はもっとリラックスし動きはもっと滑らかになる。ゆっくりしたペースで動きが活発になってゆき，物の時よりももっと長い時間視線を逸らす。さらに乳児は人にきちんと敬意ある反応を示すが，物にはそれをしない。端的に言えば，乳児は人とコミュニケーションをし，物を道具として扱う。

生まれて間もない乳児は他者の顔の表情を識別することもできる（Malatesta & Izard, 1984）。たとえば，乳児は怒りよりも喜びの表情の方をよりじっと見る。もっと重要なことに，乳児は母親が表出する情緒の内容の違いを明らかに正しく評価しているようである（すなわち，それらは乳児の様々な情緒を導く）。新生児が静かに覚醒している状態の時，その乳児を見て優しく話しかけると笑顔が誘発される。ウォルフ（Wolff, 1963）は乳児の笑顔は最初の頃は一般的に音声によって誘発され，次に顔によって誘発されるということを記述している。最近の研究では，母親が怒りの表情と声を表出すると生後10週の乳児は怒りで反応するが，母親が悲しそうな様相をすると怒りの反応は減少することが報告されている（Lelwica & Haviland, 1983）。さらに，乳児の反応はその出来事を取り巻く状況をどのように評価するかによっても左右される（たとえば，仮面をつけた母親に対しては笑いが誘発されるが，同じ仮面をつけた見知らぬ人には苦痛と恐れが誘発される。Sroufe, 1979参照）。

　キャンポスと同僚は（Campos et al., 1983）は生後10カ月の乳児は他者の感情の表出をどのように評価し（すなわち査定し；Bowlby, 1982），その認知を基に自分の行動をどのように修正するかという古典的な観察をしている。そこで，生後10カ月の乳児が視覚的断崖（つまり，見せかけの断崖で実際は落ちない仕掛け）の表面を探索している時，その見せかけの深さの「危険度」がはっきりしない場合には落下地点に来た時点で，母親の方を見るということが分かった。母親が恐ろしそうな，もしくは怒った顔をすると，ほとんどの赤ん坊はそこを渡らない。しかし，母親が楽しそうな顔をすると，ほとんどの乳児は渡る。乳児は恐れや喜びを伝える母親の音声にも同じ反応を示す。興味深いことに，他の大人の表情や音声も同じ影響力を持つ。乳児は出来事についての情報を補うばかりでなく，その出来事についての自分自身の評価や認知さえも覆す他者からの情緒的な情報を積極的に探し求めている。このことは特筆すべきことである。明らかに，乳児の情緒状態にとって他者の情緒の状態は基本的に重要である。この重要性はミラーリングのような受動的な過程の結果ではないことに特に留意すべきである。むしろ，それは出来事に関する自分の評価を形成し，それを利用して行動を誘導するために乳児が他者の情緒表出を積極的に利用していることに起因するものである。

　乳児には自分の評価や自分の情緒状態を伝える能力が十分ある。生後間もない乳児は大人が主な情緒を表現するのに動かすとほぼ同様な筋肉の動きをする（Ekman & Oster, 1979）。イザード（Izard, 1978）は出生直後の乳児に興

味や喜び，嫌悪，驚き，それに苦痛という表情があることを識別している。ウェインバーグ（Weinberg, 1989）とハミルトン（Hamilton, 1989）は3カ月から6カ月の乳児に悲しみや怒りの表情を認めている。さらに，新生児が驚きや怯え，それに悲しみなどの表情の要素を模倣できることは実に劇的な現象である（Field et al., 1983）。模倣についてのこれらの研究結果には議論の余地があるが，このことで乳児には表情を識別する能力や識別したものを様々な方法で表現する能力があることが証明された。手の仕草や筋緊張の様々な違いが乳児の声の変化と同じく乳児の情緒行動の状態をも示唆している（Fogel & Hannan, 1985; Papousek & Papousek, 1987）。

異なった表現システム間の関係について，有効な研究はとても少ない。しかし，ウェインバーグ（1989）は一般の相互作用において，特定の顔の表情は特定の行動と関係があることを発見している。たとえば，生後6カ月の乳児の喜びの表情は乳児が母親を見てはっきりと声を発し，身振りで合図している時に生じ，反対に悲しみの表情は反対方向を向いてむずかってはいるが泣いていない時に生じやすい。このデータは乳児の感情システムが組織化されているという特質をよく立証している。

乳児の感情のレパートリーは様々に分化しているが，これは未だに評価が十分に為されていない。顔の表情の多様さと微妙さは私たちの分類体系では依然捉えられていない。微笑みにはどれだけの種類があるのだろうか。私たちが大雑把に苦痛と呼ぶものにはどのくらいの種類があるのだろうか。その上，過去の研究はあまりに顔の表情だけに焦点を当て過ぎており，身振りや姿勢，音声，それらの関係については十分ではなかった。最も重要なこととして，研究者は乳児の感情のレパートリーを十分に誘発するために，乳児の目標設定や評価，奮闘を喚起する状況に乳児を置く必要がある。こうした状況が設定されていないと，感情のレパートリーは観察できないだろう。これらの状況において，研究者はまた従来からずっと焦点を当ててきた乳児の瞬時の感情の表現よりもむしろ，気分について注意深く考えなくてはならない。エムディ（1983）が乳児の感情の核として言及している反復される気分は，乳児の機能にとって重要なものである。なぜなら，それらは出来事に対する乳児の体験を体系的に修正し，それらに対する乳児の反応を偏らせるからである。

乳児の感情のレパートリーが結局のところ何であろうと，両親が乳児の情緒の表出や行動にとても敏感であるということは十分確認されている。両親は乳児の視線の方向に注目し，それを基に自分たちの行動を変化させる。両親

は乳児が自分でないものを見ている時，幾分遠めの観察距離（40センチ）を保つが，乳児が両親を見る時には22.5センチの対話距離に動く（Papousek & Papousek, 1987）。両親はまた乳児が自分たちから視線を逸らすまで，乳児を見続けることで乳児の視線を固定する（Kaye & Fogel, 1980）。乳児が視線を逸らした時，両親は乳児の関心が両親の方に戻るようにと顔の表情や音声や身振りを利用するが，アイコンタクトが確立されている時には，両親は自分たちの感情を表す行動を変化させるということをコーンと私（Cohn & Tronick, 1987）は見出した。たとえば，両親は大抵自分の頭を少し後ろに傾け，眉を上げて，目と口を大きく開いて最初の挨拶をするのである（Papousek & Papousek, 1987）。

エムディ（1983）は両親が乳児の顔の表情を3つの次元に従って分類していることを見出した。(a) 肯定的な感情から否定的な感情までの快不快の調子，(b) 眠い状態から興奮した状態までの活性化，(c) 内部から外部までの方向付け（たとえば，眠気や退屈さから興味や好奇心まで）。多くの母親は生後1カ月の乳児の怒りや恐れ，驚き，喜び，関心，悲しみという個々の情緒も識別している。母親は感情の判断に顔の表情や声や行動で表出されたものを利用する。マラテスタとイザード（Malatesta & Izard, 1984）は乳児の感情の込もった表情に対する親の応答にもっと特別なものがあることに気が付いた。母親は乳児の「不随意な」顔の動き（たとえば，顔の痙攣や半笑い）よりも，（たとえば，怒りや喜びというような）十分に形を成した明確な乳児の感情の表出の方に，随伴的な模倣をもって応答している。さらに，乳児の悲しさや怒りの表出は母親の中に悲しさや怒りの感情的応答を生み出す。

要するに，両親やその他の大人たちは乳児の欲求に関して，自分たちよりも乳児自身がより正確な情報を持っているという仮説に基づいて振舞うように思える。その結果，両親は子どもたちの目標達成の手助けをするために広い範囲の情緒的な行動に注目し，それに働きかけるのである。

乳児と大人の健全，不健全な感情のコミュニケーション

相互に調律された乳児-大人間の相互作用を可能にするのは乳児と大人の情緒のコミュニケーションの能力である。10年間の論争を経て，生後3カ月ほどから始まる乳児と大人の顔を見合わせた相互作用は大人の対人関係のスキルの産物であるというよりも，むしろ双方向性（すなわち，相互に統制され

た）のものであることが今では実証されている。つまり，乳児は母親の感情の表出や行動を正しく評価した上で，自分の感情の表出や行動を修正するということである（Cohn & Tronick, 1987; Lester et al., 1985）。たとえば，乳児の笑いや音声は，母親の特定の感情の表出の交代信号に依拠している（Cohn & Tronick, 1987）。勿論，大人も同じような修正を行う。

　こうした調律は概して相互的で同時性を持ち，一貫性のあるものとして母-乳児相互作用を特徴付けることなる。これらの用語やこの類の他の用語は，相互作用が円滑に運んでいる時の本質を捉えようとしたものである。評価方法はこうした評価基準に照らして発展し，たとえば「よい相互作用」とは，調律された相互作用を示している。しかし，このような用語は相互作用が一般的にいかに円滑に展開しているかを過剰に表現している。月齢に関わらず1歳までの間で調律が適切に成されているのは，顔を見合わせた相互作用の中でも30％以下の時間に過ぎず，そして，調律された状態から調律に失敗した状態への移行や調律された状態への復帰は，3秒から5秒に一度の割合で生じている（Tronick & Cohn, 1989）。よって，健全な相互作用をより厳密に描写し評価の基準としてより良いものにするなら，それは肯定的感情に満ちた相互に調律された状態から，否定的感情に満ちた調律に失敗した状態への移行が頻繁に生じ，そこからの復帰も頻繁であるということになる。しかし，もしこれが健全な相互作用の特徴であるのなら，不健全な相互作用を特徴付けるものは何なのか。

　長期に及ぶ調律に失敗した相互作用を慢性的に経験した乳児についてのいくつかの説明（Tronick, 1980）を要約して述べよう。このような乳児は，自己指向的調節行動（たとえば，顔を背け，うつろな眼差しで，姿勢を維持できず，口唇的に自分を慰め，揺れ動き，自分を抱きしめること）を繰り返し行っていた。これらの症例は極端な例であるが，うつ病の中でもより典型的な重篤な抑うつ症状が認められる母親の集団の調査で，母子の相互作用の妨げられ方は，極端な症例に見られる母子と類似していること，さらに，乳児の感情の反応や調節された反応がうつ病の母親の感情や行動と関連していることが見出された（Cohn & Tronick, 1989）。

　一般的にこれらの相互作用が行われている間，乳児と母親が相互に肯定的な時間はほとんどなく，母と子の感情的行動の間に何らかの随伴性があることを証明する相互作用はほんの僅かしかない。抑うつ的な母親の群は乳児からより多く顔を背け，健全な母親群よりも怒っていたり，侵入的であることが多く，肯定的感情を表わすことが少ない。コーンとトロニック（1989）は生後7カ月

の乳児とその母子を対象とした研究で，乳児への関与が少ない母親群の乳児が最も強い抵抗を示すこと，侵入的な母親群の乳児が最も顔を背けること，肯定的な母親群の乳児にはこうした傾向がほとんど見られず，より肯定的感情を表出するということを見出した。同じくハミルトン（1989）は生後3カ月の乳児の感情の表出は，母親自身の感情に関する報告と強い関連があることを見出した。より大きな怒りを報告していた母親の生後3カ月の乳児はより大きな怒りを表出したが，それに対して，より大きな悲しみを報告していた母親の乳児はより大きな苦痛を表出した。

　私の解釈ではうつ病の母親は人によってその方法は異なるにせよ，乳児の目標指向行動の適切な促進に失敗している。こうした母親の相互的な行動と情緒はタイミングが合わなかったり，しばしば侵入的であったりする。母親たちの否定的感情の表出（たとえば，怒り，悲しみ，苛々）は，乳児がやっていることを変えるべきだというメッセージを伝えている。このようなメッセージや相互作用の方法は相互作用を上手くいかせる障害となり，相互作用における目標に乳児が到達するのを妨げ，否定的情緒を優位にし，乳児を自己指向的調節行動に導く。このように不健全な相互作用の一般的な特徴は，そこに関係する人たちが否定的な感情に満ちた調律することに失敗した相互作用の状態から動けなくなり，変化を求める乳児のメッセージが無視されることにある。

　ここで私の最初の疑問に戻ることにする。なぜ楽しく好奇心旺盛になる子どもがいる一方で，悲しげで無関心な子や，怒りに満ちて集中できない子どもがいるのだろうか。これらの異なる結果は乳児が関わった情緒のコミュニケーションシステムの働きに関連しており，特に乳児の対人的情緒的相互作用の中での子どもの成功体験と失敗体験のバランスに関連があると考えられている。ジアニーノと私（Gianino & Tronick, 1988）は相互作用の失敗とは自然に何度も起こる調律に失敗した相互作用の状態であり，相互作用の修復とは調律に失敗した状態から調律された状態への移行であると考えている。調律された状態が成功裏に達成されれば，乳児の相互作用における目的が充たされ肯定的感情が生まれるが，相互作用の失敗は目的を充たすのに失敗し否定的感情を生むのである。

　健全な相互作用においては，乳児は相互作用の成功や失敗およびそれらの失敗を習慣的に修正するという体験をしている。情緒的に乳児は肯定的感情や否定的感情，そして否定的感情から肯定的感情への変換を体験している。そのため否定的感情を経験している時間は短い。健常ではない乳児の相互作用の場合

は，乳児は相互作用の失敗と否定的な情緒の時間を長く体験し，相互作用の修正や否定的感情から肯定的感情への変換は少ししか体験しない。

ジアニーノと私（Gianino & Tronick, 1988）は健全な相互作用の特徴を表す成功体験や相互作用の失敗や否定的感情の修復体験がいくつかの発達的な向上をもたらし，それが肯定的な結果に繋がることを論じた。相互作用の修正を体験することや否定的感情を肯定的感情に変換することで，乳児が自分の中にある他者指向的情緒のコミュニケーションと自己指向的な調節能力を精巧なものとし，より効果的にそれらを利用できるようになる。すなわち，ストレスに直面しながらも外的な環境に関与し続けることができるようになる。成功と修正の蓄積と反復から，乳児は肯定的な感情の核を作り上げ，自己と他者の間により鮮明な境界を作るのである（Emde, 1983）。この体験から乳児は自分自身は有効な存在であるという表象，自分たちの相互作用が肯定的でかつ修復可能なものであるという表象，そして養育者は頼りになり信頼できる人であるという表象を創造する。

健全な相互作用に関する初期の業績で，ジアニーノと私（Gianino & Tronick, 1988）は健全な相互作用の間に多くの修正を体験した乳児ほど，当惑するような緊張の高い態度で（すなわち，じっとした顔をして）母親が行動すると，母親から健全な行動を引き出そうとすることを見出した。このような乳児は健全な相互作用の経験を基礎にして，相互作用は修正可能であるという表象や自分はそれらの修復を効果的に行うことができるという表象を持っている。修正体験の少ない乳児は母親への要求をあまり行わず，より頻繁に顔を背け苦痛を示した。さらに，初めて実験室に連れ来られた時に，母親の圧迫的な振舞いに対して笑いや苦痛のような特定の感情傾向を示す乳児は，2週間後の二度目の実験室の訪問時にも同じ感情傾向を示した。数回の訪問を通して安定して見出されていたことは，自己を慰める行動としての自己指向的調節行動であった。生後6カ月の乳児は既に感情の対処法や自己や他者の表象を確立しているのである。

対照的に，不健全な相互作用による慢性的な失敗体験や修正不可能な体験，否定的感情体験は発達上の結果にいくつかの好ましくない影響をもたらす。乳児は否定的感情やそれが目的指向的行動に与える破壊的影響をコントロールするために，自己指向型の調節行動（すなわち，顔を背ける，逃避する，知覚的に利用不能になるなど）を確立する。確かに否定的感情の調節は乳児の最初の目的となり，他に生じる可能性のあるどんな目的よりも優先される。この自己

指向型調節行動は乳児の対象との関わり合いを妨げ，認知発達を危うくすることもあり，乳児の他者との関係性を歪める。失敗と修正不可能の反復と蓄積によって，乳児は自分が有効な存在ではなく，養育者は信頼に値しないという表象を発達させる。

私（Tronick, 1980）は慢性的に調律に失敗した相互作用を体験している乳児は母親や無生物的な環境と関わりを持たず，他者との相互作用を歪めるということを見出した。こうした影響はうつ病の母親を持つ乳児にも見られる。これらの乳児は見知らぬ大人とはより否定的な相互作用を行い，対面での相互作用の間により否定的である乳児は他の状況でも同様にもっと否定的になる（Tronick & Field, 1986）。勿論，乳児は完全に母親との関係を築くという目的を諦めてしまうこともある。しかし，出生後間もない乳児はその目的を諦めることができず，たとえ諦めることができたとしても，その結果はさらにいっそう厳しいものになる（Bowlby, 1982）。

この視点から言えば，乳児が成功，失敗の修復，否定的感情から肯定的感情への変化に関して持つ経験の相違から種々の健全性や精神病理へと繋がる経路が導かれる。概してこれらの経路の分岐点は単一の心的外傷となる転機や特別な瞬間ではなく，ただ様々な文脈の中で蓄積された，様々な人や出来事との相互作用の体験や感情体験があるだけであり，それらが時間をかけて乳児の調節の過程や表象を形成する。

個人を多様性のある健全な結果へと導く主要経路は無視されることが多いが，それは，感情や体験を社会化する際の多様な文化的風習に晒されることによる，個人の情緒的体験の多様性である。たとえば，ケニヤのグシイ族では対面でのやりとりの際に，誰が誰を見るのかについての厳密な規則があり，乳児が最も肯定的な感情状態の時は，母親は乳児と視線を合わせないことが多い。それに応じて乳児の感情はより中立的なものになり，乳児も顔を逸らす。アメリカ人の母親少なくとも実験室での調査に参加した人たちはほとんどが乳児から目を離さず，むしろ母親自身がすっかり興奮していた。それに応じてアメリカ人の乳児はよりいっそう興奮し肯定的な感情を表していた。このように，グシイ族とアメリカの乳児は異なる相互作用の経験を内在化するのである。

文化的境界によって枠付けられているが，健全な発達が多様であることの最も重要な原因は日々反復される他者とのやりとりの間に各々個人が感情のコミュニケーションや相互作用の成功，それに情緒の修復に関して大きく異なる経験をすることにある。たとえば，コーンと私（Tronick & Cohn, 1989）は調律

された相互作用の状態を維持する母‐乳児のペアの能力は個々によって，大きく差があることを発見した。さらに，コーンと私は6カ月から9カ月の乳児とその母親を対象とし，母‐息子の組み合わせは母‐娘のペアよりもよく調律された状態にある時間が約50％多いと報告した。これらの違いは情緒的応答性や，個々の男性と女性における自己の構造にとって重要な結果をもたらしている。

　精神病理に至る経路は多岐にわたる。相互調節の観点では，精神病理は継続的で慢性的な相互作用の失敗がある状態において生じやすい。これらの状態では，乳児は人々やものから離れざるを得なくなる。なぜなら，乳児は自分が経験している否定的感情を調節するためにあまりにも多くの調節能力を使わなければならないからである（Main, 1981）。結局，逆説的ではあるが，これらの自己指向的調節行動が否定的な感情を調節し，その破壊的な作用を抑止することに成功している限り，乳児は自動的，硬直的，無差別的にそれらを展開させ始める。したがって否定的感情が起こりそうもない状況でさえ，予期される否定的感情の経験を防止するために自己指向的調節行動が選択されるので，健全な自己調節行動であったものすら病的あるいは「防衛的」になる。乳児は目の前の状況のありのままを正しく評価しようとすることを諦め，その代わりに，ひきこもって不適切に行動することで新しい状況に対処する。このことは乳児の世界との関わり，未来の選択肢，そして自主性さえも厳しく抑制し，乳児を発育不良やうつ病や他の精神病理に導くこともある。

　しかし，当然のことながら，慎重に判断しなければならない。不健全な相互作用を経験した結果が必ずしも精神病理に帰結するわけではない。実際，プラスの影響もあるかもしれない。たとえば，抑うつ的な母親の乳児はより上手く母親の気持ちを読み相互作用をよりよく調節するために，母親の情緒の状態にとても敏感になるかもしれない。このような敏感さは乳児が他者と相互に作用し合う時に役立つかもしれない。さらに，あまり調律されていない相互作用での体験は様々な発達段階で多彩な影響をもたらす傾向にある。たとえば，うつ病の母親との体験は乳児の生後1カ月の間にある一定の影響を与え，母親の行動が乳児の早期の情緒体験を破壊するものとなるかもしれない。生後1年になる頃にはまた異なる影響があり，その時の抑うつ的な行動は乳児の自立という新しく表れる状態を破壊する可能性の方が高い。

　この報告は感情のコミュニケーションシステムを発効させ，とりわけそれを崩壊させる重要な要因としての養育者に焦点化している。しかし，明らかに乳

児も同じく主体である。確かに乳児の能力は目覚しいが，まだそれには限界があるので，相互作用の中で常に効果的に自分の役割を担うことはできない。その上，個人の気質の相違は様々な乳児を実に多様な相互作用のパートナーにする。冒頭の例では最初の乳児は気質的により活動的で感情を上手くコントロールすることができるが，次の乳児の方はもっと刺激に敏感で抑制されているのだろう。こうした種類の多様性は相互作用のパートナーにも様々な要求をし，乳児に違う反応を引き出させ多様な結果を生み出す。

　もっと一般的に批判を込めて言うと，多くの要素が子どもの発達の成り行きに影響している。早産や栄養不良，病気，乳児の他との相互作用の経験，それに乳児に対する母親の行動に影響する社会的サポートやストレス，自尊心などのような要素はそのリストの一部に過ぎない。実際にリストは膨大なものであるが，原則的にはいかに遠因であろうとも乳児の情緒体験を常に変化させる要因であれば何であれ，乳児の発達の展開をある程度変化させるのである。

結　論

　この感情のコミュニケーションについての観点は，もっと年長の子どもに対しても当てはめることができる。年長の子どもは羞恥心や罪悪感と名付けられているふたつの新しい感情を経験し，成功と失敗に影響されてより組織立った自己を持つようになる (Lewis, 1987)。年長の子どもはまた，人々や物，考え方に対してもっと複雑で大きな努力を要する課題へと移っていく。これらの課題は情緒をコントロールする子どもの能力やその子どもの能力を補う養育者に対して新たな要求を課す。癇癪や，衝動抑制，行為障害などの子どもたちの問題や思春期の危険な行動でさえも，子どもの相互調節の経験や自己調節の能力に起因するものと見なすことができるであろう。

　感情の調節，自己と他者，相互作用の成功，それに感情の修復は，事実一生を通じての問題である (Stern, 1985)。大人がどのようにこれらの機能を利用するかは，その時置かれている状況の中で人々の調節スタイルや，意識，無意識的な自分たちの過去の表象によって決定される。発達というものが変容可能な性質を有していると仮定すれば，子どもの頃の相互調節のスタイルや表象が大人になってからのそれを決定付けると断言するのは愚かなことであるが，それらに長期的な影響がないと主張することも同じように愚かしいことである。確かにその人が子どもの時に状況を調節し表象した方法や経験した情緒が蓄積

され，大人のものになるのである。

　こうして乳児や子ども，大人は世界に働きかけ，情緒状態を調節し，効果的にコミュニケーションを行うのである。そして人間すべてにとって，コミュニケーションのプロセスが相互作用の調律や感情の修復という程度に働くことが，それらの結果に重大な影響をもたらす。勿論，さらなる知見を要する。つまり，毎日何度も反復される情緒のコミュニケーションシステムの作用を極めて細部に至るまで検索する必要がある。これは大きな努力と関与を伴うだろう。まさに一人ずつ検索された個人の発達の組織的な研究の再考察を研究者に促す時が来ているのかもしれない。しかし，すべてを理解するまで介入を差し控えている必要はない。双方向コーチング，両親の心理治療，子どもや親の一時的なケア，デイケアのような直接的なものから，出生前ケアや保健衛生や仕事に対するケアなどもっと間接的なものまで多くの介入は子ども時代の経験を修正し，肯定的な発達の結果へと導くだろうということは周知されている。それらは適切に実行されなければならないのである。

参考文献

Beebe, B. and Stern, D (1977) Engagement-disengagement and early object experience. In Freedman and S. Grenel (eds), *Communicative Structures and Psychic Structures* (pp. 33–55). New York: Plenum Press.

Bowlby, J. (1982) *Attachment and Loss: Vol. 1 Attachment* (2nd ed.). New York: Basic Books.（黒田実郎他訳：愛着行動（改訂新版）．母子関係の理論Ⅰ．岩崎学術出版社，1991.）

Brazelton, T.B., Koslowski, B. and Main, M. (1974) The origins of reciprocity: The early mother-infant interaction. In M. Lewis and L.A. Rosenblum (eds), *The Effect of the Infant on Its Caregiver* (pp. 49–76). New York: Wiley-Interscience.

Campos, J., Barrett, K., Lamb, M., Goldsmith, H., and Sternberg, C. (1983) Socioemotional development. In P.H. Mussen (ed.), *Handbook of Child Psychology: Vol. 2. Infancy and Developmental Psychology* (pp. 783–915) New York: Wiley.

Cohn, J.F. and Tronick, E.Z. (1983) Three-month-old infants' reaction to simulated maternal depression. *Child Development*, 54, 185–93.

Cohn, J.F. and Tronick, E.Z. (1987) Mother-infant face-to-face interaction: The sequence of dyadic states at 3, 6, and 9 months. *Developmental Psychology*, 23, 68–77.

Cohn, J. and Tronick, E.Z. (1989) Specificity of infants' response to mothers' affective behavior. *Journal of the American Academy of Child and Adolescent Psychiatry*, 28: 242–8.

Ekman, P. and Oster, H. (1979) Facial expressions of emotions. *Annual Review of Psychology*, 30, 527–54.

Emde, R. (1983) The pre-representational self and its affective core. *The Psychoanalytic Study of the Child*, 38, 165-92.

Field, T., Woodson, R., Cohen, D., Garcia, R., and Greenberg, R. (1983) Discrimination and imitation of facial expressions by term and preterm neonates. *Infant Behavior and Development*, 6, 485-90.

Fogel, A. and Hannan E.T. (1985) Manual actions of nine- to fifteen-week-old human infants during face-to-face interaction with their mothers. *Child Development*, 56, 1271-79.

Gianino, A. and Tronick, E.Z. (1988) The mutual regulation model: The infant's self and interactive regulation coping and defense. In T. Field, P. McCabe, and N. Schneiderman (eds), *Stress and Coping* (pp. 47-68). Hillsdale, NJ: Erlbaum.

Hamilton, P (1989) *The interaction of depressed mothers and their 3 month old infants*. Unpublished doctoral dissertation, Boston University.

Izard, C. (1978) Emotions as motivations: An evolutionary-developmental perspective. In H.E. Howe, Jr. (ed.), *Nebraska Symposium on Motivation* (Vol. 26, pp. 163-99). Lincoln: University of Nebraska Press.

Kaye, K. and Fogel, A. (1980) The temporal structure of face-to-face communication between mothers and infants. *Developmental Psychology*, 16, 454-64.

Lelwica; M. and Haviland, J. (1983) Ten-week-old infants' reactions to mothers' emotional expressions. Paper presented at the biennial meeting of the Society for Research in Child Development, Detroit.

Lester, B., Hoffman, J., and Brazelton, T.B. (1985) The structure of mother-infant interaction in term and preterm infants. *Child Development*, 56, 15-27.

Lewis, M. (1987) Social development in infancy and early childhood. In J.D. Osofsky (ed.), *Handbook of Infant Development* (2nd ed., pp. 419-555). New York: Wiley.

Main, M. (1981) Avoidance in the service of attachment: A working paper. In M.K. Immelmann, C. Barlow, M. Main, and L. Petrinovich (eds), *Behavioral Development: The Bielfield Interdisciplinary Project* (pp. 651-93). New York: Cambridge University Press.

Malatesta, C.A. and Izard, C.E. (1984) The ontogenesis of human social signals: From biological imperative to symbol utilization. In N.A. Fox and R.I. Davidson (eds), *The Psycbobiology of Affective Development* (pp. 161-206). Hillsdale, NJ: Erlbaum.

Papousek, H. and Papousek, M. (1987) Intuitive parenting: A didactic counterpart to the infant's precocity in integrative capacities. In J.D. Osofsky (ed.), *Handbook of Infant Development* (2nd ed., pp. 669-720). New York: Wiley.

Rothbart, M. and Derryberry, D. (1984) Emotion, attention and temperament. In C. Izard, J. Kagan, and R. Zajonc (eds), *Emotion, Cognition and Behavior* (pp. 133-56). New York: Cambridge University Press.

Sroufe, L. (1979) The coherence of individual development: Early care, attachment, and subsequent developmental issues. *American Psychologist*, 34, 834-41.

Stern, D.N. (1985) *The Interpersonal World of the Infant. A View from Psychoanalysis and Developmental Psychology*. New York: Basic Books.（小此木啓吾・丸田俊彦監訳／神庭靖子・神庭重信訳：乳児の対人世界．岩崎学術出版社，1989, 1991.）

Trevarthen, C. (1974) Conversations with a two-month-old. *New Scientist*, 896. 230–5.

Tronick, E.Z. (1980) On the primacy of social skills. In D. Sawin, L.Q Walker, and Penticuff (eds), *The Exceptional Infant. Psychosocial Risks in Infant Environment Transactions* (pp. 144–58). New York: Brunner/Mazel.

Tronick, E.Z. (in press) Of course all relationships are unique: How co-creative processes generate unique mother-infant and patient-therapist relationships and change other relationships. *Psychological Inquiry*, 2002.

Tronick, E.Z. (in press) The increasing differentiation and non-transferability of ways of being together: The primary attachment is specific, not prototypical. *Journal of Infant, Child and Adolescent Psychotherapy*, 2002.

Tronick, E.Z. and Field, T. (1986) Maternal Depression and Infant Disturbance: New Directions for Child Development (Vol. 34). London: Jossey-Bass.

Tronick, E.Z. and Cohn, J.F. (1989) Infant-mother face-to-face interaction: Age and gender differences in coordination and the occurrence of miscoordination. *Child Development*, 60, 85–92.

Tronick, E.Z, Brushweiller-Stern, N., Harrison, A.M., Lyons-Ruth, K., Morgan, A.C., Nahum, J.P., Sander, L., and Stern, D.N. (1998) Dyadically expanded states of consciousness and the process of therapeutic change. In E.Z. Tronick (ed.), Interactions that Effect Change in Psychotherapy: A Model Used on Infant Research. *Infant Mental Health Journal* [Special issue] , 19, 290–9.

Weinberg, K. (1989) *The relation between facial expressions of emotion and behavior in 6 month old infants*. Unpublished master's thesis, University of Massachusetts, Amherst.

Wolff, P. (1963) Observations on the early development of smiling. In B.M. Foss (ed.), *Determinants of Infant Behaviour* (pp. 113–38). London: Methuen.

第5章　かいじゅうたちのいるところ[原註1)]

ジョーン・ラファエル - レフ

「かいじゅうたち」は，私たち皆それぞれの中に棲んでいる。かいじゅうたちには名前がなく「形のない」もので，飼い馴らされておらず，何の処理も施されず，激しく混沌としたものである。それは洗練された表面のずっと奥底に渦巻いている。また，より浸透性が高ければ，夢のイメージの断片や不可解な激情，またはコントロールできない涙や気分の状態として暴れ出す。稀に大人になって，私たちのこころの奥底にある捉えどころのない感覚に共鳴するとても刺激的な人たちや感動的な体験に出会い，前言語的または非言語的感覚を再活性化されることがある。特に両親は自分自身の乳児期や幼児期の「荒々しい」未消化な残存物の復活に影響を受けやすく，それは自分たちの赤ん坊の中にある同じような生々しい情動に晒されることによって呼び覚まされることを本論で提示する。

　赤ん坊との親密な出会いは日常のあらゆる規則を破り，それによって私たちはこころの奥底の原始的なかいじゅうたちの真っ只中に投げ込まれる。乳児は私たちが気づかないように防衛していたものを無理やり覚醒させる。赤ん坊は大人の防衛の武装を解除させ，母親や父親に無力感，ひもじさ，欲求不満，腹立たしさ，苛立たしさ，見捨てられること，裏切りなどを否応なしに再体験させる。これは新生児だけではなく，大人にも存在する感情である。テレーズ・ベネディック Therese Benedek（1959）は各発達段階でいかに子どもが両親の過去から類似する発達上の無意識的葛藤を呼び起こすか，特にそれらが未解決のまま残っている場合はどう呼び起こすのかを追跡している。嚙み砕いて言えば，両親は子どもに自分たちの特別な過去の「ボタン」を押されると，「平静さを失う」ことになる。しかし，次のような逆説が働く。養育者は乳児の情動信号を敏感に察知できるように，それらを共感的に受け入れられる状態に保たなければならず，そのためにふたりの間の境界を開いておかなければならな

原註1）この論文は 1989 年の the *International Journal of Prenatal & Perinatal Studies,* 1: 78–89 で初めて発表されたものを 2002 年に大幅に加筆修正したものである。

い。しかし，そうすると益々傷つきやすくなる。両親が赤ん坊の混乱や欲求，怒り，「貪欲」によって内面に呼び起こされた未消化なかいじゅうからあまりにも影響を受けると，母親は（父親も）赤ん坊がそれらを統制可能な情動へ変化させるための援助を上手く機能させることがもはやできない。母親の内部に喚起された荒々しいものが外部の挑発に遭うこの交差点で，激怒，恐怖，憂うつ，被害妄想が生じ，境界がそれらをコンテインすることに失敗する。その結果，無防備な乳児を混乱させる。この乳児は親の情動に合わせて演じたり，親の情動を避けるために死んだ振りをしたり，または情動を宥めるために頑張っている振りをしたりするかもしれない。親と乳児の相互関係はいかなる時でも，一方のコミュニケーション能力とそれに応える相手の能力が，互いにやりとりしながら歩み寄るようになることだと言ってもいいかもしれない。

大人の出会いにおける情緒のコミュニケーション

　私たちは誰もが対人関係から成る世界に住んでいる。そこでの他者との出会いは大抵，無意識的に行われる相互行為の儀礼（Goffman, 1967）で決定される。義務や期待のように私たち双方に影響を及ぼすこうした行動規則は，乳児期の重要な他者との相互作用から吸収されるものであり，それは情動を表出する時の基礎構造として働く。つまり，それらは各々の対人的やりとりの中で，個人的な空間の境界やコミュニケーションの本質，そして活動と不活動の双方を意味のある表現に変容させるやりとりの規則を定めている。私たち誰もが毎日の出会いにおいて，他人を許容するためにその境界を緩めたり，拒否するためにそれを堅くしたりしながら，各々が柔軟な個々の境界を無意識に操っている。

　私たちは対人的交流のしきたりをもはや当然のことと認められなくなった時にのみ，メタコミュニケーションのこの体系に気が付くようになる。たとえば，私たちは外国の儀式的習慣や，そこの公然のマナーを律するエチケットのルールに詳しくないことに気づく。私たち自身の社会でも，礼儀正しさ，敬意，振舞いに関する慣習から外れ，誤った行為をしている人に出くわすことがある。私たちは見知らぬ人が大声で話したり，じろじろ見たり，また友達の歓迎が期待していたほど暖かくはなかったり，別れの挨拶があまりに長すぎるとすぐに落ち着かなくなる。その原因は激しさにある。つまり，過度な親密性は相互関係を壊すかもしれない。やりとりに参加するひとりは感情を大袈裟に表現するかもしれないし，「我を忘れて」感情的になるかもしれない。会話を支配した

り，消極的になり過ぎたり，または人を陰険に遣りこめ，才気をひけらかし，魅惑的な説得力で相手を無力にしたりすることによって，自分たちの「才能」の割り当て以上のものを自己中心的に要求するかもしれない。同じように，やりとりの一方が距離を置いていたり，控えめであったり，よそよそしかったり，またはこころの防壁の奥にひきこもっていたりする時，相互関係の釣り合いが脅かされることも時々ある。もし二者間の対人的相互関係を，各々が浸透性のある境界に封じ込められたふたりの人間の出会いとして考えると，構造的および内的空間は均衡状態になる。人々が個人的に確保した領域を侵した時，私たちは境界の中に踏み込まれたと感じる。たとえば，偶然出会った人が接近し過ぎていたり，または親しい誰かがあまりにも遠くにいたりする時，凝視や身体的な接触，侵入的で個人的な質問，無言のうちに似ていると決めつけること，親友のために空けてある個人的な領域にただの知り合いが押し入る時，または誰かが私たちの上に重荷を「負わせたり」，私たちの考えを盗む時などである。外部の領域に加えて「内的空間」があり，それは私たち誰もの中にある心的現実として生き続ける内在化された対象や出来事から成る複雑な内的世界のことである。そして，それは私たちの外的現実の経験に影響を与えている。自分自身の主観的な内的世界に私たちを引き込もうとしたり，自分の過去にいる人物になることを強要する人に対して，私たちは侵入されたと感じるかもしれない。同じように，私たちは自分の中にある秘密の場所に密かに入り込んだ何者かによって，その空間が侵略されたという感覚を持つかもしれない。その何者かは自分自身の内的対象と共鳴したり，あるいは飼い馴らされていない荒々しさの深い感応を喚起することで自分たちの平穏を乱したりする。

　私たちは大人として，自分と他者の間のこのような様々な状況に上手く対処することを学んできた。しかしながら，興味深いことに私たちはこのような相互関係に不快さを感じたり避けたりする一方で，時折，実はいつの間にかそれらを探している自分に気づくことがある。それはまさに，それらが私たち自身の中の情動的な部分に触れているからなのである。私たちは時々ぎょっとするような人や振舞いに出会うことがある。それはただどことなく感じている捉えどころのない自分自身を認め，元気付けてくれる。その中で，私たちは過去の飛び地に入り，いくつもの防衛の層を通り抜けて投げ出され，古めかしく激しい情動体験をする自分自身を発見する。こうした大人の出会いは，フレッド・パイン Fred Pine の至言（Pine, 1981）にある「過剰にエネルギーが込められた人生初期のモーメント」の残存物を甦らせ，ロバート・エムディ Robert

Emde（1988）が赤ん坊の時に確立する「自己経験の情動的中核」と定義したものを甦らせると考えられる。私たち自身が早期の欲求に触れることによって，言葉では表現できない融合という古い感覚を再び呼び覚まされることがある。つまり，生々しい感情をコンテインし，私たちと共にそれらを処理してくれ，私たちを愛してくれた人との前言語的なやりとりで満たされたモーメントを呼び起こす。

　このような出会いで，広く呼び覚まされるのは甘い満足感の名残だけではなく，強い激情や痛ましい脆弱性，主な養育者が自分を失望させた言葉にならない絶望からなる未消化なモーメントである。大人になって，隠されていた自己を解放したいと強く願うと，時に私たちは変貌することを無意識に求めることになる。私たちは自分の周辺にいる重要な人を操作して，このような前言語時代の経験を復活させるように行動させる（Sandler, 1976 参照）。私たちは大切な人たちに私たちの抱いている疎外感を分節化させ，こうした人たちを誘惑して長らく忘れていた場面を演じさせたり，巧みに操ったり，ものも言えずに眠っている感覚を呼び起こさせる。クリストファー・ボラス Christopher Bollas は，以下のことを記述した。私たちは自らが排出した情動を変容して戻してもらうという早期の体験を取り戻したいと望んでいる。私たちはその願いの下で，（精神分析がするように）変容する特性というものを供給してくれる人々や審美的な体験を繰り返し求めている。それは自分たちが小さい頃，両親が供給したものである。それだけでなく，私たちは変容する特質であるこれらの「変容対象」に自分自身を「明け渡し」てしまうことすらある（Bollas, 1987）。

　そのために，誰かを誘惑して，自分たちでは口に出せない多彩な欲求を表明させるかもしれない。私たちは誰か他の人の中に鏡のように住み込もうとして，投影する未熟な自分の存在の映しを引き出そうとするかもしれない。または，他の人に自分たちの苦痛や恐怖を感じさせることで，自らをそこから守るように振舞わせ，曖昧な空想を処理させることによって，内的な満足感の程度を高めたりする。大抵の場合，私たちは口に出さずに相手の状態をこころに記憶し，言語以外の信号を直感的に読み取って反応し，あるいは無意識のうちに私たちのこころの外にいる他人を使って内面にうごめく暗い力を和らげたりする。これらすべてのことが知らないうちに起こっている。私たちは相手を吸収したり，歪めて映したりする瞬間毎に，互いを受け入れて境界を透過できるようになるか，または境界を硬くして無透過の状態に陥る。

　しかしながら，当然私たちの自己の深奥を表現し，知りたいという願望は正

体が「見破られ」，精神的な苦痛に晒されるという絶望的な恐怖に陥る結果を招く。束縛された潜在的な闘いから解放されたいという私たちの願いは，私たち一人ひとりの中で防衛的な禁止，つまり私たちを制限し自由を奪う家族体験における惰性的で反復的な再演という重荷と闘っている。私たちが解放を求める時でさえ，未知の荒々しい衝動に屈服することへの不安が防衛の強化や「危険な」引き金を引くことの回避へ導く。そして，「克服したい」という欲求は崩壊してしまうのではないかという危惧と混じり合う。このような文脈において，親になるということの動機は，初期にあった歓喜を解放し，十分に整理されていなかった経験を取り戻して再体験し，人生の初期の傷を癒したいという無意識の願望が頻繁に伴う。しかし，赤ん坊の衝撃に満ちた力は親の壊れやすい防衛には強すぎるかもしれず，そうすると親の未解決なかいじゅうたちの衝撃力が子どもの本質を歪めてしまうことになる。

喚起的な交流

　しかしながら，境界への脅やかしが始まるのはより早期，妊娠期間中であると示唆する。妊娠中，妊婦の身体は実際に他者を包含しており，過去と未来，自分と他者，意識と無意識，秩序と混沌，現実と空想という図式がより流動的になり，「外」と「内」の識別が危険に晒される。妊娠は自己の単一性という自明の理を無効にする。事実，妊娠中はふたりの人間が母親の皮膚の下に存在している。個々の身体が別々の空間を占有するという自然科学の法則は，ふたりの人間がひとつの身体の中で生きる時，成り立たなくなる。その上，男性の物質である精子が女性の中に深く挿入され，卵子と結合して女性の内部に付着し埋め込まれて，遺伝学上，異物を作り出すというように性は侵害される。まるで，その女性の中の内的対象と同じように別のものが存在し，それが意識のコントロールを越えて彼女の内部で作動して動く。さらに，母親が自分と胎児の間にある物質を変容させる中で，双方向のシステムが作動する。

　他の状況では，半ば異物が侵入してくると主体の免疫システムによってそれは排出されるか壊されるだろう。しかし，妊娠期間中，妊婦はそうした通常の反応を抑えるために超越した能力を示す。その時，妊婦はその機能をまだ十分に把握していない。同じように，子どもを別の人間として尊重するためには，妊婦は侵入者を流産したいという衝動や自分の中に吸収したいという精神的な衝動に打ち勝たなければならない。逆に言えば，母親は精神的な個別性を画す

る「免疫学的な」境界を母親として一時的に放棄しなければならず，母親の内的空間や内的資源に対する乳児の要求を拒絶したいという誘惑を退けなければならない。「誕生の小休止〔セズーラ〕」を超えた臨床経験から言えば，このようなことを母親がどのように扱うかは，母親が赤ん坊のためにコンテイナーとして，変容させるものとして，また赤ん坊が出す老廃物の受け手としての役割を担うこの期間に親子相互のやりとりをどのように認識するかによって予測できる。

　私の報告は150人の母親からの数千時間に及ぶ聴取に基づいている。精神分析や心理療法を行うために私は妊娠する前，妊娠中，出産直後にそれぞれ週1～5回，時には何年にもわたって母親たちに面会した。調査は合計26年間かけて行われている（初期の研究は，出産前後に取られた質問紙データ，1980年11月，1982年7月，1983年11月のコミュニティーセンターのプレイグループに参加している母親の3つの調査（n=81），1年から3年にわたる23人の乳児と養育者のペアの観察の蓄積に基づいている。これらは，ラファエル－レフ（1985a, 1985b；1986, 1991）が報告している）。

　これから母親になる人と胎児との間のやりとりの表象は，母親が乳児と出会う時の促進剤としてどのように機能するか，ここで考察していきたい。

・母親と赤ん坊のやりとりは，多くの層を成した女性の内的世界においてどのような無意識的意味を表しているのか。
・このような期待は，親になるという現実とどのように一致するのか。
・泣いている乳児が母親の無防備な神経に触れたり，予期せず親のこころの奥深くに住んでいるかいじゅうを起こしたりした時に，何が起こるのか。

胎盤のパラダイム

　私は母性の原型は妊娠によって形成されると示唆したい。つまり，母親は子宮の中に胎児を物理的にコンテインするという行為を，出産後に赤ん坊を抱くという形で繰り返しており，双方向性のある胎盤システムが出産後の双方向の対話の原型になっている。ここで私が強調したいのは，栄養物と老廃物を交換するという子宮内で起こるプロセスは出産直後に変容した相互作用の無意識的パラダイムと見なすことができるということである。そこで触媒となる母親は乳児の現実の有害な側面や不必要な側面を取り除き，その代わりに栄養価が高く，成長を促す経験を与える準備をしている。妊娠期間中，胎児の心臓が鼓動

母親	赤ん坊	胎盤の活動
＋ 安全／よい （処理／滋養）	＋ 安全／よい （維持すること）	相互の交わり
＋ 安全／よい （慈悲深い）	－ 危険／悪い （寄生）	母親の側に防衛の境界線
－ 危険／悪い （汚染）	＋ 安全／よい （清浄な）	赤ん坊の側に防衛の境界線
－ 危険／悪い （有害な）	－ 危険／悪い （有害な）	相互の境界線

図 5-1　胎盤のパラダイム

する度に母親は酸素を含んだ血液と滋養物を胎盤に送り込み，肺を通して二酸化炭素を吐き出して取り除き，腎臓の働きで窒素化合物を母親の尿に排出し排泄しているが，胎児はそのことにずっと気づかない。しかしながら，母親は既に子宮の中で，愛しい／憎らしい寄生物のためにコンテイナーや変圧器，そして老廃物処理機としての機能を果たしている。つまり，その寄生物は母親の組織を食いつぶし，母親の血液を自分の組織内に取り込み，老廃物を母親の中に排泄している。妊娠期間中，母親は役に立つ栄養物や悪い老廃物を体内で処理し変換している。後に母親はこれと同じ方法で，隠喩としてのコンテイナーや変圧器となって，自分の赤ん坊の複雑な経験や感情を取り扱う。ビオン（Bion, 1962）が指摘しているように，母親が「代謝」した赤ん坊の激しい投影や感情は「解毒され」，加工された形で戻され，すると乳児はそれを安全に再び内在化することができる。

　大抵の女性は妊娠中に胎盤という媒体を通して変換処理が行われていることに気づいている。一般的には，寛容な母親が自分の赤ん坊のために，この胎盤を生育すると信じられているが，実際のところ胎盤は受精した卵子の外細胞から分化しているため，賢明な胎児によって生成されたものとも言えるかもしれない。同じく，胎盤でのやりとりを考える時，滋養物の供給者としてあるいは受動的なコンテイナーとして，象徴的に母親に焦点を合わせるという見方がある。その一方で，母親に「同化される」か，あるいは何も考えずに育つか，そうでなければ半ば異物として母親の資源を貪り食い，盗み，汚染する胎児というものに焦点を当てる別の見方もある。確かに妊婦の中には，自分たちの全組織が情け容赦ない寄生物によって消耗し，蝕まれていると想像する女性もいる。

この相互作用をそれぞれの女性がどのように概念化するかは，その人の内的現実によって決定され，それが妊娠体験に影響を与える（Raphael-Leff, 1993）。それゆえに，妊娠している女性の中には，自分の体の中にある胎児の排泄物のせいで気分が悪くなると想像する人もいるかもしれない。一方で，まだ悪阻以外のサインがない妊娠初期に，本当に妊娠しているという兆候として悪阻を喜んで受け入れる女性もいるだろう。また，吐気は嘔吐することで胎児を取り除きたいという母親の密かな願望の表現であると考える女性もいるかもしれない。同じく，胎盤機能不全が起こるのは「けちな」母親が子どもに栄養を与えずにいるか，あるいは「貪欲な」赤ん坊の欲求が胎盤の潜在能力を上回っているか，どちらかが原因だと解釈できる。

　さらに，私たちが知っているように胎盤は物質を運ぶだけではない。それは防壁としても機能している。焦点の当て方にもよるが，前述のように胎盤は母親と胎児（またはどちらか一方）のどちらか一方が作り出し，あるいは摂取する有害な物質から守る。反対に，防壁は透過性がなければいけない。「よい」ものは透過する必要がある。つまり，栄養ばかりでなく病気から身を守る抗体や妊娠を支える助けとなる胎盤ホルモンも透過する必要がある。妊婦にとっては，このようにイメージされる胎児との間の生理学的-心理学的交流は，「胎盤のパラダイム」として概念化することができる。このパラダイムでの妊婦は自分自身と赤ん坊のことを独特の「よい」，「悪い」，または両方を合わせた二頭立て馬車としてイメージする。言うまでもなくこの時点では，未だ見ぬ胎児と母親との関係が母親自身の空想と投影に基づいている時，母親の想いは母親自身が想像した赤ん坊の自分（よくも悪くも）の諸側面を含む赤ん坊と，母親としての自分を合成したものである。母親としての自分は，赤ん坊である自分とやりとりをしている自分の母親という無意識的表象によって多少左右される。さらに複雑なことには，生まれてくる乳児の表象は他の内的対象の側面をも含む。しかし，母親自身が自分の母親の子宮にいたのと同じように，赤ん坊を宿しているこの期間，妊娠中と産後早期における体験は母親自身と自分の母親との関係によってかなり明瞭にされる。それは惜しみなく援助を提供することもあれば，批判という手段に訴えることもある現実の人物と，自信に繋がる内的な原動力や，徐々に人を蝕むような不信感や不安感を与えもする，内在化された原始的な母親のイメージの両方である（未来の父親も同様である）。

出生後の出会い

　誕生に伴い，かつて母親の中に存在していたものがいまや外在している。女性にとって妊娠という自ずと目的のはっきりしたものが，乳児の様々な要求，混沌，疲労に満ちた昼も夜もない状態に取って代わられる。これまで食い止めていたかいじゅうたちがいまや激しい勢いで這い出てくる。

　赤ん坊を産むということは，原始的な体験に伝染病のように晒されることを意味する。境界はもはや簡単には維持されない。乳児は脆く急を要する欠乏状態にある生き物である。乳児はこうした感覚に同調する気持ちを共感的な養育者に呼び起こす。養育者は乳児の様々な欲求を理解するために感性を働かせている。産後の数週間，母親は妊娠や出産を経験したばかりで，極めて神経質になり，とても傷つきやすくなっている。孤立し寂しく思うことも多く，サポートとケアが不足していることも多い。赤ん坊と継続的な接触をする主たる養育者として，自分自身の情緒のバランスを回復させるための精神的な余裕も時間もなく，自分の中に目覚めた強い感情によって打ちのめされる危険な状態にある。それでも赤ん坊に自分の身体から出るミルクを口に含ませ，切迫した泣きに応じ，うんちを片づけるよう期待されている。母親は初期の問題，つまり悪露を排泄し母乳を分泌することにこころを奪われ，なおかつ赤ん坊の目，耳，へそ，口，肛門，それに性器も含んだ身体のありとあらゆる開口部から漏れ出るものをきれいにしなければならない。このような原初的物質の臭いを嗅いだり見たりすると，前言語的，身体的な記憶が活性化され，さらに感受性が高まる。しかし，母親は自分の赤ん坊への全責任を負い，乳児の耐えられない不安の「コンテイナー」の役も任じられる。まさにこの時期，母親はこのように激しく攻められる一方，自分の赤ん坊も愛し，現実を処理し，赤ん坊がこの世の中を理解するように助けなければならない。赤ん坊を果敢に受け入れる覚悟のある母親は赤ん坊が自分の中に排泄するものを受容できる。もし母親がそれらについてよく考えることができるなら，こうした不安を代謝し，赤ん坊が思考能力を用いて内在化できるように，処理された感情を安全に戻せるだろう（Bion, 1962）。しかし，母親自身が耐え難い不安で満たされていると，赤ん坊の不安を処理する余地はない。

母親の経験

　出産直後の反応もそれぞれの母親によって違う。母親自身と赤ん坊双方とも，「よい」「安全」，そして「上手く付き合うことができる」という経験をする人もいる。そうした母子は最初の数週間，妊娠中と同じように甘い一体感に身を任す。母子各々の境界は膨れ上がって，両者を丸ごと包んでいる。このような母親の中には，内的な母親のよいサポート，またはそれと同等の外部のサポートを通して二者関係を維持する人もいる。どんなアンビヴァレントな感情をも否定する理想化された母親の子育ての表象に頼る母親もいる。その理想化された表象は，母親の代わりに母子が共有する初期の溶け合った状態という共同資源によって，乳児に栄養を与える。しかし，初期の数週間はそれでこと足りるが，後に赤ん坊の働きかけが増大してくるにつれて「融合」は衰えてくる。中には空しく感じたり，妊娠中の特別な親密さを奪われた気がしたりして，失望する母親もいる。失われた妊娠中の満ち足りた状態を取り戻そうと，すぐにまた妊娠しようと思う母親もいる。抑うつ気分に陥る人もいるかもしれない。母親は赤ん坊を落胆させることに罪悪感を覚えたり，外部のあらゆる危険から赤ん坊を守れるか（そして赤ん坊が表象するかもしれない脅威から自分自身を守る能力があるか）と不安に感じたりする。そのため，一つひとつの小さな失敗が苦しみの大きな波のうねりとして体験される母親もおり，安全やよいものすべてを一掃してしまうかもしれない。それらが一旦始まると，あたかも最早期の暗闇が今，荒廃だけに支配された母親自身の内的空間から漏れ出てしまうかのような状態になる。このような母親の逃げ道は自分を内的な忘却の渦の中に置いたり，アルコール中毒になったり，重篤なうつ病になることである。時には，母親と赤ん坊のふたりをコンテインできる病院という安全な囲いの中への引越しが必要な場合もある。

　現実の赤ん坊を異星人のように感じる母親もいる。赤ん坊はもはや自分の分身ではなく，母親がこころの中に抱いていた空想とも違う。赤ん坊が誕生すると，嫉妬の源泉になるかもしれない。いまや注目の的は母親ではなく，赤ん坊だからである。赤ん坊はずっと母親の内側にいて母親の一番悪いところを知っているので，赤ん坊に自分の正体をばらされると感じ，母親が自分で拒絶していた貧相で貪欲な面をまるで赤ん坊が象徴しているように思えることもある。このタイプの顕著な特徴は，罪悪感や不安なうつ状態よりもむしろ，一種の被害感である。母親は母性や錯乱の海に溺れながら，乳児という泥沼の中に「吸

い込まれる」ことを恐れていることもある。感傷的な社会やメディアの期待に責め立てられ，逃げたいという自分の欲求を「悪いもの」と感じることもある。さらに，自分の人生を子育てに奪われたと感じ，これまで馴染んできたアイデンティティや自尊心を失ってしまうこともある。取るに足らないことで忙殺され，自分を蝕むつまらない仕事や生々しい感情で身動きが取れなくなり，知的満足に飢え，母親は赤ん坊に支配されて自分自身が見えなくなるような体験をする。電話のベルによって救助されるのを待ちながら，時間を超越した消耗と欠乏の世界に暮らし，この退屈から救出してもらえなければひどく憤慨し憂うつになるに違いない。そして，自己表現することがまったくなく，絶えず要求してくる赤ん坊に吸い尽くされ，へとへとに疲れ果てて追い込まれ，乳児の情緒のコミュニケーションに応じられなくなる。

　しかし，身体的に不活発なわけではない。ひどく「迫害された」母親は骨折り仕事に加えて，おぞましい激情に対処するためにおびただしいエネルギーを必要とする。新米の母親が乳児の強烈な剥き出しの情動の中に投げ込まれると，それまで否認し溜め込んできた自分自身の剥奪感や傷つき，憎悪，憤怒が溢れ出す。機嫌の悪い赤ん坊は一度泣き始めたら決して止まらないという感覚を母親に感じさせて，母親をひどく怖がらせるかもしれない。母親は赤ん坊に感化されて，自分の情動の水門が決壊することも恐れている。涙や自分への哀れみは内奥深く，栓を抜かれた穴から溢れ出て，それは決して止まらないだろう。母親は赤ん坊との間に防音壁を築き，自らの境界を明確にすることで，赤ん坊を閉め出す，つまり自分の内奥の狭い裂け目から赤ん坊の惨めさが滲み出て，自分自身を興奮させないようにする必要性を感じる。赤ん坊の旺盛な食欲をひどく恐れる母親もいる。底なしの沼のような赤ん坊の食欲を満たせそうにないと思うからである。しかし，また別の母親は自分のための限られた時間や内的資源を赤ん坊と競って奪い合うことを恐れるかもしれない。大人の自己の部分が，夫の親としての子育ての能力を正しく理解している一方で，赤ん坊と夫との繋がりに嫉妬を感じるかもしれない。赤ん坊の誕生によって，何年も前に自分の弟や妹が生まれた時に経験した嫉妬が掘り起こされるため，過去のきょうだい葛藤が再浮上するかもしれない。他人事のように自分を突き放し，退屈と衰退のせいで自分が徐々に衰えていくと感じる母親もいるかもしれない。……誰にも養ってもらえず，絶望的な孤独の中で。

　こうした母親には外部からのサポートが必須である。もがき苦しみながらもよい母親になろう，赤ん坊のためにベストを尽くそうと願う母親たちはプライ

ドが高すぎて，助けを求めたり助けが必要だと認識することさえできない。たとえ治療を受ける意思がなくても，母親たちの苦痛を軽くしたり，能力を回復させて自分自身の強さを発見できるよう手助けをするために訪問保健師たちができることも沢山ある。

親の表象

　このように赤ん坊の切迫した泣き声が防衛の境界線を突き抜けると，親は赤ん坊の苦痛の中に投げ戻される。過敏な大人の中には，赤ん坊の泣き声を自分たちの子育てへの批判として感じる人もいる。母親もしくは父親が赤ん坊を満足させられないという非難，父親もしくは母親が劣っていたり無関心であったりよくないと非難されることは，自分たちを逆境で苦しめた親を越えたいと望んでいたふたりにとっては，耳にするのも辛いことである。ここでも何が聞こえるのかは親自身の内的世界と過去の養育経験によって決定される。赤ん坊の泣き声に，ある母親は激しい憤怒や憎悪，非難，またはフラストレーションを聞き取るかもしれないし，また一方，別の母親は赤ん坊から耐えられないほどの寂しさや悲しみが溢れ，母親の中に流れ込み，その苦痛を取り除いて欲しいと訴えているように聞こえるかもしれない。赤ん坊の言葉にならない泣き声は母親の内部の奥深くに埋もれていた忘れられたものに共鳴して，母親の内的な境界を貫通する。

　母親が目の前の赤ん坊（無意識には，自分の養育者の目の中に映っていた自分のイメージする赤ん坊）をどう認識するか，つまり赤ん坊を悪意がなく害がないものと見るか，もしくは寄生し野蛮で恐ろしいものと見るか，また母親が（母親の原型やその他の生来の内的対象と同一化したり競合したりしている）現在の自分自身を，安全で豊かであると見るか，それとも空っぽで悪く，潜在的に危険なものと見るかによって，母親がふたりの間にある防衛の境界を固めるか，または除去するかが決定されると私は考える。

　母親が自分を「よいもの」の唯一の源として見なすことに固執すると，他から与えられるものを認めることができない。母親は乳児と溶け合い，自分の中にある乳児を代わりに満足させて，この上なく幸福な融合の中で自分の大人の自己を排除したいと願うかもしれない。そのため共生関係が延長され，子どもの自立への欲動が増大するのが阻まれる。このような理想化された融合が維持されている場合，ふたりの関係の中にあるあらゆるアンビヴァレンスは否認さ

れるに違いない。赤ん坊は泣いたり激しく怒ったり，疑問に思ったり，母親が拒絶として体験する陰性感情を表現するのを許されない。しかしながら，母親自身の無意識の不満が過保護な養育や不安げな監視の陰に隠されている。すると，母親は献身的に自分を捧げてきた赤ん坊が自立していく時，その赤ん坊から分離することができなくなる。

　反対に，母親は自分が赤ん坊を傷つけたり，赤ん坊が自分を傷つけたりするのをとても恐れているという意識があるために，優しくやりとりをする能力に自信を失っていることもある。その母親は感化を恐れ，自分の荒々しい赤ん坊に晒されることによって有害な母親に変化させられる危険を感じている。批判的な人は腕白な赤ん坊を，母親が「悪い母親」であり，子育てが下手でどう扱っていいか分からないことの証拠と見なすだろう。さらに悪いことには，そうした人はその母親から生まれたこの悪い赤ん坊を母親自身の隠された自己を暴くものと考え，母親の拙さを曝け出していると見なすだろう。母親が自分と切り離した側面と同一化された赤ん坊は抑制されるに違いない。母親は乳児と一緒にいながら自分自身であり続けることやコントロールを失って危険になることを恐れ，自分自身の荒々しいものから赤ん坊を守り，赤ん坊の報復から自分を守ろうとするかもしれない。それは感情不在や強迫症，精神病的なひきこもり，または冷淡なネグレクトなど，つまり境界の後ろに退くことによって行われる。

　もし母親にその気があれば，公的なベビーシッターや託児所を探し，仕事に戻り，こっそり抜け出していろいろな店にショッピングに行くという社会的に容認される逃避の方法を利用しようとするかもしれない。これらの「合法的」なはけ口がないと，赤ん坊との間に空間的な相互の境界を作る必要に迫られて絶望的な気持ちになり，ただ自由を求めて逃げ出してしまうかもしれない。しかし，社会的な環境や雇用の欠如，母親の就労に社会が好意的でないこと，年輩者やメディアの微妙な影響，そして内面化された期待は女性に圧力を加え，現状のままでいることを強いるかもしれない。母親には，自分自身が赤ん坊の要求という足踏み車に乗っているように，また柱に縛られた犠牲者のように絶望的に感じられ，他の人は誰もやってくれないからということで心地よさや安心感を良心的に提供し続けなければならない。こうした「選択の余地なし」という状況の渦中でうつ病は好発する。すぐに利用できる助けがなかったり，危険な赤ん坊や害のある悪い母親という経験から息が抜けなかったりすると，母親は自分の激しい赤ん坊を「よい」赤ん坊にするために服従させようと強いて，

分離や処罰という手段に訴えることもある。極端な場合，自殺をしたり，自分を閉じ込めるものに暴力を振るうことによって，我儘で野蛮な迫害者から自由になるという空想の行動化に至るかもしれない。

　もし，コンテインメント，分離，資源の供給源についての問題が未解決であることが将来を予測するなら，自分自身を守る資源が貧弱であるために危険に晒されると思われる場合，資源の供給源をコントロールすることが防衛策になるであろう。家族のように相互依存しているところでは，誰が援助の供給源をコントロールしているか，どのようにそれらを分け合うことができるかという競争が底流に流れていることも多い。両親の枯渇したエネルギーに対する，そして貴重な「誕生直後の最初の」時に出される赤ん坊の要求は，過剰に感じられる。しかしながら，双方の不均衡ゆえにその子どもにとっては力のある両親はすべての資源，つまり具体的な素晴らしいものと説明不能なものを映し出し，解釈する能力の両方の鍵を握っている。乳児は継続的な両親の愛情を無条件に信用する。その信頼が損なわれる時に乳児が選択する防衛の範囲は，何も存在しないリンボ状態の中で凍りつく（もしくは苦しむ）ことから，空想の中へと飛び込み（または「飛び去り」），挑戦的な態度や不満を表明するために声を張り上げるという武器を使ったり，腕を振り回したりして戦い抜くことにまで及ぶ。赤ん坊と同じように，親の中には喪失を常に心配している人もいる。しかし，幼い子どもの限られたレパートリーと比べれば，両親の防衛の幅は広い。

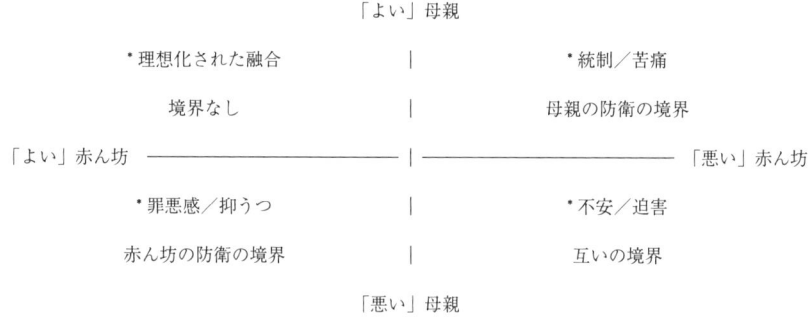

	「よい」母親	
*理想化された融合		*統制／苦痛
境界なし		母親の防衛の境界
「よい」赤ん坊 ———————————		——————————— 「悪い」赤ん坊
*罪悪感／抑うつ		*不安／迫害
赤ん坊の防衛の境界		互いの境界
	「悪い」母親	

Key
＊＝優越する経験

註：過去の出来事が処理されていれば，アンビヴァレンスが認識され，予想される防衛の経験なしに養育を進めることができる。

図 5-2　母親‐乳児の相互作用における母親の主観的体験

執拗に資源を溜め込むことによって強迫的にそれをコントロールする親もいる。躁的に惜しげもなく援助することで恐れを中和したり，最大の注意を払って資源を公平に分配することで調整する人もいる。また，意図的に苦難を経験したり，（操作的に）犠牲者的な無力感や抑うつ的な無価値感に沈み込んだりする人もいる。迫害されていると感じるとパニックを起こす人もいるが，中には突然に無茶な要求をする人もいる。精神分析的理解では，多彩な行動の中にある共通の原因を突き止めることができる。逆に言うと，たったひとつの徴候の中に表れ，重複決定される意味の多様性を見つけることができる。このように大人と子どもの双方において，怒りや不安，抑うつ，横暴さはすべて働きかけが不足していると感じる主観的な感覚と関係しているのかもしれない。

家族内の力

　確かに初期の数週間の経験は，家族の要因によって大きく影響される。その赤ん坊が一人っ子であるか，性別や家族の中でどのような立場にいるのかだけでなく，両親の原家族との関係においてその赤ん坊がどのような象徴的な意味を持っているのかによっても左右される。重要なことはもし配偶者がいるのであれば，その配偶者から母親が精神的，物理的サポートを得ているか，またどの程度，どのような質のサポートを配偶者に期待できるかということである（もしくは，女性のパートナーということもあり得るが，レズビアンのカップルは本論のテーマではない）。協力して赤ん坊を世話したり，情動的な現実を分かち合うと，両親の内なる無意識の力を緩和し，大人としてのパートナーシップの感覚や赤ん坊の存在を享受する気持ちを高めることができる。しかしながら，父親たちも内的な乳児と養育者のパラダイムを持っている。そして，子どもを産み育てることができる妻の能力を妬む夫，または妻と乳児の関係に嫉妬しているか，赤ん坊の激しさに侵入されないよう自分の境界を防衛するために身を引いている夫もいる。こうした父親は新米の母親にかかるプレッシャーの重荷を増やし，過酷で独占欲の強い性的で暴力的ですらある要求を母親に課して自分の情動的体験を処理し，赤ん坊や母親を犠牲にして自分の欲求を満たす。すると，誰も母親を肯定しないままその母親は対人間と精神内部の要求の間で二重に苦境に立たされる。

パートナーが両親になる

　父親や母親の応答性は自分たちの乳児期の感情の処理方法に影響されるだけでなく，夫婦が親になるとそれ自体がしばしば情緒的関係や性的な関係を悪化させることもある。ひとつは依存の問題である。外で働いているのは夫だけという夫婦であっても，妻が赤ん坊と同じように頼りなく力がない（ある母親が「小切手帳によって植民地化された無国籍者」と言ったように）という情緒体験をするか，それとも妻がとても重要な仕事をしていることに価値と自尊心を感じているかは，妻が経済的に夫に依存していることに対する夫の態度によって異なってくる。大人同士の付き合いから締め出され，家庭以外での技能がなくなれば，経済的な面ばかりではなく情緒的な面でも自分が子どものような存在に価値下げされたと感じ，依存する状態に戻るかもしれない。家庭にいないパートナーが重々しく沈黙して壁を作り，主たる養育者として赤ん坊との親密な冒険に参加したり，介在したり，受け入れたりすることを拒絶する場合，夫婦間の境界は確固としてしまうだけでなく，養育者はいろいろな危険に晒される。初期の同一化やミラーリングという二者関係に入り込むと，妻または夫は相手にそのやりとりを三角関係化することを期待する。外で働く配偶者は糞や尿，鼻水といったありのままの具象的なものが象徴化されたり抽象化されたりする現実の世界を家の中に運んでくる。主たる養育者は言葉によって自分の中で感じる奇妙で曖昧な矛盾をいくらか処理できる。両親のアンビヴァレントな感情を明確にすることができれば，恐ろしい秘密は取り払われて，日常的な人間の感情によって置き換えられるかもしれない。しかしながら，未知で知ることすらできないような無言の恐怖の中でやきもきしたままの状態であると，赤ん坊の養育者は誰にも顧みられず忘れられ，危険な赤ん坊や再び目覚めた脆さと共に家の中に閉じ込められているとしばしば感じる。そして，眠れない夜に捕らえられ，全責任から逃れられず，感情の高ぶりを感じる。主たる養育者にならざるを得なかった父親もそうであるが，とりわけ親友も少なくサポートのない孤立した親の場合はどちらの性別であろうがこれに当てはまる。養育者は内に強まった緊張という恐怖に屈服して，厳しい抑制が効かず，まるで境界が裂けて開き，蓄積された内的な混乱や荒々しさが溢れ出てくるかのように感じるかもしれない。もし家族の中に他に子どもがいたら，その子も引き込まれ，サポートのない養育者にとっての情緒的な支えになるか，あるいは養育者と赤ん坊の間に境界を築くこともあるかもしれない。

両親が揃っている家族では，傷つきやすさという個人的な部分は必ずしも両親で一致しているわけでなく，親同士の反応が衝突することもある。多くの場合，性的な協力関係がすべての選ばれた関係性の中で最も複雑であるということを考えれば，このことは驚くことではない。ストレスや失望の中で早期の親密な関係からの無意識の残存物が実演される。そして，夫婦という関係にあるふたりは各々，自分の情動的な資質に従って自分なりの確固たる，または流動的な調和した，または矛盾した決断に引き寄せられる。永続的な契約に縛られる家族や社会が階層化する傾向は，自分たちの子どもの誕生前に他の子ども（きょうだいやいとこ，友達の子ども）の前で回顧的な感情を活発にワークスルーする機会を減少させると考えられる。実際に両親がその全責任を負う欧米の新生児は，自分たちがこれまでに出会った最初の赤ん坊であることが多く，そのことは両親が経験する興奮をより激化させている。しかしながら，親になったばかりの頃は，赤ん坊の頃の感情が甦えることで，未処理だったものが「代謝」される機会になることもあり，それが癒しと成長に繋がる。

　それぞれの親が親子関係でどのように反応するかは，親自身が親から受けた初期の経験や自分の内部の荒々しいものが，愛し世話をする養育者によって創造的な出来事に変形させられたかどうか，そして何年もかけ自分の初期の様々な経験を再考し，養育者のこころの中で赤ん坊の二頭立ての無意識の表象をどれだけ処理してきたのかによって大きく左右される。というのも，それらの経験が実際にどんなに悪くても，一度処理され理解されていれば，むしろ人は内なるかいじゅうの為すがままに反復したり，そのままでいることなく前進できるからである。もし自分の両親が完璧からは程遠いことを許容できれば，過ちやフラストレーションのある時，悲しい時でもずっと覚えていた，愛に溢れ援助になる代謝された経験の記憶に頼ることができる。このことは父親または母親が自分たちの赤ん坊との真に新しい関係に深く関与することを可能にし，情動的な受け入れや身体的なやりとり，そして遊びを通して相互に発見するというプロセスに深く関与することを可能にする。

　一旦，不満の原型を埋葬し，満たされない欲望を手に入らないものとして嘆き悲しめば両親はより現実に耐えられるようになり，それを楽しむようにさえなる。そして，償いや復讐への幼児的願望によって妨げられることなく，未来に向かうことができる。このプロセスに至るひとつの道は，周産期の心理療法的な関係の通る道である。その中で復活させられた過去は再評価され，理解され，外的もしくは内的に長期にわたって危険に晒されていた感覚が軽減される。

もうひとつは，自分で赤ん坊を育てるというまさにそのプロセス，つまり父親や母親に内的対象と過去のものとの間に新しい関係を構築することを可能にさせる洞察を促すプロセスの通る道である。赤ん坊との満たされたやりとりの繰り返しが最早期の肯定的な体験を活性化し，自分自身の早期の欠乏や剥奪の痛みを行動化したり，あるいはそれらを生まれた赤ん坊に味あわせたりすることなく，耐えやすくする。この赤ん坊と母親との関係の新しさそのものが，母親が今まで意識していなかった自分自身の一面を発見するのを助ける。同時にサポートを受けられれば，母親としての現在の立場が自分も母親に世話されてきたという親しみやすく，そして深く保持されてきた受動的な身体的，情緒的体験を意欲的に再体験し，繰り返し「マスターする」ことを可能にする。これは最終的に母親自身が赤ん坊の特別な要求を受け入れるのを可能にする。悪いことを否定せずに，親が乳児との楽しい時間を過ごし，また圧倒されることなく情動的に求めに応じ，赤ん坊を「よい」とか「悪い」ではなく個性的な「ほどよい」赤ん坊，「ほどよい」親としてそのまま受け入れることができると（Winnicott, 1960参照），赤ん坊の乳児期は実に変容的なものとなり，現実的な自尊心と統合された実体をもって現われるだろう。

精神的変化

この場合，つまり女性にとっては母親として世話をすることは，自分の母親との初期の同一化，または競合というものを必ずしも伴わない。それらは母親の出産の歴史やお腹を空かせた赤ん坊の叫びに対する応答を，何も考えずに繰り返すということを意味する

・かつて求めていた母親像と競い合うことによって，達成不可能なほど理想化された役割を果たそうと，自分自身を駆りたてる必要はない。
・かつては母親に受けれられず，そして今は自分の赤ん坊を傷つけていると恐れている自分自身の激しさを和らげ，隠すために自分の一部を服従させることを強いられているようには思わない。
・「かつて私の母は自分にこうあって欲しかったのかもしれない」と信じて，そのような完璧な赤ん坊に育てようとしたり変えようとする必要はない。
・赤ん坊を利用して，自分がやり損ねたと思うことや今必要だと感じていることを代償的に赤ん坊に果たさせる必要はない。赤ん坊との自然発生的な

相互作用を損なってまで，また赤ん坊自身の個性的な経験を代謝するのを損なってまでやる必要はない。
・赤ん坊を自分の最も荒々しい夢の投影や，自分の中に眠っている荒々しさを活性化させる代償的な手段に変える必要もない。

結論として，かいじゅうは私たち皆の中にあり，発見され，言語で処理され，創造的な潜在能力に変換される日を待っている。これが大人になって起こるかどうかは，私たちの周囲から少しずつ集められ，自らに提供する子育ての質による。私たちが考えている「子宮」の中に，私たちは自分たちをどのようにコンテインするのか。どれほどきちんと栄養を与え，代謝し，自分自身から「老廃物」を取り除けるのか。私たちはどのくらい近づきやすいか，そして精神内界と他の人との両方に，私たちはどのくらい堅く，どのくらい透過性のある境界を可能にするのか。私たちが成長するかどうかは，自分自身の内側にいるかいじゅうの存在を認識し，その所有者であることを受け入れられるかどうかにかかっているのである。

参考文献

Benedek, T. (1959) Parenthood as a Developmental Phase. *Journal of the American PsychoanalyticAssociation*, 7, 389–417.

Bion, W.R. (1962) *Learning from Experience*. London; Heinemann.（福本修訳：経験から学ぶこと．精神分析の方法I——セヴン・サーヴァンツ．法政大学出版局，1999.）

Bollas, C. (1987) *The Shadow of the Object: Psychoanalysis of the Unthought Known*. London, Free Association Press.

Emde, R. (1988) Development Terminable and Interminable. *International Journal of Psycho-Analysis*, 69．23–43，283–97.

Goffman, I. (1967) *Interaction Ritual: Essays on Face-to-face Behaviour*. New York, Pantheon.

Pine, F. (1981) In the Beginning: contribution to psychoanalytic developmental psychology. *International Review of Psychoanalysis*, 8: 15–34.

Raphael-Leff, J. (1985a) Facilitators and Regulators: vulnerability to postnatal disturbance. *Journal Psychosomatic Obstetrics & Gynaecology* 4: 151–68.

Raphael-Leff, J. (1985b) Facilitators and Regulators; Participators and Renouncers: mothers' and fathers' orientations towards pregnancy and parenthood. *Psychosomatic Obstetrics & Gynaecology*, 4: 169–84.

Raphael-Leff, J. (1986) Facilitators and Regulators: conscious and unconscious processes in pregnancy and early motherhood. *British Journal of Medical Psychology*, 59: 43–55.

Raphael-Leff, J. (1991) *Psychological Processes of Childbearing*, University of Essex, 2001.
Raphael-Leff, J. (1993) *Pregnancy - The Inside Story*, Karnac, 2001.
Sandler, J. (1976) Countertransference and Role-Responsiveness. *International Review of Psycho-analysis*, 3: 43–8.
Winnicott, D.W. (1960) Ego Distortion in terms of True and False Self. In *The Maturational Processes and the Facilitating Environment*, pp. 140–52, London, Hogarth Press.（牛島定信訳：本当の，および偽りの自己という観点からみた，自我の歪曲．情緒発達の精神分析理論．岩崎学術出版社，1977．）

第6章　早期対象関係における皮膚の体験[原註1), 訳註1)]

エスター・ビック

　この短い発表論文の中心テーマは，赤ん坊の皮膚そして赤ん坊の原初的対象が担う原初的機能に関連している。それは未だ身体の諸部分から分化していないパーソナリティの諸部分の最も原始的な束ね上げに関するものである。転移内での依存と分離の問題に関与する精神分析は，このことを最も容易に研究することができるに違いない。

　ここでのテーマは，パーソナリティが最も原始的形態にある時，その諸部分の中に自らを束ねる力は無く，それゆえそれら自体には受動的に体験されるような方法，つまり皮膚の境界としての機能によって，まとめられなければならないように感じられるということである。しかし，自己の諸部分をコンテインするこの内的機能は，当初この機能を遂行できると体験される外的対象の取り入れに依拠している。この対象の機能との同一化によって，初めて未統合な状態は破棄され，内的・外的空間という空想が生み出される。この段階になって自己と対象の原初的なスプリッティングと理想化が作動する準備が整えられるが，これはメラニー・クラインが記述した通りである。コンテイニングの機能が取り入れられるまで，自己の中に空間という概念が生じることはありえない。したがって，取り入れ，つまり内的空間における対象の構築が障害を受ける。取り入れがなければ，必然的に投影同一化の機能は減退することなく継続し，それに伴いあらゆる同一性の混乱が表面化するであろう。

　自己と対象の原初的なスプリッティングと理想化の段階は，このより早期の自己と対象が各々の「皮膚」によってコンテインされる過程に依拠していると見なしうる。原初的状態でのこの変動を，乳幼児観察からの臨床素材の中で例証しよう。それによって，完璧な無力感を受動的に経験することとしての未統

原註1）この論文は1967年7月のコペンハーゲンの第25回 International Psycho-Analytical Congress で発表され，翌年の *International Journal of PsychoAnalysis*, 49: 484-6 に掲載された。再掲載は本誌の許可の下に為された。

訳註1）本論文は『メラニー・クライン トゥデイ②』（監訳：松木邦裕，岩崎学術出版社）に，古賀靖彦によって訳出され収録されている。

合と，発達に寄与する活発な防衛活動としてのスプリッティングの過程による脱統合との違いが明らかになるであろう。したがって，ここでは経済論的見地から，未統合状態での壊滅不安を導く諸状況をより限定的で特定的な迫害不安や抑うつ不安と比較しながら取り扱うつもりである。

コンテインする対象への欲求は乳幼児的な未統合状態において対象への必死の希求の起因となるように見える。こうした対象である光，声，匂い，その他の感覚的な対象は注意を集めることができ，それゆえに少なくとも一瞬，パーソナリティの諸部分をまとめるものとして経験されうる。最適な対象は口の中の乳首であり，それは抱っこし，話しかけ，馴染みの香りのする母親と共に存在している。

臨床素材はこのコンテインする対象がどのように皮膚として具体的に経験されるかを明示するであろう。この原初的な皮膚機能の不完全な発達は適切な現実対象の欠如の結果，あるいは現実対象への空想上での攻撃による結果と見なすことができ，それは取り入れを阻害する。原初的な皮膚機能の障害は特定の心的機能あるいはおそらく生来的な才能を誤用してこの「皮膚コンテイナー」機能の代用品を創り出すことによって「第二の皮膚」形成の発達を誘導することがある。それを通して対象への依存は偽りの自立に置き換えられる。次に，「第二の皮膚」形成のいくつかの臨床例を提示しよう。ここではこうした所見の基盤にある臨床例のいくつかの類型しか，示すことはできない。現時点での目的は今後の論文で詳細な議論をするためにこの話題の口火を切ることである。

乳幼児観察──赤ん坊のアリス

まだ育児に不慣れな若い母親とひとり目の赤ん坊の1年間の観察で，「皮膚コンテイナー」機能は生後12週までに徐々に改善を示していた。母親が赤ん坊への親密さに耐えることができるようになるにつれて，赤ん坊に元気を出させようと刺激する母親の欲求は減じた。これに続いて，赤ん坊の未統合状態の減退が観察できた。こうした未統合状態は，身震い，くしゃみ，不規則な動作によって特徴付けられていた。この後，未完成な状態の新居に引っ越した。これは母親の抱える機能を著しく混乱させ，母親は赤ん坊に関与しなくなってしまった。その母親はテレビを見ながら，あるいは夜になると抱くこともなく暗闇の中で授乳をするようになった。このことによって，その赤ん坊はあらゆる身体的不調を呈し，未統合状態の増大をもたらした。その当時，父親の病気が

事態をさらに悪化させ，母親は職場復帰を計画しなければならなかった。母親は赤ん坊に偽りの自立を強いて，日中は無理矢理トレーニング・カップを使用させ，ベビーバウンサーを使い，夜泣きには断固として応じようとしなかった。いまや，母親はその子どもが攻撃的な行動をとるような刺激を与える初期のやり方に戻っていた。母親はこうした行動を煽動し，称賛を与えていた。その結果，6カ月半までにこの幼い少女は多動で攻撃的になっていた。母親は人の顔面を叩く癖からこの子を「ボクサー」と呼んでいた。ここで自己のコンテインメントの筋肉タイプの形成を見ることができる。つまり，適切な皮膚コンテイナーを代用する「第二の皮膚」である。

統合失調症の少女の精神分析――メリー

3歳半からの数年に及ぶ精神分析によって，メリーの乳幼児期の混乱した生活歴を反映している精神状態を再構成することができた。生活歴の事実は以下の通りである。メリーは難産で誕生し，早期から乳首を噛んでしまうだけでなく，母乳の飲みも悪かった。生後3週目から哺乳瓶で栄養が補助されたが，11カ月まで母乳を与えられていた。4カ月時に乳児湿疹になり，出血するまで掻きむしっていた。母親への極端なしがみつき，まったく空腹に耐えることができないなど，あらゆる領域で発達の遅れと偏倚を呈していた。

　精神分析では，当初から分離にまったく耐えられないことが表現されていた。たとえば，最初の休暇の後メアリーはすべてのものを故意に口で引き裂いたり，壊したりしてしまった。直接的な接触による完璧な依存は，一方では姿勢や動作の未統合状態に，もう一方では思考やコミュニケーションに観察され検討された。それは各セッションの開始時に見られ，途中改善し，セッションの最後に再び見られた。メリーは背中を丸め身体をこわばらせ，不気味な姿勢でやって来た。それはメリー自身が後に称したように「ジャガイモの袋」のようであった。そして，メリーは「おはようございます，ビック夫人」と言う代わりに，「スッスッピック」と爆ぜるように発音した。この「ジャガイモの袋」は，その中味が溢れ出しそうな危険に常に晒されているように見えた。それはメリーの諸部分，つまり「ジャガイモ」が詰まった対象の「袋」皮膚を表象するメリーの皮膚に穴を開け続けていたからでもあった（投影同一化）。全面的で完璧な依存が減じてくると共に，メリーは背中を丸めた姿勢から直立してきた。これはコンテインする対象との同一化よりも，メリー自身の筋肉性を基盤とした

第二の皮膚の形成によって成された。

成人の神経症患者の精神分析

　転移における接触の特質と分離の経験に関連して，自己の経験のふたつの類型である「リンゴの袋」と「カバ」が交互に見出され，それらを探求することができた。それらは双方ともに混乱した授乳期に関係していた。「リンゴの袋」状態では，その患者は過敏で，自惚れが強く，常に注目と賞賛を必要としていた。そして，傷つきやすく，常に破局的な状況を危惧していた。たとえば，それは寝椅子から起き上がる時に失神してしまうのではないかといったものであった。「カバ」の状態では，その患者は自分のやり方を押し通すために，攻撃的な暴君のように仮借なく，容赦なかった。双方の状態は投影同一化に支配された「第二の皮膚」型の組織化に関連していた。「カバ」の皮膚は「袋」の皮膚と同じく，その患者がその内部に存在している対象の皮膚を反映し，その一方，袋の中の傷つきやすい薄い皮に覆われたリンゴはこの鈍感な対象内部にある自己の諸部分の状況を表象していた。

子どもの精神分析──ジル

　授乳期にほとんどおっぱいに関心を示さなかった5歳の子どもの精神分析の開始間もなく，皮膚コンテイナーの問題が明らかになった。最初のセラピーの休暇の間中，この子は母親に洋服のボタンをしっかり留めさせ，靴紐を硬く結ぶよう執拗に要求した。この後のセッションで，この子は強烈な不安と，おもちゃと人形を自分自身と区別する必要性を露わにした。これについて，この子は「おもちゃは私とは違っているわ。だっておもちゃはばらばらに壊れたら元に戻らないわ。それにおもちゃには皮膚もないけど，私たちには皮膚があるわ」と語った。

要　約

　第一の皮膚の形成に障害のあるすべての患者において，授乳期の強烈な混乱は必ずしも両親によって観察されているわけではないが，精神分析の再構成の中で示唆された。この欠陥のある皮膚の形成は，後の人格の統合と組織化にお

いて全般的な脆弱性の原因となる。それは退行から識別できる未統合状態において明白となる。そこには身体，姿勢，動作，特にコミュニケーションに関連するこころの機能の部分的あるいは全体的な未統合の最も基礎的な類型が含まれている。本来の皮膚による統合に置き換わる「第二の皮膚」現象は，全体型もしくは部分型の筋肉の殻か，これに対応する言語的な筋肉性として姿を現す。

　第二の皮膚の現象への精神分析的な探索は，しばしば一過性の未統合状態を生じさせる。母親対象への原初的な依存のワークスルーに耐え忍ぶ分析のみが，この根底的な脆弱性を強化することを可能にする。精神分析状況のコンテインする側面は特に設定の中に存在し，それゆえこの領域においては，技法の遵守が必須であることは強調されなければならない。

第7章　思考作用についての理論[原註1), 訳註1)]

ウィルフレッド・ビオン

　i. この論文における私の主な関心はある理論体系を提示することにある。これは哲学の理論と類似しているが，それは哲学者も同じテーマに関心を抱いているという事実のためである。しかし，ここでのテーマが哲学の理論と異なっているのは，それがすべての精神分析の理論と同じく，実用されることを意図しているということである。ここで意図されているのは，臨床実践を行っている精神分析家に精神分析理論を構成する仮説を実証可能な臨床データに基づいて，再度吟味してもらうことである。この観点からすれば，応用数学の諸説と純粋数学の関係と同じ関係性を，この理論は類似した哲学の諸説に対して有している。

　実証的検証に耐えることを意図した派生的な仮説，そしてそれほどないが，この理論体系そのものが精神分析で観察された事実に対して有する関係性は，応用数学の諸説，たとえば数学的な意味での円に関する説明が，紙の上に描かれた円に関する説明に対して有する関係性と同じである。

　ii. この理論体系はほとんどの臨床症例に適応できることを目指している。それゆえに精神分析家はこの理論にほとんど等しい現実化 realization を体得するはずである。
　私はこの理論に診断的な重要性を置いていないが，思考の障害の存在が認め

原註1) この論文は1961年エジンバラの第22回 International Psycho-Analytical Congress で発表され，*International Journal of PsychoAnalysis*, 43: 306-10 に初めて掲載された。その許可によって，ここに再掲載されている。さらに，1984年 Karnac から出版されたビオンの著作『*Second Thoughts*』[訳註2)]にも掲載されている。

訳註1) 本論文は『メラニー・クライン トゥデイ②』（監訳：松木邦裕，岩崎学術出版社）に，中川慎一郎によって訳出され収録されている。

訳註2) 『再考：精神病の精神分析理論』（監訳：松木邦裕，訳：中川慎一郎，金剛出版）として邦訳されている。

られる時にはいつでもこれを適応することができるだろう。この理論もそのひとつであるが，その診断的な意義は多くの諸理論との恒常的連結によって形成されるパターンに左右される。

　この理論が抽出された情緒的経験の背景を論じれば，この理論を説明する援助となるだろう。私は科学的な厳密性を期せず，平易な言葉でこれを論じたい。

　iii. 思考作用 thinking はふたつの主な心的発達が成功裏に展開したかどうかで決定されると見なすことが便宜的である。まず，思考 thought の発達である。思考は思考自体を処理する装置を必要としている。それゆえに，この装置が次に発達するのだが，ここでは仮にこれを思考作用と称しておこう。繰り返すと，思考作用は思考を処理する存在として産出される必要がある。

　これは思考を思考作用の産出物と見なすいかなる思考の理論とも異なっていることに注目して欲しい。つまり，思考作用は思考からの圧力によって精神 psyche 上で強いられた発達であって，その逆ではない。精神病理的な発達はその片方あるいは双方の局面に関連している。つまり，思考の発達における破綻か，「思考作用」つまり思考を処理するための装置の発達における破綻，もしくはその双方に関連しているのであろう。

　iv. 「思考」はその発達史の特質に従えば，前概念 pre-conception，概念作用 conception あるいは思考，そして最終的に概念 concept として分類できるだろう。概念が命名され，それゆえに概念作用や思考が確定される。概念作用は前概念が現実に接合することによって創始される。前概念はカントの概念である「空(から)の思考」の精神分析における類似体として見なすことができるかもしれない。精神分析的に，乳児は乳房への期待に対応する生得的な性向を有しているという理論を用いて，ひとつのモデルを提供することができるであろう。前概念がそれにほぼ等しい現実化との接触に導かれた時の心的産出物が概念作用である。別の言い方をすれば，乳児が乳房そのものに直に触れた時に，前概念（生来的な乳房への期待，乳房に関する先験的な知，「空の思考」）は現実化の気づき awareness と結びつき，それと同時に概念作用の発達が起きる。このモデルは，前概念が現実化と結合する度に概念作用を創造するという理論に適っている。それゆえに概念作用は満足という情緒的な経験と絶えず結合することが期待されるであろう。

v. ここでは,「思考」という用語を欲求不満に結びついた前概念に限定して論じよう。ここで提案するモデルは,乳房への期待が,乳児を満足させることのできる乳房が存在していないという現実化に結びついている乳児のモデルである。この結びつきは存在しない乳房 no-breast,あるいは「不在の」乳房 'absent' breast として内的に経験される。次の段階は乳児の欲求不満に耐える能力次第である。特に欲求不満を回避する evade か,あるいは改良する modify かの決断に左右される。

vi. 欲求不満に耐える能力が十分にあるとすれば,内部の「存在しない乳房」は思考となり,それは「思考作用」のための装置を発達させる。これはフロイトの「心的機能に関する二原則（Two Principles of Mental Functioning）」に記述された状態を創始する。すなわち,現実原則が優位になると同時に考える能力が発達する。そして,欲求が感じられた瞬間とその欲求の満足に適した行動との間の欲求不満という裂け目に橋を架ける能力を発達させる。このようにして,欲求不満に耐える能力は,耐えられた欲求不満それ自体をより耐えうるものにする方法として,精神が思考を発達させることを可能にする。

vii. 欲求不満に耐える能力が不十分な場合,成熟が可能なパーソナリティは悪い内的な「存在しない乳房」を究極的に思考としてみなすが,それは欲求不満の回避 evasion か,改良 modification かの決断の必要性を精神に突き付ける。

viii. 欲求不満に耐える能力の不備は欲求不満を回避する方向に形勢を傾け,その結果として起こるのは,フロイトが現実原則の優位な段階で思考に特徴的であると記述した事柄とまったく相違する。思考,すなわち前概念と否定的な現実化の並置の産物となるべきものは,ものそれ自体と区別することができない悪い対象となり,排泄する他ないものとなる。その結果,考えるための装置の発達は阻害され,その代わりに投影同一化の装置の過形成的な発達が起きる。この発達モデルとして私が提示するのは,悪い乳房の排泄はよい乳房から滋養を得るのと同じ意味であるという原則に基づいて作動する精神である。その最終的な結末として,すべての思考が悪い内的対象と識別できないかのように処遇される。そして,思考を考えるための装置でなく,悪い内的対象の蓄積を精神から一掃する装置が妥当な**機構**であると感じられる。最も肝心なことは欲求

不満の改良か，回避かという選択にある。

　ix.　数学的な要素，すなわち，直線，点，円，そして後に数字という名称で知られるようになるものに対応するものは，乳房と乳児，ふたつの目，ふたつの足などにおける，二者性の現実化に基づく。

　x.　欲求不満の不耐性がよほど強くない限り，改良が目的を統制することになる。数学的要素あるいはアリストテレスのいわゆる数学的対象の発達は，概念作用の発達と相似している。

　xi.　欲求不満への不耐性が支配的な場合，破壊的な攻撃によって現実化の認知を回避するという方策が選択される。前概念と現実化が結びつく限りにおいて数学的な概念作用が形成されるが，それらはまるでものそれ自体と識別ができないもののように処遇され，ミサイルのような高速で排泄されて空間を壊滅させる。空間と時間が，破壊された悪い対象，すなわち存在しない乳房と同じものとして認識される限り，前概念と結びつくはずの現実化は，概念作用の形成に必要な条件を満たす役には立たない。投影同一化が支配的である場合，自己と外的対象との識別に混乱が生じる。このことは二者性の知覚がまったくできなくなる原因となる。なぜなら，そうした認識は主体と対象の識別の認知に依拠しているからである。

　xii.　ある患者が自分は時間を無駄にしているし，これからも無駄にし続けるだろうと繰り返し語ったことによって，私は時間との関係性をまざまざと実感 realization した。その患者の目的は時間を無駄にすることによって，それを破壊することであった。その結果は『不思議の国のアリス』の「きちがい帽子屋のティーパーティ」で，時間はいつでも4時であることの記述に例示されている。

　xiii.　思考作用の能力は欲求とその充足の間にある裂け目の認識に内在する欲求不満の感覚を軽減するはずであるが，欲求不満に耐える能力がないと，思考の発達と思考作用の能力が阻害される。概念作用は前概念と現実化が結びついた結果であるが，それはより複雑な形式で前概念の展開を繰り返す。概念作用は必ずしも十分に満足させるだけの現実化と出会うとは限らない。欲求不満

に耐えることができた場合，概念作用と現実化が結びついたものはそれが否定的であろうが，肯定的であろうが，経験から学ぶのに必要な手順を開始する。欲求不満の不耐性が回避の機構を活性化するほど強くはないが，現実原則の優勢を維持するには強すぎる場合，パーソナリティは否定的な現実化と前概念，あるいは概念作用を結びつけることなく，万能感を発達させる。このことは思考と思考作用の援助を受けて経験から学ぶことの代用品としての全知の想定を含んでいる。それゆえにそこには真実と虚偽を識別する心的活動も存在しない。全知は真実と虚偽の識別を，あるものは道徳的に正しく，他のあるものは間違っているという独善的な主張に置き換えてしまう。現実を否認する全知というものを想定することが，このようにして派生した道徳性が精神病の作用であることを確信させる。真実と虚偽の識別はパーソナリティの非精神病部分とその諸要素の作用である。このように真実の主張と道徳に支配された主張との間に潜伏的な葛藤が存在している。一方の極論は他方を汚染する。

　xiv. 前概念には自己への期待と関連しているものもある。その前概念装置は，乳児が生き残るのに適切な状況という狭い範囲の中で起こる現実化に対して十分に機能する。生き残ることに影響を与えるひとつの要因は，乳児自身のパーソナリティである。環境の他の要素のように，一般的に乳児のパーソナリティは母親によって統御される。母子間の調整が適切に行われている場合，投影同一化はその制御の主要な役割を演じる。つまり，乳児は現実感覚の萌芽を作動させることで，大抵は万能的空想である投影同一化が現実的現象であるかのように振舞うことができるようになる。私はこれが健常な状態であると確信したい。クラインは「過剰な」投影同一化に言及したが，私は「過剰な」という用語は投影同一化が作動している頻度だけでなく，万能感への過剰な信頼に当てはめて理解されるべきであると思っている。それは現実活動として，乳児が排除したいと望む感情を母親の中に生じさせるための合理的に計算された行動として現れる。乳児は自分が死ぬかもしれないと感じている時，母親の中に赤ん坊が死ぬかもしれないといった恐怖を喚起させることができる。安定した母親であれば，これを受け入れ治療的に対応することができる。つまり，それは乳児が恐怖に怯えた自分のパーソナリティを自分が耐えることのできる形式で再び受け取っていると感じさせる方法である。それは乳児のパーソナリティによって対処することのできる恐怖である。母親がこれらの投影に耐えることのできない場合，乳児は益々強度と頻度を増して投影同一化の遂行を継続する

破目になる。勢いが増すにつれて，それは投影から意味の陰影を剥ぎ取ってしまうように思える。再取り入れは同じような強度と頻度によって影響を受ける。面接室での患者の行動から感情を推論し，その推論を用いてモデルを作成するが，私のモデルのその乳児は，分別のある大人に日常的に期待しているような方法で振舞うことはない。その乳児にはあたかも貪欲なヴァギナのような「乳房」の特徴を持つ内的対象が構築され，それは乳児が受け取ったり，与えたりするすべてのものからよいものを剥ぎ取り，ただ腐った対象のみを残すだけであると感じているかのように振舞う。この内的対象は可能になったすべての理解を宿主から奪い去る。精神分析において，そうした患者は自分自身の環境から，ひいては分析家からも何も得ることができない。思考作用の能力の発達に関する顛末は深刻である。私はたったひとつのこと，つまり意識の早熟な発達について記述しよう。

xv. この文脈において私が意味する意識とは，フロイトが「心的特質を知覚するための感覚器官」として記述したものである。

私は以前に（the British Psycho-Analytical Society の Scientific Meeting に於いて），思考障害の精神分析の作業ツールとして「アルファ機能」の概念を用いることについて論じた。アルファ機能は感覚データをアルファ要素に転換し，それは次に精神に夢思考のためのマテリアルを与え，したがって覚醒と睡眠，意識と無意識の区別をする能力を精神に供給すると仮定することが好都合と思えた。この理論によれば，意識はアルファ機能に依拠している。その論理の必然として，自己が自己自身の経験から自己自身を知るという意味で，自己自身を意識することができると仮定するとすれば，そのような機能が存在すると考えられる。しかし，乳児と母親との間で正常な投影同一化が可能になる関係性の確立に失敗すると，それはアルファ機能の発達を阻害し，それゆえに諸要素を意識と無意識へと分化させることを妨げる可能性がある。

xvi.「意識」という用語をフロイトの定義によって授与された意味に限定することで，その難しさは回避できる。「意識」という用語をこの限定された意味で使用することによって，この意識は自己の「感覚データ」を産出するが，それらをアルファ要素に転換し，それゆえに自己について意識的あるいは無意識的であるための能力を許容するアルファ機能はないと仮定することが可能になる。乳児のパーソナリティ単独では感覚データを利用することができず，こ

うした諸要素を母親の中に排泄しなければならない。乳児はそれをアルファ要素として用いるのに適した形体に転換するために為さなければならないことを，それが何であっても行ってくれる母親に頼る。

xvii. フロイトによって定義され，私が乳児の意識の萌芽を定義することを目的として使用している限定された用法での意識は，無意識を伴っているわけではない。自己のすべての感覚は等価であり，すべては意識的である。夢想する母親の機能は，乳児の意識によって獲得された自己感覚の収穫物にとっての受け入れ器官である。

xviii. 意識の萌芽は一般的に意識の本質と見なされるような作業を実行することはできない。「意識」という用語は合理的に考えるという点でとても重要な心的機能を指すのに使われているが，この一般的な用法の領域からこの用語を撤退させようという試みは誤解を招くかもしれない。ここではこの識別を意識の萌芽と母親の夢想の間で投影同一化を通した相互関係の破綻が起きた場合，何が起きるのかを示すためにのみ用いようと思う。

正常な発達は乳児と乳房の間の関係が乳児に，たとえば死ぬかもしれないといった感情を母親へ投影することを，そして一時的に乳房内に留まることで，それを乳児の精神に耐えられるような形式にした後に，再取り入れすることを許容する結果として生じる。投影が母親によって受け入れられない場合，乳児にとって，死ぬかもしれないという感情は本来の意味を剝ぎ取られたように感じられる。それゆえに死ぬかもしれないという恐怖は耐えられるものになることなく，言いようのない恐怖として再び取り入れられる。

xix. 夢想する母親の能力が壊れると未完の仕事が残されるが，それらは意識の萌芽へと押し遣られる。それらはすべて程度が異なるが，相互関係の機能に関連している。

xx. 意識の萌芽はそれに課された重荷を遂行することができない。投影 - 同一化 - 拒絶すること - 対象が内的に確立するということは，理解してくれる対象でなく，意図的に誤解をする対象を乳児が有することになり，それに同一化することを意味する。さらに，その精神的特質は早熟で脆弱な意識によって認識される。

xxi. 精神が利用できる装置は4部門から成立していると見なされる。

(a) 改良と回避に関係する思考作用
(b) 排泄による回避を伴う投影同一化があり，それは正常な投影同一化と混同してはならない。(xiv節の「現実的」投影同一化を参照)
(c) 全知(すべてを知っていて，すべてを非難するといった原則に基づくもの)
(d) コミュニケーション

xxii. 今，これらの4つの見出しの下にリスト化した装置を探求することで，これが思考を処理することを意図したものであることが分かる。思考という用語の広い意味には，概念作用，思考，夢思考，アルファ要素，ベータ要素として既に記述されたすべての対象が含まれ，それらはあたかも処理されなければならない対象のようである。というのは，(a) それらはある形式で問題をコンテインしていたり，表現したりするからであり，(b) それら自体が精神の望ましくない邪魔者として感じられていて，そうした理由のために注意を要し，何とかして除去する必要があるからである。

xxiii. 問題の表現として，欠如の認識と理解と，欠如の緩和を意図する行動とのギャップに架け橋をする上で役割を果たすよう意図された装置が必要であることは明らかである。これはアルファ機能が感覚データとその理解との間の裂け目に橋を架ける役割を果たすことと同じである。(この文脈で，私は精神的特質の知覚を，感覚データと同じような処遇を要しているものに含める。)言い換えれば，感覚データは夢思考などに利用できるようにするために，アルファ機能によって改良され，加工されなければならない。これと同じように，行動への置き換えに利用できるようにするためには，思考は加工されなければならない。

xxiv. 行動に置き換えるということは，公表 publication，コミュニケーション communication，共通感覚 commonsense が絡んでくる。これまで，私は思考作用のこうした側面の議論を避けてきた。しかし，それらはこれまでの議論に含蓄されており，少なくともそのひとつに関しては明らかな輪郭が示されている。すなわち，相関関係 correlation のことである。

xxv. 公表はその起源において思考のひとつの機能，つまり感覚データを意識で利用できるようにすることと大差ないものと見なしてもよいであろう。私はその用語を私的な気づきを公的なものにするために必要な操作を指すものとして留保しておきたい。私的な気づきとは個人に属するものである。そこに含まれている問題は，技法的，情緒的なものとして見なされるかもしれない。情緒的な問題は人間個人が政治的な動物であり，集団の外では充足を見出すことができず，社会的要素の表現なしに，いかなる情緒的衝動をも満足させることはできないという事実に関連している。人間の衝動は，ここでは単に性的衝動だけでなく，すべての衝動を意味しているのだが，それは同時に自己愛的なものである。問題は自己愛と社会‐主義との間の葛藤の解決である。技術的な問題は思考あるいは概念作用の言語による表現，あるいは記号における言語の相当物による表現と関連しているということである。

xxvi. このことが私にコミュニケーションについての考えを廻らせる。コミュニケーションはその起源において現実的投影同一化によってもたらされている。原初的な乳児の為しうることは，今まで見てきたように万能的空想の過形成を通して疲弊するなど様々な変遷を経る。乳房との関係性が良好であれば，それは自分自身の特質を自分が認めることのできる能力となり，アルファ機能と正常な思考への道を開くであろう。しかし，それはまた個人の社会的な能力の一部として発達する。この発達はグループ力動においてとても重要なことであるが，ほとんど注目されることはない。これが欠如すれば，科学的なコミュニケーションでさえ不可能になるであろう。しかし，その存在はコミュニケーションの担い手に被害感を喚起してしまうかもしれない。被害感を減らす必要性は科学的なコミュニケーションの定式化における抽象化への欲動の一因となる。コミュニケーションの要素である単語，記号の機能は，ひとつの名詞によって，あるいは言葉の集合化によって，ある特定の現象群はそれらの関係性のパターンの中で常に結びついていることを伝えることである。

xxvii. コミュニケーションの重要な機能は相関関係を確立することである。コミュニケーションが未だに私的な機能である時には，概念作用，思考そしてそれらの言語化はある感覚データの集合が他の集合と結びつくよう促進するために必要である。その結びついたデータが調和すれば，真実 truth という感覚が経験される。この感覚は真理関数的陳述に程近い陳述において表現されるこ

とが望ましい。感覚データがこの結びつきを成し遂げることに失敗すると，それゆえにその結びつきは陳腐な見解となり，それはあたかも真実の欠乏が幾分，栄養の欠乏と類似しているかのように，患者の中に衰弱という心的状態を誘発してしまう。ある陳述が真実であることは真実である陳述にほぼ等しい現実化がそこにあることを暗示するものではない。

xxviii. ここで，意識の萌芽と精神的特質の関係性をさらに考察してみる。情緒が精神のために遂行する機能は，時空間において対象との関係の中で感覚が持つ機能と同じことである。すなわち，私的な知における共通感覚の見地に相当するものは共通の情緒的見地である。もし憎悪されている対象についての見方が同じ対象が愛されている時のそれについての見方と結びつくならば，真実という感覚が経験される。その結びつきは異なる情緒によって経験される対象が同じ対象であるということを確実なものとする。ひとつの相関関係が確立されたことになる。

xxix. 同じような相関関係は意識と無意識を面接室の現象に向けることで可能になるが，それは精神分析的諸対象に現実を供給する。その現実は諸対象の存在そのものが疑わしいとされている時にすら，まったく疑いのないものなのである。

第Ⅱ部　未消化な残存物

　本書の鍵となるのは，たくさんの早期の感情が眠ったまま残され，それらは特定の人生の重大事によって再び刺激されるということである．妊娠や出産は，新たに親となった人を，強力で生々しい感情や未消化で前言語的な体験を再活性化させるような，原始的な内容や前象徴的で具体的な記憶から成る原始的な空間の中に押し戻す影響力のある体験である．

　地理的に移動が容易になったことや家族の人数の減少で，自分の子どもができる前に乳児に接し，自分自身の原始的な感情に再び関わる機会が減っている．これが新たに親となる人たちの原始的感情の再活性化への脆弱性を高めていると私は主張している．

　養育者のこころの中にある私たち自身の赤ん坊の自己の最早期の表象が大人になっても変化しないままに残されていると，良きにつけ悪しきにつけ，私たち自身の養育能力が影響を受ける．前述の通り，親になったばかりの時期はとても傷つきやすい時期である．というのも，新たに母親や父親となった人はこの時期に最早期の問題に再び晒されるためである．同時に，脆弱な乳児にとってもこの時期は影響を受けやすい時期である．実際，個人の中にいるかいじゅうたちは世代をわたる残存物の表われであることも多い．第 8 章はいまや重要な古典的論文となっているが，そこでセルマ・フライバーグ Selma Fraiberg とその同僚は，養育者自身を苦しめた過去から再活性化された「おばけ」がどのようにして新しい赤ちゃん部屋への侵入を脅かしてくるかを示している．著者たちは，「おばけ」が 3 世代，それ以上にわたって，自らの「居住権」を家族の中に一旦確立すれば，過去のおばけを追い払うのは極端に難しくなると示唆している．たとえ専門的な援助が行われていても然りである．なぜなら，援助者ですら味方でなく，侵入者として扱われるからである．本書では家族の中の無意識のかいじゅうを追い払うために働く専門家が，この侵略を身を持って実演している．つまり，どのようにして古い不法侵入者が親を虜にし，身体の境界を飛び越えて赤ん坊の発達中のこころに居住権を得たのかを明らかにしている．

　親になったばかりの人にとって，子どもの特定の発達上の問題が幼少期から

連なる鎖の輪の最も脆弱な部分と共鳴することがある。これから見ていくように，親自身の「ボタン」を押すことになるのは各自に特有なものである。それは分離や睡眠の問題，トイレット・トレーニングから，授乳や食事に関する問題，きょうだい間の競争，癇癪，自慰行為まで多岐にわたる。

　泣き叫ぶ赤ん坊はこうしたすべてを兼ね備え，その兄や姉だけでなく両親の中に痛ましい子ども時代の気持ちを呼び覚まし，現在行われている相互作用を歪める。したがって，第9章で児童心理療法家のジュリエット・ホプキンス Juliet Hopkins が喚起しているように，乳児の泣き叫び，悲鳴，ぐずり，無気力，ひきこもりが，乳児らの苦痛だけではなく家族の機能不全を反映していることもある。それは摂食，トイレット・トレーニング，言語発達に関わる心身障害やその他の障害が，そうした機能不全を反映することがあるのと同じである。セルマ・フライバーグの研究に再び戻ると，フライバーグは泣き叫ぶ赤ん坊たちとの心理療法の中で，発達ガイダンスと親-乳幼児心理療法の区別を記述している。睡眠に関する問題はあらゆる問題の中で最も一般的なものであろう。ディリス・ドーズ Dilys Daws はタヴィストックの5歳児以下を対象とした外来診療，その他の場所での豊富な経験のいくらかを提示し，第10章で，いかに睡眠に関する問題もまた家族全体が抱える悩みの原因であるだけでなく，その悩みが表面化したものであるかを例示している。睡眠に関する問題は悪夢から不眠，入眠時から夜中の苦痛まで多岐にわたるが，これらはひとつの「鍵となるテーマ」の周辺に群発するようである。それはたとえば，分離，憤懣，両親の性行為であり，それぞれの家族によって意味は異なる「かいじゅう」なのである。この次章には，エレン・ハンドラー・スピッツ Ellen Handler Spitz が続く。スピッツもまた入眠を妨げるものについて記述し，愛する人からの夜の別れや締め出しに直面する前，親たちが自らの未消化な残存物や，内なるかいじゅうやその外界での対応物に関連する不安に対抗するための特別なコンテインメントを幼い子どもたちに提供する際に，子ども用の本がいかに親たちの助けとなるかを語っている。

　本書には概して，私たちが皆自分たち自身の未解決のシナリオにある役を演じさせるために他人を無意識のうちに引っ張り込んだり，他の人たちの感情の脚本や他の人の重要な内的人物を演じることに知らないうちに参加していること，しかも貢献までですることで，自分の最も内側の部分にある欲求を外在化させているといった過程を示す適切な症例を数多く収めている。これらすべての論文が描出しているように，家族の中では世代間にわたる無意識の伝達が様々

な形態で行われているのであろう．さて，このセクションは古典ではあるが難解なふたつの章で締めくくられている．これらはひとりの人の無意識と別の人の無意識の間で行われる無意識の顕著な相互作用（フロイトによって解説されている）を描いている．ここではそれが世代間伝達によって説明されている．4世代にわたる症例で，イーニド・バリント Enid Balint はある女性の分析で湧き起こった逆転移を利用してその女性の祖母の無意識の感情から「飛び越えてきたもの」を探し当てた．それはその女性の母親には自覚されなかったが，いまや母親となった孫の中で「異物」や喪失への恐怖として再び現れた．第13章ではアンドレ・グリーン André Green が，たとえ健全な関係においてでさえ，人生の重大事がいかに次の世代に影響を与えるかを説明している．最愛の者を失った母親を目の前にすると，乳児がその母親を修復しようとしてもそれが叶わない．すると乳児は無意識のうちに抑うつ的な母親の情緒的不在と同一化し，こころの中にいる生き生きとした応答性の高い母親を「死んだ」内的対象に置き換える．心的外傷となるような状況を何とかしようと試みる中でこころに内在化された「穴」の空っぽの部分は，その後，失われた意味を求める前意識的で強迫的な知的探求で満たされる．それは大人になっても続いていく．これらの論文も読む努力をするに価するものとなるであろう．

第8章 赤ちゃん部屋のおばけ[原註1]――傷ついた乳幼児 - 母親関係の問題への精神分析的アプローチ

セルマ・フライバーグ,エドナ・アデルソン,ヴィヴィアン・シャピロ

　すべての赤ちゃん部屋にはおばけがいる。それは両親の忘れ去られた過去からやって来た訪問者であり,洗礼式の招かれざる客でもある。これらの敵意を抱いた招かれざるおばけは良好な状況下では赤ちゃん部屋から消え去り,地中の住処に戻っていく。赤ん坊は両親の愛情に命令的な要求を突きつけるが,愛情の絆が子どもとその両親を侵入者である悪意に満ちたおばけから守る。このことはおとぎ話とまったく同じである。
　これはおばけが埋葬された場所から災いを招いてくることができないと言っているわけではない。愛情の絆が強く安定している家族の中でさえ,油断した拍子に両親の過去からの侵入者が魔法の円[訳註1]を突破することがある。そして,両親とその子どもは過去のある時間のある瞬間やある場面を別の役で再演していることに気づくかもしれない。ただこのような出来事は家族という劇場の中では驚くほどのものではなく,軽微な侵入であれば,子どもやその両親,家族の絆が必ずしも危険に晒されるわけではない。大抵の場合,そのような両親が私たちに臨床的な助けを求める必要はない。
　また別の家族においては,過去からの侵入者によって引き起こされたもっと問題のある出来事が赤ちゃん部屋で起きていることもある。一過性のお化けの多くが,特に選んで赤ちゃん部屋に居を定めるように見える。それは食事や睡眠,トイレット・トレーニング,躾などを得意な分野とし,両親の過去の脆弱性によって左右される。これらの状況下では,たとえ親子の絆が強い場合でさえ,おばけの侵入前に両親が為す術を知らず,専門家の指導を求めることもある。研究を進めるうちに,これらの両親が赤ちゃん部屋から侵入者を追放する

原註1)　この論文は1975年に *Journal of the American Academy of Child Psychiatry, 14* (3) で初めて発表された。本書に掲載した最新版はタヴィストック出版から出されているセルマ・フライバーグの『*Clinical Studies in Infant Mental Health – the First Year of Life*』に収められているものを,許可を得てここに再収録している。

訳註1)　魔法使いが地面に描いた円で,その中では悪魔も魔力を失う。

ために私たちと強い同盟を結ぼうとすることが分かってきた。一過性の侵入に対処するための教育的，心理療法的手法を見つけるのは難しいことではない。

しかし，おばけにとり憑かれていると思われる別の家族グループに関しては，どのように説明すればよいのであろうか。過去からの侵入者は赤ちゃん部屋を住処とし，伝統と居住権を主張する。おばけたちは2世代，またはそれ以上の世代にわたり洗礼の場に列してきた。誰からも招待されていないにもかかわらず，おばけは棲みつき，ぼろぼろの脚本で家族の悲劇を再演する。

乳幼児精神保健プログラムの中で，私たちはこのような家族やその赤ん坊をたくさん見てきた。私たちが出会う前に赤ん坊は既に危険に晒されており，情緒的飢餓や危機的な症状，発達障害の初期兆候を示していた。どの場合も，赤ん坊は家族の悲劇の物言わぬ役者になっている。これらの家族の赤ん坊は，この世に生まれた瞬間から両親の重苦しい過去という荷物を背負っている。両親は恐ろしいほど正確に細部にわたって，自分たちの子どもを巻き込んで自らの幼少期の悲劇を繰り返すべく追い込まれているように見える。

こうした両親が専門的指導を求めて私たちのところへ来るとは限らない。3世代，それ以上の世代にわたって住人としての権利を確立しているおばけは，実際に両親の過去を表すものと認識されないこともある。両親に私たちと赤ん坊を守るための治療同盟を結ぶ準備ができていないこともある。このような場合，侵入者として見なされるのはおばけではなく，私たちであることも多い。

赤ちゃん部屋のおばけに専門的な関心を抱いている私たちすら，未だおばけの物語の複雑さとパラドックスを理解していない。葛藤に満ちた両親の過去が子どもを巻き込んで反復されることになるのを決定付けるものは何か。両親の過去に病的状態が存在するということが主たる決定因なのか。しかし，これだけではあまりにも単純すぎる。確かに私たちの誰もが，両親の悲劇的で残酷で悲しみに満ちた過去が子どもに負わされているわけでは・・ない家族を知っている。こうした家族の場合，おばけは赤ちゃん部屋に大量に押し寄せてもいないし，愛情の絆を蝕んでもいない。

同時に，もし過去の出来事が将来を正確に予見するなら，人類自体，ずっと昔にその重苦しい過去の中で溺れ死んでいるだろうということを思い起こさねばなるまい。人は進歩するものである。それは苦渋に満ちた経験をしてきた数多くの男性や女性が子どもを生むという経験の中で新たにやり直すことを知り，幼少期の心痛への癒しを見出すためであるかもしれない。両親が最も単純な言い方で，「自分の子どもには私より，もっとよい経験をさせてやりたい」と口

にするのをよく聞く。そして，両親は子どもによりよいものをもたらす。私たちの知る限り，貧困や残忍な行為，死，虐待，そして時にはあらゆる幼少期の恐怖に満ちた体験に苦しんでいたとしても，すべての両親が自分たちの痛みを子どもに負わせてしまうわけではない。歴史は運命ではなく，親になることが悲しみや傷つきに溢れたものになるのか，それとも新たなやり直しの時になるのかを両親の過去の物語から予測するのは困難である。現在の反復を決定する他の要因が過去の心的体験の中に存在するに違いない。

　赤ん坊のための家族療法において，私たちは皆，20世紀直前のフロイトの発見から恩恵を受けている。私たちの知るおばけは過去が現在に反復していることを表している。また，過去の出来事を復元し，過去から現在への病的な影響を打ち消すためにフロイトが創案した方法の恩恵も受けている。精神分析，発達心理学の偉大な発見の恩恵を最も受けていないのは赤ん坊自身である。赤ん坊は両親の既往歴の影響にしばしば苦しめられる。語ることのできない患者たちは正確な代弁者が現れるのを待たなければならなかった。

　過去30年間，多くの精神分析家や発達心理学者は赤ん坊の代弁をしてきた。赤ん坊がこれまでに私たちに教えてくれた情報は，実に私たちを考え込ませる。これは周知のことであり，私たちはここで乳幼児研究から生まれた数多くの文献の要約を試みるつもりはない。

　私たちは子どもの発達プロジェクト研究から赤ちゃん部屋のおばけについてより深い知見を得ることができた。先述した一過性の侵入者や一時的に棲みついただけの招かれざるおばけが臨床家に提起してくるのは大した問題ではない。両親自身がおばけを消すために私たちの治療での同盟者となる。私たちに最も深刻な治療上の問題を提示してくるのは，3番目の一群，つまり，おばけが赤ちゃん部屋に侵入し，そこに棲みついている一群である。

　両親の過去のおばけはいかにして赤ん坊自身の居住権を差し置いて自らの権利を主張し，かくも強硬に我が物顔で赤ちゃん部屋に侵入できるのであろうか。いかにして赤ん坊自身の居住権の上に自分たちが無理やり居座ることを要求するのだろうか。この疑問こそが私たちの治療の中心となる。この問いへの解答はいずれ明らかになるだろう。私たちは本論の最後の部分でこの疑問に立ち返り，臨床経験から導き出される仮説を提示したい。

　本論では，私たちの研究プロジェクトの下に受診した危機に晒された多くの赤ん坊の中からふたつの例を取り出し，臨床研究とその治療について記述しようと思う。治療の展開に伴い，その家族と赤ん坊たちは過去と現在とを明るく

照らす扉を私たちに開いてくれた。精神分析の知識によって，現在における過去の反復を理解することへの道筋が開かれた。私たちが創案した治療技法は，以下に説明するような方法で精神分析や発達心理学，ソーシャルワークを結びつけた。赤ん坊や家族，そして私たちが受けた恩恵はとても大きい。

この共同作業においては，心理学者のエドナ・アデルソン Edna Adelson はジェーンとその家族の心理療法，ソーシャルワーカーのヴィヴィアン・シャピロ Vivian Shapiro がグレッグとその家族の心理療法を担当し，セルマ・フライバーグ Selma Fraiberg がケースのスーパーヴァイザー，精神分析的コンサルタントとして働いた。

ジェーン

生後5カ月半で受診したジェーンは，私たちの新しい乳幼児精神保健プロジェクトに最初に紹介された赤ん坊であった。母親のマーチ夫人は数週間前に養子縁組の事務所を訪れ，自分の赤ん坊を養子に出したがっていた。しかし，夫のマーチ氏が同意していなかったため養子の計画は進まなかった。ジェーンの母親を説明するとすれば「拒否的な母親」とでも言えるであろう。

勿論，いまや私たちの地域や他の地域でも，拒否的な母親を良しとしている人はいない。おそらく悲劇でも起きて，再度明るみに出ない限り，ジェーンとその家族は大都市の中で，この時点では特に目立った点もない家族のままであっただろう。しかし，偶然が私たちの大学の精神科診療部のひとりの下にこの家族は連れてこられた。マーチ夫人の精神科アセスメントで，夫人は重篤なうつ病でアスピリンの大量服薬による自殺未遂の既往があり，かなり苦悩に満ち，日常生活も儘ならないことが分かった。「拒否的な母親」はいまやうつ病の母親とみなされた。担当医は精神科での専門治療を勧めた。そこで，臨床チームのメンバーのひとりが，「でも，赤ん坊についてはどうするのですか」と発言した。私たちの新しいプロジェクトは既に公表されており，翌日から開始される計画になっていた。私たちは電話を受け，すぐに赤ん坊の評価を行い，治療を計画することに同意した。

初期の観察

初回面接時から，私たちはかなりの危惧をジェーンに抱かざるを得なかった。生後5カ月半のジェーンには，今までの生活の大部分をベビーベッドの中で過

ごしてきたあらゆる痕跡が残されていた。ジェーンは最低限の世話しか受けておらず，適切な栄養を与えられ身体的世話は為されていたが，後頭部は禿げていた。ジェーンは周囲にほとんど関心を示さず，気のない感じで，あまりに大人し過ぎた。母親とも希薄な繋がりしかないようで，ほとんど笑わなかった。さらに，母親と視線を合わせたり，手を伸ばすような身振りを使って自発的に母親に近づこうとすることもなかった。自発的な発声もほとんどなく，不快や不安を感じても母親の方に振り向くことはなかった。私たちが発達検査として採用しているベイリー乳幼児発達検査では，個人 - 社会的項目のほとんどの項目が基準に達しておらず，検査をやり遂げることはできなかった。ジェーンは予測しない検査のベルの音にひどく怯えた。ほんの僅かな項目を終えるとジェーンの忍耐は限界を超え，壊れたように延々と泣き叫んだ。

　母親自身，子育てをする能力を僅かに垣間見せていたが，何らかの個人的な恐怖の中に閉じ込められ，孤立，隔絶されているように見えた。数週間，私たちはビデオテープに収められたひとつの些細な場面を注視し続けた。それは赤ん坊がぎこちなく母親に手を伸ばし，母親の手が自然に赤ん坊に向かって伸ばされたというものであった。お互いの手は合わなかったが，セラピストにはその身振りがお互いが手を差し伸べあうことを象徴的に表しているように見えた。私たちはこの象徴的な望みに賭けた。

　あらゆる症例の始まりには，葛藤の本質を物語る何かが露にされる瞬間がある。2 回目のセッションで，アデルソン夫人がジェーンと母親を自分の面接室に招き入れた時に，この瞬間は訪れた。発達検査のセッションは録画すると決められていたので，その瞬間はビデオに偶然に録画されていた。ジェーンと母親，アデルソン夫人と検査者のエヴリン・アトレヤ Evelyn Atreya がその部屋にいた。

　ジェーンが泣き始めた。それは赤ん坊にしては枯れた声で，不気味な赤ん坊の泣き声であった。アトレヤ夫人は検査を中断せざるを得なかった。テープでは，赤ん坊が母親の腕の中で絶望的に泣き叫んでいた。赤ん坊は慰めを求めて母親の方を見ることはなかった。母親はよそよそしく見え，自分以外に気を配ることができないようだった。母親は赤ん坊をあやす形だけの身振りを示したが，やがて諦めて目を逸らしてしまった。恐怖の 5 分間，ビデオの中で叫び声は続いた。その後方でアデルソン夫人が優しく母親を励ます声が聞こえていた。そこには，「こんな風にジェーンが泣いている時，どうやってあやしているの」と尋ねる声があった。マーチ夫人は何か聞き取れないことを呟いていた。アデ

ルソン夫人とアトレヤ夫人は自分たちの感情と闘っていた。ふたりは赤ん坊を受け取って抱き上げ，ジェーンをあやす声掛けをしたいという気持ちを抑えていた。ふたりが欲求に負けてしまえば，ふたりとも自分たちがやってはいけないと思っていることをやってしまう羽目に陥っただろう。なぜなら，その時赤ん坊をあやすことができる女性が他にいるのをマーチ夫人が見れば，自分が悪い母親であるという確信を揺るぎないものにしてしまっただろう。赤ん坊と母親，そしてふたりの臨床家にとっては耐え難い5分間であった。アデルソン夫人は平静を保って，マーチ夫人に思いやり深く話しかけていた。検査時間も終わりとなりアデルソン夫人は赤ん坊は疲れ切っているので，おそらく自宅や自分のベッドに喜んで戻るだろうと伝えた。そして，母親と赤ん坊は近々3回目の訪問をする計画を立てることを手伝ってもらい，面接は終了した。

　その後，私たちはスタッフミーティングでこのテープを見ながら，お互い訝しげに，「この母親は赤ん坊が泣いているのがまるで聞こえていないかのようね」と話した。これによって，私たちは重要な診断上の疑問，「なぜこの母親には赤ん坊の泣き声が聞こえないのだろうか」という疑問に行き当たった。

母親の物語

　マーチ夫人自身が遺棄された子どもであった。マーチ夫人の母親は出産後間もなく産褥期精神病に苦しんだ。また，自殺を試みて身体を傷つけ，再起することができなかった。その後，その母親は残りの人生のほとんどを精神病院で過ごし，子どもにも関与することもほとんどなかった。生後5年間，叔母がマーチ夫人の面倒を見ていた。しかし，叔母が十分にマーチ夫人の世話ができなくなり，マーチ夫人は母方の祖母の家に引き取られた。弱々しく年老いた祖母はそれまで以上の重荷を背負わされ，嫌々ながら孫の世話をした。マーチ夫人の父親は家族写真には写っていないこともあり，父親についての情報は治療後半まであまりなかった。

　それは女性にとっては，陰気な田舎の貧困，不吉な家族の秘密，精神病，犯罪，性的乱脈の伝統の物語であり，その背景には虚しい気休めを言うだけの警察や保護機関の物語があった。マーチ夫人は見放された家族の見放された子どもであった。

　マーチ夫人は青年期後期に夫と出会い結婚した。夫は同じような貧しく混乱を抱えた家族の出身であった。しかし，夫は自分の家族が経験してきたものよりも安定した家庭を望んでいた。悪循環から抜け出すために闘い，しっかりし

た職に就き，きちんとした家庭を築いたのはこの一家の中でマーチ氏が初めてだった。ネグレクトされ，孤独を感じていたふたりが出会い，お互いが自分たちの体験よりも素晴らしいものを望んでいることで意気投合した。しかし，数年の努力の甲斐もなく，間もなくして墜落のスパイラルが始まった。

　ジェーンがマーチ氏の子どもでない可能性はかなり高かった。マーチ夫人はもうひとりの別の男性と短期間，性的関係を持っていた。情事への夫人の罪悪感，ジェーンの父親が誰であるかについての疑いは，夫人の語りの中で執拗なテーマとなっていた。私たちが繰り返し聞くことになった綿々たる苦悩の訴えの中に，ひとつのテーマがあった。マーチ夫人は「皆がジェーンを睨んでいるの」「皆がこの子を睨んでいて，この子の父親が本当の父親でないことを知っているわ。皆は私がこの子の人生を台無しにしたと思っているわ」と感じていた。

　私たちは，マーチ氏の方がしっかりした親であると感じ始めていた。マーチ氏はジェーンの父親は誰かということにとり憑かれてはいなかった。マーチ氏は自分がジェーンの父親であると確信していた。とにかくマーチ氏はジェーンを愛し必要としていた。父親は誰かをめぐる妻の強迫観念は家庭内で叫び合うほどの喧嘩を引き起こした。マーチ氏は「忘れろ」「その話は止めて，ジェーンの面倒を見ろ」と言い放った。

　双方の家族の中で，私生児であることは何の汚点でもなかった。マーチ夫人の一族の場合，女性の性的乱行が少なくとも3世代か4世代に及んでいたため，多くの子どもたちに父親は誰かという疑問があった。マーチ夫人はなぜ強迫観念にとり憑かれ，罪悪感に苛まれているのか。私たちはマーチ夫人を蝕む強い罪悪感は幼少期の葬られた罪，きっとおそらくは想像上の犯罪に関連するものと考えた。臨床報告を読む中で，私たちはジェーンが近親相姦という幻想の生んだ罪深き子どもであるという印象を時に強く抱いた。しかし，もし私たちが正しいとすれば，週に1回の心理療法で十分な援助となるだろうかと私たちは考えた。

精神分析的治療

緊急避難的段階

　私たちはどのように治療を開始したらよいであろうか。ジェーンとマーチ夫人がプロジェクトの最初の患者であることを忘れてはなるまい。当時，私たち

には有効な治療モデルがなかった。実際，乳幼児精神保健プロジェクトの課題は治療を進めながら技法を開発することにあった。勿論，旧来からのモデルから始めるのが道理に叶っており，精神科レジデントのジン医師が母親に毎週または隔週で心理療法を行い，心理学者のアデルソン夫人が家庭訪問で赤ん坊のサポートを提供し，発達ガイダンスを行った。しかし，最初のセッションでは，マーチ夫人はジン医師や心理療法に回避的であるように見えた。男性とふたりきりでいるという状況は病的な不安を生み，マーチ夫人はほとんど喋ることもできない時間を余儀なくされ，些細な心配事について話していた。マーチ夫人に手を差し伸べ，不安に触れ，この関係の居心地の悪さに触れようとするあらゆる努力は行き詰まった。ひとつの話題が何度も繰り返し口にされた。マーチ夫人は男性を信じていなかった。しかし，今まで誰にも明かしていなかった恐ろしい秘密に関する遠回しなマーチ夫人の話の中に，かすかな感触を得ることもあった。マーチ夫人は約束を守るよりも，破ることの方が多かった。ジン医師は多大な尽力を払ってマーチ夫人との関係を維持した。私たちが秘密をやっと聞き出し，この手ごわい抵抗を招いていた病的な恐怖を理解することができた時には，ほぼ1年が経過していた。

　この経験から一般論を導き出すことはできない。私たちは時々，母親自身が重篤な母性剥奪に苦しんでいる場合の治療は，女性セラピストの方がより適しているのではないかと尋ねられる。約8年間の治療後の最終結論は，「必ずしも性別に関係なく，男性セラピストでもまったく支障のないこともある」というものである。このプロジェクトで，男性のセラピストであったために母親の治療に特に効果をもたらした例もある。私たちはセラピストの性別をあまり考慮せずに症例を担当していた。マーチ夫人は例外的な症例であると見なす必要がある。しかし当時，私たちは治療的ジレンマと直面していた。アデルソン夫人の任務は家庭訪問を通して子どもと母親の関係性に集中することであった。マーチ夫人には自分自身のセラピスト，つまりジン医師が必要であった。しかし，転移の中で巻き起こる病的な男性恐怖によって，マーチ夫人は本来，有用であると目論まれていた精神科の援助を活用することができなかった。精神科治療の中でもっと時間をかけて忍耐強い作業を行えば，私たちはジン医師への転移の中で，夫人を沈黙と回避へ陥れていた秘密が明らかになると期待していた。

　しかし，赤ん坊は切迫した危機に晒されていた。母親の精神的混乱が解決するまで赤ん坊を待たせることはできなかった。私たちは間もなく，マーチ夫人

がジン医師に対するような病的な恐怖をアデルソン夫人には抱かないことを知った。しかし、赤ん坊と母親のセラピスト、つまり家庭をベースとした心理学者としてのアデルソン夫人が母親の子どもとの関係や母親のうつ病の治療の中の葛藤に満ちた要素を明らかにする役割を果たすのは容易ではなかった。

　私たちには他の選択肢がなく、家庭訪問を緊急避難的治療として採用することを決定した。その時に浮上したのは、いわば「台所での心理療法」とでもいうような形態であった。それは方法には馴染みがあっても、構造的には馴染みのないものと感じられるだろう。これは精神分析的心理療法の変形であり、転移や現在における過去の反復、解釈を利用するものである。同様に重要なのは、その方法には赤ん坊の発達の継続的な観察や赤ん坊の欲求や信号を認識するための母親への臨機応変で非教訓的な形での教育が含まれていることである。

　治療は台所や居間で行われた。話すことのできない患者は昼寝中でなければ、常にセッションの場に同席していた。話せる方の患者は家事に勤しんだり、おむつを替えたり、授乳したりしていた。セラピストの目と耳は赤ん坊の非言語的コミュニケーションと母親の言語的、非言語的コミュニケーションの両方の内容に合わせて調整された。母子の交流はすべてセラピストの視野にあり、心理療法の中心にある。母親とセラピストで交わされる会話は現在の心配事に向けられたり、過去と現在の間、つまりこの母子や母親の過去の中にいるもうひとりの別の子どもや家族の間を往来した。この方法自体の効果が立証され、この後のケースでは家庭を基盤としたひとりのセラピストで行う治療の可能性が試されることになった。

　ここでジェーンとその母親の治療を要約し、私たちの施行した方法について考察する。

　治療初期の数セッション、マーチ夫人自身の話はたどたどしく、よそよそしく悲しい声で語られていた。それは私たちが既述した話である。母親が自分の過去を話す間、もう一方の患者であるジェーンはソファーの上にもたれて座ったり、毛布の上で手足を伸ばして寝転んだりしていた。母親の悲しげなよそよそしい表情はそのまま赤ん坊にも映し出されていた。その部屋はおばけで埋め尽くされていた。その時、遺棄されネグレクトされた母親の物語が、赤ん坊を使って心理的に再演されていた。

　治療の緊急避難的局面での課題は、ジェーンの赤ちゃん部屋からおばけを追い出すことであった。これを行うために、母親が現在に過去の反復が為されていることを理解する援助を行う必要があった。私たちは皆、机や椅子、寝椅子

をきちんと備えた部屋の中で心理療法を行う方法を学んでいたが，同じことを台所や居間でどのように行うのかは学んでいなかった。私は治療原則は同一であるべきだろうと判断した。しかし，この治療の緊急避難的局面において，私たちは赤ん坊のために，母親の神経症の葛藤に満ちた要素への道筋を見出す必要があった。神経症は母親の赤ん坊を世話する能力に影響を与えていた。非常事態の間は赤ん坊を治療の中心としなければならなかった。

　先に述べたように，私たちは「なぜこの母親には赤ん坊の泣き声が聞こえないのか」という疑問から出発した。

　その臨床上の疑問に対する答えは，既に母親の物語の中に示されている。この母親は自分の泣き声を聞いてもらえなかった。居間ではふたりの子どもが泣いているのだと感じた。母親のよそよそしい声や疎遠さ，距離は，悲しみや耐え難い痛みに対する防衛であろうと考えられた。母親の恐ろしい物語を最初に聞いた時，それらは単なる事実として語られ，明らかに苦しそうな感じや涙は見られなかった。目に映ったのは，悲しく空っぽで絶望的な表情だけであった。母親は泣いている自分の赤ん坊の前で扉を閉じていたように，自分自身の中の嘆き悲しむ赤ん坊の前でも固く扉を閉めていた。

　このことが，私たちをひとつ目の臨床上の仮説「母親が自分の泣き声を聞いてもらうことができれば，その母親は自分の子どもの泣き声を聞けるのではないだろうか」を導いた。

　そこで，アデルソン夫人は治療関係の進展に仕事の焦点を当てた。その結果，信じることを知らない若い女性であるマーチ夫人からの信頼を獲得した。その信頼によって，マーチ夫人の子ども時代に閉め出された過去の感情が明らかになることができた。マーチ夫人の語りが「ジェーンを愛せない」ことと「誰も私のことを必要としていない」ことに要約されるように，自分の赤ん坊と自分自身の幼少期を往来するにつれて，セラピストはマーチ夫人の感情が外に表現される道を開いた。アデルソン夫人は子どもとしてのマーチ夫人の気持ちに耳を傾け，「それはとっても大変だったわね。……とても傷ついたのね。……勿論，あなたはお母さんを必要としていたのね。誰も振り向いてくれる人がいなかったのね。……そうよね，大人は時として，それが子どもにとって一体どんなことを意味するかを理解していないのよね。あなたには泣く必要があったのよ。……誰もあなたのことを聞いてくれる人がいなかったのね」と言語化した。

　セラピストはマーチ夫人が情緒を感じ，それを想起することを許容した。これはマーチ夫人の人生で初めてのことであった。それはたった数回のセッショ

ンであったが，私たちが期待していたように，遺棄された子としてのマーチ夫人自身の悲しみや涙，口にするのも恐ろしい苦悩が徐々に現れ始めた。そして，ようやくマーチ夫人にとって泣けることが安心となり，セラピストが自分を理解していると感じることが慰めとなった。そして，いまやアデルソン夫人はセッションの度に母親と赤ん坊の間に信じ難いことが起きているのを目撃した。

　居間や台所での心理療法の最中，ほとんどいつも赤ん坊がその場にいたことを思い出して欲しい。ジェーンが注目して欲しいと要求すると，母親はセッションの途中，立ち上がっておむつを替えたり，哺乳瓶を持ってきたりした。赤ん坊は注目を要求しなければ，頻繁に無視された。しかし，ようやくマーチ夫人に自分の感情の想起が許容され泣けるようになり，アデルソン夫人と一緒にいると安堵や共感を抱くにつれ，母親の感情が迸る最中に赤ん坊に夫人が近づく様が見られるようになった。マーチ夫人はジェーンを抱き上げて胸に抱いた。最初の頃はぎこちない自分勝手な抱き方ではあったが，赤ん坊を抱くようになったのである。その後，治療開始後まだ1カ月が経たない頃のある日，マーチ夫人は迸る悲しみの真ん中にいながらジェーンを抱き上げ，とても親密に抱き寄せ，悲嘆に暮れた声で呟いた。それは一度だけでなく，次のセッションでも何度か起こった。過去の悲しみが溢れ出し，赤ん坊を腕の中にしっかりと抱き寄せた。赤ちゃん部屋の中にいたおばけが逃げ始めた。

　これは赤ん坊との和解に向けての一時的な上辺だけの素振り以上のものであった。アデルソン夫人の観察から明示されたのは，母親と赤ん坊がお互いを見つけ始めたことである。やっとふたりは相互に触れ合えるようになり，アデルソン夫人はセラピストとして，発達心理学者として懸命に愛着の萌芽を促進した。ジェーンが美しく特別な微笑で母親に応え始めた時，アデルソン夫人はそのことを解説し，自分にはそのような微笑みが向けられていないことを観察した。それはまさにそうあるべきものであった。その微笑みはジェーンの母親に向けられたものだった。泣いているジェーンが母親の慰めを求め始め，母親の腕の中で安心を見出した時，アデルソン夫人は「あなたが何を望んでいるかをお母さんが知っていると，とても気持ちがいいのね」とジェーンに話しかけた。マーチ夫人自身は，恥ずかしそうにしかし自信たっぷりに微笑んでいた。

　母親と赤ん坊のセッションは，間もなくふたり独自のリズムを刻み始めた。マーチ氏は出勤前の僅かな時間に度々同席するようになった（父親のための特別なセッションも夜や土曜日に行われた）。大抵，セッションはジェーンと一緒の部屋で始められ，ジェーンのことが会話のテーマとなった。アンデルソン

夫人は自然でさり気なく，教訓的でない方法でジェーンの発達について積極的に話し，6，7カ月の乳児の欲求や，ジェーンが自分の世界をどのようにして学んでいくか，両親がどのようにしてジェーンを新たな発見に導いていけばよいのかなどの役立つ情報を会話に織り交ぜていた。両親とアデルソン夫人はジェーンが新しいおもちゃを使ったり，新しい姿勢に挑んだりするのを一緒に見た。より詳細な観察によって，ジェーンがどのように解決法を見出し，着実に前進しつつあるのかが分かるようになった。アデルソン夫人は赤ん坊を観察する喜びを知っていた。それがいまやマーチ夫妻と共有され，とても喜ばしいことに両親はどちらもこれらの喜びを享受し始め，ジェーンとその達成について，自分たちなりの所見を示すようになった。

同じセッションの中でも，マーチ氏の出勤後，話はいつの間にかマーチ夫人自身，つまり現在と幼少期の悲しみの話に戻った。いまやアデルソン夫人はマーチ夫人が過去と現在の繋がりを理解するのを援助することが益々多くなり，いかにマーチ夫人が「それを理解することなく」，過去の苦しみを自分の赤ん坊との関係に持ち込んでいたかを示すことができるようになった。

4カ月が経つ前に，ジェーンは元気な前より応答性の高い，楽しげな赤ん坊になった。10カ月時の発達検査の客観的アセスメントでは，ジェーンが年齢に相応しく母親に対する焦点化された愛着や母親や父親への選択的な微笑や発声を示し，母親に慰めを求めたり安心を求めることが示された。ベイリー発達検査では，バランスの取れた素晴らしい進歩を示していた。ジェーンは対人的相互作用の項目では2カ月早熟で，微細運動能力ではジェーンの年齢の基準と同レベルを示していた。発声や粗大運動の項目では実年齢よりも1，2カ月の遅れが見られたが，それでも正常な範囲に収まっていた。

マーチ夫人は応答性が高く自信に満ちた母親になった。しかし，母親自身の心的状態を慎重に評価すると，依然として「うつ病」のレベルに止まっていた。マーチ夫人が進歩したことは間違いなかった。うつ病がもはや前ほど悪化しておらず，緊急を要するものではないことを示す多くの兆候を認めたが，私たちはマーチ夫人が未だにうつ病であり，再発の危険もあると感じていた。まだ為すべき課題が多く残されたままだった。

最初の4カ月，この治療はまだ母親の病気を治癒させるところまで到達しておらず，病気から生じる弊害をコントロールする方法に到達したに過ぎなかった。この状況下で，赤ん坊を包囲するように蔓延していた精神病理の大部分は子どもから除去された。つまり，母親の神経症の葛藤に満ちた要素は「過去に

帰属するもの」であり、「ジェーンに帰属しているわけではない」ことが、私たちだけでなく母親にもやっと理解できるようになった。母親と赤ん坊の絆が現れ始め、赤ん坊自身がこの絆を確固たるものとしていた。母親からの愛情の込もったどんな意思表示にも、ジェーンは愛情深く応じた。マーチ夫人は自分の人生で初めて誰かに大切にされているという気持ちを抱いたのではないかと私たちは考えた。

　これらは私たちが「治療の緊急避難的局面」と呼んでいたものの全貌である。振り返ると、マーチ夫人の深刻な内的葛藤に何らかの解決をもたらすまでに、私たちはここからさらに丸1年もの時間を要した。そして、この1年の間に現れた母子関係にはいくつかの問題もあったが、ジェーンは危機を脱し、生後2年目の赤ん坊の持つ葛藤ですら、異常でも病的でもなかった。一旦絆が形成されれば、ほとんどすべてのことに解決を見出すことができた。

その他の葛藤に満ちた領域

　その後の数カ月の治療について要約したいと思う。治療の焦点はジェーンに向けられたままであった。それまでに確立されていたパターンに従って、心理療法的治療は赤ん坊やその発達に応じた欲求や問題、母親の葛藤に満ちた過去の間を自由に行き来した。

　ひとつのエピソードが今もこころに強く残っている。マーチ夫人は母親であることに新たな喜びを見出し、それを誇りに思う一方、未だに赤ん坊の世話について無頓着で無情な計画を立てることがあった。マーチ夫人は分離や一時的な喪失が1歳の子どもにもたらす意味を理解していなかった。ある時、マーチ夫人がパートタイムの職に就き（低所得であるために、収入を補う意味ではいくらか正当化されたが）、慌しく、まとまりなくジェーンの世話を行っていたところ、ジェーンが時々「怒りっぽく」「不機嫌になり」「手に負えなく」なることに気づいて驚いた。このことにはマーチ氏も驚いた。

　アデルソン夫人はいくつかの臨機応変な方法を用いて、母親への愛情や母親をその日一時的に喪失する体験がジェーンにもたらす意味をマーチ夫妻が理解できるように助けようとした。それはマーチ夫人にとって青天の霹靂だった。両親はふたりとも、幼少期から両親や親代わりの人の下を転々とし、関係は薄く、それらが当てにならないことを知っていた。分離や喪失の意味は記憶の中で葬られていた。分離や見捨てられること、死への双方の一族の対処法は、「忘れること。慣れること」であった。マーチ夫人は大切な誰かが亡くなった

時の悲嘆や心痛をすら覚えていなかった。

　私たちは現在の赤ん坊のために，もう一度何とかして喪失体験とその否認，そして母親の過去に起こった喪失体験との間にある感情的な繋がりを見つけ出さなければならなかった。

　その瞬間は，ある朝アデルソン夫人が到着して，家族のトラブルを目の辺りにした時に訪れた。ジェーンはいまや旧知の訪問者が接近すると泣き始め，両親は「まったく分からず や」の赤ん坊に怒っていた。アデルソン夫人が遠慮がちに尋ねると，ジェーンがたった今，ひとりのベビーシッターから新たなベビーシッターに変わったという新情報がもたらされた。アデルソン夫人はそれがジェーンにとってどのような意味を持つのか，声に出して驚いて見せた。昨日，ジェーンは不意にまったく知らない場所に見知らぬ女性と取り残された。ジェーンはたったひとり母親のいないところで怯え，一体何が起きているのかを知りもしなかった。ジェーンに事態を説明できる人は誰もいなかった。つまり，ジェーンは自分の深刻な問題を表現する言葉も持たない赤ん坊に過ぎなかった。ジェーンの恐れや不安を理解し，早急に援助の方法を見つけなければならなかった。

　マーチ氏は出勤前，暫く家に留まり，注意深く耳を傾けた。マーチ夫人も耳を傾け，夫が家を出る前にジェーンがベビーシッターと長時間一緒に過ごさなくて済むように今日は早く帰宅して欲しいと頼んだ。

　その後，セッションは感動的なものとなり，母親も赤ん坊も泣いた。とても重要なことが言葉にされた。マーチ夫人は遠回しで躊躇いがちな話し方で叔母のルースについて語り始めた。それはマーチ夫人が生後5年間一緒に暮らした人であった。数カ月間，叔母のルースからは便りがなかった。夫人は叔母のルースが自分に怒っていると思っていた。そして話は継母に移り，自分が継母から冷たく，拒絶されたことに考えが及んだ。次に，ベビーシッターへの不満を口にした。それはベビーシッターのひとりがジェーンの母親が家を出た時に，ジェーンが泣いたと言って怒った話であった。テーマは「拒絶」と「喪失」であった。それはマーチ夫人が現在の多くの場面で探していたものであった。マーチ夫人はずっと泣いていた。しかし，アデルソン夫人がそれとなく仄めかしても，マーチ夫人はなぜかこれらすべてを繋げて考えることはできなかった。

　その後，マーチ夫人はまだ泣いたまま部屋を出て，家族写真のアルバムを持って戻ってきた。夫人はアデルソン夫人のために写真の説明をした。母親，父親，叔母のルース，そして戦争で亡くなった叔母のルースの息子についてであ

った。それは叔母のルースにとって辛いことであった。しかし，息子のために悲しむことを許してくれる人は家族には誰もいなかった。家族は「忘れることだ」と言った。マーチ夫人は父の死とそれほど昔ではない祖父の死について語った。ジェーンの誕生前の数多くの喪失や衝撃についてマーチ夫人は話していた。家族からは常に「忘れなさい」と言われていた。アデルソン夫人は共感的にそれらに耳を傾け，ずっと遠い昔のマーチ夫人の幼少期に他にもたくさんの喪失体験や衝撃があったことを思い出させた。マーチ夫人が覚えていなかった母親の死や5歳時の叔母のルースの死である。当時のマーチ夫人は何が起きたのかを理解するには幼すぎたが，アデルソン夫人はどのように感じたのかを尋ねた。母親の膝に座っているジェーンを見つめながら，アデルソン夫人は「ジェーンが突然新しい家にいることに気づいたら，どんな風に感じるか，それも1，2時間程度ベビーシッターと一緒にいるだけでなく，永遠に，それに母親や父親にももう二度と会えないことに気づいたらどう感じるか考えてみましょう。ジェーンはそれを理解する方法もないでしょう。そのことでジェーンはとても不安になって落ち着かなくなるでしょうね。あなたが小さな女の子だった頃にはどんな感じがしたのでしょうね」と語りかけた。

　マーチ夫人はそれを聞いて深く考え込んだ。そして，すぐに怒って何かを主張するような声で，「誰かの代わりを他の誰かがやることはできないのに。……誰かのことを愛したり，思ったりすることは誰にも止められないの。誰も他の人の代わりを務めることはできないの」と言った。その時，マーチ夫人は自分自身に話しかけていた。アデルソン夫人は同意した。そして，ジェーンのためにその洞察を優しく返した。

　これがマーチ夫人の新たな洞察の始まりであった。幼少期の喪失や悲しみ，拒絶を再体験するよう援助され，もはやこの痛みを自分の子どもに負わせることはなくなった。マーチ夫人は「決してこの子に同じ思いはさせない」と深い感情を込めて話し，喪失と悲嘆を理解し始めた。アデルソン夫人の助けを得て，マーチ夫人はそれが子どもにとってどんな意味を持つのかを十分に理解して，ジェーンのためにベビーシッターを雇うしっかりした計画を立てることができるようになった。ジェーンの不安は軽減し，新しい状況下で落ち着き始めた。

　また，マーチ夫人のジン医師に対する転移に侵入し，精神科治療から逃げる原因であった恐ろしい秘密がようやく判明した。同じ部屋の中で医師とふたりきりでいることへの病的な恐怖，ジェーンの父親が誰かという疑いに付随していた強迫的な罪悪感は，ジェーンが「近親相姦で生まれた赤ん坊」という臨床

的印象を私たちに強くもたらしていた。それはずっと以前の幼少期の幻想の中で宿され，婚姻関係にない愛人との許容されていない関係性を通して現実のものとなった。勿論，このことはただの「近親相姦幻想」を意味しているに過ぎなかった。私たちには，ついに現れたこの話に対する準備ができていなかった。治療開始後2年目，マーチ夫人はとても恥ずかしがり苦しみながら，アデルソン夫人に幼少期の秘密を語った。マーチ夫人が子どもの頃，自分の父親が下半身を露わにして，マーチ夫人と祖母が一緒に寝ていたベッドに近づいてきたことがあった。年老いた祖父を誘惑したと祖母がマーチ夫人を責めたこともあった。マーチ夫人はこれを否定した。また，11歳の時の初体験は従兄とのものであった。小さい頃に一緒の家に住んでいたため，その従兄はマーチ夫人にとって兄のような関係の人であった。マーチ夫人にとって近親相姦は幻想ではなかった。そして，私たちはジェーンとその父親が誰かはっきりしないことに付随していた強迫的な罪悪感をようやく理解した。

ジェーン2歳

　2年目の治療でも，アデルソン夫人が継続してマーチ夫人の心理療法を担当していた。ジン医師は研修を終了した。マーチ夫人のアデルソン夫人への転移は，その治療の継続に有利に働いた。私たちのスタッフで心理学者のウィリアム・シェーファー William Schafer がジェーンの指導を行うワーカーとなった（現在，私たちは両親と子に別々のセラピストをつけていないが，この最初の症例ではまだ試験中であった）。

　シェーファー氏との初回面接では，転移の中で「男性」への病的な恐怖が甦り，マーチ夫人は再び声に出せないほどの恐怖を感じた。これは無視できない重要な意味を持っていた。しかし，この時までにマーチ夫人は治療的取り組みの中で大きな進歩を遂げていた。シェーファー氏は転移の中で不安を扱い，その不安はアデルソン夫人のところへ持ち帰られた。そこでは治療の中に現れていた近親相姦の素材という文脈の中にその不安を位置付けることができた。その不安は軽減し，マーチ夫人はシェーファー氏と強い治療同盟を結ぶことができた。2年目の発達ガイダンスによって母子関係は遥かに強く安定したものとなった。そして，ジェーンは2年目を通して，母親が治療的取り組みでかなり辛い素材をワークスルーしている間でさえ発達的進歩を続けた。

　ジェーンのパーソナリティの中に，生後数カ月にわたるネグレクトによって残された影響はあっただろうか。2歳の時，ジェーンは魅力的で賑やかな小さ

な女の子になり，発達的に異常な問題は何も見られなかった。ジェーンには無関心や自己陶酔，分離不安の兆候はまったく見られなかった。ジェーンが自発的に行った人形遊びでは，母親や世話をするような行為にとても強く惹かれていることが示されていた。ジェーンは人形たちに気遣いを見せる母親であり，喜んで食事をさせ，服を着せ，宥めるようなことを呟いたりしていた。ベイリー発達検査でも発達に問題がないことが示された。対人的相互作用や微細運動の項目は，年齢相当のレベルに到達していた。粗大運動の発達はいまや年齢相応のレベルであった。危惧されていた言語も，いまや1カ月の僅かな遅れが見られるだけであった。

　ジェーンが完全な文章を話すのをシェーファー氏が聞いたのは，1年10カ月の頃，人形遊びをしている時であった。人形が偶然，扉の後ろの蝶番に引っ掛かってしまい，ジェーンはそれを外せなかった。ジェーンは「赤ちゃんが欲しい，赤ちゃんが欲しい」と緊急事態のような声で叫んだ。それは2歳の子どもにしては，とてもよくできた文章であった。また，ジェーンの物語を知っている私たち皆にとっても感動的な言葉であった。

　この話はここで終わりにしなければならない。家族が引っ越してしまったからである。マーチ氏は希望に満ちた新しい土地で新たな仕事に就き，快適な家を用意してもらい，温かい歓迎で迎えられた。外的環境は保証されているように見えた。それより重要だったのは，家族が成長してより親密になり，見捨てられることが中心的な心配事ではなくなったことである。最も望みのある兆しのひとつは，マーチ夫人が仕事を選択するにあたって，その前に起こった不安定な状態がもたらすストレスに適切に対処できる確固たる能力を持てたことである。終結が近づくにつれて，マーチ夫人は自分の悲しみを率直に認めることができ，前を向いて「この子には私よりも幸せに育って欲しい。この子にはよい結婚をして，愛する子どもを持って欲しい」とジェーンについての希望を口にした。自分自身に関しては，マーチ夫人は自分を「生まれ変わった人」として記憶に留めておいて欲しいと私たちに頼んだ。

グレッグ

　この新プログラムを開始して1週間も経たないうちに，私たちは当時3カ月半のグレッグの緊急のアセスメントの依頼を受けた。グレッグの16歳の母親，アニーは赤ん坊の世話を拒否していた。赤ん坊との身体的接触を避け，ミルク

をよく買い忘れ，グレッグにクールエイド[訳註2]やタン[訳註3]を飲ませていた。赤ん坊の世話は19歳の夫のアールに任せられていた。

　アニーの家族はこの地域の社会福祉事務所では3世代にわたって有名であった。非行や性的乱行，虐待，ネグレクト，貧困，退学，精神病といった問題で，家族全員がこの地域のクリニックや裁判所へと連れて来られていた。現在16歳のアニー・ベイヤーは一族の中で現実的にも心理的にも子どもを捨てた3世代目の母親であった。アニーの母親は自分自身の母親と同じく子どもを他人に任せていた。実際，援助を求めて研究プロジェクトに電話をしてきたのはグレッグの祖母，つまりアニーの母親であった。祖母は「私や私の赤ちゃんに起こったことが，アニーやアニーの赤ん坊に起きるのを見たくない」と語っていた。

　スタッフのヴィヴィアン・シャピロが電話で予約を取り，すぐに家庭訪問した。家にいたのは両親とグレッグであった。シャピロ夫人は，冷たく口にこそ出さないが敵意の感じられる若い母親と，悲しげで混乱したような青年である父親，陰気な赤ん坊に迎えられた。訪問中，赤ん坊は母親に一度も見向きもしなかった。シャピロ夫人はグレッグの発達は月齢相応であろうと推測していたが，その印象は後に施行された発達検査によって確かめられた。これは最低限の適切な世話が為されていたことを示し，父親のアールがグレッグのほとんどの世話をしていたことの確認であった。1時間のセッションの中で，グレッグが世話を要求した時はほとんどいつでも，アニーは夫に命令するか，赤ちゃんを抱き上げて父親へと渡した。赤ん坊は父親に抱かれると心地よさそうに落ち着いて，父親に微笑みを見せた。

　その後の多くのセッションと同じように，このセッションのほとんどの時間，アニーは背中を丸めて椅子に座っていた。アニーは太っていてだらしない格好をして無表情であった。それはシャピロ夫人がその後何度も出会うことになった仮面であった。しかし，アニーが話をする気になった時，声には抑えられない怒りが込められていた。アニーは援助を望んでいなかった。アニーやグレッグに悪いところは何も見当たらなかった。アニーは母親が自分を陥れたと言って責めた。アニーのこころの中ではシャピロ夫人もその共謀者の一味であった。最初の数週間，アニーの信頼を得ることがこの治療上の最も難しい課題であった。信頼が得られた後にそれを維持するのも同じく困難であった。シャピロ夫人にとって，またそれは私たち皆もそうであったが，子どもや青年との幅広い

訳註2）インスタント清涼飲料。
訳註3）米国の粉末オレンジジュース。

臨床経験がこの臨床を遂行する上でとても好都合であった。自分の援助者となるべき人に公然と反抗したり，挑発し，怒らせ，容赦なく試し，約束を破り，どこかへ姿を消したりする少女であっても，それが経験豊かなソーシャルワーカーを動揺させることはない。シャピロ夫人はアニーの信頼を勝ち取るまで待つことができた。しかし，そこでは赤ん坊が危険に晒されており，私たちはたった数回の訪問でそれがいかに切迫した危険であるのかを身に沁みて感じた。

　私たちは「なぜアニーは赤ん坊に触れたり抱いたりしようとしないのだろうか」という疑問を持つことから始めた。この答えを見つけるためには，アニーが敵意を表していた最初の頃に自ら話すことに同意した以上のことを，アニーから聞きだす必要があった。また，グレッグはいつもその場にいて，その要求は緊急を要した。青年期の若者と治療同盟を築くのには時間を要するが，10代の母親と治療同盟を築くまでグレッグを待たせることはできなかった。アニーが子どもから遠ざかっているのは，決して赤ん坊の要求を無視しているせいではなかった。私たちがベイヤー一家に出会う前に，既に医師と保健師が優れた助言を与えていた。しかし，アニーは価値のある助言を活用することができなかった。

光差す時間

　6回目の訪問で，セラピストがアニーを孤独で怯えた子どもとして世話することで変化が生じた。アニーは自分のことを語り始めた。アニーは自分が赤ん坊の十分な世話をしていないと夫や他の人たちに思われることが腹立たしいと恐る恐る話した。アニーは幼い時からずっと赤ん坊を抱くのがとても嫌いだったと語った。アニーは幼い頃，妹の面倒を見なければならなかった。アニーは常日頃，赤ん坊を渡され抱いているように命じられていたが，本当は赤ん坊を寝椅子に置いておきたいと思っていた。

　それから巧みな質問に誘導され，アニーは幼少期のことを話し始めた。アニーが9歳の少女だった頃，下校すると掃除や料理，他のきょうだいの世話をさせられ，ひとつでも怠ると継父のブラッグから殴られていたことが語られた。アニーは幼少期について痛烈な皮肉を込めながら，淡々と無感情な声で話した。アニーは恐ろしいほど詳細に記憶していた。アニーがセラピストに語ったことは作り話ではなく，脚色されてもいなかった。アニーの家族の話は地域の保護機関やクリニックに事実として記録されていた。母親は頻回に家族を放置し，父親はアニーが5歳の時に亡くなった。継父のブラッグはアルコール依存でお

そらく精神病でもあった。継父は些細な悪戯でもアニーを材木置き場へ無理に引きずっていき，木の棒で叩いた。

シャピロ夫人が子どもの頃のアニーの怒りや恐れ，無力感などの感情について話すと，アニーはこれらの共感的な言葉を受け流した。アニーは皮肉っぽく笑った。アニーは逞しかった。姉のミリーとアニーはこのようになることでようやく暴力が止んだ後，年老いた継父を一笑に付すことができたのであろう。

このセッションでアニーが自分の幼少期の恐怖について事実を説明している最中，グレッグは関心を向けて欲しがるように不機嫌に泣き出した。アニーはベッドルームに向かい，グレッグを連れてきた。6回の訪問で，初めてアニーがグレッグを腕の中にぴったりと抱いてあやしているのを見た。

シャピロ夫人が待っていたのはこの瞬間であった。アニーが自分の幼少期の苦しみについて語ることができれば，おそらくアニーは自分の赤ん坊を養育できるようになると考えていたが，これはその兆しであった。アニーが前に屈んだ時，赤ん坊は母親の髪を摑んだ。アニーはまだ半分は過去の中に，そしてもう半分は現在の中に彷徨いながら，黙って考え耳のあたりを指し，「むかし，継父がここまで私の髪を切ったのよ。私が悪い子だったからその罰だったの」と語った。シャピロ夫人が「それはあなたにはとっても怖かったわね」と伝えた時，アニーは初めて感情を認め，「怖かった。そのことで3日も泣いたわ」と話した。この瞬間にアニーは赤ん坊に声を掛け始めた。アニーはグレッグが臭いからおむつを替えなくてはならないと話しかけた。グレッグはアニーにおむつを替えてもらっている間，遊べるものを探していた。ソファーの上のグレッグの横にはおもちゃがあった。それは何とプラスチックのハンマーだった。アニーはハンマーを拾って赤ん坊の頭を静かにトントンと叩き，「叩くよ。叩くよ」と言った。アニーの声はふざけているようだったが，シャピロ夫人はこの言葉の中に不吉な意図を感じ取った。そして，シャピロ夫人がセラピストとして，事実が明らかになった瞬間をこころに留めようとしている間に，アニーが「大きくなったら，あなたを殺しちゃうわよ」と赤ん坊に言うのを聞いた。

それはセッションの終わり近くであった。シャピロ夫人は，アニーの中の感情の嵐を鎮めるようなことを話すことで，母親となることへの強い渇望を支持し，危険な衝動からの保護を求めている少女のような母親の自我の部分と同盟を結ぼうとした。

しかし，私たちがこれでは赤ん坊を母親から守るには不十分かもしれないことを理解したのは，オフィスに戻って行われた緊急会議の話し合いの後であっ

た。アニーが補助自我としてセラピストに頼らなければならないとすれば，常にセラピストが傍についていなければならないのだろう。

臨床的視点での緊急会議

　課題はアニーや赤ん坊をどうしたら助けることができるのかであった。この時には，私たちはアニーがなぜ赤ん坊に近づくのを怖がるのかを知っていた。アニーは自分自身の赤ん坊への破壊的な感情を恐れていた。しかし，赤ん坊をからかう遊びの中の無意識の衝動の出現に，私たちはこれらの兆しを既に読み取っていた。しかし，アニー自身の意識されていないサディスティックな衝動を解釈することは未だできていなかった。こうしたサディスティックな衝動を抑圧の下に維持するために自我と協力するには，アニーは赤ん坊から距離を置く必要があるだろう。そして，赤ん坊も私たちの患者であり，それも最も脆弱な患者であった。

　このセッションでの僅かな明るい兆しが注目された。幼少期の恐怖を語る最中のアニーの感情は淡々としていたが，それを語り尽くした後，アニーは赤ん坊を抱き上げてあやした。6回のセッション中で，初めて母親と赤ん坊が接近するのが見られた。アニーが幼少期の苦難を想起し語ることができれば，私たちは母親の過去から赤ん坊を解放し，アニーがグレッグの世話をできるようになる道を切り開くことができるのだろうか。アニーが赤ん坊への自分の感情を吟味する援助を受け，私たちが言語化されない考えを引き出すことができれば，アニーは赤ん坊に手を差し出すことができるのだろうか。

　純粋な理論と技法の実践の視点からすれば，私たちの考えはおそらく正しい道筋を辿っていただろう。ケースについての考察は，精神分析の体験に基づいているが，これは精神分析ではなかった。精神分析的構造には過誤の防止のための様々な条件や対策が含まれている。セルマ・フライバーグは精神分析の指導者ではあったが，自分がそれらの条件や対策を利用できる状況にいないことに気づいたと振り返っている。

　まず第一に，赤ん坊と若い母親のための心理療法の状況の下で優先すべきことは赤ん坊を保護する早急な手立てを講じることであった。通常の心理療法の状況では，苦しい感情を扱う自我の能力や防衛機能の構造のアセスメントなど，注意深い探索が有効であると考えられている。また青年の扱いに熟達したセラピストと同じく，私たちはこのような敵意に満ちた少女の信頼を勝ち得るには少なくとも数カ月の作業が必要であることを熟知している。しかし，赤ん坊は

差し迫った危機に瀕していた。

　私たちは，アニーの中に見出された苦渋に満ちた感情への防衛に注意を払った。アニーは幼少期の虐待の体験の事実は記憶していたが，苦悩を思い出すことができなかった。心理療法で感情を解放することは赤ん坊への行動化が起こる可能性を増大させるのか，それともその危険を減少させるだろうか。私たちは選択手段を話し合った後，治療の中で不安や怒りを引き出さなければ，赤ん坊への行動化の危険性が高まると恐々ながらも判断した。セルマ・フライバーグは「自分について言えば，痛みを子どもに負わせざるを得ないのは自分の痛みや恐怖という幼少期の感情を想起できない両親であるという考えを捨て切れなかった。そして，『しかし，もし私が間違っていたらどうしよう』とその時思った」と想起している。

　その後，週1回の心理療法の構造でもうひとつの治療上の問題に直面した。私たちの治療がこころの奥底に埋め込まれた情動という領域に留まるなら，おばけを呼び覚ますセラピストは転移の中でおばけに帰属する恐怖の属性を付与されることが予測できた。私たちはおばけの転移を覚悟しなければならず，一歩前進する度にこれとまともに対面することになるだろう。

　1年後のカンファレンスでこの記録を見直したところ，私たちは治療の組み立てが実地試験に十分に耐えるものであることに満足した。治療の進展全体を通して治療の基本的ラインはよく練られていたと考えている。しかし，次に読者の皆さんを治療の回り道へと案内しなければならない。結果的に，それは心理療法の計画と同じく重要であることが判明した。

　この治療計画の効果が出ないうちに，アニーはセラピストから逃避した。

アニーが扉を閉ざす——治療からの逃避

　アニーが幼い頃の虐待体験を語った6回目の重要な面接後の緊急カンファレンスを想起して欲しい。7回目のセッションは家庭訪問であった。その時，アニーの家には親戚が何人も来ており，アニーとふたりだけで話をする機会はなかった。8回目のセッションで，シャピロ夫人はアニーとアールのふたりに家庭訪問の継続について話す機会を設け，どうすれば一番よい方法でベイヤー家を援助できるか尋ねた。アールはシャピロ夫人に訪問を続けて欲しいと心底から依頼した。アールはシャピロ夫人のおかげでグレッグの発達に関して，自分たちだけでは分からないことが理解できるようになったと感じていることを伝えた。アニーは黙っていた。その後，シャピロ夫人がアニーの希望を尋ねると，

遠慮がちにシャピロ夫人の来訪を続けて欲しいと言った。アニーも赤ん坊と自分のことについて語ることを望んでいた。

このセッションで，アニーは6回目のセッションで語り始めた話題を自ら取り上げた。しかし，アールが運転中スピードを出し過ぎること，事故を起こすのではないかという危惧から話し始めた。子どもには父親が必要であり，グレッグも父親を必要としていた。これに続いて，アニーは実父のことを多少の愛情を込めて話した。アニーが5歳時に父親が亡くなってから，本当の意味でアニーの面倒を見た人は誰もいなかった。アニーの母親と同棲した男性は何人かいた。子どもは6人だったが，父親は4人いた。アニーの母親が一番気に入っていたのがミリーだった。アニーは辛そうに「あの人たちは私なんて要らなかった。私もあの人たちなんて要らなかった。私は誰も必要じゃなかった」と話した。もう一度ブラッグ氏について語り，ブラッグ氏が自分を殴っていたことを話した。最初のうちはアニーも泣いていたが，ブラッグ氏は殴ることを止めなかった。その後，アニーは叩かれても痛みを感じなくなり，笑うようになってしまった。ブラッグ氏は薄い木の棒が壊れるまでアニーを殴った。

アニーの父親が亡くなった後，母親はどこかに行ってしまった。母親は子どもたちを老女の下に置き去りにして，他の町へ働きに出た。老女は子どもへの罰として，家の外に子どもを放置して鍵を掛けた。ある晩，ミリーと一緒に凍えるような寒さの中，家を閉め出され，ふたりで蹲っていたのをアニーは思い出した。アニーの母親は何が起こっているのかについてまったく無関心だった。家族の下に帰って来た時でも母親は仕事に出かけ，仕事をしていない時でも近くにはいなかった。

シャピロ夫人はこうした話のすべてに熱心に耳を傾け，次のように語った。子どもは守られる必要があり，自分を守る人が誰もいないとは，なんて恐ろしいことだったでしょう。アニーはどれほど母親のことを恋しく思い，母親に守ってもらえないことを寂しく思ったことでしょう。おそらくグレッグにとって，アニーは自分の母親とは違う母親になれると思うわ。アニーはグレッグを守らなければならないと思っているのでしょうね。アニーは「もちろん」と答えた。そして，シャピロ夫人はとても優しく，アニーの子ども時代がとても不幸で孤独であったこと，自分自身の子ども時代にとても寂しい思いをしていたアニーが，若くして母親になることがいかに難しいことであるかを伝えた。シャピロ夫人とアニーはその後の訪問でもこのことを話すことになるのだった。

シャピロ夫人はこの訪問はセラピストとしての役割を明確にし，アニーとア

ールが赤ん坊を助けたいという思いを認識することになり，とても素晴らしかったと感じていた。また，アニーにとって思い出すのと共に感じることに許しが与えられる兆しがあった。アニーにはまだその許しを活用する準備は整っていなかった。しかし，やがてその時期も訪れるだろうと思われた。

　アニーは次の訪問でシャピロ夫人に会うことを拒み，その後の約束も何度も反古にした。約束してもアニーは家にいなかったり，在宅していて何かしている気配があるにもかかわらず，シャピロ夫人が到着しても玄関に現れなかったりした。アニーは文字通りシャピロ夫人に扉を閉ざした。こういう時期に，患者がセラピストに対してバリケードで扉を塞いでいる限り，転移抵抗のあり様を理解しても何の慰めにもならなかった。それより心配なことは扉の背後にふたりの患者がいて，そのひとりは赤ん坊であることが分かっていることであった。

　アニーには前回のセッションで幼少期の恐怖に纏わる記憶が蘇り，面接中でなくその後に本来の感情が沸き起こったのであろう。そのため，セラピストは言いようのない恐怖の表象となった。アニーはブラッグ氏にひどく殴られていた時の恐怖の記憶も体験もなかった。しかし，その恐怖はセラピスト自身に投げ込まれ，アニーは逃げ去った。アニーは母親が家族を捨てた時に，面倒を見た女性がアニーを家から閉め出した時の恐怖を覚えていなかった。アニーが決してそれを想起しないように，おばけと自我がシャピロ夫人を家から閉め出した。アニーは母親によって捨てられた恐怖を記憶していなかったが，転移の中でその体験を再演し，セラピストがアニーを見捨てなければならない状況を作り上げた。

　私たちのチームはほとんど無力だったが，精神分析的洞察まで価値がないとは言い切れない。私たちはこうしたすべてを理解することで，逆転移の中で感情を制御するという手段を得た。私たちはアニーと赤ん坊を見捨てなかった。私たちは挑発的で逞しく傲慢な思春期の少女らしい態度の背後に隠れた苦しみを理解し，それを防衛として処理せず，不安として受け止めた。

　唯一欠如していたのは，洞察から恩恵を受けることのできる患者だけであった。そこにいたのは母親よりもっと危険に晒されていた赤ん坊であった。

　シャピロ夫人が閉め出されていた2カ月間，祖父母や訪問看護師，その他の人々の報告によって，私たちの危惧は高まっていた。アニーの不安は著しく強く，ひとりで家にいることを怖がっていた。そして，アニーは再び妊娠した。グレッグはネグレクトされていたようであった。グレッグは頻回に風邪を引い

ていたが，医学的治療を受けていなかった。父方の祖父母からシャピロ夫人に，アニーがグレッグの足首を摑んで揺らし，荒っぽい遊びをしていたという報告があり，グレッグの危険が知らされた。私たち自身グレッグの危険を感じ，辛い決断をしなければならなかった。私たちの病院と地域では，ネグレクトや虐待が疑われる，または実際に虐待が行われている症例は保護機関への報告が倫理的，法的に義務付けられていたためである。

　家族が治療拒否という選択をした場合（アニーの症例のように）には，報告が義務付けられている。法律は賢明なものだが，法的責任を遂行すると，また別の悲劇がベイヤー一家にもたらされることになる。これはこの家族だけではなく，シャピロ夫人や私たちスタッフ全体にも決定的場面であった。悲劇を回避する知恵や手段を持っているのに，それを必要とする人に援助の手を差し伸べることができないことほど臨床家にとって苦々しいことはない。臨床的に言えば，問題解決の鍵は転移抵抗にあった。アニーの陰性転移を探索すれば，さらなる行動化が防げると思われた。私たちは皆，治療室に出現する転移のおばけに患者とセラピストのふたりで対処する方法を知っているが，それは患者が私たちのやり方に不満を抱きながらも協力してくれる場合に限られる。赤ん坊やおばけと一緒になって家に閉じこもり，扉の外に出ようともしない患者の陰性転移にどのように対処すればよいのだろうか。

　いまやグレッグへの心配がとても深刻になっていた。私たちにはアニーとアールを保護機関に紹介するという選択肢があった。シャピロ夫人はふたりがこの辛い選択に覚悟を決め，決心してくれることを願った。しかし，アニーはシャピロ夫人が訪問しても扉から出てこなかった。苦渋の選択ではあったが，シャピロ夫人はアニーとアール，ふたりの祖父母への手紙を用意した。その手紙には，シャピロ夫人たちが若い両親と赤ん坊の双方を心配して深く思いやっていることが書かれていた。シャピロ夫人たちはこの若い家族を援助し，今でも手助けをしたいと願っていること，また家族に援助の手を提供するための数多くの試みについても記述した。私たちが家族を助けられないと判断しているのであれば，自分たちはどこか他に援助を求めなければならず，保護機関に援助を依頼しなければならないこと，そして1週間以内に回答が必要であることも記した。

　数日後，この手紙がアニーとアール，祖父母に与えた衝撃の大きさを知った。アニーは週末の間ずっと泣き通しで，シャピロ夫人に腹を立て怯えてもいた。しかし，月曜日にアニーはシャピロ夫人を呼んだ。その声は疲れ果てていたが，

シャピロ夫人の手紙の記述はすべてその通りであると，やっとの思いで話した。アニーはシャピロ夫人とセッションを継続することになった。

延長された治療

これはアニーとアール，シャピロ夫人との新たな関係の始まりであった。シャピロ夫人は徐々に自分や「援助者」すべてに向けられたアニーの不信感や怒りを上手く処理できるようになった。そして，援助者としての自分の役割を明確にした。シャピロ夫人はアニーやアール，グレッグの味方であり，アニーらが人生で望むもの，価値があると思う素晴らしいものを探すために可能な限り援助の手を差し伸べたい，またグレッグが健康で幸せな子どもとなるために必要なものを何でも与えたいと考えていた。

アニーにとって，シャピロ夫人との関係はそれまでの経験とはまったく異なる新たな体験であった。勿論，シャピロ夫人はアニーが自分に感じていた怒りを率直に取り扱うことから始め，怒りを言葉にしてもよいのだとアニーを安心させた。怒りや殺人的な怒りが蔓延した家族形態の中，アニーはその場から逃走することや，攻撃者と同一化することだけで怒りを処理していた。家族という劇場の中で，母親への怒りと母親からの見捨てられ感は互いに連動しているテーマであった。しかし，アニーはセラピストへの怒りを感じてもよいし，怒りを認めてもよいこと，それでも自分のセラピストは復讐したり，アニーを見捨てたりしないことを学んだ。

転移の中でセラピストへの怒りを経験することは安全なことであった。この保護された関係の中で，怒りの道筋は幼少期の悲しみや恐怖に繋がった。それはアニーにとって険しい道程だった。当然のことだが，アニーはシャピロ夫人の再訪問の開始後間もなく，セラピストの訪問を煩わしく感じ始めた。勿論のこと，アニーは「だって，話すことに何の意味があるの。いつも自分自身の中に収めてきたの。忘れたいのよ。考えたくないの」と悔やんだ。

シャピロ夫人はアニーの苦悩や忘却への願望に十分に共感しながら，アニーと忘却しても自分の気持ちや記憶を取り除くことはできないことについて話し合った。アニーは自分の気持ちをシャピロ夫人に話すことによって，初めて自分の気持ちと和解することができるようになるはずだった。一緒に話すことを通して，セラピストはアニーが心地よくなるのを援助することができるはずだった。アニーは言葉では答えなかった。セッションのこの時点で，アニーはグレッグを抱き上げ，とてもしっかりと抱きしめて腕の中で揺らした。しかし，

アニーの緊張がグレッグに伝わった。アニーがとても強くグレッグを抱きしめたため，赤ん坊は抵抗し始めた。しかし，私たちはアニーが自分から赤ん坊に手を差し伸べるのを見た。これは望ましい兆候であった（アニーの臆病な様子は時間の経過と共に減っており，私たちはその後，赤ん坊との身体的な親密さに喜びが増していくのを見ることになった）。

　その後のセッションの中で，アニーは自分の感情を口にできるようになった。幼少期の喪失や残忍な行為，ネグレクトについての話が再び語られ始めた。2カ月前の物語が今，再開されたようであった。しかし，今回シャピロ夫人は2カ月前に何がアニーに治療拒否をもたらしたかを理解していたので，アニーが治療を避けたり，行動化するのを予防し，最終的にアニーを解決へと導いていけるようなやり方で，自らの洞察を用いることができた。アニーは物語を語ることが嫌で治療から逃避したのではない。記憶から隔離されたままの語られたことのない感情がアニーを治療から遠ざけたのである。アニーは自分の継父から殴られたことを，背筋が寒くなるほどこと細かく説明したが，その時点では感情が隔離されていたことを思い出して欲しい。アニーは初期のセッションでは皮肉っぽく笑っていた。殴られたことやネグレクトを事実として語ることと，シャピロ夫人を避けることとの間のどこかで，部分的に抑圧され続けていた感情が現れ始め，怒りや恐れ，純然たる恐怖が対象，つまり自らに付ける名前を求めた。その名前がシャピロ夫人であった。

　正確に言えば，この時シャピロ夫人は治療の開始と同時に，話すことだけではなく感情を引き出し，安心してそれを想起できるようにした。幼少期の恐怖に関する話題が語られるようになった時，シャピロ夫人は自分自身の言葉で，「子どもにとって，なんて恐ろしいことかしら。その時，あなたはまだ子どもだったのに。あなたを守ってくれる人が誰もいなかったなんて。子どもは皆に世話をされ，守ってもらえる権利があるのよ」と伝えた。そして，アニーは辛そうに，「母親は子どもを守ることになっているのね。でも，私の母親はそうしてくれなかった」と話した。初期の頃のセッションで，「私は傷ついていた。私は傷ついていた。家族は皆，暴力的だった」というのが，記録に何度も繰り返し登場している。他にも，「私は誰も傷つけたくない。誰のことも傷つけたくない」ということも繰り返されていた。シャピロ夫人は注意深く聞きながら，「分かるわよ。あなたは誰のことも傷つけたくないのね。あなたがどれくらい苦しんだのか，どれほど傷ついたのか分かるわ。思い出すだけでもとても辛いけれど，あなたの気持ちについて話していけば，それらのことに何らかの折り

合いを付ける方法を見つけることができるようになるし，あなた自身がなりたいと思っているような母親になることができるようになるわ」と伝えた。

　私たちが思うに，アニーはメッセージの両側面を受け取っていた。シャピロ夫人は自我の味方であり，アニーが自分自身の子どもを傷つけ，痛みを繰り返そうとする無意識の願望から守る存在であった。同時に，シャピロ夫人は「私と一緒なら，恐ろしい記憶や考えを話しても安全なのよ。そのことを話しても，もうそれらに怯える必要もないの。あなたはそれらを制御する別の力を持っているのだから」と結果的に伝えてもいた。

　シャピロ夫人は辛い記憶が甦ってくるセッションの間に，アニーに陰性転移の感情が生じうることも予期していた。シャピロ夫人は「過去について話す時，どうしてか分からないけど私に怒りを感じることがあると思うの。そうなった時にはそれを私に伝えてくれれば，多分，その感情がどんな風に過去の記憶に繋がっているのかをふたりで考えてみることができると思うわ」とアニーに伝えた。

　しかし，アニーにとって自分の怒りを誰かに伝えるのは容易なことではなかった。そして，アニーは自分の感情を言語化することに抵抗を示し，そのことは表情や身振りに明確な証拠として表れていた。シャピロ夫人はアニーが自分に怒りを伝えたら，自分がアニーに何をすると思うかと尋ねた。アニーは「人と親しくなると，時々私は怒り狂ってしまうの。そうなると，皆離れていくの」とアニーは答えた。シャピロ夫人は自分がアニーの怒りの感情を受け入れることができること，自分はアニーを見捨てないことを改めて伝えた。この時，怒りを表現することを許されると，その後のセッションの中でアニーの怒りは転移として頻繁に表現され，とても緩慢ながら過去の対象への怒りが再体験され，適切な方向に向かって行った。その結果，アニーは現在の自分の家族と，あまり葛藤的ではない方法で関わることができるようになった。

　これらのセッションの間ずっと，シャピロ夫人はアニーの怒りがグレッグに降り注ぎ，グレッグを呑み込まないだろうかと，常に部屋の中にいた赤ん坊を注意深く観察していた。危惧に反して，私たちはジェーンの症例のように再びこの若い母親とグレッグの関係性の驚くべき変化の目撃者となった。アニーは怒りと涙に溢れながら自分自身の痛ましい過去について話すうちにグレッグに近づき，抱き上げ，腕の中にしっかりと抱いて，宥めるように呟くようになった。その時，私たちはアニーがもはや赤ん坊への破壊的な気持ちを抱くことを心配していないことを知った。怒りは過去や他の対象に属するものであり，グ

レッグを守ろうとする愛情がようやく現れ始め，それは赤ん坊への同一化における大きく重要な変化を物語っていた。それまでアニーは幼少期の攻撃者に同一化していたが，いまやアニーは赤ん坊の保護者であり，自分の幼少期にはまったく，またはほとんど与えてもらえなかったものを与えるのだった。アニーはある日，「誰にもグレックを私のように傷つけさせないわ」と語った。

　シャピロ夫人は治療の中で，アニーの過去の話と現在の間を往来した。シャピロ夫人はアニーの幼少期の両親像に対する恐れが，いかに両親の恐ろしげな性質に自分を同一化させてしまうのかをアニーが理解するのを手伝った。そして，アニーが自分の子どもを保護するような関係性に向かっていった時，それを見守ることでシャピロ夫人はこれらの変化を支えた。シャピロ夫人は時々グレッグの代弁をして「何が欲しいか分かっているママがいるなんて，とっても素晴らしいことよね」と語りかけた。グレッグ自身この時点で移動することができるようになり，愛情を求めたり，あやしてもらうため，または一緒に遊んでもらうために，益々母親に接近するようになるにつれ，シャピロ夫人はアニーの関心がグレッグの動きの一つひとつに向くように促した。シャピロ夫人はグレッグが母親を愛し信頼するようになっていることを指摘し，これらはアニーのおかげであり，グレッグを理解しているからであると伝えた。アニーはグレッグを抱けるようになり，腕の中で守るように揺らした。何カ月か前に目撃されたような，殴るとか殺すなどの「遊び半分の」脅しを見ることはもうなくなった。アニーは赤ん坊に授乳し，食事を与える時には，栄養価の高いものを食べさせるというシャピロ夫人の適切な指示に従った。

　子育ての習慣のないこの家族の中で，シャピロ夫人は適切な教育者としての役割も担わなければならなかった。アニーとアールの家族の中では，7カ月の赤ん坊でさえ悪意を持ったり，復讐したり，狡賢いことをする能力があると見なされていた。もし赤ん坊が泣けば，その子は「悪意に満ちている」，何かに固執すると「扱い難い」，従順でなければ「甘やかされ過ぎ」，あやしても治まらなければ「嫌がらせのために泣いているだけ」ということになった。シャピロ夫人は常に「なぜ」，つまりなぜグレッグは泣いているのか，なぜ扱い難くなっているのか，どんなことが可能性として考えられるかについて尋ねた。両親は双方ともこの余所者が赤ん坊に接近することに最初は驚いたが，シャピロ夫人の教育を吸収し始めた。数週間，数カ月が経過し，私たちは徐々に両親が自ら原因を探そうとし，その原因となっている状況を発見することによって，不快な状況を緩和する試みを目にするようになった。そして，グレッグは元気

になり始めた。

　アニーが幼少期の残酷な影響から解放されるのに要した歳月は，数カ月では済まなかった。しかし，ようやくこの過去への接近が可能になった。アニーの声が時々感情剝き出しになり，グレッグを荒々しく世話する時，アニーはシャピロ夫人のように自分の幼少期から現れたおばけが再び赤ちゃん部屋に侵入したのを理解し，突如自分を圧倒した気分が意味するものを発見できるようになった。

　赤ん坊が成長し，アニーの葛藤に満ちた過去が整理されるにつれ，私たちはアニーの幼少期に保護や寛容，理解を象徴するひとりの人物像が出現したことに気づき始めた。それはアニーが5歳時に亡くなった実父であった。アニーの記憶の中の父親は優しく公平な人であった。父親は決してアニーを殴らなかった。父親が家族と一緒にいてくれさえしたら，他人のアニーへの残酷な仕打ちを決して許さなかっただろう。実父について語る時，アニーはその愛情や父親の喪失の記憶に打ちのめされた。勿論，父親に関するアニーの記憶の真偽が問題なのではない。大事なことは混沌と恐怖に満ちたアニーの幼少期に，愛情や守られているという感覚をもたらす人がいたことである。アニーの過去に何かよいものや力の源となる何かを探し求める中で，アニーが発見したものがこれである。そして，シャピロ夫人はこれをアニーの素晴らしい生き生きとした記憶として維持させた。私たちはやっとパズルのもうひとつの部分を理解した。私たちがベイヤー一家と最初に出会った時，アニーは赤ん坊の世話を拒んでいただけではなく，日常的に夫，つまり赤ん坊の父親に赤ん坊の面倒を任せていた。数カ月の間にアニーがどうすれば母親も子どもを保護する者となれるかをセラピストから学ぶにつれ，これらのすべてが変化した。

　グレッグ自身も治療初期の数カ月のうちに母親への絆が強くなっている様子を見せ始めた。グレッグが生後10カ月の頃のシャピロ夫人の休暇前に，母親へのグレッグの態度が選択的な応答を示し始めた。母親を求め，母親にたくさん笑い，母親との接触を求め，あやしてもらったり，一緒に遊んでもらうために母親に近づくようになった。しかし，母親がグレッグの些細な悪戯に金切り声を出して止めようとすると，グレッグがまだ母親を多少とも怖がるのが観察された。

　この数カ月間，アニーが妊婦であったことを思い出して欲しい。アニーは次の赤ん坊のことをシャピロ夫人に話すことは稀だった。それはまるで妊娠がアニーにとって現実のものではないかのようだった。赤ん坊についての幻想はな

かった。アニーは自分のことと，自分の中心になりつつあったグレッグのことで完全に頭が一杯であった。

　シャピロ夫人が休暇中の7月，アニーは出産したが死産だった。シャピロ夫人が戻った時，アニーは悲しみに暮れ，罪悪感を抱いていた。赤ん坊の死を自分への罰であるとも感じていた。アニーは赤ん坊を欲しくはなかった。そして，アニーは赤ん坊が生まれても愛されないのなら神様は赤ん坊が生まれない方がよいと思ったのだろうと考えた。喪失体験と自己非難とを結びつけることに多くの時間が費やされた。

　援助によってアニーが自分にもうひとり赤ん坊を生む準備ができていない理由が理解できるようになり始めたのもこの時期であった。アニーはまさに脆弱な情緒的資源を総動員してグレッグを世話し愛していた。それらを供給しながら，自分は枯渇していると感じていた。アニーはセラピストの温かさと労わりによって自分を支え，セラピストの力を借り，セラピストとの関係性によって自分自身の愛情ある体験の不足を補っているという印象が幾度となく感じられた。勿論，これは常に職業的な関係性であった。しかし，情緒的飢餓状態で残忍な仕打ちを受けていた少女にとっては，この職業上の労わりや理解が愛情の恵みと体験されていたに違いない。

　幼少期の満たされない飢えがこの家族の中に居座るおばけであった。セラピストが到着すると，アニーとアールはよくテレビを見ていた。ふたりのお気に入りのテレビ番組は子ども向けの番組やアニメ番組であった。グレッグはこれらの番組には興味がなく，これはグレッグのためではないことに留意する必要がある。ウォーターゲイト事件の聴聞会が行われていた夏の間，勿論，ほとんどすべてのチャンネルで事件が放送されていたが，シャピロ夫人はアニーとアールがお気に入りの番組を見つけるまで次々とチャンネルを替えているのを見た。その番組は「愉快な緑の巨人」であった。

　シャピロ夫人がグレッグのおもちゃを注意深く選んで持参した時（両親が子どもにおもちゃを与えていないことを知っている時にはいつも子どもにこのようにしていた），アニーはとても葛藤に満ちた表情を浮かべていた。シャピロ夫人はそれが羨望や憧れであることを理解していた。一度，シャピロ夫人が赤ん坊に簡単なプラスチック製のおもちゃを持参した時，アニーは気持ちのたっぷり込もった声で，「来週は私の誕生日なの。私，17歳になるの」と言った。勿論，シャピロ夫人は理解していた。アニーは自分にもプレゼントが欲しかったのである。セラピストは迅速に反応し，来るべきアニーの誕生日のこと

や，それをとても特別な日にしたいと願っていることも口にした。アニーは，「私には誕生日なんて一度もなかった。誕生パーティをしてもらったこともない。8月にはグレッグの誕生日を計画しているの。私の母親は多分，私の誕生日なんて忘れちゃってるわ」と話し，実際にアニーの母親は誕生日を忘れていた。そして，アニーの誕生日にはシャピロ夫人は丁寧に選んだ小さなプレゼントを持参した。

シャピロ夫人はグレッグの誕生日にプレゼントとしておもちゃのバスを贈った。アニーは包みを開いてうっとりし，一つひとつの小さな人形を手に取り，バスの扉を開けて，小さな人形たちをすべてバスの椅子に座らせた。そして，アニーが遊び終えてからやっと，それをグレッグに渡して楽しさを分かち合った。

最後のおばけ──最もしつこいおばけ

赤ちゃん部屋を最後に離れたおばけは，最初にそこに侵入したおばけでもあった。勿論，その名は「攻撃者への同一化」である。心理療法のセッション開始から最初の数カ月が経過した後，最も恐るべき局面の中にあってもこのおばけは赤ん坊を脅かすことはなくなった。それはすなわち，母親によるグレッグの虐待という深刻な危険がもはやなかったということである。アニーと赤ん坊の間の愛情の絆の強化がいかに子どもを身体的虐待から守ったかが明らかになった。またアニーが自分の苦しみを想起することが，いかに赤ん坊を守ることになるのかが判明した。母親はもはや自分の痛みを赤ん坊に負わせることはなかった。

1年目の治療の終わり，グレッグは発達が進展していることの望ましい兆候や，母親への愛着を示した。しかし，おばけはまだいつまでも居座っており，様々な手段でまだなおグレッグの発達を危険に晒しているのが観察された。

グレッグが2歳になって，活発になり自立し好奇心を露わにして悪戯をするようになると，アニーの躾のレパートリーは自分の幼少期の残骸から複製された既製品のような様相を呈した。グレッグが大人しく言うことを聞き「よい」子でいる時は，アニーは可能な限り母親らしく子どもを守り愛情深かった。しかし，グレッグが言うことを聞かなかったり，子どもがよくやるような悪戯をすると，アニーは甲高い感情剥き出しの鼓膜を引き裂くような大きな声で叱った。この瞬間，グレッグは恐怖に慄いた。このような時，シャピロ夫人はその都度アニーの注意を赤ん坊の反応へと向けるようにした。その時，グレッグは

母親の怒りによって巻き起こされた不安への防衛をとても迅速に獲得しているように見えた。グレッグは軽薄に少しヒステリックに笑っているようにも見えた。勿論，これはまさにグレッグの母親が幼少期に習得していた防衛そのものである。この防衛の出現が目撃されたのはグレッグが16カ月の時であった。

　アニーの防衛の重要な要素である「攻撃者への同一化」が，心理療法の中でまだ上手く処理されていなかったことはとても明白だった。アニーは恐ろしく予測不能で暴力的で強力な過去の対象に対する幼少期の不安や恐怖を，まだ心理療法の中で十分に体験していなかった。私たちは分析的体験から攻撃者への同一化として周知されている防衛の病因が攻撃者への不安や無力感であることを熟知している。精神分析で防衛構造の深層に到達するのはとても難題である。どのようにして週1回の台所での心理療法で，これが成し遂げられるのであろうか。

　適切な治療の道筋が探し求められた。アニーの声がたった一瞬のうちに，自然な会話の自分の声から甲高い鼓膜を引き裂くまるで別人のような声に変わるのが観察された。しかし，アニーはこれに気づいていないようであった。異質な声はアニーのパーソナリティと一体化してもいた。私たちは2段階からなる解釈の過程において，この病的な同一化のその場での出現を利用することができないだろうか。まずこの声を自我違和的にするには，つまりそれを同定し，次にそれが耐え難い不安に対する防衛であることを解釈し，アニーを自分の幼少期の恐怖や無力感の再体験へと導くことである。

　家庭訪問でその機会を探すのは難しくなかった。カンファレンスで技法的な問題を詳しく検討した直後の訪問でその機会が訪れた時，それは驚くほどの明晰さを持って現れた。

　17カ月になったグレッグは子ども用の高い椅子に座り，朝食を食べていた。食事中，母親は「それはやっちゃだめ。食べ物を溢さないで」と，終始注意を与え続けていた。そして突然，アニーは子ども用の椅子で起きた些細な災難に反応して「止めて」と叫んだ。グレッグもシャピロ夫人も飛び上がった。アニーはセラピストに「怖がらせちゃったかしら」と尋ねた。シャピロ夫人は衝撃から回復して，これこそ自分が待ち望んでいた瞬間と判断した。シャピロ夫人は「あなたの口から出る言葉や音は，時々あなたのものではないような感じがするわ」と伝えた。アニーは即座に「分かっているわ。私の母親みたいよね。母親はよく私を怖がらせていたの」と答えた。「どんな気持ちだったかしら」とシャピロ夫人が尋ねると，アニーは「雄牛と一緒に陶磁器のお店にいるとし

たらどんな気分だと思う。……それ以上は話したくないわ。十分に苦しんだもの。それは過去のことよ」と答えた。

しかし，シャピロ夫人は穏やかに続け，重要な解釈を伝えた。夫人は「小さな女の子だったあなたにはどうしようもないほど，とても恐ろしくて，その怖さを何とかするために，あなたはお母さんのように話したり，そんな声を発したりするようになったのね」と伝えた。アニーは再び「今はその話はしたくないの」と繰り返した。しかし，シャピロ夫人の言葉はアニーのこころに深く影響を与えた。

残された時間に興味深い展開が起こった。シャピロ夫人の目の前でアニーが崩れ始めた。残り時間の間ずっとアニーは非情な挑戦的で攻撃的な少女ではなく，困惑した不安げな幼い少女となった。アニーは自分の中に生じた深刻な不安を語る言葉を見つけることができないため，現在の生活に見出すことのできる，自分に脅えや無力感，孤独感を感じさせるあらゆるものについて話し始めた。

こうして，何時間も要してシャピロ夫人はアニーを子どもの頃の無力感や恐怖に満たされた経験に立ち戻らせ，現在と過去を往来した。アニーのために，いかにして自分自身の体験をグレッグの子育てに持ち込んでいるか，グレッグを脅えさせる母親になっている時，いかに幼少期に恐怖を感じていた人との同一化が「想起」されているかを確認した。アニーが「グレックに私のことを怖がって欲しくないの」と言えるようになった瞬間，これこそが治療中の歓喜の瞬間であった。

この領域での作業が，アニーやアニーのグレッグとの関係の中に深い変化をもたらした。アニー自身は自分の情け容赦ないストリートチャイルド的な振舞いを止め，耳障りな声は聞かれなくなった。自分の母親への病的な同一化が消滅し始めるにしたがって，アニーが母親や女性としての新たなモデルを探し始めるのが目にされるようになった。そのモデルのいくつかはシャピロ夫人の特徴であることは容易に分かった。

そして，グレッグ自身は家庭の雰囲気の変化に反応し始めた。予想通りに母親を怖がることや不安に対する防衛としての神経症的な笑いが消え始めた。まさに母親と赤ん坊の間に強い絆が形成され，今ではアニーは息子の教育に多くを捧げることを怖がらずにできるようになった。

シャピロ夫人はグレッグの母親とのコミュニケーションの試みを見守る人として，母親に協力を求めた。具体的な提案や実演が支持的で批判的ではない方

法で提示された。今度はアニーはより防衛的でなく，より建設的に発達ガイダンスを利用し，グレッグのためにセラピストとの治療同盟を築いた。グレッグが言葉で援助を必要とすることが最初に認められたその月のうちに，グレッグは意味のある言葉を使い始め，ベイリー発達検査の正常な範囲に間もなく達した。

　治療は2年間続いた。その間，グレッグはすべての機能の領域で年齢相応の到達を遙かに超え，アニーとアール自身も子どもの世話をする有能な両親となっていた。多くの面で，2年間の治療は自分自身を「成長」させ，青年期を全うすることのストレスに対処しようとするふたりの若き両親を支えるものであった。それと同時にアニーとアールは自らの体験からは決して知ることのなかった類の両親となるための知識を身に付けた。アニーとアールは子育ての多くの領域でシャピロ夫人の指導を求め続けたが，それでも新たな発達段階にグレッグが突入する度に自ら適切で賢い判断を下していた。グレッグが3歳になり，アニー自身がシャピロ夫人に，自分にはもう助けがなくても上手くやれる自信があると思えると語った時に治療は終了となった。これは将来アニーがシャピロ夫人に電話をしたり，訪問の必要が生じた時はいつでもそうして構わないということと理解された。

フォローアップ

　アニーとアールが時々シャピロ夫人と連絡を取り続けたため，この家族の物語を補うフォローアップの報告がある。

　アニーとアール，グレッグの治療効果は有望なものであった。1977年のフォローアップでは，5歳直前のグレッグは健康で軽快な小さな男の子で可愛らしく人のこころを惹きつけるように見えた。現在2歳になっている弟で，新たに生まれた赤ん坊は，適切に母親から世話をされていること，家庭がよい雰囲気であることの証であった。アニーとアールの夫婦関係も安定していた。ふたりの一族の中で安定した夫婦というのは初めてであった。アニー自身は誇りある有能な若い女性となった。アニーは高校を中退していたが，昨年子どもの発達に関する授業の履修登録をした。アニーは自分が既にどんなに多くのことを知っているかということを発見して驚いたとシャピロ夫人に話した。

　一家の危機は止むことはなく，アニーの母親を含めて家族のメンバー皆がアニーに相談をしている。アニーは賢明な助言を与え冷静でもある。アニーは自分の母親や姉妹も心理療法が必要であると考えており，母親らにとても熱心に

勧めているが，現時点では成功していない。

疑問点と仮説

本章は，「葛藤に満ちた両親の過去が子どもを巻き込んで反復されることになるのを決定付けるものは何か」という疑問から始まった。過去に両親が病的な状態にあったというだけでは，過去が現在に反復されるとは限らない。両親の過去に病的な人物がいるということだけでは必ずしもそれらの人物への同一化が起きることにはならず，病的な経験が自分の子どもに受け渡されるとも限らない。

マーチ夫人とアニー・ベイヤーの臨床研究や，両親の過去のおばけが赤ちゃん部屋を占拠していたと思われる他の数多くの症例には，著しく類似するパターンが見出された。それは両親が幼少期，それもより発達初期に破滅寸前の恐怖に満ちた自我の危険な段階で，攻撃的な敵に病的な同一化をしたことである。しかし，この状況を慣れ親しんだ言葉で説明するとすれば「攻撃者への同一化」であるが，この防衛に関する知識はこれまであまり蓄積されておらず，文献も乏しい。アンナ・フロイトの初期の著作以降，幼少期の人格形成が行われる時期のこの防衛に名前が付けられ，解明されることになった。しかし，他の防衛ではなくこの防衛を選択させる状況や，いわゆる攻撃者への同一化を永続させる力動に関する大規模な臨床研究は行われていない。

反復に動機やエネルギーを提供するこの防衛の中にある種の抑圧が存在すると仮定するなら，私たちには臨床的にも理論的にも十分な根拠がある。しかし，抑圧されているのは何か。病的な養育の下，攻撃者への同一化を中心的メカニズムとして用いていると臨床的に考えられた多くの症例では，幼少期の虐待や横暴，遺棄などの出来事の記憶は寒気をもよおすほど明白に細部に至るまで入手可能であると報告できる。想起されないのはそれらと結びつく感情体験である。

たとえば，アニーは幼少期に継父に殴られたことや母親から見捨てられたことは記憶していた。アニーの記憶になかったのは，虐待を受け，見捨てられた体験の中で感じた恐怖や無力感であり，その時の感情は抑圧されていた。治療的な取り組みによってこれらの感情を甦らせ，セラピストとの安全な関係の中でアニーがこれらの感情を再体験することができるようになり，やっとこの苦痛を自分の子どもに負わせなくても済むようになった。マーチ夫人は幼少期の拒絶や見捨てられ体験，近親相姦の体験を思い出すことはできた。しかし，こ

うした子どもへの侵害行為に伴う，圧倒されるような不安や恥，自己の無価値感を想起することはできなかった。心理療法の中で不安や悲嘆，恥，自己卑下が復活し再体験されると，マーチ夫人は自分の苦しみや幼少期の罪を子どもに負わせる必要がなくなった。記憶と共に幼少期の苦痛を再体験することで，若い母親らは個々に「自分の子どもを同じような目に遭わせたくない」と語ることができた。

　これらの言葉はよく耳にする言い回しと一致している。苦しい子ども時代を経験しても，その痛みを子どもに負わせない両親がたくさんいる。「私はそれがどんなものか覚えている。……父親が爆発すると，とっても怖かったことを思い出す。……両親が私や姉を連れて施設に住まわせた時にどんなに泣いたか覚えている。……自分が通り抜けてきたようなことを子どもには決してさせたくない」とはっきり，またはそのような意味のことを話す両親がそれである。

　これらの両親の痛みや苦しみは完全に抑圧されているわけではない。思い出すことで両親は，ぞっとするような過去を盲目のうちに反復することを免れている。思い出すことでこうした両親は傷ついた子ども（幼少期の自分）に同一化できる。しかしその反対に，思い出すことのできない両親は，無意識のうちに過去の恐ろしい対象と同盟を結び，それらと同一化を行っている。こうして両親の過去は子どもに負わされる。

　このおばけの物語の鍵は幼少期の感情の死にあると思われる。子育てにおいて反復を起こさせるかどうかの強力な決定因となるのは，幼少期の痛みへの接近であり，痛々しい感情の抑圧や隔離が行われると，裏切り者や攻撃者への同一化が心理的に必要とされてしまうというのが仮説である。なぜ乳児期に極端な状況で育ちながらも，痛みを生かし続けたまま，後に親となる子どもがいるのかは未解決の謎である。こうした子どもたちは耐えられない危険から子どもの自我を守り，意識的な不安体験を除去するような攻撃者との破滅的な同盟を結ばない。今後の研究でこの問題を探求していきたい。

　ここで論じた理論は未完成であるが，両親の過去のおばけが赤ちゃん部屋を占拠している家族の両親や子どもとの心理療法の実践的な示唆を含んでいる。どの症例においても，私たちが両親に自分たちの幼少期の不安や苦しみを思い出させると，おばけは立ち去った。悩んでいた両親は自分たちの葛藤に満ちた過去の反復から子どもたちを守れるようになった。

第9章　乳幼児期における心理療法的介入——頑固な泣き叫びを主訴とする対照的なふたつの症例[原註1]

ジュリエット・ホプキンス

　乳幼児は情緒障害による多くの症状を呈しやすい。しかし，乳幼児期においては，乳幼児だけといった単独の精神病理は存在しないということがいまや広く認識されている。乳幼児の混乱は，今現在の関係性に起因していると考えられている。本論は乳幼児の関係性についての問題に対する有効な精神力動的アプローチについて簡潔に要約している。早期の混乱とその治療への理解を深めるには，乳幼児期における心理療法的介入のより多くの症例研究が必要とされることを本論で記述した。頑固な泣き叫びへの介入についての対照的なふたつの症例研究から，なぜこうした苦痛に満ちた問題が持続してしまうのかということについての理解を試みる。それぞれの症例では赤ん坊，家族双方にとっての泣き叫びの意味を可能な限り検討する。

はじめに

　赤ん坊が環境に適応できないということはありうるのだろうか。確かに人生最初の年には混乱が多く，赤ん坊は睡眠問題，絶え間ない体動，無呼吸，習慣的自慰，頭部自傷，また他の方法による自傷などの「問題行動」に苦しむことがある。赤ん坊には泣き叫び続けたり，ぐずって泣き崩れたり，無気力や無関心などの「気分の問題」も生じやすい。赤ん坊は自閉的特徴を示すかもしれないし，自閉症の診断を満たすことさえあるかもしれない。また，一連の授乳と食事の問題，つまり発育不良，食物の拒絶，異食症（食物以外のものを食べる），反芻（吐き戻した食物を噛む）を潜在的な問題として付け加えることも可能である。最後に，従来「心身症」と呼ばれてきた病気もある。その病気とは嘔吐，下痢，便秘，喘息，湿疹，様々なアレルギー，易感染性である。生後2年目に

原註1）この論文は1994年に *Psychoanalytic Psychotherapy*, 8: 141-52 に初めて発表された。学会誌と著者の許可を得て，今回再収録されている。

は，トイレット・トレーニングや言語発達に関連するあらゆる障害がこの苦しみの目録に加わるだろう。

このように病気として分類できる症状が数多くあるという印象があるが，赤ん坊は自分たちの病気を精神医学的分類に当てはめる試みに抵抗してきた。確かに「乳幼児期において，乳幼児だけといった単独の精神病理というものは存在しない」（Sameroff & Emde, 1989）というのが，乳幼児精神医学の分野における最近の見解である。もし私たちがウィニコット Winnicott の「ひとりの赤ん坊というものは存在しない，母親 - 赤ん坊のカップルのみである」という言葉に同意するなら，この見解は明確である。乳幼児の症状は現在の関係性における何らかの働きとしてのみ理解されうる。しかし，これは関係性における問題の原因が赤ん坊側にはないという意味である。勿論，生来の気質が瞬時に大きく変化することはよく知られている。乳幼児の症状への治療は乳幼児と親を分けて行うよりむしろ，乳幼児と親との関係性を用いて行うのが最適な場合が多いことを意味している。乳幼児の問題が内在化され個人精神分析が可能になる正確な年齢は明確ではなく，おそらく一概に言うことはできないだろう。しかし，臨床経験からおよそ2歳から2歳半に満たない乳幼児は通常，自分たちに対する親の感情や行動の変化に即座に反応することが示されている。早期介入はこの大きな利点を活用している。

乳幼児と親の心理療法

米国でのセルマ・フライバーグ Selma Fraiberg（1980）の臨床実践によって，乳幼児への心理療法的アプローチに関する体系的な考察が始まった。フライバーグは自分の治療を説明するためにふたつの用語を採用している。それは「発達ガイダンス」と「乳幼児 - 親心理療法」（「親 - 乳幼児心理療法」としても知られている）である。

発達ガイダンスは支持的カウンセリングから成り，その中で助言が与えられることはほとんどない。親は自分が子どもにとって唯一無二の重要な存在と気づくようになるまで，赤ん坊について親自身が観察し考えることを手助けされる。それほど重篤ではない問題を解決するには，この治療方法で十分なことが多い。しかしながら，この方法は現在赤ん坊が抱えている問題に親自身の関係性が果たしている役割について考える準備ができていない親にとっては，必然的に限界がある。

乳幼児 - 親心理療法はさらに深く踏み込んで行く。この治療法は現在の親の赤ん坊と関わる能力が，親の過去によってどのように妨害されているかを理解することを目的とした解釈的方法を用いる。赤ん坊が拒絶されたり否認されたりした親の自己の側面を表象するようになる時や，または「赤ちゃん部屋のおばけ」（本書第8章参照）という過去の人物の姿の表象となる時は必ず，この治療法が選択されるべきであるとフライバーグは確信した。この治療法や，精神分析家であるクラーマー Cramer，スターン Stern，エムディ Emde によるこの治療法のさらなる展開は，他の論文に記述されている（Hopkins, 1992）。

　乳幼児と両親への治療的アプローチは英国でも発展してきた。ウィニコットは母親同席で行う赤ん坊の治療について報告している（1941, 1971 など）。ドーズ Daws は家庭医（GP）の実践（本書第10章参照）の中で，精神力動的アプローチを発展させた（1989）。ビング-ホール Byng-Hall は言葉を話さない乳幼児のいる家族に対するアプローチを発展させるために愛着理論を用いた（Byng-Hall & Stevenson-Hinde, 1991）。

　他の関連する発展として，乳幼児観察の訓練の拡大化が挙げられる（Bick, 1964）原註2)。家庭で赤ん坊を観察するというこの方法を経験することは，乳幼児との心理療法的治療を行う上で最良の訓練となる（Miller, 1992）。

　乳幼児期の心理療法的介入は精神病理の起源を理解することに大いに貢献している。心理療法的介入は逸脱した発達に固執している要因を変化させることによって明らかにすることに役立つ。乳幼児に関する仮説の拠り所としても，臨床医にも役立つ一般的知識を豊かにするためにも，より多くの症例研究が必要とされる。本論では頑固な泣き叫びに関するふたつの症例における介入を記述することで，この研究分野に示唆を与えることを目指している。

乳幼児の頑固な泣き叫び

　ある研究では，健康な乳幼児の少なくとも10％はこの問題を抱えていることが示されている（St James-Roberts et al., 1993 など）。生後数カ月における泣き叫びの深刻な症例は「疝痛」と言われるが，この用語には定式化された臨床基準はない。頑固な泣き叫びや疝痛は乳幼児がひどく愛情の剥奪された状態にある乳児院などの施設では生じない。なぜなら赤ん坊はそうした環境では簡

原註2）乳幼児観察は大人の精神分析の訓練にも使われる。本書第16章ではその症例を扱っている［編者］。

単に諦めてしまうからである（Provence & Lipton, 1962 など）。これは泣くことが赤ん坊の天賦の能力であると共に，常に人と関わるための機能であることを示している。

　泣くことはとても力強いコミュニケーションである。それは強い感情を表現し，その感情を喚起する。頑固な泣き叫びに対する両親の反応は，両親がそれをどのように意味付けるかによって左右される。また，この意味付けは赤ん坊の泣き声，その激しさ，情緒的なトーン（怒り，悲しみ，恐れ）の性質や，その赤ん坊個人の嫌悪の情を表現する性質によっても幾分か異なるだろう。頑固な泣き叫びは多くの両親を絶望的にさせ，それが虐待に結びつくことも驚くべきことではない。明らかに誰か，または何かが悪いからなのだと感じたり，それが怪物のような赤ん坊のせいだと思われたりすることもある。スケープゴートはここから始まる。両親は赤ん坊に激しい怒りや欲求不満を感じる一方で，もしくはしばしばそれと共に自分たちを無力で拒絶された落第者であるかのように体験する。通常，赤ん坊への感情には怒りと自信喪失の感情が混じっている。「疝痛」が原因であると思うことで，強く安心できることもある。

　赤ん坊にとって，泣くことはどういう意味があるのか。この問いは通常，無視され，赤ん坊にただ単に「刺激反応の閾値の低さ」「気難しい気質」「状態の調整の問題」があると記述されるだけである。すべての欲求が満たされているように見える時に，赤ん坊が何について泣いているのを想像するのは難しいだろう。赤ん坊の中には簡単に泣きやすい子がいることも疑いがない。そういう子は特別な遺伝的素因や胎児期，出産時，早期経験の既往歴を持ち合わせている。たとえば，ブラゼルトン（Brazelton, 1985）[原註3]は特に頑固な泣き叫びを呈しやすい乳幼児の一群がいることを明らかにした。これらの乳幼児は在胎期間に比して小さく子宮の中での栄養状態が悪かった。「疝痛」の赤ん坊は普通およそ生後3，4カ月目で泣き叫びが止まるが，これらの赤ん坊は5カ月目になるまで嫌悪の感情を表すような泣き叫びを続ける。こうした赤ん坊がとりわけ穏やかで静かで安定した養育を必要としていることに十分に気が付くことのできる敏感な両親は赤ん坊を鎮めることができる。

　多くの赤ん坊は生後間もない時期にはとても激しく泣くので，すべての赤ん坊に専門的な心理療法的援助を提供することは不可能であり，赤ん坊もそれを必要としていない。多くの家庭では，祖父母や友人，訪問保健師のサポートや，

原註3）ブラゼルトンの新生児行動評価尺度については本書第19章を参照［編者］。

CRY-SISのようなボランティア組織の助けを借りながら，何とかそれに対応している。早期の頑固な泣き叫びと後の問題行動の関連（Forsyth & Canny, 1991）は，損なわれた関係性が続く場合があることを示唆しているが，幸いなことに，通常の泣き叫びは成長すると止まる。確かに泣き叫びが乳幼児の障害の他のサインと結びついていたり，虐待の恐れがあったり，両親が混乱したりしている場合には専門的援助が必要である。これから提示するふたつの症例では，どちらの乳幼児も心理的援助を紹介される前に苦痛の原因を精査する目的のため入院していた。この事実からも，この「乳幼児たち」の泣き叫びと，それが親に与える影響の甚大さが示唆される。両症例の家族とも，公的医療機関の精神科外来クリニックであるタヴィストック・クリニックの「5歳以下のカウンセリング部門」で診察された。カウンセリング部門では，他機関から紹介されてから1，2週間以内に家族と会う約束をすることを目指している。最大5回までのセッションが設定され，それらは必要に応じて週1回，または数カ月の間隔を空けながら行われる。5回のセッションの間に大方の問題が明らかに改善されると評価が行われる。しかし，症例によってはさらなる治療が必要とされる。

ハンナの症例

　ハンナは生後6カ月の時に小児科医から紹介された。ハンナには頑固な泣き叫びがあり，視線も合わせようとしなかった。小児科医の紹介状には次のような発達歴が記載されていた。ハンナは未婚の統合失調症の母親から生まれ，生後3日間は母親と一緒に産科病棟で過ごした。その後ハンナは小児科に移され，里親家庭に行くまでの1カ月間を過ごした。この1カ月間ハンナは「泣き叫ぶ赤ん坊」と称されるまでになった。里親にはふたりの小さな実子の女の子がいた。しかし，里母のマーサは注意を向けて欲しいという実の子たちの欲求と葛藤しながらも，最善を尽くしてハンナを宥めようとした。しかし，それはまったく無駄であった。6カ月目になってもハンナがまだ泣き叫び続けていたので，マーサは小児科医にどこか悪いところがあるかもと思い検査入院させて欲しいと頼んだ。そのすべての結果は異常を認めなかった。しかし，抱っこされている時のハンナの緊張は高く，看護師や里親家族とも視線が合っていないようであった。小児科医はこれを自閉症の特徴であると考え，ハンナが実母から精神病的な遺伝負因を受け継いでしまったのではないかと懸念した。

私は里親の家族全員揃ってハンナを連れて私のところへ面接に来るように頼んだ。なぜなら，初めに赤ん坊の問題が家族全員にどのように影響を及ぼしているのかを探り，それぞれの家族が赤ん坊に与えている影響を観察することは常に価値があるからである。しかし，ハンナと一緒に受診したのは里母のマーサと2歳の娘のメアリーだけであった。ハンナは乳母車の中でぐっすりと眠っており，メアリーはすぐに落ち着いて遊んだ。この間，マーサは初めて里母になるという体験から生じる苦悩を共有してもらおうとして，この機会を必死に逃すまいとした。マーサは明らかに心温かな女性であり，ハンナの泣き叫びにかなり苦しめられていた。それは毎日，時には4時間も続くものであった。マーサは「泣き叫ぶなんてものではありません。突き刺すような叫びなんです」と訴えた。

　私はマーサがどんなに絶望的に感じていたかを認め，マーサ自身のひどい苛立ちや怒りにどのように対処してきたかを探った。これは泣き叫ぶ子どもを持つ親にとって，常に重大な問題である。マーサが口ごもった時，私はそうした状況の下であらゆる母親が抱く気持の存在を認めた。マーサはハンナを叩きそうになったことがあることを認めた。マーサはソーシャルワーカーにハンナが連れ戻されることを心配して，このことを話せなかった。マーサは常にハンナを愛し，他のふたりの娘たちのように普通の幸せな子どもになるよう助けたかった。しかし，マーサはこの仕事は荷が重すぎ，ハンナを諦めなければならないかもしれないと感じていた。マーサの夫と母親は小さな3人の子どもを上手く養育することはできないと言い，マーサもそれが正しいのではないかと懸念していた。さらに，夫はマーサが家計のために働くことを好んでおらず，里親になる計画も支持していなかった。しかし，ハンナのことは段々と好きになっていった。マーサはハンナが泣き叫ぶといつも夫が里親を諦めろと強要したり，離婚したりするのではないかと心配した。ハンナの泣き叫びのことを考えると，マーサと夫はハンナが実母のように精神病を発症するのではないかと心配した。

　面接中にハンナが目を覚ましていきなり飛び起きた時，マーサはハンナはいつもこうやって起きるのだと話した。マーサはハンナを優しく膝の上に乗せ，親しみを込めて話しかけた。そして，ハンナが硬苦しく，マーサの体にぴったり密着することなく座る様子を私に見せた。最も衝撃的だったのは，ハンナがマーサの膝の上で足を上に持ち上げたままだったことを観察したことであり，マーサはハンナが決して自分の体の上に足をもたれさせないことを説明した。ハンナはいつもあやされることを拒んだ。マーサはハンナを引き寄せる時

に，ハンナがどのように胸を反り返らせるかを示した。マーサは「ハンナが泣き叫んだ時に抱っこすると，さらに泣きがひどくなるんです」と私に伝えた。抱っこを求めているように見えても，それを拒否する赤ん坊は特別な問題を提起する。その問題は症例研究を積み重ねることで解明されていくであろう。

次に，マーサはハンナを床の絨毯の上に寝かせ，隣に膝まずいた。ふたりは生き生きとしたやり方で一緒に遊び，メアリーもハンナにおもちゃを持ってきてそこに加わった。ハンナは微笑み，声を上げて笑った。特にメアリーにはそれが顕著だった。ハンナの目はマーサたちの顔のあたりを泳ぎ見てはいたが，一瞬たりとも視界を合わせ続けることはなかった。

マーサは里母としてとてもよい印象で，思いやりや気遣いがあり敏感で注意深く，そして魅力的な幼い自分の娘と幸せで愛情の込もった関わりを持っていた。マーサは苦しみながらも，ハンナが病院ではひとりでいることを好むように見えたこと，家よりも病院にいる方があまり泣き叫ばなかったこと，自分の膝の上でミルクを飲ませるよりも哺乳瓶を支えてあげて飲ませる方が多く飲んだことを観察していた。

私たちはハンナがマーサの実子たちとは異なる赤ん坊であるというイメージを一緒に作り上げた。すなわち，それは神経質で感受性がとても高い赤ん坊であり，人生において悪いスタートを切っており，顔や声を向けられた上に身体に触れられた時は人々に圧倒され恐怖を感じるが，家族がハンナに調子を合わせてくれる時には明らかに家族とのよい関係を楽しんでいるというイメージであった。哺乳瓶を支えてミルクをあげ続けることや，ハンナをベッドにひとりで寝かせること，抵抗した時は抱きしめないようにすることはまったく問題ないだろうと私が感じたことを伝えたことに，マーサは喜んだ。マーサはハンナにロッキングチェアーを買おうと思いついた。

私がマーサの努力を理解し咎めなかったので，マーサはとても安心したと言って帰宅した。また，私はマーサが赤ん坊の合図に従ってもいいのだと伝えていたことにも気づいた。私たちは3週間後にもう一度，夫も同席で会うことにした。

1週間後，マーサから「もう一度面接に伺いたいと思っていたのですが，とても遠いですし，もうこれ以上伺わなくても大丈夫そうです」と電話連絡があった。面接した日から，ハンナはマーサやその夫と視線が合うようになり，それがずっと続いていた。また，ハンナは以前よりもよく笑い，愛想がよくなった。ハンナは泣き叫ぶこともずっと少なくなり，それほど神経質でもなくなっ

たが，未だに膝から足を持ち上げたままにしており，抱っこされることは望まなかった。

　私たちはハンナが生後11カ月になるまで電話で連絡を取り続けた。「今はハンナが楽しんで自分から抱っこされるようになったんですよ」と，その時点でマーサは報告した。ハンナはこの1カ月間でたった1回しか泣き叫ぶことがなかった。その時は知らない人が訪問してきて，あまりにも急にあやそうとしたからであった。その訪問の後，ハンナは「一晩中泣き叫んでいた」。その他の点ではすべてが上手くいっており，マーサはまだ残されているハンナの難問は対処できるという自信を持っていた。ハンナの最近の泣き叫びはまだハンナに脆弱性が残存しているという警告に思えたので，マーサがこれ以上私とのコンタクトは必要でないと感じたことはとても残念であった。乳幼児 - 親心理療法のセラピストは，自分で子どもを援助するよう親を励ますことで親の自主性や自尊心をサポートすることと，セラピストが子どもに最も効果的に関わりたいと思うことの間に葛藤を抱くことがよくある。この興味深い症例では，私が直接フォローアップすることは拒まれた。しかし，マーサから以前に報告されていた意味のある変化のすべてをハンナが実際に遂げたことが訪問保健師から伝えられた。その保健師は介入がなければマーサはハンナの養育を諦めていただろうと考えていた。

　ハンナの変化する能力は，乳幼児期において乳幼児だけといった単独の精神病理というものは存在しないという主張の驚くべき裏付けとなった。このことを忘れていた私は紹介元の小児科医と同じように，出現した問題をハンナの問題として考えれば最もよく理解できるだろうと考えていた。コンサルテーションに反応してハンナが変わって初めて，関係性の要因が問題を長引かせていたことが露呈した。ハンナの泣き叫びが始まった原因は曖昧なままであろう。おそらく生来の原因や心的外傷があったのであろう。ウィニコットは赤ん坊が誕生時から神経過敏であったり，ひどく怯えていたりするように見える時は，環境的要因が疑われると考えている。たとえそうだとしても，ハンナの症例では環境の変化によって回復が可能であることが証明された。マーサが変わった時，ハンナが変わったのである。

　なぜ里母は変わることができたか。私たちの面接でマーサは根底にある怒り，罪悪感，挫折感と向き合い，夫や母親がハンナの里親になることを認めてくれないという苦悩に直面することができた。マーサは私に話すまで自分がどれほど混乱していたかに気づいていなかったと語った。その後，マーサは感情的重

圧から解放されたと感じ，ハンナを治せることを実証しようとはあまり考えなくなった。マーサはこのように態度を変化させることによって，ハンナが他の自分の子どもたちと同じになるように，ハンナを宥めすかすのではなく，いかにハンナの要求に従えるようになったかについて，私に詳細に報告した。ハンナのような混乱したスタートを切った赤ん坊は，安定するまでに最長の適応期間を必要とすると思われる。しかし，かなり思いやりのある方法ではあったが，ハンナは自分が要求に従うよう求められていることに気づいていた。マーサがより受容的な視線でハンナを見るようになるまで，ハンナは視線を合わせることができなかった。

　乳幼児期においては，驚くべき速さで簡単に変化が起こることもハンナによって示された。セルマ・フライバーグ（1980）はこれにとても深い感銘を受け，「赤ん坊が治療の中心にいる時，どんな心理療法にも匹敵しないことが起こる。それは神さまが味方についているようなものである」と記している。

　マーサとハンナに用いられた介入は，セルマ・フライバーグの「発達ガイダンス」に分類される。次の症例は，その当時の家族相互の悩みの理由を十分に探求することができなかった家族のものである。その家族は過去に端を発する原因を発見するために，乳幼児-親心理療法の解釈的アプローチを必要としていた。

ベティーの症例

　ベティーは生後8週目に小児科医から紹介された。小児科医は母親がベティーの泣き叫びにこれ以上耐えられなかったため，ベティーを1週間入院させた。第一子も1歳を過ぎても頑固に泣き叫んでいたので，母親は「繰り返される騒動」に耐えられないと感じていた。ベティーは病院でも頑固に泣き叫び続けていたが，母親はほとんど面会に現れなかった。

　家族は1週間後に私のところを受診した。両親のティムとトレーシーは会計士であった。長男のテリーは3歳で，ベティーは9週目であった。ベティーは入室時から泣き叫んでおり，面接の間中も一貫した抗議的な泣き叫びを続けていた。トレーシーはベティーを適切にあやしたり，抱っこしたり，トントン叩いて揺らし，時々乳母車の中に入れたり，ティムに渡したりして対応したが，その甲斐も虚しかった。テリーは面接中，殴り書きをするのに忙しく，それを母親のところに持って行っては，笑顔とキスを振り撒いた。生後16カ月目ま

で泣いていたこの小さな男の子は，否応なく強迫的な世話役になったと考えられ，それは後の面接で立証された。

　この面接は両親の大喧嘩の機会となった。トレーシーはティムが赤ん坊を欲しがらず，家での手伝いを拒み，ティムの体調がすぐれないことさえも責めた。私が「あなたは小児科医がご主人も入院させてくれるよう願ったのではないですか」と冗談半分に伝えると，トレーシーはすぐにこれに同意し，離婚の必要性を苦々しく話した。ティムは自分が手助けしていることにまったく感謝しないと言ってトレーシーを責め，自分の手助けを長々と列挙した。ふたりとも赤ん坊の泣き声以上に叫んでいた。私は思考を巡らすことがほとんどできなかった。私も叫びたくなったのだ。ベティーはこの不幸な家庭での異常な緊張のために安堵することができなかったのだろうと私は自然に思った。この家族は皆泣き叫びたいほどの問題をたくさん抱え持っていたので，ベティーが同じ問題を抱えていても驚くに値しないことが判明した。そして，私は誰か助けてくれる人がいるかを尋ねた。このことは若い家族にとって常にとても重要な問題である。両親は共に英国人であったが，現在のところどちらの親も英国に在住していなかった。祖父母はまだ赤ん坊に会いに来ていなかった。自分たちの孤独感について語り，それを共有することで，ベティーの両親は多少和んだようであった。それから，私たちはベティーに注意を向けることができるようになった。

　トレーシーはベティーの泣き叫びには耐えられなかったが，いつも一緒にいて，ベティーを抱き揺らしてあやしているので，ベティーには自分が助けようとしていることが分かっているのだろうと説明した。これは夜の大部分の時間，フロアをゆっくり歩き回ることを指していた。トレーシーは疲れ切っていたが，ベティーを傷つけてはいないだろうと確信していた。トレーシーが攻撃したかったのは夫の方であった。

　ティムはベティーが覚醒時には時に穏やかなこともあり，トレーシーがベティーの泣き叫びを誇張していると話した。トレーシーは「ベティーはいつも私のこころの中で泣いているんです」と認めた。私はこの絶え間ない泣き叫びが何を表すのかと考えた。私は両親の子どもの頃について尋ねた。ティムは自分の乳幼児期について何も知らなかった。トレーシーは自分も泣き叫ぶ赤ん坊で，時には数時間も泣き叫ぶままに放置されていたことを知っていた。トレーシーはひとりで泣き叫ぶという同じ不幸な経験をベティーにさせまいと決意しているのだと私は理解した。私は「ベティーの泣き叫びは，お母さん自身の苦しい

子ども時代の記憶，つまり慰められることが決してなかった泣き叫びを呼び起こしてしまったんでしょうね」と伝えた。トレーシーは自分自身の悩みのもっともらしい説明にとても喜んだ。しかし，トレーシーはこのことについて感情の深いところで反応していなかったので，私はベティーの泣き叫びが続いたことを意外と思わなかった。私のこの介入はおそらく早すぎたのだろう。その前に家族とのより確固とした治療同盟を築くべきだったのだ。残念なことに，この家族との治療同盟を築き上げるには時間を要した。なぜなら，ティムの仕事とテリーの病気という邪魔が入り，毎週予定されていた面接が延期されたからである。

　3週間後の2回目の面接ではベティーは12週目を迎えていたが，まだほとんどの時間泣き叫び続けていた。両親の間に表面化した争いはなかったものの，水面下では敵意が渦巻いていた。私はこの面接の間，トレーシーがベティーにしっかりと関心を向け，適切に対処しているにもかかわらず，なぜふたりの関係を不快に思うのかに気づいた。ベティーが泣き叫んでいない時でも，トレーシーはベティーと視線を合わせず話しかけもしなかった。私がトレーシーにそうするよう勧めると，トレーシーはベティーに向かって「私はあなたの扁桃腺なんか見たくないのよ」と言う以外の言葉が思いつかないようだった。トレーシーはベティーの笑顔に報われたとも感じず，ただ単に「だから何なの」としか感じられないと私に話した。ティムもベティーに話しかけるのに当惑しているように見えた。ティムはテリーのようにもっと年齢が上の子どもの方が好きであると言った。

　初回面接では両親が自分たちの子ども時代で意味のありそうなことに気づくような援助が行われ，2回目の面接ではふたりは自発的に想起するようになっていた。トレーシーはなかなか自分の母親を咎めようとしなかった。しかし，ティムはトレーシーの母親が小さな子どもが大嫌いで，トレーシーをできるだけ早く保育園に入れて，次の子どもを絶対に作らないと決めていたという話をどんな風に語っていたか細かく話した。トレーシーは自分が成長していく中で母親の感情にどれほど振り回されたかを説明した。トレーシーの両親の結婚生活は嵐のようだった。両親はトレーシーが13歳の時に離婚した。そして，トレーシーはうつ病の発症に苦しむ母親と共に残されたのだった。

　ベティーの家族は以前より穏やかになったように思えたが，さらに激しい嵐がやってきた。ベティーがほぼ5カ月目になろうとする4回目の面接になって，ベティーの頑固な泣き叫びはやっと止まった。家族は到着するやいなや，激し

い喧嘩を始めた。トレーシーはティムが手伝いをしないことに再び怒っていた。ティムが毎日家から「逃げて」仕事に行き,「長い休暇」を楽しんでいるのに,トレーシーは自分が子どもという罠に捕らえられていることに完全に激怒していた。トレーシーはティムが毎日家にいないことに関して,理性を失い妄想的とも言えるほどになっていた。この時,私は入院が必要なのは赤ん坊ではなくトレーシーではないかと考えた。それは私にトレーシーの母親のうつ病の発症を想起させた。私は今の絶望的な状態は父親が家出し,とり残されたトレーシーが母親の涙に対処した辛い時期を思い起こさせるのではないかと尋ねた。トレーシーは母親を慰められない無力さを想起して泣いた。そして,ようやくこのとても悲惨な経験について語った。トレーシーは母親の要求を決して満たすことができず,自分が16歳の時に家を出た。トレーシーとティムのふたりは,現在の状況と過去が似ていることを認めることができた。

　これが心理療法の転換点となった。トレーシーが自分のことを想起し終わると,すぐにベティーは泣き止んだ。トレーシーは自然にベティーを人間と見なし,笑い話しかけ,「ベティー,気分はどう,よさそうね」と調子を尋ねた。少なくともトレーシーの気分がよいことは明らかであった。この面接の後,ベティーの頑固な泣き叫びは止み,トレーシーは理性を失ってティムを責めることを止めた。ベティーが6カ月目の時に行われた2回のフォローアップ面接で,トレーシーはテリーがまだ「暴君」であった月齢のベティーと楽しく過ごしていることを幸せに感じた。ベティーはもう泣き叫ばず,トレーシーが話しかけると楽しそうに反応していた。しかし,ベティーは両親のどちらに話しかけることもなく,その代わり部屋の反対側にいる私に笑いかけたり,話しかけようとしていることに私は気づいた。問題が残されていることは明らかであり,私は面接を続けたかったが,トレーシーはこれ以上の援助を拒んだ。トレーシーはフルタイムへの復職だけが,夫への嫉妬を取り除き,自分の精神的な健康を保つことになると感じていた。

　この短い介入では,心理療法上の奇跡は起きなかった。トレーシーは不幸な過去を背負ったままであり,ベティーを同じ目に遭わせる危険がまだ残っていた。トレーシーは息子のテリーにも別の方法で既に同じことをしていたように思われた。テリーにはトレーシーの面倒を見ることが求められ,それは多分うつ病の母親の面倒を見ようとした自分の子ども時代を反映していたのだろう。ここで起こったことは,クラーマーとスターン(1988)の用語によれば,トレーシーの過去とベティーの現在の間の「力動の切断」である。もはや,ベティ

ーの泣き叫びはトレーシーの子ども時代の苦悩を誘発させることはなかった。ベティーはトレーシーの厄介な問題から解放された。そして，ティムはいまやトレーシーの父親のように逃げ出したと攻撃されることはなくなり，その貢献が評価されるようになった。

　力動が切断されると，親の行動は心理療法の中心ではないにもかかわらず変化する。ベティーがトレーシー自身の子ども時代の泣き叫びや，トレーシーの母親への希求を代弁している間，トレーシーはベティーをあやすことができず，自分とは別の人間として適切に対応できなかった。トレーシー自身の泣き叫びが受け入れられた後で，トレーシーはベティーに敵意ではなく共感を抱くことができ，ベティーは満足げに反応したのだった。フライバーグ（1980）は「想起することは，見えない反復から親を救う。なぜなら，傷ついた子どもとの区別を可能にするからである」と述べている。トレーシーが変化するまでのベティーの怒りに満ちた泣き叫びは，おそらくトレーシーの敵意に対してベティーが敏感であったことに原因があり，トレーシーの敵意は自らの身体の緊張や，娘との対人相互関係に反映されていた。ある研究によれば，生後1，2カ月の赤ん坊は人と関係することへの期待を内在化させており，短期間であっても母親が突然赤ん坊を無視すると，赤ん坊に苦痛が現れることが示唆されている（Cooper et al., 1991）[原註4]。母親の顔の表情がこの経験に意味を与えるということが示されている。赤ん坊は苦痛を伴う対人関係の拒絶が長期に及ぶと，それに苦痛をもって反応しやすくなると推測できる。そして，もっと社会的接触を持ちたいという赤ん坊の期待が親の積極的な関わりによって生き生きと保たれている限り，赤ん坊は抗議し，大声で苦痛を表現できるのかもしれない。

考　察

　頑固な泣き叫びに関する対照的なふたつの症例から，どのような症例もそれぞれ固有のものとしてとらえる必要性が示された。しかし，明らかな相違点が多々あるものの，どちらの症例の赤ん坊も感情に対してとても敏感であることが示されている。どちらの症例の母親とも赤ん坊を慰めようと最大限努力したが，その努力が実ったのは母親自身が心の底に抱えている苦悩が受け入れられた時であった。そして，母親は初めて自分自身の個人的な先入観を捨てること

原註4）リン・マリーの研究については本書第20章を参照［編者］。

ができ，赤ん坊の要求に適切に反応できたのである。

　乳幼児の行動の解釈には必然的に高い推論性が伴う。しかし，最初の症例のハンナの要求は，親密さに対する恐怖感を受け入れてもらい，自分自身の合図に応えてもらうことであったように思われる。ウィニコット（1962）であれば，ハンナは自分の「自発的な合図」を認めて欲しかったのだと言うだろう。このことが起こるまで，ハンナの無関心や長時間にわたる泣き叫びの発作は，ハンナが「想像を絶するほどの不安」に囚われていたことを示していた。それはバラバラになり，奈落に落ち，魂が抜け途方に暮れるような不安なのである。ハンナは自分自身の合図に対する偶発的な反応によって自分の存在が認められたと感じるとすぐに養父母の方を向いて慰めを求めた。そしてハンナの想像を絶するほどの不安の緩和が可能となった。

　ベティーに関して言えば，ベティーが求めていたのは母親がベティーへの敵意ある投影を止め，共感し，ベティーをひとりの人間として社会的に受け入れることであったように思われた。その時までずっと，ベティーの怒りの抗議は自分の拒絶感やしっかりと注意を向けて欲しいという要求を明確に示していた。

　どちらの症例においてもアイコンタクトが持つ役割は特に興味深い。直接的なアイコンタクトをすることで，顔の表情を本質的に理解することが可能になる。ハンナはマーサがアイコンタクトを求めるのを止めるまで，それを避けていた。マーサは「面白いことに，私たちがアイコンタクトのことを心配するのを止めたら，ハンナは私たちを見たんです」と電話で話した。おそらく，マーサと夫がアイコンタクトをしようとしたことは，ハンナには困った要求と感じられていたのだろう。ハンナは自分が受け入れられたと感じた時，喜んで視線を返すことができた。そして，ハンナは自分の思い通りにコンタクトを取り始めることができると分かると，すぐに身体的な接触も受け入れ始めた。極端な回避型（Ainsworth, 1985）の愛着パターンとして発達していたものは，次第に安定型になっていく望みを見せた。

　ベティーの症例では，両親がベティーとのアイコンタクトをほとんど無意識的に避けていた。その一方で，身体的接触は多く持とうとしていた。トレーシーはベティーの目を見ることができなかったに違いない。なぜならトレーシーは自分の母親への飽くなき要求や乳児期の自分がそこに投影されているのを見るのが恐ろしかったからである。これらの痛々しい記憶がいくらか想起され包容されると，トレーシーはそれらを投影する必要がなくなった。その後，トレーシーはベティーのことを押し付けがましく要求してくるのでなく，単に何か

を伝えていると感じられるようになった。

　投影は空気中を魔法によって通り抜けるのではない。投影はアイコンタクト，顔の表情，声のトーン，抱っこしたりあやしたりすることによって，赤ん坊に敏感に伝えられる。ビデオはあまりに速く変化し過ぎて観察できない詳細な部分を明らかにすることもある。しかし，ビデオは私たちセラピストが受け取る情緒的なインパクトまでは十分に伝えることができない。意識的に処理するにはあまりに精巧で詳細なものへの情動調律の能力は，私たちの思考に影響を与える逆転移の要因となる。たとえば，マーサとハンナとの面接中，ふたりの痛々しい状況に対し，私は自分が異常なまでに心理療法的関心を持って対応していることに気づいた。私がこの場で努力している感覚を認識することで，マーサの努力に気づき，ハンナにはもっと適切なアプローチが必要なのではないかと考えることができた。残念なことに，逆転移がこうした治療における困難の源になることもある。それは特にセラピストの感情が親と乳幼児の間でスプリットした時である。これはベティーの家族の症例の中で起こった。私はその時トレーシーに苛立ち，ベティーの泣き叫びに一体感を持っていることに気づいた。トレーシーは私が一時的にベティーの味方になり，トレーシーを患者として扱うと本当に怒った。私は「家族のあるひとりが，他の家族の代わりに感情を表出することがある」ということを想起しなければならなかった。赤ん坊は親の感情にとても開かれているので，乳幼児期はその後の発達段階よりもずっと明らかで分かりやすいのだろう。

　フライバーグ（1980）は赤ん坊と同じように，乳幼児の親は特に変化する能力という点において柔軟であることを観察している。おそらく，これは対立関係が長期に及ぶことなく，固定化する時間が少ないためであろう。そして，おそらく赤ん坊の新しい人生が暗示する生き生きとしたスタートが，新たなスタートを切るという両親の決断の契機ともなるのだろう。介入に応ずる乳幼児と両親の能力は当然セラピストにとっても有益である。治療が予防的側面を持つことは明白である。それに加えて，その目新しくやりがいを感じさせる特質が，過度の負担がかかるセラピストにとって治療的であることが分かるだろう。子ども精神保健クリニックのスタッフによる乳幼児への予防的介入には，より多くの時間が必要であり，たとえ多くの時間を費やしたとしても，予防的介入はそれに十分報いる結果をもたらすであろう。

参考文献

Ainsworth, M.D.S. (1985) Patterns of infant-mother attachment. *Bulletin New York Academy of Medicine* 6, 771-91.

Bick, E. (1964) Notes on infant observation in psychoanalytic training. *International Journal of Psychoanalysis* 45, 558.

Brazelton, T.B. (1985) Application of cry research for clinical perspectives. In B.M. Lester and C.F.Z. Boukydis (eds), *Infant Crying*. New York: Plenum.

Byng-Hall, J. and Stevenson-Hinde, J. (1991) Attachment relationships within a family system. *Infant Mental Health Journal* 12, 187-200.

Cooper, P., Murray, L, Stein, A. (1991) Postnatal depression. In *The European Handbook of Psychiatry Disorders*. Zaragos: Antropos.

Cramer, B. and Stern, D.N. (1988) Evaluation of changes in mother-infant brief psychotherapy: a single case study. *Infant Mental Health Journal* 9, 20-45.

Daws, D. (1989) *Through the Night: Helping Parents and Sleepless Infants*. London. Free Association Books.

Forsyth, B.W.C. and Canny, P. (1991) Perceptions of vulnerability $3\frac{1}{2}$ years after problems of feeding and crying behaviour in early infants. *Journal Pediatrics* 88, 757-63.

Fraiberg, S. (ed.) (1980) *Clinical Studies in Infant Mental-Health: The First Year of Life*. Tavistock Publications. London, New York.

Hopkins, J. (1992) Infant-parent psychotherapy. *Journal of Child Psychotherapy* 18, 5-18.

Miller, L. (1992) The relation of infant observation to clinical practice in an under five's counselling service. *Journal of Child Psychotherapy* 18, 19-32.

Provence, S. and Lipton, R.C. (1962) *Infants in Institutions*. New York. International Universities Press.

St James-Roberts, I., Harris, G. and Messer, D. (1993) *Infant Crying, Feeding and Sleeping. Development, Problems and Treatments*. Harvester Wheatsheaf London.

Sameroff, A.J. and Emde, R.N. (eds) (1989) *Relationship Disturbances in Early Childhood: A Developmental Approach*. Basic Books Inc. New York.（井上果子他訳：早期関係性障害――乳幼児期の成り立ちとその変遷を探る．岩崎学術出版社，2003.）

Winnicott, D.W. (1941) Observations of infants in a set situation. Chapter IV in *Collected Papers. Through Paediatrics to Psychoanalysis*. London. Tavistock 1958.（北山修監訳：設定状況における幼児の観察．小児医学から児童分析へ――ウィニコット臨床論文集．岩崎学術出版社，2005.）

Winnicott, D.W. (1962) Ego integration in child development. In *The Maturational Processes and the Facilitating Environment*. London. Hogarth Press.（牛島定信訳：子どもの情緒発達における自我の統合．情緒発達の精神分析理論．岩崎学術出版社，1977.）

Winnicott, D.W. (1971) Playing: a theoretical statement. Chapter 3 in *Playing and Reality*. London. Tavistock.（橋本雅雄訳：遊ぶこと：理論的陳述．遊ぶことと現実．岩崎学術出版社，1979.）

第10章　乳幼児の睡眠に関する問題[原註1)]

ディリス・ドーズ

　私は先の論文で一般診療の乳幼児クリニックでの私の業務を詳述した。その業務の中には，私は時に乳幼児クリニックで働いている家庭医や訪問保健師たちと，担当する赤ん坊の情緒的側面について議論することがある。

臨床実践

　私の臨床現場で，乳幼児の発達上のある特定の状態に上手く対処できないと感じている家族に出会うことがある。この中で最も差し迫ったものとして睡眠に関する問題がよく述べられる。私は多くのこの問題と取り組んだ結果，この問題の半数はかなり短時間で援助できることが分かった。1，2回のコンサルテーションによって両親の赤ん坊への接近方法に変化が見られ，赤ん坊と両親の間の行き詰まりを打破することが可能になる。

　私の技法は，赤ん坊の生活リズムの詳細に関わる構造化された質問（母親が，昼と夜両方の生活についての細かい点まで辿るのを手伝うこと）に，妊娠や出産での経験や大まかな出来事の話，夫婦関係，そして母親の自分の両親との関係を組み合わせている。私の印象では幸福な結婚生活や安定した夫婦関係が築かれていれば，この作業は母親だけで行っても，両親揃って行っても効果がある。結婚生活に不満を抱いている場合でも，母親だけであれば援助可能だが，この特別な技法は関係の良くない両親ふたりを相手に行う場合は短期間ではほとんど効果がない。しかし，こうした夫婦関係に関する援助を求める両親にとっても，焦点付けや出発点には成りうる。時には，赤ん坊の睡眠の問題が現れることで，若い未婚の両親が長期間に及ぶ関係にきちんと関与していないことが露呈することもある。

原註1) この論文は1985年のAssociation of Child Psychology and Psychiatryの大会に出されたものである。the *Journal of Child Psychotherapy*, 11(2) に掲載されたものを許可を得て再収録している。

この作業で印象深いのは，自由に漂う注意によって，特に際立ったテーマ，つまり強力な引力を持つ繋がりが頻繁に出現してくるということである。私は決してこれが問題の「本質」だとは確信していないのだが，その繋がりを正確に指摘することは母親と私自身双方にとって，重要な意味を持つと考えられる。おそらく母親ひとりだけに会っている場合は，このようなことがさらに起こりやすいであろう。母親と私自身の間には無意識的な繋がりができているために，私の質問の大筋は母親が既に私に与えている手がかりから情報を得ることもでき，たくさんの証拠も蓄積されている。

分　離

　分離に関するテーマはしばしば離乳の問題と繋がっている。16カ月の男児ダンカンは手のかかる赤ん坊で，最近離乳したばかりであり，母親はダンカンを夜，寝かしつけることにも苦労していた。ダンカンは寝つくまで母親の腕に抱かれて，その胸を触ろうとした。私たちはどのようにその子が母親にしがみ付くのだけでなく，母親が息子にどのようにしがみ付いているのかを観察した。翌週，母親はダンカンを自分の腕に抱いて寝かしつける代わりに，ベビーベッドにダンカンが自分で抱えるためのテディーベアを手渡すことができたと報告した。私は母親がその繋がりを理解してから効果的な行動をするまでのあまりの迅速さに驚嘆した。この母親にとって，私の言葉はまるで小さな男の子にとってのテディーベアと同じくらい有用な移行対象であるかのようだった。
　大抵の場合，赤ん坊は胸の中でしか寝つかなくなってしまう。こうした赤ん坊はベビーベッドでひとりにされる機会がなく，うとうとしながら，おっぱいの記憶を味わい，実際の身体的な栄養補給と共に情緒的体験を消化している。そのような体験を消化することで情緒的側面が成長し，この成長によって自分自身で上手に対処できるようになる。母親にとって有益だったのは，ダンカンが抱える母親との分離困難に対する母親の同一化に私が共感したことであった。さらに，私は分離は耐えることができるし，自立それ自体は賞賛されるべきだと諭したことだった。私はこの問題で悩んでいる母親たちに自分自身の経験を思い出したり，考えたりしてみて欲しいと頼んでいる。おそらく離乳はその母親たちの母親も乗り越えるのが難しいと感じていた問題である。離乳に困難を感じる母親たちの中には，自分自身の母親が分離を巡って自分と向き合うことができなかったのだと感じる人もいるかもしれない。分離は耐え難いことだと

いう感覚が母親たちに残されている。

　自分自身が深刻な睡眠障害に悩まされていたある母親は，自分の母親が自分を泣いたままに放って置くことができなかったことを思い出した。その母親が子どもの頃，自分の母親の中に感じていた脆さが，母親としての自分自身の感覚の大部分を形成しているようであった。また，自分は母親にあまりにも型通り過ぎるやり方で育てられ，就寝時や離乳に関してはかなり雑に扱われていたという正反対の印象を抱いている母親もいた。これに対してくすぶり続けていた怒りは，自分たちの子どもを異なったやり方で育てようという決意に変換されている。おそらく，その決意は祖母がいかに酷かったかを遅ればせながら見せつけるためであった。

　このような相互の繋がりの最も分かりやすい症例として，2歳のモリーの母親を挙げてみよう。モリーは睡眠障害でもあったが，母親は実際はトイレット・トレーニングの心配をしていた。モリーの母親は私に自分の家がどんなに散らかっているか，そして自宅を訪れることになっている自分の母親がいかにそれを不満に思っているかを執拗に語った。このテーマを発展させ，母親は，自分の母親がモリーのトイレット・トレーニングが遅れていることをどれだけ不満に思っているかという懸念を語った。私がモリーの母親に自分のトイレット・トレーニングを覚えているかと尋ねると，その母親はしっかり覚えていた。モリーの祖母が，母親は自分や姉妹たちが1歳の頃トイレットトレーニングの訓練をすっかり終えたことを覚えているかと確認していた。私は家の乱雑さについての説明は悲観的なだけでなく，自慢気でもあると指摘した。モリーの母親が感じていた自分自身の不潔な赤ん坊の側面はあまりにも早く一掃されたが，それでも自分の母親とこの問題について話し合う必要があった。モリーの母親が私たちの言葉の媒介によってこの問題を考え始めたことは，より成熟した動機付けを高めるのに十分だったようで，母親は祖母が自宅を訪問する前に，台所をきれいにしようと帰宅した。モリーのトイレット・トレーニングは心配の種ではなくなり，2，3週間のうちに解決した。

睡　眠

　私が乳幼児の睡眠障害に関して母親に行っていることは，母親の不安を直接的にコンテインすることであり，その結果，母親は赤ん坊のところに戻って赤ん坊の不安をコンテインすることができるようになるのだろうと思うことがよ

くある。多くの場合，母親の抱く不安には何らかの現実的で外的な原因がある。たとえば，母親が難産や早産でその状態から回復しておらず，適切に育児に専念できない場合などである。母親たちは赤ん坊が夜中に死んでしまうのではないかと心配する。このような恐怖は現実に即したものであり，誰もがそのような悲劇的な出来事を聞いたり，新聞で読んだりしたことがある。だが，このような恐怖や経験を語り尽くすことによって，母親たちはそのような感情にもっと対処しやすくなり，夜中に赤ん坊の不安に遭遇したとしてももはやそれを数々の体験に結びつけることなく，適切に応答することができるようになる。

　不安は時に赤ん坊の内部から生じてくるように感じられ，極端な不安が悪夢の形で表現されるかもしれない。悪夢を見ながら泣き叫んでいる赤ん坊のところに行き，拒否され，いわば悪夢の一部として扱われるような，よくある状況を特に耐え難いと思う母親もいる。私はジョアンナという1歳の赤ん坊の母親に会った。この子は眠るのが下手で頻繁に悪夢を見ては，日中もよく癇癪を起こしていた。ジョアンナの母親は赤ん坊が夜になると，自分のことを「魔女」だと思っているように感じると鮮明に表現した。

　私は子どもの発達についてのクライン派の簡単な考え方を一通り説明し，子どもは自分の攻撃的な衝動と破壊的な衝動に対処することが難しく，このような衝動を母親の中に投影する必要があると伝えるのが適切であると考えている。この母親は知的に関心を示すだけでなく，直感的にも反応した。この睡眠障害は生後6週目に父親がやむを得ず短期間であったが，家を空けた後に始まった。私たちは睡眠障害をこの分離に対する母親自身のパニックと自分を支えるために近くにいてくれない父親への憤りに結びつけた。怒涛のような夜が10カ月続いた後，ジョアンナは2週間，朝まで眠った。その後，何晩か断眠の夜があったが，母親と娘の関係は互いの激しい怒りから愛情に満ちた楽しげなものに劇的に変わった。赤ん坊の夜の恐怖の特質を理解することによって，母親はそれに上手く応えることができた。赤ん坊はいまや理解され，慰められる経験をした。赤ん坊はもはやそれを求め，繰り返し起きる必要がなくなったのである。

　この母親は暫くして偶然に自分のカルテを見つけ，自分の家庭医の私宛ての紹介状を読んでしまった。母親は憤慨してその医師に苦情を言い，訴えをもっと聞き入れるよう迫った。私はその母親にもう一度会おうと提案し，その母親を怒らせたのは医師がその母親について私宛てに何を書いたかではなく，とにかくその医師がそれを書いたという事実であろうと伝えた。それはまるで，子どもが両親が自分に対して話すのではなく，自分について話しているのを漏れ

聞いたかのようだった。おそらく，両親と娘の間で処理されなかったエディプス状況が，この母親とその娘の間の問題の中で再現されたのだろう。

　私は母親だけを治療の対象にしていたが，赤ん坊や子どもが眠らないことの意味が未解決なエディプス的感情にあるとすれば，両親一緒に会うことが重要であろう。つまり，眠らない理由は両親が一緒に過ごし，子どもを排除する不安にあるように思われる場合である。両親が夜一緒に過ごすことについて取り上げることは，両親の夫婦生活に侵入するようなものであり，夫婦関係にとって好ましいことではない。良好な夫婦関係において，両親はしばしば自分たちがふたりでいる時間を子どもに奪われることがいかに当たり前となっているかに潜在的に気づき，おそらく相手もそれを望んでいると思い安堵する。当然のように，子どもを排除する夫婦関係を子どもが許容できるようになることの利点を両親に理解させることや，子どもの嫉妬に直面できるよう両親を援助することはとても有益であると考えられる。

　私はこのような嫉妬はとても幼い赤ん坊の要因だと考えているが，もう少し大きい子どもの場合にもこれが間違いなく認められる。アダムという3歳の男の子は毎晩よく眠れなかったが，それは新たに赤ん坊が生まれて，その子が両親の寝室で眠るようになってからさらに悪化した。毎晩，アダムは両親の部屋にやって来てベッドに入って行った。多くの家族で，これは暫くは受け入れうる解決法だが，アダムは両親のベッドに入っても，落ち着くことはできなかった。アダムは眠っている最中でも絶えず動き，一晩中両親を蹴って何度も両親を起こし，自分も起きてしまった。アダムに両親のベッドに寝たいと思わせる落ち着かない感情は，両親と一緒にいても安堵しないようで，その感情は実際，際立ってきているようだった。両親はアダムを自分のベッドにいさせようと決心した。両親はアダムに呼べば父親がアダムのところへ行くから，アダムは自分のベッドから出てはいけないと説明した。両親はベッドにじっとしていられたご褒美にミニカーを与えることを提案した。最初のふた晩，アダムは一晩中自分のベッドにいたが，何度か父親を呼び，父親がそばにいる間に眠りについた。3日目の晩，アダムは一晩中眠り続け，朝，両親の寝室に来て，「いい子だね。一晩中ベッドにいたんだね。新しいカフスボタンを買ってあげよう」と父親に言った。父親の断固とした態度によって，息子は両親と新しい赤ん坊に対する嫉妬という苦痛から解放されることができたわけであるから，この父親は本当にご褒美を受けるに値した。両親の部屋の中ではその嫉妬の苦痛から逃げることはできなかった。

かいじゅうたち

　この年齢の多くの子どもたちは悪夢に苦しんでいる。私たちは幼児の感情の強さが悪夢の原因となっていると推測してもよいかもしれない。モーリス・センダック Maurice Sendak による『Where the Wild Things Are（かいじゅうたちのいるところ）』という本は，これらの感情の虜になっている子どもに対しては絶妙な治療的な効果がある。この本の主人公のマックスは，母親に「この　かいじゅう！」と呼ばれるほど悪戯をしでかし，母親に「おまえを　たべちゃうぞ！」[訳註1)]と言った後，夕食抜きでベッドに連れて行かれる。ベッドの中でマックスはかいじゅうのいるところに行く夢を見る。そこではかいじゅうを飼いならし，かいじゅうたちの王様になった。この１年後，マックスは寂しくなって，「やさしいだれかさんのところ[訳註2)]」へ帰った。

　この話の中で小さい子どもに役立つと思われることは，自分自身の中の荒々しい感情を知り，その感情と仲良くして，自分の中でそれらの感情に打ち勝ち，母親との愛情に満ちた関係に戻ることを知ることである。子どもたちにこの本を読んであげることで，子どもたちは上手く悪夢を処理することができるかもしれず，子どもたちが悪夢の内容を詳しく話すのを両親が辛抱強く聞くこともできるようになるかもしれない。両親の仕事は子どもたちがこのような力を上手く扱うのを助けることであり，実際に悪夢を見ることは，自己発見や子ども自身の激しい感情に自分で対処するための有効な方法かもしれない。

　父親はまた，赤ん坊や幼い子どもが母親に世話をかけ過ぎないように，母親を援助することができる。父親の援助は瀬戸際で為されるものである。多くの母親は日中赤ん坊を十分世話しているか自信が持てず，夜中も赤ん坊の要求にさらに応じてしまう。母親たちが日中きちんとやっていて，これ以上赤ん坊に責任を負うところはないと感じられるように援助すると驚くほど効果が上がる。

　親がひとりしかいない場合は，この問題に関して特に脆弱である。その親をカップルのようにサポートできる人がいないからである。多くの片親たちは本当に自分たちが幼い子どもたちをひとりでベッドに行かせ，自分たちがひとりひとりになりたいかどうかに確信が持てない。子どもの要求から一時的に開放されたいと思う気持ちと，孤独を恐れる気持ちとの間で思い悩むかもしれない。時々子どもがひとりでベッドで眠りたがらないのは，自分たちを助けるために

訳註 1)　『かいじゅうたちのいるところ』からの引用には神宮輝夫の訳を用いた。
訳註 2)　原文直訳では「自分を一番愛してくれる人」。

そこに存在せず消えてしまった親に対する，子どもともう一方の親，両者からの無意識の抗議かもしれない。おそらくふたりがやっていることは不在の親のために場所を空けておくことなのだろう。

　就労している母親の場合にも，このような困難があるかもしれない。母親とその赤ん坊が実際に日中に離れ離れになっていた後，再び結びつくためにもう少し一緒にいる必要があるのかもしれない。しかし，これは寝床に降ろされることに纏わる赤ん坊の感情に直面するのを躊躇する罪悪感に変わっていくかもしれない。専門職に就いているある母親は，自分が復職した時に1歳の男の子ヘンリーがひどい睡眠障害を来たしたことに気づいた。その母親は日中のヘンリーとの分離の仕方に問題があると気づいた。母親は息子を私立保育園に連れて行き，楽しそうに落ち着いて遊ぶまで待ち，ヘンリーにバイバイをせずにこっそり出て行っていた。この母親は喜んで仕事に戻っていたわけではなく，息子と離れることがとても辛いということに気づいた。母親は日中に息子に別れを言う辛さから逃れたが，その代わり夜には息子とそのことについて直面しなければならなかった。母親が毎朝，息子に仕事に行かなければならないことを理解できるように伝えることが可能になると，ヘンリーは適切な時に母親に不満を表すことができるようになり，それを夜に持ち越さなくなった。また，ヘンリーはおそらく母親がいつ自分を預けるのか，いつ預けないのかを常に知ることによって，大抵は安心するようになった。この安心感がふたりの間に定着して，母親は息子を預けることに関しての自分の感情を見つめることができ，自分が想像していたよりその感情が複雑であることが分かった。母親は以前には自分が息子を置き去りにしていることを認めていなかった。すなわち，仕事が息子から自分を引き離すと考えていた。母親がこの状況を息子は母親に置き去りにされていると感じていたのだと気づいた途端，自分でも同じように考えられるようになった。母親は分離についての責任を取った。母親は息子と離れる時間を後悔しながらも，自分の仕事を楽しめるようになった。

　夜，親たちが赤ん坊の怒りに対処したり，自分自身の中にある休息と睡眠への満たされない欲求に対する怒りに向き合うと，大いに困惑することになる。多くの親たちが夜に赤ん坊を叩いてしまうのではないかと恐れるのも無理はない。常識的な範囲で断固とした態度を取ったり，怒りさえも表すことを自分に認めることは，度が過ぎてしまうことへの恐れをどれほど食い止めるだろう。限度の範囲内で怒りを表現することが自分たちだけでなく，赤ん坊にとっても安心を与えるものになると知ることは，両親にとって役立つであろう。

夜通し泣き続ける赤ん坊は，自分の子育ての質についての親たちの信念や判断を傷つけることもある。やや低体重児を持つ愛情豊かな母親は，息子が泣く度にその子を抱き上げなければならないと感じていた。それは時に夜，一時間毎のこともあった。母親は息子が何かを必要としていることは分かったが，それが情緒的なものなのか，食べ物なのか分からなかった。私は息子さんが必要としているのは夜よく眠ることであり，それは母親にとっても同じであると断言した。この母親は私のコメントを事実として認めたが，それらの意味するところに赤ん坊を委ねられないでいた。

症　状

　この短期集中の治療では症状に焦点を合わせるのが重要であるということは，興味深いひとつの視点である。私の経験では，ただ単に一般的な支持的なやり方で母親または両親に会って，親たちの中にある不安や夫婦間の葛藤を取り上げただけでは子どもの睡眠に影響を与えない。
　私はモリーの他に3人の子どものいる母親を2年以上に及んで診療したが，これは稀なことである。この母親は有能でクリエイティブな女性で，とても心配性でもあった。私は最初は2週間毎，その後は1カ月毎の面接を行った。その母親と夫は混乱した家庭を立て直し，生活スタイルを大きく変え，母親は子どもたち4人全員との関係を改善させた。私が母親に最初に会った時，末子のモリーは生後数カ月であった。母親は面接中，何度もこの子が上手く眠れないと訴えた。その家族に蔓延した混乱という文脈からすれば，それは当然のことのように思われた。モリーが2歳になって初めて，母親はモリーの睡眠に関する問題が家族の中で最も差し迫った問題だと話した。私たちは一緒に座って，こころをひとつにしてこの問題に集中した。モリーの問題は，母親自身が搾取され酷使されるのを容認してしまったケースのひとつのようだった。私たちはこれを他の子どもたちや家族全体の視点から見てきたテーマであったが，特にそれを一番下の子の睡眠に関する問題に繋げていなかった。確かにこの子どもはその夜からよく眠るようになった。
　この母親との治療の重要なテーマは子育ての中に限界を設定することだった。母親は偶然にも治療機関の限界について重要なことを私に教えてくれた。その母親は約束の日に受診できず，翌日電話で，自分の赤ん坊ではなく，親しくしていた赤ん坊が亡くなったと説明した。母親は落ち込んでいたが，この病院の

小児科で私の予約がとれるのは2週間先だった。私は母親にいつもの治療機関とは別の私の勤務先のチャイルドガイダンスクリニックでの翌日の予約を勧めるのが賢明であると判断した。その母親は私がそこで働いているのを知っていたし，その近くに住んでいた。母親は翌日やって来て，気持ちを鎮めて赤ん坊の死について詳細に話した。その母親は関わった医師たちに助けられたと述べた。母親はその病院の医師たちのことについて，まるで私が知らないかのように話していると私は気づいた。チャイルドガイダンスクリニックで働いている時の私は，その母親の目にはもはや病院で働いている人たちの同僚ではなかったのだろう。それどころか，その時の私はその医師たちにとって，赤の他人なのだった。暗に，チャイルドガイダンスクリニックで働く私は病院で働いている私とは別人だと言うこともできる。

憤　慨

　睡眠に関する問題の背後にあるもうひとつの重要な要因は，自分がいる環境の重要な側面についての母親の憤りであるように思われる。この憤りは回顧的なものでもある。私は印象的な外見のスコットランド女性と，その膝に姿勢正しく座っているその女性と同じくらい美しく端正な顔立ちの赤ん坊に会った。その女性は自分より社会的地位が低いと思われる男性と付き合い始め，母親から勘当されていた。度重なる失敗から，夫婦はとうとう赤ん坊が生まれる頃には「ホームレス家族」になってしまった。その夫婦の住宅事情は劣悪で，その女性はそれを回避するために仕事に出るようになり，よいベビーシッターに赤ん坊を預けることができた。夫婦はいまや，その女性の表現によれば素晴らしい市営住宅にいた。その女性は仕事を楽しみ，気まぐれな母親とすぐにでも仲直りすることを望んでいた。その女性は自分の夫が現実的な面でも情緒的な面でも完璧に支援してくれていると感じていた。それにもかかわらず，私はなぜふたりが結婚しないのかに疑問を抱き，すべてがきちんと解決したわけではないと感じた。私は赤ん坊がもっと幼い時に過ごした嫌な時期について，その女性が感じていたと思われる大きな憤りを言葉にした。その女性は自分が苦しんでいた感情の真の原因を明確に理解して喜んだ。そして，翌週に再診して，赤ん坊は夜ずっと眠るようになったと私に告げた。
　私は劣悪な住宅環境に住む多くの家族に会うが，時に劣悪な住宅環境はそれ自体が子どもに情緒的な面での問題を生じさせる訳ではないことを示す実例も

知っている。私がよく目にするのは，劣悪な住宅環境に対する両親の怒りがこれらの状況での子育てを難しくさせていることだ。この怒りは大抵は建設的に働き，その家族にとって何かを変える唯一の有効な武器となる。しかし，家族の中の憤りや，解決策を与えてくれる役所の役人を為す術もなく待っていることが，情緒的な問題を一家族の内部で上手く処理するのをとても難しくしてしまうことがある。これらの問題には睡眠に関する限界設定が含まれている。

逆説的に，睡眠の枠がかなり厳しく設定され過ぎている家族もいる。睡眠障害に考えられる原因のひとつには，子どもが日中家の中に閉じ込められ過ぎていることが挙げられる。外に遊びに行くことができなかった子どもたちはひどく興奮した緊張状態にあり，リラックスして眠りにつくのが難しくなる。極端な例では，無職の両親と２歳の子どもが一日中家にいた。８歳の娘が学校から戻ってくると，その娘は再び家族の買い物をするために外出した。２歳の子は堕落した親たちがテレビを見ている間，アパートの中をぶらぶらと歩き回っていた。夜にも昼間と同じくらいほとんど構造というものがなく，その子はベビーベッドを出たり入ったりしていた。

これと反対に，とても活発でしばしば聡明でもある子どもたちにも，ベッドに行って眠りにつくことができない子たちがいる。この子どもたちは日中，自分たちをいっそう刺激するような活動しかしていなかった。その子たちはリラックスして，あまりエネルギーを使わないような退行的な遊びをしていなかった。そのような子どものひとりの親は，何かとても単純な遊びが子どもの一日になかったのではないかと考えた。両親は日中，砂遊びや粘土遊び，水遊びをすることが子どもの夜の落ち着きに違いをもたらすことに気づいた。これらの遊びはすべて体力を使う一方で，内省的思考を発達させる。元気な子どもたちはこのような単純な活動で落ち着くこともある。

ドーン

ある家族は片親家庭が抱える問題を劇的に例証していた。睡眠に関する問題は他の課題への序章でもあった。初夏の少し前に，ドーンという５歳の女の子と妊娠８カ月の母親が私に紹介されてきた。ドーンは眠らず，学校にも行きたがらなかった。ドーンの父親は数年前に母親の元を去り，次に生まれてくる赤ん坊の父親も母親に激しい暴力を振るって出て行ったばかりだった。私は最初のセッションで，ドーンの前で母親にこの話の一部を話させた。私は話を聞き，

ドーンも人形と遊びながら話を聞いていると伝えた。私がドーンの睡眠障害について尋ねると，母親はドーンが眠りたがらないことと悪夢を見ることを話した。すべての恐ろしい体験の後，ドーンが母親に関して心配しているのは何であるかということについて，私が考えていることを話した。ドーンは注意深く聞いていた。私はドーンによく見る悪夢について話してくれるように頼んだ。ドーンは部屋を横切り，私の前に立ってとても長い間話した。私はドーンのお喋りについていくことができず，ドーンが話したことを何ひとつ理解できなかった。しかし，明らかに母親はそれを理解できていた。母親はドーンが先ほど母親の話を聞いていたのと同じくらい熱心に聞いていた。私は，「それは本当に恐ろしい夢だね。お母さんに毎朝どんな夢だったかを話さなければならないよ」とまじめに話した。

翌週，その親子は私に悪夢は見なかったと報告した。ドーンは毎晩苦もなくベッドに入り，一晩中ぐっすり眠るようになった。その週，ドーンは母親の男友達がアパートをめちゃくちゃにした時のことを鮮明に詳しく私に話してくれた。母親は以前にドーンにそのことをまったく話すことができなかったと私に言った。私はふたりがそのようなことについて話すには手助けする外部の人間が必要なのだろうと伝えた。

哀れなことであったが，ドーンと母親は共に私を単なる外部の聞き手としてではなく，いなくなった父親として利用することができた。私たちはドーンが母親の面倒を見るために学校から帰ると家にいること，そして自分がどれほど万能であると感じているのかについて話した。私が一度，ドーンは小さな子どもだからあれこれ決めることはできないということ，それはお母さんが決めるのだということをドーンに伝えると，ドーンは「違うわ，あなたが決めるの」と応えた。ドーンは家であまりにも強く必要とされ，学期の最後の2週間は学校に行けなかった。加えて，7月の終わりに必要な目の手術を受けた。母親は妊娠で疲れていたが，何とかして病院でドーンと一緒にいることができた。これは私がそのように勧めたからであったと思われる。親子は手術の後，私の元を訪れ，その経験について話した。

新しい赤ん坊は男の子で8月に生まれた。そしてドーンは新学期の初めからはとても喜んで学校に行った。母親は新しい赤ん坊をクリニックでの健診に受診した時，私を訪ねてきた。ドーンは学期の半ばに学校での様子を報告しに来た。ドーンは学校のトイレでやっているゲームについて話した。ドーンは男の子のトイレには印があるが，女の子のトイレには印がないということを強調し

て私に話した。私はドーンが新しい赤ん坊が男の子だということについても考えていて，おちんちんはその子が男の子である印で，女の子にはそのような印がないということを伝えた。すると，母親はくすくす笑って，ドーンは赤ん坊のおちんちんに気づいていないようだと言った。私たちは赤ん坊は男の子なので，ドーンが母親が自分より生まれた赤ん坊の方を好きになると心配しているのではないかということを話すことができた。ドーンは依然，家では威張り散らしていた。私たちはドーンがママのように本当の大人でもなく，特別に扱ってもらえる新しい赤ん坊でもないというジレンマに陥っているということについて話した。

結　論

　睡眠に関する問題について注意深く見ていくと，親になることに関わる感情の複雑さに気づかされる。私たちは母親と赤ん坊が初期の密着状態からお互いをふたつの別個の存在として見るようになる過程が，どんなに微妙なものかを理解した。睡眠障害はどの段階においても混乱した状態を強調する。赤ん坊の欲求に対する感受性や赤ん坊の不安を理解し，そして自然に提供される快適さは段階的に限界を設定することによって，いかに調整される必要があるかということを私たちは見てきた。親は赤ん坊の恐怖を理解することによって，その恐怖をコンテインすることができるようになる。赤ん坊は徐々にそれらに自分で対処できるようになる。親は赤ん坊の不安をまるで自分のものであるかのように扱う必要はない。

　私は時折，子どもの感情発達の考えにもっと触れさせるために，親たちにウィニコットの著作『*The Child, The Family and The Outside World*（子どもと家族とまわりの世界――ウィニコット博士の育児講義）』を読むように伝えている。ジョー・ダグラス Jo Douglas とナオミ・リッチマン Naomi Richman による著作『*My Child Won't Sleep*（私の子どもは眠らない）』も薦めている。この素晴らしい本は親たちが自分の子どもを眠らせる戦略を立てるのに役立つ。この論文では，睡眠に関する問題が自分の子どもの情緒生活や親子関係の中で何を象徴しているのかを親たちに推測してもらうために，私がどのようにして援助しているのかということを説明してきた。睡眠に関する問題が象徴しているものを理解することによって，親たちは効果的に変化することができるのだ。

　私が治療にもたらしているものは，赤ん坊の現在の生活の詳細の中で親たち

が夢中になっていることをよく聞いて分かち合う能力と，これを赤ん坊が生まれた家族のパーソナリティや関係などの背景と結びつける能力である。これらすべてに没頭することは大変な仕事である。私の応答はそれぞれの家族に対して新鮮で自然なものでなければならず，自動的に解決されることはないのだ。おそらく赤ん坊について具体的な経験を持ち，家族の関係がどのように発展するかに興味を抱く専門家であれば，この作業を行うことができるだろう。定式化された方法があるわけではない。セラピストは毎回それぞれの家族の物語が伝える激しい不安と感情に揺さぶられる覚悟をしておかなければならない。

参考文献

Douglas, J. and Richman, N. (1984) *My Child Won't Sleep*. London: Penguin.

Sendak, Maurice (1970) *Where the Wild Things Are*. London: Puffin Books.（神宮輝夫訳：かいじゅうたちのいるところ．冨山房，1975.）

Winnicott, D.W. (1964) *The Child, The Family and The Outside World*. London: Penguin.（詫摩武俊・高辻玲子訳：子どもと家族とまわりの世界——ウィニコット博士の育児講義（上・下）．星和書店，1985/1986.）

関連図書

Dunn, Judy (1980) Feeding and Sleeping. In: *Scientific Foundations of Developmental Psychiatry*. London: Heinemann.

Fraiberg, Selma (1950) On the Sleep Disturbances of Early Childhood, *Psycho-Analytic Study of the Child*, 5.

Haslam, D. (1985) *Sleepless Children*. London: Piatkus.

Klein, M. (1963) *Our Adult World and its Roots in Infancy*. London: Heinemann.

第11章　夜の中へ——子どもの夢の本[原註1]

エレン・ハンドラー・スピッツ

　夕暮れ，それは覚醒とまどろみ，活動と休止，他者との対話と内省の間に漂っている繊細な時間である。日中には姿を現さなかった不安と憧れが突然に激しい勢いで生じてくる。

　子どもが眠りにつくということは，活動に満ちた日中の後のくつろぎや心地よく暖かな布団，それにおそらくおやすみのキスというご褒美をしばしば意味している。それは遊びや食べ物，そして人と交わることに別れを告げることでもある。眠りにつくことは休息と平穏への要求に屈することを表している。詩や祈りの中では，眠りは人生最後の別れの比喩として使われてきた。たとえば，『*The Gates of Repentance*（後悔の門）』という改革派ユダヤ人の大祭日のための記念礼拝の祈禱書には，「子どもは眠りについた時にだけおもちゃを手放すように，我々が握り締めた地上の財を手放すのは，我々の上に死が降りかかった時だけである」(1984, p. 480) という一文がある。キリスト教徒の多くの子どもたちはおやすみ前の祈りを暗誦するように教えられる。それもまた，眠りと死を関連付けている。「今，私は眠りにつこうとしています。そして，私の魂をお守りくださるよう主に祈ります。もし目覚める前に私に死が訪れたなら，私の魂を連れて行ってくださるよう主に祈ります」と。このように夜眠りにつくということは，喜んで受け入れられることもあれば，恐ろしい経験でもあり，そして通常は混在した情緒を伴う経験である。

　毎晩，安心して穏やかに眠りにつくことは，子どもにとってその後の人生で必ず直面しなければならない，もっと辛い最終的な別れの準備となる。実際に，死をもっとはっきり描いている本を見ると，私たちはその中に子どもの頃のおやすみの光景を見出すことも多い。興味深いことに，欧米の中流家庭の子どもは他の階級や他国の多くの子どもたちとは違って，自分の部屋でひとりで眠るように躾けられている。しかし，他の子どもたちや家族のメンバーと近い場所

原註1) この論文は，Yale University Press (New Heaven and London) から1999年に出版された著者の『*Inside Picture Books*（絵本のなかへ）』から本書のために特別に採用された。

で眠るとなれば、おやすみや自分の空想、そして夢に対して子どもが示す反応は大きく変わるだろう。

　おやすみの時間は大抵、幼い子どもと両親で穏やかに取り決められるが、いつもそうだとは限らない。問題が生じる時には多くの原因が存在している。原因はその子ども個人やその状況に特有のものであったり、もっと一般的なものであったりもする。この短い論文の中ではおやすみの時間を取り上げ、子どもが眠りや夢の世界に移行する際の緊張を和らげるために長い間読まれてきた、いくつかの古典的な絵本について考察してみようと思う。本はそれぞれに個別的な視点を持っており、隠されてはいても時々現れることもある子どもたちの心配事を巧妙に語っている。

　慣れ親しんだ周囲の状況や物が見えることは子どもに安心を与えるが、暗くなると盲目同然となるため、暗闇自体が恐怖の源泉になる。マーガレット・ワイズ・ブラウン Margaret Wise Brown とクレメント・ハード Clement Hurd 作の『*Goodnight Moon*（おやすみなさい おつきさま）』(1947) はその事実を示している。小さいうさぎは自分の部屋にある大好きなものを眺める力が段々弱まっていくにもかかわらず、それらが無傷のまま生き残り、同様に自分や自分の世話をしてくれる人の愛情もまた生き残るということを期待できる、という心安らぐ理解をその絵本は伝えている。

　おやすみの時間は両親が積極的に子どもから離れようとする時であり、時と場合によって子どもはこの習慣的な別れに対し、見捨てられたように感じることもある。両親が子どもたちから身体的に離れる時、両親は一時的に関心や愛情を持ち去り、それを夫や妻、別の人や関心事に向け直す。子どもはそのことにすぐに気づくのである。ひとりベッドに残された子どもが、自分が無視されていると感じ、両親の愛と思いやりの最愛の一次対象であり続けたいと思うのは無理もない。（この願いの典型的な発露は、『*Where the Wild Things Are*（かいじゅうたちのいるところ）』で、自分の部屋に追放されたマックスが、かいじゅうたちとどんちゃん騒ぎをした後、ひどく疲れて座り込み、がっかりして自分の腕に頭を乗せてひと休みし、そして「さびしくなって、やさしいだれかさんのところへ　かえりたくなった」[訳註1] 時に見られる。）冒険心に富む子どもたちは、自分たちが望んでいない状態にいることに気が付き、ご存知の通り、逃れようのない夜の別れの時間を引き延ばすためにいろいろ巧みな計画を企て

訳註1) 『かいじゅうたちのいるところ』からの引用には神宮輝夫の訳を用いた。

ラッセル・ホーバン Russell Hoban とガース・ウィリアムス Garth Williams の『*Bedtime for Frances*（おやすみなさい フランシス）』(1960) は，このテーマについて語っているものである。本の扉では，小さいアナグマの女の子が自分の手をくわえて，ちょっとだけ開いたドアの隙間から部屋の中を覗き込んでいる。そこにはアナグマの両親がまだ起きていて，一緒に楽しんでいるところだと想像できる。この子はちょっとおどおどして自分がそこにいるべきではないことをとてもよく知っている。しかし，その小さい女の子に一瞬希望が閃く。多分，今夜だけは両親は自分が起きているのを許してくれて，一緒に過ごさせてくれる。そのイメージは子どもの頃に抱いた典型的な瞬間を捉えている。両親に「だめよ」と言われることはよく知っているのに，今回だけは特別に許してくれるだろうと子どもたちは願い続けるのである。マクベスの実に感動的な芝居を見るといつも私は，苦悩する残忍な領主に哀れみを感じ始め，見込みがないにもかかわらず，今回だけはバーナムの大森林がダンシネインの高い丘に攻め上って来ないでくれと望み続けるのもおそらく同じことであろう[訳註2]。

　この絵が暗示しているように，おやすみの時間というものは厄介なものである。なぜなら，欧米の多くの家庭では，おやすみの時間は幼い子どもが自分を愛してくれる人から引き離されることを意味しているからである。そればかりでなく，両親はふたりだけでずっと一緒にいられて，楽しいことや秘密のこと，夜の営みなどを行う。フランシスは扉からチラッと覗いて，自分だけが除け者にされた辛い気持ちを表現している。おやすみの時間は置き去りにされることを意味している。

　同じように，モーリス・センダック Maurice Sendak の『*In the Night Kitchen*（まよなかのだいどころ）』(1970) も，両親の親密さから排除されるというおやすみの時間をテーマにしているが，ここには男性性がはっきりと表れている。『まよなかのだいどころ』の主役のミッキーと『おやすみなさい フランシス』の主役のフランシスとの大きな違い，つまり，それぞれの状況と折り合うか，それを支配しようとするかは性差によって説明ができる。ミッキーはうるさい両親に勝利し，両親なしでも自分の身を守ることができるということを証明するために英雄的な空想を作り上げている。一方，フランシスは「見捨てられた」状態の中で，両親からの自立を勝ち取るのではなく，むしろ憧れ

訳註2) シェークスピアの『マクベス』では，反乱軍は森に化けて，マクベスのいるダンシネインに進軍してくる。

の両親の巣に自分が潜り込むという方向に自分の賢さのすべてを注ぐ。このように，2 冊の本はそれぞれに，そして共に少年と少女の社会化の異なる様相について述べている。前者は自律と自己信頼の方向で，後者は人間的な触れ合いと交流を妨げない方向で推し進められる。

　悪夢の恐怖はマーサー・メイヤー Mercer Mayer の『*There's a Nightmare in My Closet*（おしいれ　おばけ）』(1968) のテーマである。フランシスの絵本や『かいじゅうたちのいるところ』に親しんでいる子どもはこの本に特に共感すると思われ，2 冊ともこの本の中に絵入りで引用されている。他のいくつかの本と同様に，この本も怖い夢や空想の産物，つまりかいじゅう（恐ろしい悪夢）を描いている。主人公の名もない幼い少年はそれを飼い馴らすことができ，普通，よちよち歩きの幼い子どもが赤ん坊の弟や妹に向ける蓄えられた愛憎をもって，それに対応することすらある。

　最終的に 4 歳から 6 歳くらいになると，子どもは暗闇にひとり残されても，ひとりでいられる能力を獲得する。子どもたちはおやすみの時間がもたらす機会を満喫すると言ってもいいだろう。そこでは誰にも邪魔されずに想像力を働かせることができる。そして思うままに危険に立ち向かって生還し，昼間の嫌な出来事に見事に打ち勝つという冒険をやってのけるのである。ミルン A. A. Milne の素晴らしい詩はこころを奮い立たせる。

　　ここでは　くらくてひとりです
　　　いったい　どんなになるんだろ
　　思いたいこと　思っていいんだ
　　遊びたいこと　遊んでいいんだ
　　笑いたいこと　笑っていいんだ
　　　ぼくのほかには　誰もいません
　　うさぎにお話しています
　　　　　　お日さまにお話しています……
　　ぼくは百だと思ってみる──
　　　ぼくはひとつだと思ってみる

　　　　　　　　　　　　（『Now We Are Six（六つになったよ）』, 1927, pp. 100-1）
　　　　　　　　　　　　　　　Dell Publishers の許可により再編集
　　　　　　　　　　　　　　　　　　　　　　　　　　　　［山田正巳訳］

　同じような想像上のおやすみの時間の冒険は，クロケット・ジョンソン

Crockett Johnson の素晴らしい絵本『*Harold and the Purple Crayon*（はろるどとむらさきのくれよん）』(1955) の中で目に見える形で表現されている。このような本では，おやすみの時間はこころの実験的作業のための理想的な機会として描かれている。はろると坊やが想像力によって何の検閲もなしに自由奔放に「絵を描く」時，はろると坊やは自らの孤独の喜びを味わっている。

『おやすみなさい おつきさま』のイラストレーター，クレメント・ハードが亡くなった時，「ニューヨークタイムズ」(1988/2/14) のバレンタインの祝日の社説で追悼の意が表された。タイムズの記事は「何か説明できない不思議な魅力がある」と明言して，身体をきれいに洗い，パジャマを着せられた何百人もの小さな子どもたちがこの芸術家が創造した世界の中で穏やかに眠りについたことを思い出させた。ハードが亡くなるまでに『おやすみなさい おつきさま』は 40 年間も出版され続け，200 万部以上売れていた。

子どもが『おやすみなさい おつきさま』の世界の中で実際に眠りにつくという「タイムズ」(1989/1/25) の記者が書いた想像力溢れる光景は，クレメント・ハード自身が語った逸話の文脈で『おやすみなさい おつきさま』を読むとより明確になる。ある夜，18 カ月の幼い坊やは寝る時間に，『おやすみなさい おつきさま』を 5 回聴いていた。坊やは最後のお話が終わると，目の前にその本の最後のページを開けっ放しにしてじっと見つめていた。そのページは「大きな緑色の部屋」が段々暗く，静かになり，小さいうさぎが目を閉じるというものである。そして「おやすみなさい，あちこちにいる音たち」と書かれている。その幼い坊やは自分の前に開かれた本を見つめ，それからゆっくり片足を左側のページに置き，もう片方の足を何とか右側のページの上に置こうと格闘していた。すると途端にその坊やは泣き出した。これを見ていたお母さんは，すぐにその坊やが何をしていたのか分かった。坊やは自分の小さい身体を全部，『おやすみなさい おつきさま』の心地よく優しい世界に入り込ませようとしていた。

イメージと想像力

ある芸術作品が愛される理由を説明することはおそらく不可能である。私たちができるのはあくまでその手がかりを提供することに過ぎない。これらのおやすみの絵本の場合，そうした手がかりが意味するのは，それらの本は私たちが次に子どもに読み聞かせをする本になるかもしれないということである。そ

れは身近にある本ばかりでなく，他の本や他の芸術的なものについても言える。なぜ，ある特定の芸術作品が愛されるのかということについての手がかりから，進行中の子どもとの対話が豊かになることもある。私たちが一番重要だと思える要素に対しての洞察を得られれば，それらを探し出して発見し，どこかでそれらを再び作り出すことができる。

　鍵となる要因として，リズムから考えてみよう。ここでリズムの意味していることは，音と絵の滑らかな流れと前に進む動きのパターンのことである。『おやすみなさい　おつきさま』はそのようなリズムで組み立てられている。もしあなたがその単純な文章の中で，アクセントのついた言葉の規則的な拍子を聞き，頭韻（'great green room'）と中間韻（'little bears sitting on chairs' や 'brush' 'mush' 'hush'）が一緒になるとどんなに穏やかに聞こえるかに気が付けば，この決定的な要素の巧妙な仕掛けが理解できるだろう。そして，他のところでもそれを探すようになるだろう。『おやすみなさい　おつきさま』は，子どもが眠りにつく前の瞬間に心臓の鼓動が穏やかになるように，それに聴覚的に対応し，相補するものを提供する。

　『おやすみなさい　おつきさま』の冒頭では，うさぎの部屋のふたつの時計は7時を指している。これらの時計の針が指し示すように，時刻は最後のページでは8時10分に進んでいる。こうして，本の最初から最後までに想像上の丸1時間が経過している。このようにゆっくりしたペースに落とすことは，昼から夜への移行，活動から休息への移行というこのテーマに極めて相応しい。

　この時間の引き延ばしは，この本が最初に出版された50数年前と比べて，もっと辛い今日の状況に対する解決策を象徴し，具体化したものである。今日のアメリカの子どもたちは，必要に迫られ科学技術に追い立てられたペースの速い文化の中に強制的に追い込まれてもがいている。逆説的なことに，子どもたちは急がされて絶えず加速しながら，同時に抑えつけられてもいる。子ども自身の想像力の発達や，統御能力を少しずつ獲得する余地はほとんど与えられておらず，今日の子どもは凄まじい勢いで次々に現われる出来合いの刺激物，つまりイメージや感覚，印象に攻め立てられている。視覚的に表現された「情報」をメディアがばら撒き，映像が飛ぶように過ぎ去っていく中で，私たちは伝達のスピードや量による長期的，短期的な影響に関してほとんど理解していない。それがこころに与える結果は何だろうか。時間の流れの速さをそうした危惧として際立たせること，それが悪影響を及ぼす可能性について考えさせることになる。たとえば，特に刺激的で恐怖を与えるようなイメージを素早

く処理する力は，内省やコンテイン，微妙なニュアンスの違いを持った情緒的な反応といった人間の能力を育てるよりもむしろ，萎縮する方に作用するのではないか。もし視覚的な素材にあまりに急速に晒されると，これまで大切にされてきた昔からの喩え，「百聞は一見にしかず」は崩壊するのではないだろうか。スピードは先送りすることや熟考するということの美徳を増やすのではなく，減らすという結果に到るのではないだろうか。私たちが目の当たりにしている，よりゆっくりとしたペースの語り言葉の文化から，より速いペースのイメージ中心の文化への変化によって，どれだけ多くの人間性が損なわれるのだろうか。特に意味深く安全な世界を自分自身で発見し構築することが最初の使命とされる生まれたばかりの子どもたちに，この変化はどんな影響を与えるのであろうか。

　『おやすみなさい　おつきさま』はスピードの速さを徹底的に拒んでいる。これは急いで読み通す絵本ではない。この意味で本書は歓迎すべき解決策として働く。一日を忙しく過ごした子どもは，その本の中に入り込んでリラックスすることができる。確かに子どもたちは次に何が起きるのか知っている。それでもなお，子どもたちはおどけた仕草をする小さなねずみの後を追って行き，ねずみが新しい言葉に出会ったり，新しいものを観察したりするように学ぶのである。子どもたちは想像の空間の中で，期待が満たされた喜びを感じ，願いが叶ったと感じることができる。このように，『おやすみなさい　おつきさま』は決して活気のないものではなく，探険の場でもある。この本は芸術家のアトリエを思い起こさせるような世界を創造している。そこでは馴染み深いものが成長のための場所になるのである。たとえば，その本によく似た鮮やかな朱色，緑のタッチと金の斑点，ワイングラスや椅子や棚，額縁のある絵やない絵，時計らしきものや窓らしきものが描かれたマティスの絵「The Red Studio（赤いアトリエ）」(1911) を思い出してみて欲しい。芸術家のアトリエは幼い子どもの寝室ととてもよく似ている。たくさんの物に取り囲まれいっぱいになったこの部屋は，安全と発見，仕事と休息というふたつの特徴を併せ持つ場所でもある。

　さて，ここでリズムと繰り返しの話題に戻るために，『おやすみなさい　おつきさま』ではこうした美的特徴が視覚的には勿論，絵画的にも機能していることを記したい。ここでのイメージの繰り返しは明白で，巧みである。傑作というのは，繰り返すことで安心感が与えられるからである。幼い子どもたちは，初期のアイデンティティや境界の感覚を鍛錬したり，強化したりする過程

にあるということを私たちが理解すれば，まさに子どもたちは意識を失うことによって，自分は誰なのかという新たに発達してきたアイデンティティの感覚が脅かされるように感じる。このことによって，眠りに落ちるのに抵抗するのかもしれないということに気づかされる。このことはセルマ・フライバーグ Selma Fraiberg が『*The Magic Years*（小さな魔術師——幼児期の心の発達）』(1959, pp. 174-5) で指摘している。この考え方を受け入れられないと思うならば，あなた自身が眠りにつく時に，時々大人でも感じる恐ろしい瞬間を思い出して欲しい。このような恐れはコントロールすることを断念し，一時的に意識を失うという不安としばしば関連している。そして，眠ることと死ぬことが象徴的に関係していることによって，不安はさらに大きくなる。私たちはこれらのことに既に注目してきた。このような不快な気分で目覚めている時，『おやすみなさい おつきさま』は心理学的，審美的に様々なレベルで恐れを鎮め，悪い夢を見ないようにさせようと働く。自分が自分であるという感覚がそっと去って行くように感じられる，まさにその瞬間に，それらの絵が子どものそうした感覚を支える。毎日の生活で馴染み深く感じているものが絵に描かれることにより，そしてそれらの名前を繰り返し呼ぶことで，そのページは命や自分自身は元のままそこにあり，暗闇が立ち込めてもそこに存在し続けることが期待できるというはっきりしたメッセージを運ぶ。

　『おやすみなさい おつきさま』で生き残る対象の心理学的な機能は意味深い。それらは，幼い子どもたちに人生は信じるに値すること，人生は安定しているもの，頼りになるもの，そして耐久性のあるものだと教えている。幼い子どもはいわば存在していた対象が消え行く世界の中で生きている。母親が見えなくなると赤ん坊が泣き出すのは，母親の不在によって自分の存在が脅かされるように経験するためである。早期の発達に重要なステップは，それゆえに「対象の永続性」，「対象恒常性」または「基本的信頼」と呼ばれてきたものを確立することである。本質的に，これらの近接概念はひとえにその時見ることができないからといってそれらが永遠に消えてしまったわけではないという揺るぎない認識を意味しているのである。視界から消えたとしても，人が深く愛するものは永久的にその人が獲得したものなのである。同様に自分の存在も継続する。かくれんぼやいないいないばあというゲームはこのようなことを学ぶことの必要性に基づいたものである。さて，論点は明白である。『おやすみなさい おつきさま』のそれぞれの対象はそれが何か見分けることができるし，名前を呼ぶことができる。しかも，それら対象はそれぞれ繰り返し現われ，初めから終わ

りまで消えずに残るのである。暗闇が世界を包み込んでも，愛や自分自身は持ちこたえることができる。この点を明確にするため，最後のページでうさぎのおばあさんは夜の闇に消えてしまい，小さいうさぎはひとり取り残されるのである。クレメント・ハードはマーガレット・ワイズ・ブラウンと一緒に描いた『*Runaway Bunny*（ぼくにげちゃうよ）』(1942) という本で，もう一度このことを語っている。この本では，子どもとお母さんが何回別れてもいつも再会できる。こうして，『おやすみなさい おつきさま』は永続的な愛を隠喩的に保証しているのである。

　『おやすみなさい おつきさま』はまさにに素晴らしい作品である。背表示が剥がれテープで補修され，ページがバラバラになりかけていても，その本は，何事も過去のものにしたがる学者たちを丁寧に退けながら，優しくそこにあるのである。「私をご覧なさいよ。私は50年前に作られたのですよ。幼い子どもたちのお母さんやお父さんの生まれる前です。その上，ずっと愛されています。アメリカでは過去半世紀にわたって，レッド・パージ，スプートニク，市民権運動，ヒッピー，ベトナム戦争，女性解放運動，同性愛の権利，ウォーターゲート事件，インターネット，サイバースペース，新ミレニアムの到来と，変化をしていったにもかかわらず，私を持っていて私を敬愛している何千人ものアメリカの子どもたちが今なお私を毎晩ベッドに連れて行ってくれる」と，この本は語っている。

　おそらくこの小さな傑作の引き立て役として，さらにひとつふたつ大事な主張を追加するために，私はもう一冊の子どものおやすみの本，マーサー・メイヤーの『おしいれ おばけ』に注目したいと思う。それは子どもの夢の成り立ちや内容を明確に取り扱っている一冊である。

　評判が高く，何回も増刷されたこの本の最初の見開きのページは『おやすみなさい おつきさま』（幼い男の子のベッドは小さいうさぎのベッドと同じような場所に配置されている）や『おやすみなさい フランシス』（窓辺にかかっているカーテンはこの本の最後のページを思い出させる）を既に読んでいる子どもたちには，たぶん馴染み深いと思われるイメージを提示している。物語が進むにつれ，子どもたちはよく知っているマックスのかいじゅうたちの領地を思い出しさえもするし，同じくスース博士[訳註3]の作った架空の雑種の生き物が歩き回っている島を思い出す。このような連想は，完全に意識されていなくとも，

訳註3）米国の著名な児童文学者，代表作『*Cat in the Hat*（キャット イン ザ ハット）』などがある。

新しい物語や絵に慣れるために作用し，特にこの場合のように，本の内容が心配を生じさせるかもしれない時に，根底に流れる心地よい雰囲気を醸しだすのに一役買っている。

　センダックやスースの本とよく似て，『おしいれ　おばけ』の絵は細かい線を多用した漫画のようなスタイルで描かれ本文を飾り尽くしているので，話の筋はそのイメージ自体から直に読み取ることができる。それは夜の恐ろしさから抜け出す決心をした幼い男の子の一人称の物語であり，その夜の恐ろしさはおしいれの中に隠れているおばけの姿で表現されている。男の子はヘルメットとおもちゃの銃を脇に抱え，野獣が現れた時にそれを撃って脅そうとしている。しかし，やがて野獣が予想通りに登場すると，それは脅しているというよりもむしろ罪を深く悔いて，怖がっているように見える大きくて間抜けなかいじゅうだということが判明する。幼い男の子はとにかくおもちゃの銃を撃つ。それに反応して巨大なおばけは泣き出す。そのおばけは口の中に指をくわえ，まるで大きな赤ん坊さながらである。その外見からおばけはお話を読んでもらっている多くの子どもたちの一体感や同情，笑いを上手く集めている。興味深いことに，その主人公の男の子の最初の反応は悔恨や共感ではなく，怒りだった。ご存知のように実際，自分が叱った子どもが泣くと多くの親たちはものすごい怒りを表すのである。したがって，ここでの男の子の反応はあまり賢明な態度ではないとしても，まさに両親の態度を反映している。少年は泣き叫んでいるおばけに静かにするように命じ，それから気持ちを和らげて，自分の小さいベッドに連れて行く。かくして，フランシスが自分のおやすみの時間の悪戯で達成しようとした，そして，ミッキーが夜の台所へと飛行することで否定しようとしたまさにその目的を（自分自身の立場と同じように両親の立場からの）空想の中で果たすのである。

　男の子はおしいれの扉を閉め，おばけと一緒にベッドの中に潜り込み，「あそこには　まだいるんだろうけど」と言う。そして，「ベッドはもうまんいんさ」［今江祥智訳］と笑って付け加えた。それにもかかわらず，本の最後のページでは男の子と飼い馴らされたかいじゅうが真っ暗な寝室で眠りにつくと，大きな頭がおしいれの扉から突き出している。なんと，別のかいじゅうが本当に突然現れたのである。そこに説明はなく，本書は終わってしまう。

　よく考えてみると，この結末に対して私は何だか複雑な反応をしているということを徐々に実感した。一方で，『おしいれ　おばけ』はとても洗練された考えを伝えようと試みている。最後に二匹目のかいじゅうを登場させること

で，それは子どもたちに自分が知る必要がある，そして本当に知っているあることを指摘する。すなわち，怖れは一旦上手に対処されても，繰り返されるものなのだということである。同じメッセージは1962年にNutshell Libraryから出版されたセンダックの4冊目の本『Pierre（ピエールとライオン）』でも語られている。『Pierre』は小さい子どもたちを読者とした典型的な道徳の本で，反抗的な子どもがあまりにも頻繁に「ぼく，しらない」と得意げに言っていたために，ついにはライオンに食べられてしまうという物語である。この独特の物語の中に暗黙のうちに含まれる心理学的，そして美的な洗練さを感じてもらうために，センダックが本の最初と最後にまったく同じ縁取りの枠を配していることに触れたい。その枠の中には，子どもの「イヤ」という言葉が「逆さま」の形へと絵で変換され，小さい男の子がとんぼ返りをしているところが描かれている。ピエールの両親はピエールを言いくるめようとするが失敗する。両親はピエールに命令したり懇願したりするが，ついには諦めてピエールを置いて行ってしまう。自らの反抗癖のままに，その後ピエールは自分が「ぼく，しらない」［神宮輝夫訳］と返事をしたライオンに食べられてしまう。暫くして両親が戻ってきて，ピエールのベッドでライオンを見つけ，（子どもの，そして自らの攻撃性の投影である）ライオンに怒りを爆発させる。逆さまという主題（ピエールは父親に反抗して逆立ちをしていた）を繰り返す中で，ついにライオンは逆さまになってピエールを吐き出す。家族全員はライオンにまたがって家路に着く。それによってライオンは追放されるのではなく，家族の一員として受け入れられる。攻撃性はこのようにして一定の価値を与えられ，両親と子ども双方のこれからも続いて行く問題として受け入れられる。『おしいれ おばけ』と関連することは，センダックの物語の最後のページにある。家族が意気揚々とライオンの背中に乗って家に帰る時，野獣の顔にはとても愉快そうな密かな笑みが浮かんでいた。ライオンは悪戯っぽくピエールを見つめ，まるで「君は本当に，僕で終わりだと思っているんだね。まあ，見ててごらんよ……」と言っているかのようである（おしいれの中には他のおばけがいる……）。

　これは終わりがないことのとても洗練された教訓である。それは，『おしいれ おばけ』のもう一匹のかいじゅうの教訓よりはいくらかは曖昧なものの，それに似ている。しかし，幼い子どもの中には，特におやすみの時間には，よりよい結末やより大きな安心感を望む者もいる。確かに，おやすみの時間の絵本で一番満足を与えられる側面のひとつは終わりがあるということであろう。

本の表紙は開かれるが，さらに重要なことは閉じられるということである。物語にはそれぞれ明確な始まりと終わりが設定されている。この制約が子どもの世界に秩序という重要な次元を加え，そして子どもたちはいつもとても明確な終わりがある本を好むのである。このような理由から，『おしいれ おばけ』は私に少しだけ心配を抱かせる。最後のページで新しく怖いかいじゅうを登場させることによって，この本は子どもたちが望むような終わり方をせず，次に何が起こるのだろうと知りたがり，心配するような不安な状態の中に子どもたちが置き去りにされることになるかもしれないと私は考えるのである。もしそうであれば，この本は通常は心配事や怖い夢は再びまた現れるという教訓を教えるどころか，子どもが既に持っている心配の種を増やすことになるであろう。

　私の仮説を検証するために，『おしいれ おばけ』を3歳のヘイリーに読んでもらうことにした。私がこの本を見せて，これを前に読んでもらったことがあるかどうか尋ねると，ヘイリーは即座に「うん」と答えた。それからすぐに「もう一匹のかいじゅうね」と付け加えた。この自発的な，求められて答えたわけでもないほんの僅かな情報は，素晴らしく時宜を得た恐怖を迎えうつための巧みなひと言に思えた。というより，ヘイリーはもう一匹のかいじゅうを前もって呼び出すことで，かいじゅうとの戦いに備えようとしているかのようであった。私たちは読み始めた。ヘイリーは私がページをめくる間，静かに座っていた。時々，ヘイリーは遮って何か話したが，私は本をしっかり抱え，終わりに近づくまでページを次々とめくっていった。本の中の男の子がおしいれの扉を閉め，そして次に飼い馴らしたおばけと一緒に眠るためにベッドに横になると，ヘイリーはより真剣に本を見始めた。おしまいになり，とうとう最後の言葉のないページで新しいかいじゅうがおしいれから出てきた。ヘイリーはほんのちょっとそれを見て，そして次に素早い仕草で自分の右手でページの端を持ち，熱心に見つめながら急いでページをめくった。まるで次に何が起きるのかを見ようとでもするように。しかし，勿論のこと次のページには何もなかった。

　この小さな出来事は私には重要なことに感じられた。あるレベルで，少なくともある子どもにとってはこの本の最後は結末にはなっておらず，満足のいくものではないという私の予感は裏付けられた。それは絵本に対する子どもの反応には個人の特質があるということや，両親がそれに注目し，尊重し，大切にする必要があるということを強調している。ヘイリーはもう最後まで来ていることは分かっていたが，次に何が起きるのかを見るために希望を持って最後の

ページをめくった。しかし，この本をもう一度読んでもらうことを拒みはしなかった。逆に終わりがとても開かれているので，子どもによっては魅力的に感じるかもしれないし，何度も読んで征服したいと思わせる効果があるかもしれない。本をもう一度体験したいという気持ちにさせたり，それと戦いたいと思わせるかもしれない。それは言わば，子どもたちの知識と勇気対それが呼び覚ます不安の闘いである。

　この本を読み聞かせている親たちは，読み終わったら「この後，何が起こると思うかな」とか「もしあなたがそのちっちゃい男の子だったら，この後どうするかしら」といった質問をひとつふたつするのもいいだろう。または，さらにおばけと夢についてのちょっとした対話を楽しんで，子ども自身が私的な，もっと満足のいく結末を作り上げることができるようなきっかけを与えるのもよいだろう。その結末は他の暴力的な解決法，たとえばもう一匹のかいじゅうを撃つとか，もう少し手加減するのであればここを去るように命令したり，優しくするのであればそのおばけと最初のおばけを一緒にベッドの中に招き入れるといったものかもしれない。重要なのは，曖昧な結末を残すこの本のような物語が自分自身の内側での，そして世代間での数え切れないほど様々な協力的な冒険へと，そして想像的な創作（物語の創作や絵を描くこと，芝居をすること，歌を唄うこと，ダンスをすること，そしてゆくゆくは夢を見ること）へと駆り立てるものとなり得るということである。この本に満足を感じた子どもたちに関して言えば，かいじゅうに対抗した幼い男の子の両親への同一化や勇気そして最終的には哀れみ，つまり男の子の冷静さが本に満足した理由であろう。そして，これらは男の子が恐怖を飼い馴らすことができるようになった要因である。その結果，この物語を体験する子どもはこの男の子になり代わってその企てに参加することができる。

　おやすみや子どもの本についての話題を終える前に，最後に強調したい点をひとつ挙げておく。愛は安全なものであると感じられた時，子どもたちは世界に好奇心を持ったり，こころの中で探険をしたり，学んだり，成長したり，夢をみたりすることを自分に許せるようになる。一方で，愛が予測不可能で，世界が信頼できないと感じる時，不安が勝り，子どものエネルギーは他で使われるに違いない。このような不幸な境遇では，冒険したいという気持ちが失せることを私たちは知っている。したがって，幼い子どもにおやすみの本を選ぶ時は常に，子どもはひとりひとり違っていて，それぞれの子どもの適性に応じ，またその時のおやすみの特別な状況に応じて少し異なった本を選ぶべきである

という原則は参考になるだろう。

参考文献

Brown, Margaret Wise and Clement Hurd (1942) *The Runaway Bunny*. New York: Harper & Row.（いわたみみ訳：ぼくにげちゃうよ．ほるぷ出版，2003.）

Brown, Margaret Wise and Clement Hurd (1947) *Goodnight Moon*. New York: Harper & Row.（瀬田貞二訳：おやすみなさい おつきさま．評論社，1979.）

Fraiberg, Selma (1959) *The Magic Years*. New York: Charles Scribner's Sons.（高辻玲子・詫摩武俊訳：魔術の年齢．金子書房，1978.）

Gates of Repentance: The New Union Prayerbookfor the Days of Awe (1984) New York: Central Conference of American Rabbis.

Hoban, Russell and Garth Williams (1960) *Bedtime for Frances*. New York: Harper & Row.（松岡享子訳：おやすみなさい フランシス．福音館書店，1966.）

Johnson, Crockett (1955) *Harold and the Purple Crayon*. New York: Harper & Row.（岸田衿子訳：はろるどとむらさきのくれよん．文化出版局，1972.）

Marcus, L. (1987) 'A Moon That Never Sets' *The New York Times Book Review*, Jan. 25, pp. 112–19 (1/25/89, p. 22).

Mayer, Mercer (1968) *There's a Nightmare in My Closet*. New York: Dial.（今江祥智訳：おしいれ おばけ．偕成社，1987.）

Milne, A.A. (1927) *Now We Are Six*. New York: Dell.（山田正巳訳：ちいさな ちいさな ときのこと――六つになったよ．A.A.ミルン童話集．中部日本教育文化会，1981.）

Sendak, Maurice (1962) *The Nutshell Library*. New York: Harper & Row.（神宮輝夫訳：ピエールとライオン――ためになるおはなし．冨山房，1986.）

Sendak, Maurice (1963) *Where the Wild Things Are*. New York: Harper & Row.（神宮輝夫訳：かいじゅうたちのいるところ．冨山房，1975.）

Sendak, Maurice (1970) *In the Night Kitchen*. New York: Harper & Row.（神宮輝夫訳：まよなかのだいどころ．冨山房，1982.）

A. A. ミルンからの引用を許可してくれた出版社に感謝する。

第12章　無意識によるコミュニケーション[原註1]

イーニド・バリント

　子どもの超自我は，もともと両親を模範として築き上げられるのではなく，むしろ両親の超自我をモデルとして作り上げられるのです。……人類は決して現在にばかり生きてはいないのです。超自我のイデオロギーの中には過去が，種族および民族の伝統が生き続けているのです。この伝統は現代の影響や新しい変化にはただ緩慢にしか譲歩しないのであり，伝統が超自我を通じて働き続けていく限り，それは人間の生活において経済関係に左右されない強力な役割を演じるのです。(Freud, 1933, p. 67) [懸田克躬・高橋義孝訳]

　ひとりの人間の無意識が意識を避けながら，他の人間の無意識に反応することができるのは，まことに注意に値する。それはとても明白なことであり……記述的事実としてみれば，あらそう余地がないのである。(Freud, 1915, p. 194) [井村恒郎訳]

本論は母子関係のある特定の部分に焦点を当てている。フロイト Freud はその関係を理解していたが，その後，それを実証したのはホロコーストの患者の臨床素材であった（Pines, 1986）。母親の内的世界が乳児に与える影響は観察によって実証されており，乳児は自分にとって外的世界が意味のある実体となる前から母親の内的世界を知覚している（Stern, 1985）。この関連からすれば，母親の行動よりも気分がより重要である。これについては多くの分析家，とりわけグリーン（Green, 1986, ch. 7. 本書第13章）が最も説得力のある意見を述べている。私は乳児が母親の漠然とした気分を超えたとても多くのものを吸収することに気づいた。子どもは，たとえば母親の生き生きした様子や生気のなさ，必ずしも母子関係から生じたとは限らない母親の無意識的不安に反応する。子どもが想像の中で認識し内在化できるのは母親の無意識のありようの一側面であり，それはすなわち母親自身が気づいていない心的生活の一側面

原註1）この論文は，1993年にジュリエット・ミッチェル Juliet Mitchell とマイケル・パーソンズ Michael Parsons によって編纂されたイーニド・バリントの論文集『*Before I Was I – Psychoanalysis and the Imagination*』で初めて発表された。この論文集は Free Association Books から出版されており，同社の許可を得てここに掲載された。

である。したがって，分析家は母親のこころの無意識的な部分を理解しなければならないが，母親は患者ではないため，信頼性の高い方法でそれを理解するのは困難である。これを説明するひとつの方法は投影のメカニズムである。重要な点は，女性を理解しようとする場合，患者と患者の親，親の親つまり患者の祖父母までの3世代の情報の聴取が不可欠だということである。

　私はある仮説の下で作業を進めることで初めて展開することのできた分析の一局面をこれから説明したいと思う。その仮説とは，患者の母親の無意識が意識を介することなしに娘の無意識と極めて直接的にコミュニケーションし，それが娘の病気や現実の生活全体を支配しているというものであった。

分析当初に明らかにされた背景情報

　この患者の母親は知性と教養のある女性で，表面上は穏やかな田舎の暮らしを送り，成功したビジネスマンと結婚し，ふたりの子どもを献身的に育てていた。その母親はおそらく軽いうつ病であったが，それほど不安に苛まれることはなかった。私の知る限り，母親には幼少期の喪失や見捨てられ体験という重篤な心的外傷に苦悩する女性に予想しうる内的な混沌を示唆するものは認められなかった。それより，その母親の第一子である私の患者の方が深刻な心的外傷や混乱に苦しんでいるかのように振舞っていた。その生活は落ち着きや穏やかさと言えるものからは懸け離れていた。分析開始後の数年間，私はその患者が自分自身に母親の大惨事が起きたかのように生きている，または表現していることを理解していなかった。これが分かったのは本来の分析作業が始まり，私が面接で日々現れる転移と私自身の感情の両方をそれらの原因と同じく理解した後であった。私は患者の無意識の一部が私，あるいは患者の意識レベルの思考や感情を介することなく，私に影響を与えていると考えるようになった。おそらく，患者の乳幼児期早期にこれと似たようなことが母親との間で起きていたのかもしれない。私はそれが患者の波乱に満ちた人生の送り方や渇望感や不調，そして私の部外者であるが，役立たずという気持ちを説明しうるのだろうと考えた。私は危険を感じていたが，それを合理的に把握することはできなかった。分析は一見順調であったが，重要なことはすべて回避され，面接の終了時には毎回，私は落ち着かず，曖昧に騙されているような気持ちで面接室に取り残された。患者と私の関係と過去の関連については適切な解釈をしていたつもりであった。しかし，それが状況を変化させ，患者や私の気持ち，不安と

過活動に満ちた患者の生活に変化を与えることはできなかった。

　ここからはこの患者をケイと呼ぶことにする。初めて分析に訪れた時，ケイは 30 歳の既婚女性で 18 カ月の子どもがいた。ケイの母親は私生児で，生後すぐに養護施設に預けられ，2 歳半の時に養子となった。ケイの母親が覚えているのは，当時既に他界していた親切で優しい養父母のことだけだった。ケイは不安げな様子もなく，落ち着いて自分の母親の子ども時代について話した。そして，ケイの母親自身も愛情たっぷりに喜んで自らの子ども時代について語った。しかし，私が分析当初にこの点を取り上げた時，ケイは私が何のことを言っているのかを理解できず，その話題から関心を逸らした。それはケイにとってまるで分析理論に過ぎないかのように聞こえ，自分の家族とは関係がないかのように思えたのであろう。

　ケイは専門職に就いている男性と結婚して快適な生活を送り，庭付きの家を持ち，過不足ない生活を送っていた。ケイは出産前に仕事を辞め，その後は育児に専念していた。しかし，極度の不安に陥って疲れ果てた挙句，分析を受けるようアドバイスを受けて，私の元に訪れた。結婚する何年か前，私はケイの夫から一度だけ相談を受けたことがあり，私に会うようケイに助言したのはその夫であった。この時，私に空いた枠はなく，数カ月に一度会うことを提案した。当初ケイはそれを拒否したが，後に受け入れた。

　ケイの父親はイギリス北部の裕福な中流階級の出身であった。ケイはやっとのことで，自分の母親が生まれて間もない赤ん坊の頃や幼少期に苦労をしたのではないかという考えに到達し，それを母親に尋ねた。ケイの母親は自分が養護施設から養父母の家に連れて来られた最初の数カ月間は泣き続けていたと養父母が自分に語っていたことをケイに教えた。しかし，ケイはこれを聞いても，ケイの母親が養護施設で知った最初の父親と母親のことを恋しく寂しく思い，親しみを感じていたかもしれないと思うことはなかった。また，その話から自分の母親とその母親，つまりケイの母親と祖母がお互いを喪失したことが自分にとってどんな意味があるのかを思い付くこともなかった。

　ケイは分析当初から何かを紛失し，見つけられないことについての恐怖を示していた。ケイの母親には喪失に関する否認や抑うつという重荷を背負って生きているという印象はなかった。しかし，私は間もなくケイがこうした重荷を背負って暮らしていることを知った。分析の初期であったケイがまだ生後数週間の頃，私はこれを母親が短期間病を患い，母親から引き離されていたというエピソードと関連付けた。私はケイとケイの母親というふたりの赤ん坊の体験

を関連付けたが，母親の大惨事がケイにとって大きな意味があることに気づいたのはさらに後のことであった。しかも，この時私は母親や祖母の人生と，ケイの人生の間の決定的な違いを理解していなかった。むしろ，私が注目したのは母親と娘の2組のカップルが明らかに相互の関係を失い，再び相互の関係を見つけることがなかったという類似性であった。現実的に言えば，勿論ケイの母親は消えたわけではなかった。しかし，ケイの世界の現実感覚では，短期間の入院後に帰宅した母親はもはや最初に知っていた母親とは別人であった。ケイが最初に知っていた母親は永久に消えてしまった。ケイの母親が再発見されることはあったのだろうか。分析が進展すると，ケイは自分の人生だけではなく，母親そして祖母の人生までをも生きるよう強いられていることが明確になってきた。ケイは自分自身の「最初の」母親を見つけようとしていた上に，ふたりのために何かを解明しようとしていた。

分析当初，ケイは一日中ずっと自分の息子の面倒を見ており，息子を放っておくことができなかった。ケイもその赤ん坊も失うという体験ではなく，失う恐れに悩んでいた。必死に避ける必要があったのは誰の喪失体験だったのだろうか。

分析は順調に進んだ。ケイは依存と喪失の恐れを見せたが，自分の息子との関係を利用することで上手くそれに対処していた。ケイは全面的に息子に依存しながら，息子を完全に覆い，そうすることで私への依存を影で覆って否認した。ケイは大抵最後にユーモアを言って，慌てて面接を後にし，自宅での息子との「現実生活」へと急いで戻った。ケイにとって私との分析作業は生き生きとしたものには感じられなかった。ケイは自分に必要な探し物を見つけようと奮闘したが，それを見つけることを恐れてもいた。

ケイは分析開始後，初めての長期休暇明けの1回目の面接を休み，その次の日に面接に現れた。そして，その前日つまりケイが分析を休んだ日に指輪を失くしたことを語った。ケイは念入りにあらゆる場所を探し，探すのを止められなかった。指輪はケイにとって価値がなく，大切でもなかったが，とにかく探さなければならなかった。実はそれは夫からプレゼントされた高価なジョージ王朝風の指輪であったが，見つからなかった。指輪の紛失による恐怖と不信感は激しいものであった。休みや失われた面接についての解釈がケイに安心をもたらすこともなかった。実際，指輪の紛失と休みや失われた面接との関連は一見明らかであったが，患者も私自身もそう感じなかった。行動化が明らかであっても，それが否認し否定したものを隠している限り，それはやはり悲惨なも

のに成りうる。

　このようなエピソードはものを紛失した時に，さらにあと2回起きた。失くしたもののひとつは半狂乱で支離滅裂になりながらも見つかった。その時，私は何かを失うことがケイに与える意味を再認識することができた。紛失したのは2回とも息子の柔らかいおもちゃであった。息子はそれを失くしても落ち着いていたようであった。しかし，息子の落ち着きは母親には関係なかった。ケイはこのことで頭が狂いそうだと話し，実際にもそう見えた。その後ようやく，ケイはまさにものを紛失した人とではなく，失くされ無視されたもの自体との同一化の中で混乱と苦痛を経験した。それは失くす恐れだけでなく，失くされてしまうというケイの恐れと関連付けられた。なお悪いことに，特に夫がケイに贈った指輪の時は，失くしたものはケイにとって価値もなく，ケイにはそれを大切にしていないことへの罪悪感があった。これはおそらくケイの母親と祖母，ケイと私が相互に何の価値も認めていないという考えに基づいていたのだろう。

　このようなパニック状態は他の状況でも起きた。それは何かを紛失した時だけではなく，パニック自体は大抵短いが，患者が「抑うつ」と呼んでいたかなり深刻な発作がその後に続いた。これらのエピソードはケイの誕生日と関連しているようだった。そのため，家族は誕生日を祝うことができなくて当然と思っていた。実際，「お祝い」は抑うつそのものであった。それは気の抜けた無感動の苦悩といったような状態であり，その間ケイは身動きもできず，動転したように見え，赤ん坊のような奇妙な洋服を着ていた。それは白い色で，柔らかく体にフィットすることもなく堅く糊付けされていた。絶望と空虚に満ちた抑うつの間ずっと，ケイは失うことや「すべてが去った」という感覚について話した。この言い回しは信じ難いほどに恐ろしいことを表現していた。時には，ケイ自身が「すべてが去った」ようにさえ見え，この結果私はそれがどんな感じなのかを理解した。ケイにとって，私がすっかり元気をなくしている，または「すべてを失った」と私自身に感じないようにさせることが重要であった。しかし，ケイは私がケイに対してそのように感じていると確信していた。

　私たちは徐々にこの継続的な病的発作をケイ自身そしてケイの母親の心的外傷体験的であった生後数週間の反応と考えるようになった。ケイは自分の誕生は母親が危うく死にかけるほどの難産であったと思い込んでいたが，これは事実ではなかった。実際，ケイは最初の数週間は母親と幸せに過ごした。母親が病気から回復した時，ケイが現実に母親を取り戻したのとまさしく同じく，母

親も赤ん坊を「再び取り戻した」。この時になって，私は初めてケイとその母親というふたりの子どもの経験がどのように違うのかを理解した。なぜなら，祖母は自分の赤ん坊を取り戻すことはできなかったし，その赤ん坊が母親を取り戻すこともなかったからである。私はケイが前述の状態の中で体験していたのは，ケイの祖母が自分の赤ん坊との関係を失い，二度と会えなくなった時に感じていたことであったと思い付き，それを解釈した。祖母は行方不明であり，発見されることはなかった。そして，ケイ自身の体験の中ではケイの母親も行方不明であり，発見されなかった。ケイが自分の赤ん坊を失った祖母と自分を同一化し始めた時にやっと，分析作業が展開した。ケイの母親は自分自身の母親を失い，発見できなかったが，十分に世話をしてくれたであろう代替家庭を見つけた。しかし，2歳半の時にその家庭も失った。ケイの母親は3つ目の家，養父母の家がいかに快適であったかということだけしか覚えていなかった。母親は喪失についての気持ちを否定し，否認した。しかし，母親は不安や混沌，混乱を自分の赤ん坊に押し付け，赤ん坊は自分が何に反応しているのかも知らないまま，それに反応していた。ケイは母親から押し付けられたものを引き受けた。しかし，ケイはそれを自分が知っている，自ら創り上げた世界の一部とはしなかった。それが想像力によって理解されることはなかった。

　無意識にある重荷の影響を見据えることは難しかった。それは私の患者に恐怖や抑うつ感をもたらし，内発的で制御不能な，思考とは無関係な行動を誘発した。転移の展開を見据えることも難しかった。私は主に生気なく，ひとり取り残されたケイの祖母やその赤ん坊であると見なされていた。私はこの時にはケイが部屋を出る前に必ず言い残していく小さな冗談を理解していた。つまり，それは自分が母親のいる子どもの元に帰る一方，私を母親のいない子どもや，子どものない母親のように置き去りにしていくことに気づくことで感じる痛みを避けるためであった。

　ケイの心的生活は自分の願いを叶えることの周辺に集中していった。その願いとは祖母や赤ん坊にとって人生が恐怖に満ちたものでないようにすること，自分と母親の罪悪感に対処すること，「危険な」祖母を自分の子どもから遠ざけることであった。私に子どもがいないためのケイの憐れみや，ケイに子どもがいることで私がケイに向ける羨望を解釈すると，ケイはこれに同意し，後にこれを祖母の現実の体験と関連付けることができた。

　フロイト (1900, p. 149) は，「同一化は，……（患者たち）いわば一群の人間たちの身代わりとなって悩み，ある芝居すべての役柄を，自分ひとりで自

分の個人的な諸手段だけを駆使して演じてみせることができるのである」［高橋義孝訳］と記述している。これはケイの行動を上手く説明している。しかし，私が後で論じるように，ケイの場合，それはケイが母親から取り入れていたものと同一化できなかったためである。

　分析開始後3年目のある面接の最後に，ケイはもうひとり子どもを妊娠したことを語り始めた。ケイの母親にはケイの弟がいて，ふたりの子どもがいた。このことがケイにもうひとり子どもを生もうと考えさせないようにしていたようである。ケイの恐怖はもしふたり目が生まれたら，最初の子どもがネグレクトされ，家がきちんと整頓されなくなり，その子にとってはまったく不適切な状況になって，その子が「施設送りになってしまう」ということであった。勿論，ケイは私の羨望も恐れていた。私の長期休暇の間にケイは妊娠した。しかし，ケイは自分が妊娠したと知った瞬間から望んでいた中絶を私との面接まで待った。ケイはもし自分に赤ん坊ができたら，息子や私に何が起こるのかを考え抜くことができなかった。いつものようにケイの身体はとても強く反応し，体調を崩し疲弊した。

　その翌年の分析は，様々な身体症状を通して表現されるパニック状態によって支配された。これらは時にかなり深刻であったが，医学的に身体疾患として診断されることはなかった。あらゆる治療が試みられた。最終的に，ケイは6人の子どもがいる女性と友達になり，粗雑だが子どもがすくすくと成長している家族を知って安心した。ケイはこの家族を好きになるよう努めなければならなかった。このような家族にケイは先入観があったため，ケイが子どもの健全な成長やその家庭の素晴らしさを認めるのは容易ではなかった。このことが起こって間もなく，ケイは妊娠しストレスを過度に感じることなくふたり目の子どもを生んだ。

まとめ

　患者の中には，自分たちの親が吸収していない無意識的生活の諸側面から影響を受けている人々がいる。その無意識的生活は親の活動や行動ではなく，患者自身に影響を与えていると考えられる。分析においては，親が取り入れることも同一化することもなく，自分たちを飛び越えて子どもに手渡された祖父母の経験にまで遡ることができる。子どもはそれを取り入れるのだが，それと同一化することはないため，意識することはできない。私はこれを孫の中にある

異物と考えた。それは無意識の中に存在し続け，親には生じなかった感情や行動を招く。これを打消しや否認として説明するか，それとも別な方法で説明するかはさらに議論が必要なところである。ある特定のことが外的世界で起きることによって，患者の無意識のその部分が刺激，触発されると，患者はその部分によって強迫的に行動する。このことが患者に混乱を感じさせることはない。混乱はその通りに実行できない時にだけ起こる。たとえば，ケイは失くしたものを見つけ，その手入れをし修理したいという思いを抑えられなかった。ケイはこれが遂行可能な限り，円滑な社会生活を送ることができた。ケイはふたりの異なる人物にスプリットしているようには見えず，むしろふたつの違う人生を生きているかのように思えた。ケイはそれらに何とか対処できたが，若干の重圧は避けられなかった。たとえば自分が修理したいと思っている家具が見つからないと，ケイは半狂乱になった。

　あらゆる分析でそうであるように，私たちはこのような患者の連想や物語をその患者の幼少期との関連から理解しようという誘惑に駆られる。転移はこうした再構成を裏付けるものとして考えられ，患者にパニックや抑うつ感を生じさせうる何らかの心的外傷があることを示すことも多い。しかし，分析家がこれらの感情を他の患者の時と同じように感じることはあまりない。分析家は患者の強迫的活動の根底にある無意識的思考に触れられない。投影というメカニズムによって無意識的思考や感情が分析家に伝わることが期待されるかもしれないが，これらの患者にはそのメカニズムが機能しない。そこで，分析家は益々コンタクト不能であると感じるようになる。再構成が適切な葛藤や不安，罪悪感を患者にもたらすこともなく，パニックに何か効果をもたらすことすらない。患者は恐れを感じ続けるだけで，それが何についての恐れであるかの考えもないままに行動へと突き動かされる。ケイは行動できない時には混乱した。たとえば，何かを買うことでそれを「自由にし」，修理を試みることにはけ口を見出すのだが，しばしばそれは上手く行かずに終わった。

　ケイはどのように家や洋服，自分の身の回りにあるものの手入れをしているかを語り始め，ふたつのことを示した。一方ではケイは強迫的に手入れをした。ケイがこの行動に駆り立てられることが減ったのは，これを祖母の悲劇（決して母親のものではなかった）と結びつけ始めた時であった。そして，ケイは自分が回避しているのと似たような苦しみを描くような映画を見たり，本を読んだりすることを止めた。その一方では，ケイはまったく世話をせず残酷でもあった。ケイはこれに気づいて驚いた。たとえば，自分が望む通りに自分のもの

を扱わなければならないといったことが顕著であった。誰かが邪魔をすれば，かなり無情にそれを排除した。困っている誰かの世話をケイに必死に頼む人がいても，ケイは引き受けなかった。さらにそのような要求をする人を無常にも徹底的に排除した。ケイはたとえ自分の母親が病気でも助けないだろう。しかし，ケイは母親のカーテンにはぴったりの家具を見つけるだろうし，母親の子犬が病気であれば一日中惜しげもなくその世話をしたであろう。

　私たちは人の無意識が他人の無意識を介してコミュニケーションを行うという考えには馴染みがある。たとえば，結婚相手の選択は意識レベルでの決断よりもむしろ，ふたりのパートナーの無意識の願望がどのように交じり合うかという視点で捉えることによってのみ理解可能である。しかし，分析では人の無意識的こころの一部が他人の無意識に支配され，記憶や客観的認識，想像から生じた認識とは関係ない経験に服従するようになる状況にはあまり馴染みがない。これは，精神病の患者が思考することなく，他者から思考を吹き込まれるということに似ている。ルースタング（Roustang, 1982）がこの現象について言及している。

　おそらく，ケイの母親は自分自身の母親や最初の家庭を喪失したことに気づいていたが，こうした認識がもたらす心的外傷はあまりにも大きすぎるため，それらを自分のものにしてそれらに従って行動することができないまま否認した。赤ん坊が誕生した時，ケイの母親は自分の未解決の過去を赤ん坊に押し付け，投影した。娘のケイはこれに気づかなかったが，まるでその問題が自分のものであるかのように振舞い，自分でそれを解決しようと苦闘した。ケイはなぜ自分が壊れたものを見つけては修理することを抑えられないのか，なぜそれらを修理することができないのか，これを邪魔する人々を強迫的に無情にも排除するのかについて何も気づいてはいなかった。癒せなかった，あるいは未解決のケイの傷は，ケイの母親が感じることなく，感じたとしても僅かな短い間だけですぐに否認した傷であり，祖母が自分の赤ん坊を喪失した時に受けた傷でもあった。まだ癒されていない傷跡はケイ自身のものではなく，ケイの母親と祖母のものであった。祖母との同一化がケイに意識された時，初めて解決が可能となった。そして，ケイと母親の罪悪感は意識することができるものとなり，ケイは自分と母親の過去から逃れられないことをコンテインできるようになった。

　自我があまりに脆弱で，他の誰かの経験の投影を吸収できないのは，いつ，どんな状況下なのだろうか。ケイの母親が病気になったのは，ケイが生後間も

ない頃の一度だけであった。ケイの母親が自分の母親を失ったことや，それについての罪悪感を抱いたのはこの時だけであり，おそらくケイの母親が自分の過去を赤ん坊に押し付けたのはこの時点だったのであろう。このような無意識によるコミュニケーションは母親から赤ん坊の無意識に伝達されても，その他の赤ん坊の生活体験とは結びつかない。これをスプリッティングや結合の崩壊という点から考える必要はない。むしろそこに存在するのは，取り入れられたが，自我が同一化することができなかった一連の体験である。したがって，無意識によるコミュニケーションは最初から人生の他の体験とは異質なのである。それゆえ，自我のスプリッティングを生じさせる類の病気を生むことはない。その代わり，それは自我や超自我の中に異物のようなものを生み出す。この異物はその「主」が心的外傷を最初に負った本人が成し得なかったことを完遂できるほど十分に強くなって，それに対処できるようになるまでそこに残り続けるのかもしれない。理論的な点から言えば，これは基底欠損領域として知られているものと関連があるのかもしれない（Balint, 1968）。

　このような出来事の連鎖は，ある世代が解決できていない心的外傷を別の世代で解決しなければならないことがあることを示している。これによって，遺伝学的に説明できないような特徴がある世代から次の世代に受け継がれていると理解される状況を説明することが可能かもしれない。臨床的な立場から言えば，心理療法への陰性反応といったようなものにも光を当てることが可能かもしれない。

　これらの仮説に基づいて治療を行ったことで，この分析では患者の私に対する関係に変化がもたらされた。私から何を得たいのかをケイが知ることが，より容易になり，欠けていた投影のメカニズムも働くようになった。ケイは私に支配されることを恐れることもなくなった。私はケイのために存在し，ケイは私を創造することができるようになった，あるいはケイの創造的な空間に私が入ることが可能になったと言えるかもしれない。すなわち，ケイは想像力によって私を認識し，閉じられていた現実の部分を認識することができるようになったのである。

参考文献

Balint, M.（1968）*The Basic Fault: Therapeutic Aspects of Regression*. London: Tavistock.（中井久夫訳：治療論からみた退行――基底欠損の精神分析．金剛出版，1978.）
Freud, S.（1900）*The Interpretation of Dreams*. Standard Edition of the collected works,

Vol 4, London: Hogarth institute of psychoanalysis, p. 149.（高橋義孝訳：夢判断．フロイト著作集第2巻．人文書院，1968．）

Freud, S.（1915）*The Unconscious*. Standard Edition XIV, pp. 166-204.（井村恒郎訳：無意識について．）

Freud, S.（1933）*New Introductory Lectures on Psychoanalysis*. Standard Edition Vol 22, pp. 2-182.（懸田克躬・高橋義孝訳：精神分析入門（続）．フロイト著作集第1巻．人文書院，1971．）

Green, A.（1986）The Dead Mother. Chapter 7 in *On Private Madness*. London: Rebus.

Pines, D.（1986）Working with women survivors of the holocaust: affective experiences in transference and countertransference, *International Journal of Psycho-Analysis*, 67: 295-307.

Roustang, G.（1982）*Dire Mastery*. Baltimore: Johns Hopkins UP.

Stern, D.（1985）*The Interpersonal World of the Infant: A View from Psycho-analysis & Developmental Psychology*. New York: Basic Books.（小此木啓吾・丸田俊彦監訳／神庭靖子・神庭重信訳：乳児の対人世界，理論編，臨床編．岩崎学術出版社，1989, 1991．）

第13章　デッドマザー・コンプレックス[原注1]

アンドレ・グリーン

　デッドマザー・コンプレックスは，転移[原注2]に関する新たな真実のひとつである。患者が初めて分析家の所へ行く時の主訴は，本質的には抑うつ感に関する類のものではない。大抵の場合，これらの症状は多かれ少なかれ，身近な対象との激しい葛藤を示している。患者が自発的に生育歴を詳しく語ることはあまりない。ある瞬間に，分析家はそのうつ病が幼少期のどの時点で起こるはずだったのか，起こり得たのかについて脳裏で考えるが，患者がそれに言及することはまずない。臨床的な生育歴において時に散発的に現れるこの抑うつ症状は，転移の中でのみ突然に明らかになり始める。古典的な神経症症状の存在は，二次的な価値しか持たないか，たとえそれが重要であるとしても，分析家はその起源を分析することが葛藤解決の鍵とはならないと感じる。一方，自己愛に関する問題が前面に出ている時は自我理想の要求が強く，超自我と手を結ぶか，あるいは敵対している場合である。不能感が明らかである。葛藤状況から撤収すること，愛すること，自分の才能を最大限利用することができず，自分の資質を高めることができない挫折感の存在，あるいはできたとしても，結果的に深刻な不満が生じる。

　分析の進展に伴い，時にはかなり早期に，多くは長年の分析の後に，転移の中である特異な抑うつ感が明らかになる。分析家は，転移性うつ病（転移神経症と対置する必要上私が造った用語である）とうつの症状が発症しない分析外の状況に不一致を感じる。なぜなら，周囲の人々はうつ病をはっきりと認識し

原注1）1960年にキャサリン・パラット Catherine Parat に捧げて書かれたこの論文は，カトリーヌ・オーベルタン Katherine Aubertin によって翻訳された。初出は，*Narcissisme de vie* の「La mère morte」(Editions de Minuit pp. 222-53) である。英語では1986年にロンドンの Hogarth Press and Rebuss Press，後に Karnac Books から出版されているグリーン A. Green の『*On Private Madness*』に掲載されている。出版社と著者の寛大なる許可を得て，その一部がここで再収録されている。

原注2）転移，その他の精神分析の概念については本書の最後に掲載してある用語解説を参照のこと［編者］。

第13章　デッドマザー・コンプレックス　195

てはいないが，被分析者は身近な人々と築く対象関係によって傷ついていることを示しているからである。

　この転移性うつ病が指し示すものは乳児期のうつ病の反復であり，この特徴が見事に備わっている。それは現実の対象喪失とは関係がなく，ここでは患者が対象から見捨てられるという分離の問題が現実にあったかは問われていない。現実に対象との分離が起きているかもしれないが，これがデッドマザー・コンプレックスを構成しているのではない。

　このうつ病の最も重要な特徴は，それがその対象の存在にもかかわらず起き，対象そのものが別れによって吸収されるということである。理由の如何を問わず，母親はうつ病になっている。その変化が突然引き起こされたことが，ここでの要因としては極めて大きい。勿論，こうした母親のうつ病の主な原因として，母親の大切な人物の喪失が見出される。すなわち，子ども，親，親しい友人，または母親が強く心的エネルギーを備給していた他の対象の喪失である。それだけでなく，そのうつ病は自己愛を傷つけるような欺きによって生じることもある。すなわち，現在の家族または原家族における経済状況の変化や，母親を蔑ろにする父親の不倫，侮辱などといった欺きによってうつ病が引き起こされる。いずれの場合も，母親の悲しみや乳児への関心の低下が前景にある。

　既に多くの専門家の理解が得られているように，最も深刻な実例は幼児期の子どもの死であることを記述すべきであろう。具体的に言うと，そこでの原因は完全に隠蔽されたままであり，子どもがその原因を認識し，それについて遡及的な知識を得ることができたという痕跡は，秘密裏にされているという理由から明確にできないためである。母親の流産は，些細な痕跡からであっても分析によって再構築されなくてはならない。また，勿論それが仮説的な構築であっても，臨床上の素材として現れるものに一貫性が与えられることで，患者の幼い時期の歴史と結びつけることが可能になる。

　次に起こるのは母親イマーゴの容赦ない変化であるが，母親のイマーゴは実際に変化しがちなものである。その時まで，患者は確かに生気に満ちているが，それは突然停止し，それ以後は同じ場所に囚われたままになる。そこは母親との豊穣で至福な関係の証となる場所である。乳児はこの最も理想的な関係が孕む危険を感じていたにもかかわらず，愛情を十分に感じていた。家族アルバムの中の幼い赤ん坊の写真は楽しそうに生き生きと好奇心に溢れ，多くの可能性を秘めていることを示しているが，後のスナップ写真はこの最初の幸福の喪失を示している。すべては終わりを告げたかのように思える。それは，歴史家が

古代文明の滅亡に際して，宮殿や寺院，建築物，住居が消滅したり崩壊したりして，廃墟以外に何も残されていないことを証明するための理由として，地震が起きたという仮説を作り上げ，虚しく根拠を探し求めているかのようである。ここでは大惨事は冷たい核に閉じ込められている。それは最終的に克服されるが，当の患者の性的備給に消えることのない傷跡を残す。

　母親が乳児から不意に分離させられるといった母親との突然の心的別れの瞬間，子どもは精神生活におけるこの変化を破滅として経験する。なぜなら，警告となる信号も一切ないままに，愛情が直ちに失われるからである。この変化が自己愛の傷つきとなることについて，今更長々しく記述する必要はないだろう。しかしながら，それは不完全な脱錯覚を構成するものであり，愛情喪失だけでなく意味の喪失がすぐに引き起こされるということが重要である。なぜなら，赤ん坊には何が起きたのかの原因を説明できる術がないからである。勿論，子どもは母親の世界の中心にいるため，この欺きが対象への自分の欲動の結果であると理解してしまうことは明白である。子どもが父親という第三者の存在を発見し，しかも母親がこの父親へと新たに愛着を向けたことが母親の分離の原因として赤ん坊に理解される時に，デッドマザー・コンプレックスが生じたとすれば，特にこれは深刻な事態に至るであろう。いずれにせよ，ここには未成熟で安定しない三角関係がある。私が今述べたように，母親の赤ん坊からの愛情の撤収は，母親が父親へ愛着を持ったことへと帰せられる。または，この撤収が父親に対する早期の特に激しい愛着を引き起こし，父親は母親と乳児の間に起こる葛藤の救世主と感じられるかもしれない。ところが，現実に父親は多くの場合，子どもの苦痛に反応しない。したがって，患者は死んだ母親と近寄り難い父親の間に囚われる。なぜなら，父親は主として母親の状態にこころを奪われ乳児を援助しないか，または母と子どものカップルがふたりだけでこの状況に対処するように放って置くからである。

　子どもは最愛の者を失った悲しみにこころを奪われている母親を償おうとするが上手くいかず，そのことで子どもは自分の無力感を悟る。そして母親の愛情喪失や母親自身の喪失という脅威を体験し，焦燥感，不眠，夜驚症が示すような様々な症状化された手段によって不安と闘う。これらの後に自我は特異な性質の一連の防衛を展開させる。

　まず，最も重要なことはふたつの側面を持つこころの独特な動きである。すなわち，それは・母・親・対・象・か・ら・の・脱・備・給・と・死・ん・だ・母・親・へ・の・無・意・識・的・同・一・化である。主に情緒の上であるが，表象的なものである脱備給は精神的に対象を殺すとい

第13章　デッドマザー・コンプレックス　197

う性質のものであり，憎悪を伴わず完遂される。苦悩の只中にいる母親は母親像にさらにもっとダメージを与えうる憎悪が予期せず出現するのを考慮に入れていないことは，誰もが理解できるであろう。

　この母親像からの脱備給の操作は，本能的な破壊性を意味している訳ではない。それは母親との対象関係の構造に穴を作ることになる。そして，それは周囲の備給の維持を阻害することはないが，まさに母親の別れによって子どもに対する母親の基本的な姿勢が変化するようなものである。母親はその子どもを愛することができないと感じているが，子どもの世話をし続け，可愛がり続けるのである。しかしながら，「その中に母親のこころはない」と言える。

　脱備給のもうひとつの側面は，対象との同一化の主要な様式である。補完する反応（不自然な陽気さ，興奮など）ができないと，この鏡映同一化がほぼ避けられないものとなる。反応的な調和が母親との再結合を確立する唯一の手段であり，おそらくそれは同情によって成される。それはまさに真の償いではなく模倣であり，その目的はその対象のようになるのではなく，その対象そのものになることで対象（もはや所有することはできないが）を所有し続けることである。対象を断念すると同時に，カニバリズム的な方法で対象を保存する状態にあるこの鏡映同一化は初めから無意識なものである。後に無意識となる脱備給との違いはここにある。なぜなら脱備給の場合，撤収は報復的に為され，対象の排除のために努力が為されるが，一方，鏡映同一化は患者の自我が気づかぬうちに，その意志に反して生じるからである。ここに双方が相容れないという鏡映同一化の疎隔的な特徴がある。その背後の対象関係の繋がりがなくなっても，その対象関係の反復強迫に囚われている患者は，古い防衛を繰り返しながら今にも失望をもたらしそうな対象からの脱備給という手段を積極的に用いる。しかし，患者はまったく無意識のまま，死んだ母親への同一化を行い，その後も心的外傷の痕跡に再備給しながら母親と再結合する。

　二番目の事実は，私が指摘している意味の喪失である。快感の源泉であり，目的であり，それを保証するものである乳房という「構築物」が突然に理由もなしに崩壊する。たとえ反転した誇大妄想の中で，変化した責任が自分にあると考えている患者によって状況が逆転することを仮定したとしても，患者が過ちを犯してしまったと自分自身を責める気持ちと，母親の反応の強さとの間にはまったくの不均衡がある。患者はこの過ちが禁じられた願望と関係しているというよりもむしろ，その人の在り方と関係していると想像するしかないだろう。実際に，それは患者が存在することを禁じるようになる。

こうした局面は子どもを死へと招く。なぜなら，破壊的攻撃性を外に向けることができなかったり，あるいは母親像が脆弱であったりするからである。この局面によって，子どもは母親の険悪なムードを作り出した責任のある誰かを見つけざるを得ない。その人がスケープゴートになったとしても，そうせざるを得ないのである。この結果として指名されるのが父親である。繰り返しになるが，子ども，母親，母親を奪った未知の対象は同時に存在し，ここに少なくとも早期の三角関係が存在する。母親を奪った未知の対象と父親は乳児にとって凝縮され，早熟なエディプス・コンプレックスを作り出す。
　意味の喪失から生じるこの全体状況は，防衛の第二の局面へと導く。すなわち，一次的なものでも基本的なものでもない二次的な憎悪を解放することによって，体内化という退行的願望が作動するだけでなく，対象を支配し，汚染し，対象へ報復するなどという要素を持つ躁的サディズムに色付けられた肛門期の特徴も作用する。自体愛の興奮は純粋に性的快感や器官の快感を極限まで探求する中で，無慈悲に冷酷に確立される。それは必ずしもサディスティックな空想を伴うものではないが，対象を愛することを抑えるよう刻印されたままの状態にある。これが将来のヒステリー的な同一化の基盤となる。性的満足と愛情の間と同じく肉体と精神の間には早熟な解離があり，愛情は封じ込められている。ふたつの対象に共有された快感を多少なりともまとまった形でひとつに集約することなく，隔離されたあるひとつ（または複数）の性感帯の快感を解放する対象の能力が求められる。
　最終的にそしてより顕著なことに，意味の喪失を探求するために，自我の空想能力，知的能力に関する早熟な発達が築かれる。考えることを強制される中で，知的発達が遂げられるように，遊びへの強烈な欲求は自由な遊びの中ではなく想像するよう強いられる中で発達を遂げる。実行する能力と自動的な償いは目的を同じくするため，密接に関連し合っていく。その目的とは脱備給によって残された穴を覆うよう運命付けられた認知的な布切れで継ぎ接ぎだらけの乳房を創造することで，乳房の喪失に対する失望を克服する能力を維持させることである。その一方で，空虚感という底知れぬ深みの縁には，二次的な憎悪と性的興奮が溢れている。
　備給され過ぎた知的能力は必然的に投影がかなりの部分を占める。周知されている見解とは異なるが，投影がいつも誤った推論であるとは限らない。誤りであるかもしれないし，必ずしもそうではないこともある。投影を定義付けるのは投影された性質が正しいか間違っているかではなく，外の状況（対象の状

第13章 デッドマザー・コンプレックス 199

況）に転移するという操作であり，それは内部から拒絶され完全に破壊されなければならなかったものを探索し，推測さえも行うのである。乳児は母親の気分の変化に左右されるという残酷な体験をしている。そのため，乳児は推測し予想することに奮闘し，身を捧げるのである。

　妥協の産物としての穴の空いた自我の統合は，今後は芸術的創造に自由な表現を与える空想の水準か，または高度に生産的な知性化の起源である知識の水準のどちらかにおいて実現される。ここでは明らかに心的外傷の状況を克服する試行が為されている。しかし，この試行は失敗に終わる宿命にある。その失敗は操作の舞台が置き換えられるところで起こるのではない。これらの理想化された早熟な昇華は，心的形成が時期尚早かつおそらく突然に引き起こされた結果生じているのである。しかし，基本的な理論体系から外れてまで，そうした昇華の信頼性について議論を戦わせる理由が私には見当たらない。それらの失敗はどこか他のところにある。心的経済の中で安定した役割を演じる能力のなさが，昇華によって露呈する。なぜなら，特に愛情生活の点において患者は脆弱なままであるからである。この愛情生活という領域における傷が心的苦痛を目覚めさせ，死んだ母親を復活させる。そして，死んだ母親が前景に維持されている臨界期の間ずっと，その母親は患者が昇華によって獲得したものをすべて消し去ってしまう。それらは喪失することはないが，瞬時に封じ込められるのである。愛情は昇華によって獲得されたものを再び発達させることもあれば，昇華によって獲得されたものが愛情を解放することもある。両者はしばらく協力しようと奮闘努力するが，永続する対象関係を確立するため，そして他者へ配慮するという意味での個人的関係を徐々に深めるために必要な備給を行っていない場合には，すぐに破壊性が患者の可能性を凌駕する。したがって，それは間違いなく対象や自我への失望をもたらす。失望がもたらされた自我は体験に終止符を打ち，敗北感や無能感が再現される。それは死んだ母親が永遠に瀕死の状態にあると思う感情，死んだ母親に捕虜として拘束されるという感情を患者に沸き立たせる。自己愛的感情である苦痛は再び表面化する。苦痛はあらゆる備給を彩り，憎悪や性的興奮の影響を被り，乳房の喪失に満ちたこころの傷の縁にある。心的苦痛の状態の中では，愛することも憎むこともできず，たとえ被虐的であっても快感を見つけることもできず，考えることもできなくなる。そこには囚われの感情だけが残存し，自我は自我自体から追い出され，表象できない形象へと遠ざけられるのである。

　患者の描く軌道は取り入れられない対象を探し求める狩りを思わせる。患者

はその対象を断念することも喪失することもできず，さらに死んだ母親によって備給されている自我の中にその対象を取り入れるのを許容することもできない。つまり，患者の対象は完全に内部にあるわけでもなく，まったく外部にあるわけでもなく，絶えず自我境界に位置する。なぜなら，当然のことながら自我の中心は死んだ母親に占領されているからである。

　これらの患者の分析では，古典的な葛藤の精査に長期間が費やされるであろう。つまり，それはエディプス・コンプレックスや，肛門期や口唇期という前性器期の固着についての葛藤である。小児性欲や攻撃性に由来する抑圧が絶え間なく解釈されることになり，おそらくある程度の進展は認められるだろう。しかし，たとえ被分析者自身が満足の根拠となる点を強調することで慰めを得ようとしても，分析家がそれに納得することはあまりない。

　実際，精神分析的作業はすべて激しい崩壊を被りやすく，賽の河原の様相を呈する。それは被分析者がもはや自分自身を騙し続けられず，転移対象の不十分さを認めざるを得なくなることに気づくところまで崩壊する。つまり，分析家は患者の助けとなっていた側面からの転移を用いて援助対象に対して関係性の操作を行っているにもかかわらず，患者は葛藤の核心的中心に接近するのを避ける。

　これらの治療の中で，被分析者が私に推測させるがままにして，対話において私を聾唖者のままいさせていることを，私はようやく理解した。母親の思いやりのなさや理解の欠如，厳格さへの絶えることのない不平不満の背後に，私はこうしたコメントが激しい同性愛に対する防衛的な価値を持っていることを推測した。少年の中にも心的パーソナリティの女性的な部分が姿を現しているため，どちらの性別においても女性的な同性愛が父親的なものによる補償を求めていることがしばしばある。しかし，私はこの状況の長期化の理由を自問し続けてきた。母親の行動や振る舞いに関する不平不満の背後に母親の不在の影が浮かび上がったという事実と，私が聾唖者であることには関係があった。事実，Xに対する質問は自分自身もしくは他のことに夢中になり，繰り返さなければ伝わらず，それでいていつも悲しげであった母親に関係していた。それは口数の多い母親であったとしても，物言わぬ母親と同じである。母親はそこにいても無関心であり，それは子どもに非難を浴びせている時でさえも同じである。このようにして，私はこの状況を自ら大きく異なる形式で思い描くことができた。

　死んだ母親はかつて母親がその対象であった脱備給を用いて，万能的母親と

の心的別れの前に母親が備給されていた愛情の主要な部分を，自らと共に取り去った。つまり，それは母親の容貌や声のトーン，匂い，触れ合うという愛撫の記憶が取り去られたということである。心的接触が喪失されることは，母親に触れられた感覚の記憶の痕跡を抑圧することを伴った。母親は生きたまま葬られたが，墓石自体は消えてしまった。その場所にぽっかりと開いた穴は，あたかも患者がその中に身体や所有物を埋めてしまう危険を冒しそうなほど恐ろしい寂しさを生み出した。これと関連して，ウィニコットの述べたホールディングの概念は私たちの患者の何人かが経験するこの眩暈を伴う奈落の底に落ちるという感情を説明していないと，今私は考えている。このことは，心的崩壊という経験との関連がさらに強いものであると私には思える。こころにとっての心的崩壊という経験は身体にとっての失神に匹敵するであろう。対象は封じ込められ，対象の痕跡は脱備給を通して失われてしまう。そして死んだ母親との一次的な同一化が起こり，陽性の同一化が陰性の同一化へと変化する。すなわち，脱備給によって残された穴との同一化（対象との同一化ではない）が行われ，そして空虚感へと至らしめるのである。この空間を塞ぐために新しい対象が定期的に選択されるとすぐに，この空虚感は埋め合わされるが，死んだ母親という情緒的な幻覚を通してこの空虚感が突然に姿を現す。

　この核の周りで観察されることは，3つの目的にすべてまとめられる。

- 対象への憎悪を通して，刺激的な快感の追求を通して，そして意味の探求を通して，自我を生きたまま維持すること。
- 死んだ母親を蘇らせ，関心を持たせ，気晴らしをさせ，新しく趣のある人生を与え，笑顔を与え，笑わせること。
- 早期の三角関係の中で母親との心的別れを経験した対象と競争すること。

　この種の患者は深刻な技法上の問題を私たちに提起するが，ここでは言及しない。この点について，分析家の沈黙という行為について書いた私の論文を読者に紹介しておこう（Green, 1979）。これらの場合においては，沈黙という行為が母親に対する行われていない喪の転移（blank mourning）を永続させているだけであることが大いに危惧される。破壊性を体系的に解釈するというクライン派の技法は，ここではあまり役に立たないと私が考えていることを付け加えたい。一方，「対象の使用と同一化を通して関係すること（The Use of an object and relating through identifications）」（Winnicott, 1971）の論文の中で

述べられているウィニコットの立場が適切であると私は考えている。しかし，ウィニコットは性的空想，特に原光景についてやや過大評価していることが懸念される。これについては後述する。

凍りついた愛情とその変遷——乳房，エディプス・コンプレックス，原光景

　アンビヴァレンスは抑うつの備給の基本的な特性である。デッドマザー・コンプレックスの場合はどうであろうか。結果的に，憎悪が生じる情緒的，表象的脱備給については先述したが，この説明は不十分であった。私が説明してきた理論の中で理解すべきことは，脱備給によって愛情の凍結が最初に起きるという基準で考えると，愛する能力の欠如がまずアンビヴァレンスからのみ生じ，その後に憎悪が過剰な負荷となって生じるということである。対象は冬眠中であり，いわば寒さによって保護されている。この操作は次のような方法で患者が気づかないうちに行われる。脱備給は備給の撤収であり，（前）意識的レベルで行われる。本能的な解離の結果，憎悪が抑圧されると，それは性的リビドーの備給をすっかり解き放ち，それゆえに弱体化し，その結果として破壊的な備給が解放される。備給の撤収によって，患者は代理である別の対象に備給を置き換えることが十分にできないため，自分の自我の中に備給を引き戻したと考える。しかし，患者は対象への愛情を置き去りにして遠ざけ，その対象への愛が一次的抑圧という地下牢の中に幽閉されていることに知らない振りをする。患者は意識の上では愛情の蓄えに支障なく，別の機会が訪れれば愛情が利用可能であると信じている。もし，別の対象が自分に友好的に見え，自分がその対象に愛されていると感じるとしたら，患者は別の対象を愛する準備ができたと言明するだろう。患者は一次的な対象が自分にとってもはや価値がないと考える。実際は，患者はアンビヴァレントな状態にあるだけでなく，自分の愛情が今もなお死んだ母親に捧げられているために，愛することができないという事態に直面するだろう。患者は死んだ母親から喜び，楽しみを享受していないため，豊かで寛容であるにもかかわらず，何も与えることができない。

　転移の過程の中で，これまで激しい前性器的な満足や目立った性的行為を常に伴って行動化していた防衛的性愛化が突然止むことがある。被分析者は自分の性生活が減退したか，またはほぼ衰弱してしまったことに気づく。その患者によれば，それは抑制や性欲の喪失の問題でもない。ただ，魅力的に映る人は

誰もおらず，たとえ偶然そのような人がいたとしても，その相手が自分に魅力を感じてくれるわけではない。豊かであっても拡散しており，多くの機会があったとしても，派手で乱脈で多彩で刹那的な性生活は，もはや何の満足ももたらさない。

　死んだ母親の統治下で愛する能力を阻止されている患者たちは，自律に憧れることしかできない。分け与えることは依然として禁忌事項である。それゆえに，不安をもたらす状況であり，回避すべきものであった孤独が様相を変える。それは否定的なものから肯定的なものとなる。これまで避けられていた孤独は，いまや求められるものとなる。患者は孤独の中に心地よく身を落ち着ける。患者は自分自身の母親になるが，生き残るために母親の摂理に囚われたままでいる。患者は死んだ母親を取り除いたと考える。実際は母親自身がそっとしておかれる限り，母親は患者をそっとしておくだけのことである。それを引き継ぐ者がいない限り，母親は間違いなくこの近づき難い愛情を所有する唯一の人間である自分の子どもを上手く生かしておくことができる。

　この冷たい核は氷を触った時のようにヒリヒリし，感覚を麻痺させる。しかし，それが冷たいと感じられる間は依然として愛情は得られない。これらは単なる隠喩ではない。このような被分析者たちは暑い中でさえも寒いと不満を訴える。被分析者たちは皮膚の下も骨の髄までも冷たい。そして死者を弔う震えによって寒さを感じ，死体を包む布にくるまれていると感じている。まるで，死んだ母親に凍結された愛情の核によってエディプス・コンプレックスに向けた将来的な発達が妨げられることがないかのように，個人の人生において固着が最終的には克服されるようにすべては進展していく。これらの患者は程度の差はあれ，外見上は満足した職業生活を送り，結婚して子どもを持つこともあるかもしれない。しばらくの間，すべては順調に見える。しかしすぐに，葛藤が繰り返されることによって，愛情と仕事という人生のふたつの本質的な領域が失敗に転ずる。職業生活はたとえ深く没頭している時でさえも失望させるものとなり，夫婦関係は愛情や性欲や感情のコミュニケーションに深刻な障害をもたらす。とにかく一番欠けているのはこの感情的コミュニケーションである。性欲に関しては，それは遅かれ早かれデッドマザー・コンプレックスの出現によって影響を受ける。それは比較的保存されるかもしれないが，ある時点までである。最終的に愛情が完全に満たされることはない。したがって，極端な場合，愛情が満たされることはまったく不可能であり，よくても多少の損傷を与えられたり抑制されたりするものである。多すぎるということはあり得ない。

つまり，愛情，喜び，楽しみに満ち足りることがない一方で，これに反して親機能が過剰に投入されるのである。しかしながら，この親機能には大抵自己愛が潜んでいる。つまり，子どもは親自身が達成し得なかった自己愛的な目的を満たす限り，愛されるのである。

　したがって，エディプス・コンプレックスの達成が回避された場合，デッドマザー・コンプレックスはエディプス・コンプレックスに特別に劇的な局面を与えることになる。母親へ固着することによって女の子は母親の愛情を失うのが怖くて，父親イマーゴに備給することさえできないであろう。またそうではなく，もし父親への愛が深く抑圧されているのなら，母親に投影されていた大部分の性質を父親イマーゴに転移することが避けられないために，父親への備給が妨げられるだろう。ここで母親というのは死んだ母親ではなく，その反対の男根的母親である。私はかつてその構造について記述を試みた（Green, 1968）。男の子は母親に似たようなイマーゴを投影し，一方父親は同性愛の対象となる。それはあまり構造化されていないが，父親を接近し難い存在にし，簡潔に言えば，価値がなく，この男根的母親によって疲労困憊し，抑うつ的になり，打ちのめされている対象にしている。どの場合においても肛門愛への退行が生じる。肛門愛では，患者はその用語のあらゆる意味において，エディプス・コンプレックスから過去へ遡って退行するだけでなく，死んだ母親が常に引き戻そうとする口唇期へと退行しないように肛門期の壁で自分自身を保護する。なぜなら，デッドマザー・コンプレックスと隠喩的な乳房の喪失が相互に反響し合うからである。患者は常に現実を防衛として用いることを見出す。それは現実として知覚され，どんな投影によっても影響を受けない存在に患者がしがみつく必要があると感じているかのようである。なぜなら患者は空想と現実を別々に維持するために最善を尽くすが，両者の区別を少しも確信していないからである。空想は単なる空想でなければならず，極端に言えば，それは心的現実の非実在を証明することを意味している。現実と空想が一緒になると激しい不安が生じる。主体と客体は混同され，それは患者に精神病への脅威を感じさせる。機能し続けるためにスプリッティングを認め，とりわけ患者が自分の無意識について知ったことから患者を遠ざけておく構築的な肛門期的基準によって，秩序は何をおいても維持されなければならない。つまり，精神分析によって患者は自分自身の内面をよく知るよりも，他者のことをよく理解するようになる。それゆえに，しばしば自己愛的にではあるが，分析に対して強く備給がなされても，分析の結果として生じる失望感は避け難くなる。

死んだ母親は二度目の死を迎えることを拒絶する。分析家は「今回で終わった。年老いた女性は本当に死んだ。被分析者はようやく生き延び，私は一息つくことができるだろう」とこころの中で言うことが幾度もあるだろう。もし私がこの状態のままにしておけば，小さな心的外傷が転移や生活の中に現れ，それが再び母親のイマーゴに生気を与える。なぜなら，その母親は千の頭を持つヒドラだからである。ヒドラは一撃ごとに頭を打ち落とされたと信じられているが，実はその頭のひとつが打ち落とされただけである。では，獣の首はどこにあるのだろうか。

　通常，前概念は最も深いレベルつまり最初の乳房まで遡って探求することを想定しているが，これは間違いである。すなわち，そこは基本的な空想がある場所ではない。なぜならエディプス状況における第二の対象との関係が，一次的対象である母親に影響を及ぼすコンプレックスを過去に遡って明らかにするのと同じように，口唇期の関係性の側面に向けた攻撃によって，コンプレックスの核が絶滅させられることはないからである。その解決法はエディプス・コンプレックスの原型の中で，つまりエディプス・コンプレックスの構築を念頭に置いた象徴的なマトリックスの中で見出される。そして，デッドマザー・コンプレックスはその秘密を伝達する。すなわち，それは原光景の空想である。

　現代の精神分析で理解されてきたことは，もしエディプス・コンプレックスが必要不可欠な構造的基準とすれば，それを決定付ける条件は，口唇期や肛門期，男根期の前駆物の中にはないということである。口唇期や肛門期，男根期が部分的には現実の対象関係によって左右されるという現実主義的な視点から見れば，これらの構造について「クライン流」に定式化された幻想の中にも条件を決定付けるものはなく，それはエディプス・コンプレックスと同一構造の空想，つまり原光景の空想の中にあるとされている。遅きに失しているが，それが真実であるという多くの示唆が与えられている。私は「狼男」（Freud, 1918）の中で説明されたフロイトの立場との違いをここで力説するために，この原光景の空想を強調する。「狼男」についてのユングとの論争の中で，フロイトは原光景の空想の現実性を証明するものを探し求めた。いまや原光景の中で重要なのは，それを目撃したことではなくて，正確にはその反対，すなわち患者の不在中にそれが起こったということである。

　私たちが関心を抱いているこの症例にとって，原光景の空想は最も重要である。なぜなら，患者が死んだ母親に関連した記憶の痕跡と直面することになるのは，危急の事態と構造が出会う時なのであり，その出会いによってふたつの

対象は活動し始めるからである。これらの記憶の痕跡は脱備給によって強力に抑圧されていた。いわば記憶の痕跡は患者の中で休止状態にあり，患者はコンプレックスに対応する時期については，かなり不完全な記憶しか持ち合わせていない。そこに残されたのが鎮痛作用を持つ隠蔽記憶だけということもある。原光景の空想はこれらの痕跡に再備給を行うだけでなく，現実に大火災をもたらすことになる未知の影響を新たな備給を通してこれらの痕跡に与える。大火災によって，死んだ母親のコンプレックスが遡及的に重要な意味が与えられる構造に火がつけられる。

　この空想の復活はすべて投影性現実化，つまり自己愛的な傷つきを和らげる目的を持つ投影となる。投影の現実化とは対象に投影することによって患者の内的な緊張を取り除くだけでなく，心的外傷的で劇的な反復を蘇らせ，単に記憶させるのではなく，現実化する過程を示している。原光景の空想に何が起こっているのか。一方では，患者は自分と母親を隔てている克服し難い距離に気づいている。最も厳密な言葉の意味において，この距離によって患者は対象との接触を確立することができないことに無力な怒りを感じていることに気づく。他方では，患者は自分がこの死んだ母親を目覚めさせたり，元気づけたり，母親に生気を与えたりすることができないと感じている。しかしこの時，心的別れという経験の中で死んだ母親のこころを奪った対象である患者のライバルではなく，その反対に患者が第三者となり，あらゆる予想を裏切って母親を生き返らせ，オーガズムの快感を与えることに自分が適していることを示す。

　これは顔を背けたくなるような状況であり，それは自己愛的な万能感の喪失を再び活性化させ，桁違いのリビドーの減衰を感じさせる。
勿論，この状況に反応して，単独でまたはまとまって，次のような一連の結果が現れることになる。

1. この空想による迫害やカップルとなって患者に害を与えるふたつの対象への憎悪。
2. サディスティックな光景としての原光景の古典的解釈。しかし，そこにある本質的な特徴は，母親がオーガズムを感じずに苦しんでいるか，または，父親の暴力によって母親が自らの意に反してオーガズムを得ることを強要されるかのどちらかである。
3. 最終的な状況の変化。オーガズムを経験すると，母親は残酷で偽善的になり，ある種の淫らな怪物として猛威を奮うようになる。母親はエディ

プスの母親ではなく，エディプス神話のスフィンクスになる。
4. ふたつのイマーゴへの同一化が交互に起こる。死んだ母親に同一化すれば，変わらない状態のままでい続けるか，サドマゾ的な種類の性的興奮に没頭するかである。そして，父親に同一化すれば，死んだ母親の攻撃者（死体愛の空想）になるか，性的な結合を通して母親を償う父親になるかである。患者はその瞬間に応じてこれらの同一化を往来することがよくある。
5. 激しい知的活動を利する原光景の性的で攻撃的な脱性衝動化がこの混乱した状況にもかかわらず自己愛を償う。ここでは，新たに失われた意味を探求することによって性的理論が形成されることになり，広範囲にわたる「知的」活動が促進される。これによって，リビドーの満足を犠牲にすることで，傷ついた自己愛的万能感は再び確立されることになる。もうひとつの解決法は自動的な満足（自己満足）の空想を支える芸術的創造である。
6. すべての空想を「ひとまとめにした」否認。性的関係に属するあらゆるものに無知であることに対して強力に備給がなされ，それによって患者には死んだ母親の空虚感と原光景の遮断が同時に起きる。原光景の空想は患者の生活の中心軸となり，デッドマザー・コンプレックスに影を落とす。これは前進と後退，ふたつの方向で発現する。

前進すれば，エディプス・コンプレックスが期待される。それは原光景の不安に対する防衛のシェマに従って経験されるだろう。性的でない3つの要因，つまり憎悪，同性愛，自己愛は，それぞれの効果を接合させ，その結果，それに対してエディプス・コンプレックスが構築される。

後退すれば，乳房との関係は過激な再解釈の対象となる。これは過去に遡って重要なものとなる。死んだ母親に対して喪の作業が行われないままでいると，表面的には破壊的な投影に苦しんでいる乳房へと映し返されることになる。事実，それは与えられない悪い乳房の問題というよりむしろ，与えられている時でさえも不在であり（そして失われておらず），関係についての懐古の念に没頭し悲しんでいる状態の乳房であり，完全にもなり得ず，満たされることもない乳房である。この結果，デッドマザー・コンプレックスが生じる前に存在した乳房との幸せな関係への再備給は，今度は破壊的な恐怖という儚い合図に影響を受ける。もし敢えて言うならば，それは偽りの自己の中に保持された偽り

の乳房であり，偽りの赤ん坊を育てるのである。この幸せはただの囮に過ぎない。「私は愛されたことがない」というのが新しい叫びとなる。患者はそれにすがりつくことになり，後の愛情生活においてこれを確かめようと奮闘する。喪の作業ができないという状況に直面することや，このため隠喩的な意味での乳房の喪失をワークスルーできないことは明白である。口唇期のカニバリズム的な空想についてはより正確に捉える必要がある。メランコリーで起こることとは反対に，ここではこの段階への退行はない。とりわけ証明されることは，口唇期的関係の水準における死んだ母親との同一化やそこから生じる防衛との同一化であり，それは究極的な対象喪失もしくは空虚感の侵入に対する患者の極度の恐れである。

　これら3つの局面による転移の分析は，デッドマザー・コンプレックスの出現前に存在していた早期の幸福を再発見することへと導くであろう。これには多くの時間を要し，勝利を祝う前に何度もワークスルーがなされなければならない。すなわち喪の作業が行われなくなる前に，そして去勢不安と共鳴する前に，母親との幸せな関係についての転移性反復への到達が可能となり，母親はついには生き延びて父親を望むのである。これは，母親との心的別れの中で子どもを憔悴させる自己愛の傷つきの分析が成し遂げられたことを示唆している。

参考文献

Freud, S. (1918) From the History of an Infantile Neurosis. In *The Standard Edition of the Collected Works*, Vol. 17, pp. 1-122. London: Hogarth and Institute of Psychoanalysis.（小此木啓吾訳：ある幼児期神経症の病歴より．フロイト著作集第9巻．人文書院，1983．）

Green, A. (1968) 'Sur la mère phallique', *Revue française Psychanalytique* 32.

Green, A. (1979) 'Le silence du psychanalyste', *Topique* 23.

Winnicott, D. (1971) *Playing and Reality*. London: Tavistock; NY: Basic Books; Harmondsworth: Penguin, 1974.（橋本雅雄訳：遊ぶことと現実．岩崎学術出版社，1979．）

第Ⅲ部　表象と現実

　空想上の赤ん坊の表象と生まれてくる現実の赤ん坊の表象が一致することは稀である。しかし，両者のずれが大きい場合もある。医療の進歩によって現代のジレンマは激しくなっている。それは妊娠，および出産の現実を大きく変えた。不妊のカップルにも妊娠は可能になり，より早期の未熟児が生き延びることが可能になっている。しかし，科学的技術の進歩，特に胎児のスクリーニングによって，目に見えない胎児が子宮内で明示されるだけでなく，これまでには知られていなかった情報を得ることもできるようになった。このような検査は不安を軽減するのには役立つが，「完璧な」赤ん坊をめぐる暗黙の前提を助長し，どんな赤ん坊が生存する権利を付与されるのかという倫理的な問題を生じさせる。本書では，新生児の死や障害を持った赤ん坊，特別なケアを必要とする赤ん坊など人生の重大事に対する反応に関わる実存主義的な苦悩がいくつかの異なる視点から語られている。これらの問題は，第14章において心理療法家（当時は訓練中）のグレン・ホイットニー Glenn Whitney が妻の妊娠中に自分自身の痛烈な体験を綴った日記の抜粋の中で取り上げられている。次章ではドリアン・ミンツァー Dorian Mintzer とその同僚が特別なケアを必要とする赤ん坊の出産で衝撃を受けた5つの夫婦の反応を観察している。ここでは専門家のグループが赤ん坊の適応を測定する方法を用いたり，両親との面接を行い，親たちが徐々に適応していく過程を追跡している。それは衝撃と共に始まり，落胆し自尊心を失い，子どもの養育での不適格さを感じ，最後にやっと受容に到り，家族の精神的バランスを取り戻すという過程を辿る。そのグループは夫婦関係に与えられる衝撃，使用される幅広い防衛（否認，回避，ひきこもり，合理化など）を記述し，衝撃による混乱の程度は赤ん坊の外見（特に顔）や障害の修復可能性，つまり欠陥の重篤さと関連していると述べている。
　私たち大人の情緒の早期の源を探索するもうひとつの方法は，子どもや赤ん坊を家の中で毎週観察するものである。これらの観察はいまや（理論を学ぶ過程や教育分析に加え）精神分析的心理療法家の訓練としては標準的なものとなっている。第16章で（当時）訓練中の精神分析家であったフランシス・グリアー Francis Grier がこのような観察のひとつを提示し，家族の中で起こるか

なり壮絶な早期の体験について大変詳細に説明し，赤ん坊のアマンダがどのようにして母親の敏感さに助けられながら自らのバランスを再発見していくのかを示している。ここでグリアーは哺乳瓶で育った赤ん坊に対してもやはり，「乳房としての母親」という用語を用い，その赤ん坊への応答性を描写している。これに続いて第 17 章ではこの観察，特に乳房による授乳に纏わる空想や表象，そして早期の子育てにおける観察者の役割について，観察から生まれたいくつかの論点の解説を行っている。

第14章　喜びと苦悩——胎児検査への反応

グレン・ホイットニー

　本論は有限性と死に満ちた話であるが，哀しいことに，結末のない話でもある。そしてまた生命に密接に関連した話でもある。新しい生命の始まりに関する生物学的仕組みについての私たちの知識は莫大であり，日々増している。数千年にわたって不可解な謎であったものが，体外受精から誘発分娩，全身麻酔や帝王切開による出産まで技術的介入へと変化を遂げてきている。閉経後の女性が孫の受精卵を着床させられるようになり，さらに不妊治療の結果，多胎児の「選択的排除」が必要になったりしている。これにしたがって，哲学や倫理，心理療法は科学の変貌に追随しようともがいても無駄であることが自明になっている。

　私たち人間は他の生物には知られていない，ある特定の実存的真実を知っている。ひとつには私たちが「死に向かっている生物である」こと，つまり，いつか死んでしまうこと，私たちの存在の有限性は周知のことである。私たちが「生に向かっている生物」であることも認識しているということ，つまり，多くの人間が再生産の能力を有していることを私は論じたい。ある意味では，私たちは他の生物と違い誕生と死の完全な循環を意識している。したがって，私たち夫婦はたくさんの計画を立てて，厳密な栄養補給，体温管理を行い，綿密に性交のタイミングを計った末に，自分たちが新しい生命を創造したことを知って喜んだのだった。それは 1996 年 7 月 18 日に妻の子宮の中で成長し始めた。

　私は将来の父親として，起きていることの体系的な知識もなく，それから数カ月間その出来事の現実性についてまだ十分に理解することができていなかった。この体験がもっと現実に近づくにあたり，私は親になることが差し迫ってくることに対する私自身の反応を毎日日記に記録することにした。ここからの日記の抜粋は最も落ち着いていた理性的なこころの状態を表していることを伝えておかなければならない。その狭間には大きな混乱を抱えた瞬間も存在した。

1996 年 10 月 14 日

　　今日モニターで自分たちの赤ん坊を見た。最初チラッと見た時には驚きに溢れ，気分が高揚してきた。妻のコナーの胃の中に何かがいるのではないかと疑ったが，このような視覚的な証拠を目の当たりにすることは本当に驚くべきことで，私は自分が子どもを持つということと，それを守っていかなければならないという力強い気持ちを感じた。そしてまた，大人になることへの目覚ましの音が鳴り響いたようにも感じられた。私はこの小さいながらも既に人間の形をした生命を見ることができた。その生命は自分の生存そのものを完全にコナーに頼りきっており，私はその時いかに自分のサポートの役割が重要であるかを知った。……私は興奮し，赤ん坊が実際に生まれるのを楽しみにしている。自分たち夫婦が健康な子どもを生むことができるとはとても思えない。私は子どもが障害を持って生まれてくる可能性についてかなり神経質になっている。私たちは統計的には危険度が低い夫婦だが，私のこころは気を付けるようにと言い続けていた。私は常に最悪のシナリオを考えている。しかし，楽観的になって，わくわくしたい。それはまるで私のほとんどすべてが……

　そのスキャンを見た後，神経質な予測にありがちなことであるが，私たちは検査をするというお決まりの手順に従うことになった。コナーの血液が採取され，ホルモンレベルの検査が為された。そのホルモンレベルの検査では，胎児が障害を持って生まれる危険を知ることができる。そして，事態は速やかに劇的に変化した。

1996 年 10 月 31 日

　　打ち砕かれた気がした。2日前に私たちは自分たちの赤ん坊がダウン症である確率が 15 分の 1 であることを知らされた（コナーと同年齢の女性の平均では，550 分の 1 の確率である）。……まさにこころの底から揺さぶられる気がした。私たちは自分たちが作り出し，熱望した生命を終わらせることを考えなければならない。［病院は］私たちに直ちに羊水穿刺[原註1]の検査を提案した。結果まで3週間待たされることになる。そんな先になるのは辛いことである。運命を天に任せなければならない。そして苦しみを知り，その苦しみから意味を見出さなければならない。これは何よりも難しいことのひとつである……

　重い障害を抱えて誕生する子どもについて深刻に考えるだけでなく，私たちはいまや羊水穿刺を行う結果，流産の危険性が増すことについても葛藤しなけ

原註1）子宮から羊水を取り出して胎児の細胞を検査する胎児検診［編者］。

ればならなかった。これらすべてのことが一気に起こったのは，私がヴィクトール・フランクル Victor Frankl の『*Man's Search for Meaning*（生きる意味を求めて）』についての発表を行ったすぐ後だった。フランクルからの影響は明らかであり，力の源となった。私はそのおかげで困難は克服しうる，苦しみの中には気高さが存在すると考えることができた。しかしながら同時に，私は尊厳を抱きながら苦しむべしというフランクルの訓戒をこころに留めながら，自分を弱く価値のない人間に感じた。特にある一節が私の頭をかけ巡った。

> しかし，創造性や楽しみだけが意味あるものではない。もし生きることに何らかの意味があるとすれば，苦しみにも意味があるはずである。苦しみは生きることから取り除くことのできない部分である。それは運命や死でさえも同じである。苦しみや死がなければ，人間の生は完全なものとはならない（Frankl, 1946/84, p. 88）。

ダウン症の子どもが生まれることで自分たちの人生が完全に変わってしまうであろうことを私たちは知った。ダウン症の子どもは明るく，驚くほど才能があるという一般的な印象がある。しかし調べた限りでは，ダウン症の子どもで最終的にやっと単純な職にありつけるだけの知的能力を発達させるのは約10％の確率に過ぎないことが示されていた。18歳ではそのほとんどが特別な施設で生活し，辛い思いをさせられていた。外部の人にも理解可能な程度の言語能力に到達するのは約20％に過ぎない。多くの人は生涯にわたって排泄の介助を必要とする。性的発達やその表現に関しては特に問題となりうるところである（Newton, 1992）。

それと同時に，ダウン症の子どもの中には「健常」に近い形の道筋に沿って発達することが可能な子どももいくらかいる。染色体異常と同じく社会的に課せられる烙印によって子どもたちは阻害されているのである。ダウン症の子どもにしか決して見られない強い感受性や自意識を示す子がいる。シナソン（Slnason, 1993）は，ダウン症の子どもを理解する際に最も重要な感情的問題は，外見上明らかに他とは異なって見えることの影響であり，それはその子たちを理解しようとする人々から往々にして過小評価されると記している。シナソンがひとつの例を紹介している。

> 幼い女の子が私に「学校がお休みの日に，私にそっくりの子を見たの」と言った。統合教育を行う少女の学校には身体的障害を持った子どもが数名いた。しかし，ダウン

症はその子だけであった。その休日の後，少女は母親に寝室に鏡を持ってきてくれるように頼んだ。その子は長い間自分の顔をチェックしていた。そして最後になってやっと，どうして私は家族よりも，お休みの日に見た女の子の方に似ているのかと尋ねることができた（Sinason, p. 55）。

このような話によって，これらの子どもの明らかな「人間性」のみならず，存在の痛々しい現実が強調される。「人とは異なること」から生じる問題は，適応すること，普通であることについて誰もが皆感じている不安の究極の形である。妻も私も子どもの頃，身体的にちょっと違うことでからかわれたことがある。私たちは自分たちのダウン症の子どもが遥かにもっとひどい差別を受けるのではないかと怖くなった。

私たちは羊水穿刺の検査をすることで，自分たちが妊娠を継続させるか，中絶するかを決断しなければならないという葛藤に直面させられることを知っていた。この数日は，特にサルトル（Sartre, 1943/91）の自己欺瞞という考えが圧し掛かるように大きく現れた。これはすべて自分たちの手に負えるものではなく病院の責任でもないという振りをすることはとりわけ大きな自己欺瞞であった。病院の名誉のために記すが，病院側は私たちがスクリーニング検査や羊水穿刺を受けることの含意を確実に理解できるよう，できる限りのことをしてくれた。それでもなお，ほとんどの医療関係者や私たちの友人，親戚にとって，ダウン症の胎児というのは直面しなければならない「葛藤」ではなく，解決されなければならない「問題」であった（Spinelli, 1994）。私たちにとって，それは明らかに葛藤であった。

医学の専門用語に安心を求めることは自己欺瞞であると私たちふたりは考えるようになった。妊娠を「終わらせること」や「中絶すること」は赤ん坊を殺すこと，つまり，身体的，精神的に欠陥がある可能性があるという理由で赤ん坊を殺すことになる。ダウン症の検査結果が陽性の場合，90％の確率でこの選択肢が採られる。この統計には大して慰めを得られなかった。私はむしろ新米の実存主義者として，何とか「それよりもましなこと」をしなければならないと感じていた。私は誠意を持って進みたかったが，正面から大きな恐怖に立ち向かうことから逃れて，それが意味するものを本当に理解することはできなかった。将来親となる人の多くが簡単に中絶という決断をしていることを暗に言っているわけではない。私は決断が軽々しいものではないことを確信している。その理由は少なからず，羊水検査後の中絶では分娩を誘発させ，母親は正常分娩と同じ過程を経なければならないからである。これには通常 12 時間から 24

時間を要する。赤ん坊は生存しているが，肺が十分に発達していないために産道の外に出るとすぐに亡くなることになる。私が読んだあるセルフヘルプに関する本（Ilse, 1993）では，中絶する場合にもその赤ん坊を「愛する」という考えを重視していた。中絶された子どもを抱いて愛撫することや，時に赤ん坊の身体を洗ったり，名前を付けたり，洗礼を受けさせたりなどということも奨励している。子どもを殺すことと愛することの間には矛盾がある。私はそれを理解できない。その体験をしたある女性がその矛盾を上手く説明している。

> 鏡で自分の妊娠した身体を見るといつも嘔気がした。結果を受け取ってから中絶をする6日間にも，私は赤ん坊がお腹を蹴っているのを感じていた。それはまさに死闘であった。そして今，私は好きなように薬を飲むこともできる。結局，数日のうちに私はこの胎児を殺すことになるのだから，薬を飲んでも問題にはならなかった。この新しい生命を慎重に扱い，守ることから，それを終わらせようとする決断へ向かうことは，恐ろしい考え方の変化であった（Green, 1992）。

　私は自分がこの赤ん坊を自分自身の権利を持った人間としてではなく，ハイデガー Heidegger が「用象 Bestand」つまり「在庫品」と説明していたものとして見ているという事実に気が付いた。この在庫品は妻の身体という倉庫に抱えられており，適度に熟成するのを待っていた。科学技術を利用すれば，予め最終品質を検査することが可能である。そこで適格とされれば，私たちに届けられる。在庫品は私たちに生産的で，愛情深く，社会的価値があると感じさせる機能を持っている。多少なりともこのように感じたことに気づいたことで，私は決まり悪い不快感を抱いた。この胎児はどこまで医学的な専門用語でいう「現存在 Dasein」なのか「用象」なのか。私はこれらの疑問とずっと闘っており，それは今もなお続いている。
　次の日記の記述は私がこの経験の一時的理解を示しているが，それは私の側の甚だしい知性化であり，かなりの防衛的な撤退を示してもいる。

1996 年 11 月 3 日

　さて，恐怖とたくさんの涙と共に過ごした5日が経ち，私たちは日曜日を迎えた。私たちはふたりとも少しばかりは前よりも落ち着いて，勇気も湧いてきたと思う。……ダウン症の赤ん坊を産むのは間違いであるということについて徐々に確信を抱きつつある。中絶すること自体は必ずしも利己的ではない。前もって知っているにもかかわらず，赤ん坊を産もうと突き進んで決断することは，とにかく子ども

が欲しいという親たちに至福の雰囲気をもたらす。しかし，それが誰の得になるのか。おそらく親自身でもなければ，まだ生まれていない赤ん坊でもなく，ましてや社会でもないだろう。……

上述の抜粋は穏やかな解決というものをありありと描いているが，私たちは絶えずそれとは対極にある主張を考えていた。私たちはダウン症の子どもを持ち，それを体験できたことに感謝している親がいるのを知っていた。そのことについて，ちょうど本を出版したばかりのある夫婦がいた。その夫婦の状況は私たちのものとはかなり異なっていた。つまり，その夫婦の子どものジェーミーは第二子であり，出産前にはその子がダウン症であることを夫婦は知らなかったからである。しかし，この夫婦が提示している問題は刺激的なものであった。

ゼロサムゲーム[訳註1]や国家財政緊縮の時代においては，人間の生命はそのうち費用対効果の分析を基盤にして判断されることになるのだろうか。私たちが行ってきた投資に対して，国民は元を取るべきであると私たちは主張するのだろうか。私たちは生産的か非生産的かで国民を区別するのだろうか。優生学を国家財政の厳しさと合わせて考える社会では，障害のある子どもを産むことを選択する親は利己的であったり，勘違いしていると思われるのであろうか。私たちはジェーミー・ベルベが食べていくためには年間の公的医療費の予算からどれだけの金額が給付されるのかを見積もる権利を有するようになるのだろうか (Berube, 1996, p. 117)。

時が経ち，夫婦でそして友達や親戚と密にコミュニケーションを取り，私たちの苦痛は落ち着いてきたように思えた。

1996年11月10日

私たちはダウン症候群の赤ん坊をこの世に送り出すことができるとも，そうしたいとも思わなくなったという点でこころが安らぎつつある。人の誕生時に魂があるかに関して言えば，これによって私たちが信じているもののすべてが試されている。勿論，新進の社会構成主義者／実存主義者として，この胎児を自ら選択し，自らの可能性を発揮してきた完全な一人前の人間であるという視点から捉えることは私にとって意味を成さない。私，または私たちがその可能性を切り捨てることを自ら責めることは可能である。そのようにすることも多々ある。私にその権利があるのだろうかと考える。しかし，子どもが欲しいか，いつ子どもを産むか，何人子どもを

訳註1）ゲームの理論などで一方の得点が他方にとって同数の失点になる。

儲けようかといったことを決める権利が私たち人間にあるのだろうかということも考える。

　私はこの生命を終わらせる権利を持っていると信じることは自己欺瞞であるが，あたかもこれは私たちが行わなければならない選択ではないかのように振舞うことも，また自己欺瞞であると終始執拗に考えていた。私は中絶がコナーや将来の受胎能力，自分たちの結婚全般に引き起こしうるダメージについても恐れていた。私は自分自身を裏切らないようにずっともがいていた。

1996 年 11 月 10 日

　いまだに中絶への恐怖を感じている。コナーの身体を殺戮の場にすることは避け難い。そうだ，ある意味ではこれは殺人のようにも思えたり，感じられたりもする。このことに私たちは直面しなければならない。私たちは自律して完全に機能している人間を殺すのではない。しかし，たとえそれがいかに限られたものであるにしても，私たちはこの十分な可能性が現実のものとなることを妨害している。それは恐ろしいことである。私たちは時に利己的であったり，臆病だったりすると思う。しかし大抵は，現実主義的であると感じており，自分たちを許してもいる。……
　私たちはついに決断を下した。実際に何が実行されようと，私たちが中絶をする必要があるなしにかかわらず，私たちはその決断の結果を引き受けて生きなければならない。私たちはまだ生まれていない赤ん坊の不確かで，そしておそらく大きな障害と苦痛に満ちた生活よりも，自分たちの生活と将来の生活を選んだ。私はまだ人々や善なるものに対する信念，神に対する不安定な信念とどうすれば折り合いをつけることができるのかを考え出そうと格闘している。

　その後，重要な転換と思えることが起き，そこでこの経験から意味を引き出そうと試みた。それは安心感を得るための重要な源となった。それは「なぜ生きているかを知っている者はどのように生きることにも耐える」というニーチェ Nietzsche の格言を呼び覚ました。

1996 年 11 月 13 日

　……静かになると私は生命の価値について考える。子どもがもたらしてくれる豊かさや喜びゆえに，私たちは赤ん坊を産むことにしようと決めたのだとコナーに常日頃話している。これは私たちの決断である。実際にこの世に子どもを送り出せば，私たちはすべてを子どもに負うことになる。子どもは生まれることも，生まれない

ことのどちらをも選択できないのであった。私にはすべての哲学的，神学的問題がとても混乱させるものであり，私の知的な確信に挑んでくるもののように感じられる。それは私のより迷信深い信念や社会から，私が背負い込んでいるもののある部分と衝突している。私自身の信念では，ダウン症の赤ん坊を世に送り出すことは誰にとってもほとんど資するところがない。それは私たちにとっても，子どもにとっても同じである。子どもたちは「普通」になって，他の皆に追いつこうと苦闘し，勝つことのできない闘いを挑むことになるだろう。欲求不満や苦痛は子どもにとって大きなものとなるだろう。そして，それは私たちにとっても同じであろう。確かに，私たちは喜びの瞬間を引き出すために，欲求不満や苦痛と共に生きることを学ぶことになろう。しかし本質的には，世の中に積極的な貢献を為すにはかなり限られた可能性しか持っていないひとりの子どもを支える家族としては，私たちは内的なものへこころを向けることになるのであろう。

　しかし，私たちに神の真似をする権利があるだろうか。一体どこまで行けば終わりになるのだろうか。遺伝子操作によるデザイナーベビー^{訳註2)}か，受精前の精子と卵子の検査か。私たちは人間以外の動物の世界との密接な関係からいまやとても離れたところに来ている。動物にこのような「決断」は考えられない。私たちの医学は急速に進歩しているが，倫理的価値観や社会通念は同じように進んではいない。

　私たちは自分たちを愛しているがゆえに中絶を決断する。自分たちの子どもを愛するがゆえに中絶をするのだと想像することは極めて難しい。……しかしながら，この世における私たちの責任とは何かという哲学的な問題に立ち戻ろう。これが私たちの下すべき決断であろうか。「私たちが下すべき」決断などというものがあるのだろうか。私たちは毎日選択肢と向き合っている。これはひとつの大きな選択である。この選択は大きな悲しみを生む原因となるであろう。しかし，究極的にはこの選択は選択しうる中でもまだましなものである。

結果が出る日がやってきたが，私の気持ちは落ち着いた。

1996 年 11 月 18 日午後 2 時 35 分

　私は胎児の健康を祈っている。私たちの希望や夢，期待の中では既に十分に「私たちの赤ん坊」であることに私は気づいていた。そうでないと考えることは自己欺瞞であることは分かっている。私たちはふたりとも興奮しているし，怖がってもいる。待ち続ける時間は終わったようだ。私たちは信念を持つことを学び，それを経験する必要がある。このことは，精神的な発達が私たちに欠けていることを鋭く指

訳註2）赤ん坊の運動能力や知性など，ある特定の性質を持つように親が受精卵の段階で遺伝子操作を行って生まれる赤ん坊。こうした赤ん坊の誕生は，現時点では技術的，倫理的にも問題視されている。

摘しており，多くの点において私たちはこの領域でかなりの不利な条件を有している。つまり，子どもと同様に私たちも問題を抱えている。しかし私たちは，自分たちの生活が全般的に見れば，たとえ今すぐにではないにしても最終的には素晴らしく報われることへの希望や楽観に満たされていた。

1996年11月18日午後6時33分

　結果が出た。異常なしだった。つまり，「染色体異常は見つからなかった」。深いため息が出て，安心と喜びに涙が溢れた。私たちはとても幸せで嬉しかった。私たちはやっと気持ちを目の前の仕事に向けることができる。つまり，新たな生命を育て，学び，尽くす準備ができることになった。私たちはこの経験から学ぶことにとても興奮し，そのことに時間とエネルギーを捧げている。神に感謝しよう。

　さて，これはある種の幸せな結末である。しかし私がこれを書いている時，私たちの赤ん坊の出産「予定」までにあと3カ月があり，誕生が何をもたらすかは私たちには分からなかった。私たちはこの期間にいくつかのことを学んだ。それは，特に私たちが下さなければならない決断に対して可能な限り誠実に向き合うことの大切さや，人生において多くのことは自分たちの手の届かないところにあることを受け入れざるを得ないということである。この経験の真っ最中でさえ，私は生きていると強く感じていた。これは私が十分にそして確実に世界やその可能性と関わろうとしていたからであろうと考えている。とりわけ，私はこのことから私たちの子どもがいかに素早く，そして取り消しようもなく，自分たち自身のメタファーになるかを学んだ。私たちが強く待ち望んだ子の中絶を考えることは，時には自己を崩壊させるかのように感じられた。コナーにとってその気持ちは，よりいっそう激しいものであったと想像する。私たちふたりが待ち望んでいた人生の一時期全体に死が一面に広がっていった。事後の事実によって，私たちがどのような決断を下そうとも，ある種の死が潜在することに私は気づいた。子どもを生むことは私自身の子ども時代が，そして子どもを生まないことは私の未来が終焉を迎えるようなものである。

　この検査と苦痛のすべての経過の中で何かが確実に死んでしまったという感覚もある。それはすなわち誕生という奇跡のすべてに関して無垢であり，潔白であるという感覚である。私たちはもし赤ん坊に染色体異常があればその生命を終わらせようとしていた事実に向かい合わなければならない。この動揺が私たちの子どもに対して悪い影響を及ぼすであろうか。私たちが赤ん坊の避けら

れない欠陥や私たち自身の「異常」を受容することについてはどうであろうか。私たちはいつの日か自分たちが下した決断を子どもに説明するのだろうか。

　このことについては最終的な洞察や絶対的な答えはなく，さらなる疑問が生じるだけである。しかし，確かにとても不完全で儚い答えかもしれないが，答えはいつか出るだろうという感覚がある。私にとって，このことは実存主義的自己分析，そして実際には存在のすべてについて避け難い真実であるように思える。子どもの誕生が近づくにつれて，この経験の期間に感じた極端な感情は，親になるということは一体どういうことなのかを僅かに暗示しているに過ぎないことが徐々に私には分かってきた。私はウィリアム・ブレーク William Blake^{訳註3)}の言葉を何度も頼りにするであろう。

　　人は喜びと苦悩を味わうために創造されたのだ。
　　そして，私たちがこれを正しく理解する時，
　　安らかに世界を進むことができる。
　　喜びと苦悩は素晴らしいほどに織り合わされている。
　　魂の衣は予言する，
　　あらゆる深い悲しみと嘆きの下には
　　絹で縒られた喜びが流れている，と。

補　追

　1997年4月17日，36時間の疲労困憊した陣痛の末，最後は帝王切開となったが，オスカー-ニコラス・ミドルマン・ホイットニーはすこぶる健康に生まれた。約4年後，両親はもうひとり子どもが欲しくなり，胎児検査を受けるか否かについて改めて話し合っている。

参考文献
Berube, M. (1996) *Life As We Know It*. New York: Pantheon.
Frankl, V. (1946/84) *Man's Search for Meaning*. New York: Washington Square Press.
Green, R. (1992) 'Letter to a Genetic Counselor' *Journal of Genetic Counseling*, 1: 55–70.
Heidegger, M. (1927) *Being and Time*, trans. J. Macquarrie and E. Robinson. New York: Harper & Row (1962).
Ilse, S. (1993) *Precious Lives, Painful Choices*. Maple Plain, Minnesota: Wintergreen Press.

訳註3) 英国の詩人，画家，神秘思想家。

Newton, R. (1992) *Down's Syndrome*. London: Little, Brown & Co.
Sartre, J.P. (1943/91) *Being and Nothingness: An Essay on Phenomenological Ontology*, trans. H. Barnes. London: Routledge.
Sinason, V. (1993) *Understanding Your Handicapped Child*. London: The Tavistock Clinic.
Spinelli, E. (1994) *Demystifying Therapy*. London: Constable.

第15章　先天奇形を伴う乳児の子育て――自尊心の調整[原註1]

ドリアン・ミンツァー，ハイエデリス・アルス，
エドワード・トロニック，ベリー・ブラゼルトン

　本論は先天奇形を伴う乳児のいる5家族が経験した子育てについて考察している。両親の自尊心 self-esteem に対する侵襲や自己愛の傷つき（たとえば，Bibring, 1953; Kohut, 1966）という概念は，両親の反応の精神内界の側面，および外界の現実を基盤とした側面を理解するために使用される理論的な枠組みである。これらは様々な要因が複雑に交錯し作用することによって影響を受ける。つまり，奇形の重篤さや修復の可能性，それについてどのような説明を受けたか，必要な医学的処置の内容，両親が子どもに出生前に抱いていた期待，親としての自分たちをどのような視点で捉えているか，それまでのストレス対処法，夫婦関係の質，両親自身の親子関係の経験，乳児の気質や相互作用の能力，周囲からの刺激を整理する能力，そして短期的，長期的にどれくらい未知の要素があるか，奇形とその影響，子どもや家族への衝撃が意味するもの，環境的な支援の役割によってもその影響は変化する。

　先天奇形のある乳児を出産するという体験はその他の痛ましい体験と似ている。しかし一方で，新たな生命に対する期待を抱くうちに自然に高まった再生や自己達成への願望が特別な問題を生じさせる。アンナ・フロイト Anna Freud（1960）は次のように述べている。

　　ハンディキャップを最小限にする工夫したやり方で，子どもを育てるという専門的

原註1）この論文は *Psychoanalytic Study of the Child*, 39: 561–89（PSC）に初めて発表された。Yale University Press の寛大なる許可を得て，ここに再収録された。本論はスミスカレッジスクールの社会学部の博士論文学位の研究の一部として提出されたものを基にしている（Greenberg (Mintzer), 1979）。本研究は W.T. 助成金財団の3312基金によって支援を受けて行われ，ボストン，マサチューセッツ州にある小児医療センターの精神遅滞センター内の施設で実施された。私たちに観察を許可し，家族をとても身近に見せていただくことを許可頂いたご家族，ナンシー・コザック・メイヤー Nancy Kozak Meyer，ルイス・バークレイ・マーフィー Lois Barclay Murphy，シェリー・エールリヒ Shelly E. Ehrlich に感謝の意を表します。

作業をする能力が，母親［両親］に自動的に備わっていると期待する理由はありません。それどころか自分の子どもの欠陥のために，自然に起こる母親の傷心と絶望，子どもをもつことの誇りと喜びに対する痛手はすべて，母親に母性行動という仕事を疎遠にさせ，また，そうだからこそ，最初に受ける損傷は大きくなるのです。ここには，ほとんど取り組むことのなかった母親に対する特別に困難な治療的課題があります。……正常な母親が指導なしでは無理だと感じるようなこの種の緊急事態は，たくさんあるのです。(p. 296)［牧田清志他訳］

本研究の特別な目的は，両親が必要な子育てを行えるようにするため，適応過程の展開を観察すること，および両親が自分たちの感情，特に自尊心をどのように扱い，子どもに対する喜びをどのように育て，必要な世話を提供できるようになるのかをよりよく理解することであった。さらに，このような家族に必要とされる特別な種類の援助を習得することも目的としていた。

私たちのデータは次の方法で収集された。各々の両親の過去や，現在進行中の養育体験に関する治療上の情報を得るためには家庭訪問（Greenberg (Mintzer)，1979b），新生児の能力の査定にはブラゼルトン新生児行動評価法（Brazelton, 1973），相互関係の達成度の査定には母親と父親，乳児の対面での相互作用の観察（Als et al., 1980a；1980b）を使用した。また，両親が研究的アプローチやビデオに録画された相互作用をどのように利用するのかに注目するために，相互作用をビデオ録画したものを再生し，それを見て両親が話し合っている場面を観察した。

それぞれの家族を2年以上追跡した[原註2]。家庭訪問は乳児が生まれて1カ月以内に開始され，生後6カ月までは毎月，その後は隔月で行った。検査室での面接は生後6カ月の間は毎月，そしてその後6カ月は隔月で行われ，18カ月と24カ月にフォローアップのための訪問が行われた。

研究対象家族

両親は皆30代で，ある程度の教養のある人々であった。乳児たちは皆，第一子で，目に見える先天性の奇形があった。奇形の重症度により最も重症な家族からAとした。家族A，B，Cはかなりの程度の情緒不安定さを抱えた日々を経験した。家族D，Eにも障害，精神的傷つきはあったが，その不安定さは

原註2）第一筆者がその後の適応過程を研究するために，1年毎にフォローアップの家庭訪問を継続している。

それほど深刻なものではなかった。

家族A

アルは多くの先天奇形を持って生まれた。それは，口唇口蓋裂，尿道下裂，動脈管開存症[原註3]であった。アルは病状観察のためすぐに病院の新生児集中治療ユニットに入れられ，母親の下に引き渡されたのは2日後であった。

アルは魅力的な大きな目をした可愛い男の赤ん坊であったが，顔の奇形は明らかで両親の目には痛々しく映った。その奇形のため，生後すぐからアルには特別な方法で授乳する必要があった。アルは活発な赤ん坊で呼吸に問題を抱えていたため，落ち着かせたり，呼吸を整えさせたりすることが難しかった。2歳までにアルには8回の外科手術が必要とされ，その多くは唇と口蓋を修復するためのものであった。6～10日の入院を必要とした後の4週間は，アルは毎回「バタフライジャケット」[訳註1]を着用させられ，手術跡を触らないようにその腕を押さえておかなければならなかった。生後6カ月時，アルは口蓋裂修復の手術後に起きた動脈管開存症のせいで心不全を患い，数週間後，心臓の開胸手術を行った。尿道下裂を治すふたつの処置のうちのひとつ目を行った時，アルは生後26カ月であった。

A夫人は太って疲れた様子の女性で臨月まで働いていたが，アルが小さいうちは復職の予定はなかった。A夫人はそれまで危機的状況や喪失を体験したことがなかった。A氏には治療可能な奇形のある姪たちがいた。妊娠は計画的なものではなかったが，子どもは望んでおり，結婚して4カ月で妊娠した。両親は女の子を望んでいた。A夫人は自然分娩で子どもを生み，母乳で育てることを楽しみにしていたため，児頭骨盤不均衡のため帝王切開が必要であると分かった時には落胆した。A夫人は「夫に特別な贈り物をする」ために夫の誕生日を出産日に選んだ。

アルの先天奇形を最初に知らされたのはA氏であった。娘が欲しいというA氏のそれまでの願いは突然どうでもよいことに感じられた。A氏にとっての心配は自分の息子の健康状態だけだった。A氏は将来アルの歯列矯正にかかる費用を捻出するために貯金を始めた。A氏は家族と友達にアルのことを話し，差し支えなければ好きに訪ねてくれるようにと伝えた。A氏は妻とアルを支えるために仕事とサポートに精を出し，それがA氏の自尊心を維持する

原註3）ペニスの奇形と心臓の穴。
訳註1）赤ん坊の拘束衣。

助けとなった。

　A氏と医師はA夫人にアルのことを知らせる前に鎮静剤を投与しておいた方がよいだろうと判断した。A夫人は夫のために娘を産めなかったことだけでなく，息子に障害があることで自分を落第者のように感じた。最初，A夫人はアルを見ようとも抱こうともしなかった。A夫人は泣いて怯え，恥じてもいた。A夫人は抵抗したが，アルは可愛い赤ん坊であるという夫の励ましもあってようやく赤ん坊を抱いた。A夫人は積極的に自分の感情をコントロールする方法を見つけようとした。アルを抱きたくない気持ちや，乳房から母乳を与えることができないことへの落胆は激しかったが，A夫人は授乳やアルの世話の仕方を学ぼうとした。アルに対するA夫人の初期の愛着は望ましいものではなく，それはアルとの繋がりを負担に感じていることを反映していた。A夫人は自分もアルも価値のないものと感じていた。A夫人はアルの口を覆って隠し，それ以上傷つくことを避けるために現実から目を逸らす必要があった。A夫人は疲れ果て髪も乱れ，その外見をアルのせいにして責めた。怒りや罪悪感，無力感を抱き，落ち込んでもいた。A夫人は受診時，アルに外出着ではなくパジャマを着せていた。A夫人はアルを外に連れて行くことを避けていた。どうしても連れ出さなければならない時には，アルの障害を隠すためにその顔を覆って外から見えないようにした。自分が追い詰められているようだとも話していた。A夫人は自分が夫に経済的に頼り過ぎており，アルも自分に頼り過ぎていると感じていた。自分たちは犬を育てる方が満足できたであろうし，その方がよっぽど喜びがあったろうと話した。また，それまでは仕事への復帰を考えてなかったが，以前の管理職のポストではなく，ウェイトレスとして働きたいとも語った。

　アルが生まれて3カ月間，A夫人は過剰なまでにアルの要求や合図に注意を払っており，過保護にし過ぎているのではないかと自ら心配していた。たとえば，夜にはアルが目を覚ますのではないかと心配して耳を澄ましていた。A夫人はアルの部屋で眠り，どんなかすかな物音にもアルを抱き上げていたが，それでもなお自分を危険で「悪いもの」と見なしていた。A夫人は自分とアルのふたりを守るためにはA氏が必要であると思っていた。A夫人はアルにミルクを与える自信も能力もなく，夫の留守中にアルを入浴させるのを怖がった。そして，A夫人は常に自分とアルはA氏が家にいる方が安心できると感じていた。A夫人は「アルを溺れさせてしまうのではないかと心配で」と話した。アルにミルクを与えることは心的外傷にもなっており，アルがひどくお

腹が空くまで待たせることが多く,そのことがさらにアルを混乱させ,授乳をさらに困難にした。このような時,A夫人はアルのことを「かいじゅう」や「ねずみちゃん」と呼ぶことがあったが,これにはA夫人の気持ちが反映されていた。A夫人はアルが自分自身のかいじゅう的な悪い部分や,おそらくはかいじゅうのように激しい傷つきを象徴しているように感じていたのだろう。

　この頃,A夫人は対面してアルとやりとりすることが難しく,しばしばアルの表情を真似て,しかめっ面をするように自分の口を歪めていた。それはアルやその敵意に満ちた反応を鏡のように映し出しており,それが共感を意図した健全な子育てであるとは判断し難かった。A夫人は自分の不安が高まると,おもちゃを緩衝材として使い出し,物を使って自分の関心をアルの顔から逸らした。しかし,おもちゃが与える刺激はしばしばアルの許容量を超えた負荷となった。アルの呼吸を整えて大人しくさせることが目標であれば,アルの顔を見なければ,A夫人はこれを上手くやることができた。遊んでいる時はこれが概して逆効果を招くことにA夫人は気づいた。アルの呼吸は重くなり,視線を逸らして吐き始めるのが常だった。するとA夫人は赤ん坊と楽しく遊べるという満足を奪われた。

　呼吸困難のために,アルの身体は大抵の場合は緊張していた。母親は外科医の指示に逆らうことなく,赤ん坊を落ち着かせる方法を見つけられず,母子共に困り果てていた。A夫人はアルの顔を自分の身体に押し付けて抱いてはいけないと指示されていた。しかし,しばしばこの姿勢でアルを抱き,その不快さを落ち着かせるために,自分の膝の上でうつ伏せにして,背中を優しく軽く叩いていた。アルが苦痛を感じている時,A夫人は自分の指をアルの口に入れ,「意地悪な外科医の先生には言わないでいましょうね」と冗談を言うこともあった。この行動は外科医の助言に反していたが,アルは落ち着いた。A夫人はアルが可哀想だったと報告した。これらの対処行動はアルが落ち着かなくなるとA夫人が感じる絶望感と混乱を示していた。なぜなら,アルにはおしゃぶりや自分の手,母親の乳房を吸うことなどで自分を落ち着かせるという正常な手段が与えられていなかったからである。アルを落ち着かせ,気持ちを整理するように助けようとする時,A夫人はしばしば攻撃的,または侵入的な方法を取った。そのため結局目的は果たされなかった。ここにはA夫人のアンビヴァレントな気持ちが表れていた。これはA夫人自身の対処行動においても同じであった。A夫人が自分の胸の近くに抱いていれば,アルをあやすことはできたが,そうするとA夫人は明らかに罪悪感を抱き,突然アルの姿勢

を変えて混乱させた。アルの呼吸は再び激しくなり、嘔気を誘発した。

　Ａ夫人がアルの愛称を変えたことは、アルへの肯定的な感情の表れや、アルに喜びを感じる能力が発達してきたことを明示していた。Ａ夫人はアルと離れていたり、アルの顔を見ていない時は共に楽しむことができるようになった。たとえば生後２カ月の終わり、アルと直接やりとりをしていない時、アルが夫に抱かれていたり眠っている時は、Ａ夫人はアルを「可愛いカボチャちゃん」と呼ぶようになった。

　Ａ夫人がアルの出産やその障害を知った時のことを自発的に振り返ることができるようになったのは、アルが生後３カ月経った頃からであった。Ａ夫人は私たちに、自分はアルの可愛さと無力さに「惹きつけられ」、アルが「かいじゅう」ではないことに安堵したと語った。Ａ夫人は自分がアルの外見に、当初、怒りや混乱や恐怖を感じたこと、夫のために娘を産めなかったことで落第者のように感じたこと、正常な赤ん坊を産んだ母親たちと共に産後回復室にいた時に屈辱的な気持ちを抱いていたことを認めた。Ａ夫人の抑うつ感と罪悪感は自分に口唇口蓋裂の障害の遺伝素因があることを知って、より激しいものとなった。これらの考えを分かち合えるようになったことは、Ａ夫人が自らの自尊心に対する深刻な傷つきを大きく乗り越え、望んでいたが産むことのできなかった子どもを諦め始めたことを示していた。「帝王切開について考える時間すらないし、ボーっとしている暇もないんです。アルは私たちの赤ん坊で、私たちはアルをケアする方法を見つけなければならないんです」とＡ夫人は言った。自分の怒りや落第者であるという感覚を言語化して認めると、その後、Ａ夫人はアルに対して攻撃的、侵入的に振舞わなくなり、激しい不安も減少した。アルの合図を解読する能力にも前より自信を持てるようになり、より上手く対応するようになった。Ａ夫人の自尊心は回復し始めたが、それでもなお、アルの現実への適応が上手く行かない時は危ういこともあった。Ａ夫人はアルを適切に世話したが、しばしばアンビヴァレントになりながら世話をしていることもあった。たとえば、Ａ夫人は愛情の込もった言葉を使いながらも、その様子は怒っていたり、不満が溜まっているように見えたり聞こえたりすることもあった。

　最初の手術の後、唇の片方だけが修復されたことで、アルがさらに酷く見えるようになったことに両親は落胆した。Ａ氏は夜に授乳する時、傍にいなくなった。おそらく、自分の気持ちと闘っている間はアルから離れている時間が必要だったのであろう。Ａ夫人はこの変化をいくらか憤慨しながら語ったが、

誇らしげな感じもした。なぜなら，A夫人がより上手くアルに対応できるようになったと感じている時に，この変化が起こったためであった。

　アルが生後5カ月半の間，両親の権威のある人物に対する反応は目まぐるしく変化した。時には手術の結果について医師らが伝える楽観的な感覚を信頼した。またある時にはA夫妻は信頼を怒りに置き換えて，医師を検査を行い，十分な説明もせず，親の能力を疑ってかかる権威的な人物であると見なした。アルの外科的修復が行われていた最初の頃，病院のスタッフや日々の仕事が計らずもA夫人の混乱や後悔，現実から目を逸らすこと，回避，自責感に陥らぬよう支えていた。外科医は回復経過を促進するために，「やっていいことと，やってはいけないこと」のリストを両親に渡していた。A夫人は何かまずいことが起きたら自分のせいになると言っていた。というのも，時々A夫人は「アルをあやすために規則を破っていた」からであった。外科医は外科的修復を行う間はアルが混乱して泣き，初期の回復を妨げてしまわないよう，離れていた方がよいと「提案」したが，アルは親付き添いの病室に入院した。A夫人は生後1年の入院中にはアルに授乳したり，一晩中付き添っていないため，外科医の「提案」に従えば，看護師たちが自分のことを「悪い」母親と思うであろうと考えていた。

　5カ月半の時に上唇の手術がもう一度行われると，A夫妻はアルの親である喜びが前よりも増したと報告した。見知らぬ人にはアルの口は今もなお変な形に見えたが，両親の感覚は麻痺していた。A夫妻は自分たちの目標をひとつ達成していた。アルの奇形はクリスマスまでに「すべて修復」された。A夫人はアルを外に連れて行き始め，もはや外から見えないようにその顔を覆うことはなくなり，パジャマではなく外出着を着せるようになった。A夫人は授乳をそれまでほど心的外傷と感じなくなり，入浴時にも傷つけるのではないかと恐れなくなった。時にはアルを泣いたままにしておけるようになり，そうやって分離を容認し，欲求不満を扱う術を学ばせるようになった。この変化はアルが泣いていても，他人が自分のことをひどい親と見なす心配がA夫人の中で軽減したことを表していた。A夫人はまだ疲れて落ち込んでいるようであり，いくらか体重も増えていたが，自分の外見にプライドを持ち始めていた。どちらがよい親かというA氏との競争心も減ってきた。週末にはアルを父親に預けて出かけるようにもなった。A夫人は自分たちが上手くやっていること，アルが母親と離れると寂しがること，「甘えん坊」であることを誇らしく感じていた。私たちはこの変化はA夫人の自尊心が均衡を取り戻しつつあること

を意味すると理解した。

　自分とアルをビデオテープで視覚的に捉えてフィードバックをもらうことで，A夫人がアルを自分とは別個の存在と見なし，自分自身の否定的な部分の延長と捉えない能力が現れ強化された。6カ月の頃には，アルは幸せそうで，よくミルクを飲むようになり，歩行器を使い始めた。アルはより自己主張をし，自分が独立した存在であること，しかし未だ母親を必要としていることを母親に知らせていた。アルの要求に応えることで，A夫人は益々自分をよい母親とイメージすることができた。

　二度目の外科手術後，母子の相互作用は大きく改善された。A夫人はアルによりいっそう愛情を抱き，以前より情緒的に応じられる状態になって，一生懸命に対応した。アルが自分でできることも相変わらずやってあげていたが，A夫人は多くの場合は適切に振舞っていた。突然アルを別の姿勢に変えることもなくなり，大枠自信を持ってアルの合図に対応していた。しかし，アルが何を欲しているのか分からない時には欲求不満や不安を感じていた。A夫人はアルの行動力や好奇心，機敏性を個性であり，パーソナリティのよい面であると考えた。A夫人はアルを強い意志を持った子どもであると考え，アルが自分の問題に対処する上で，これらの資質が役に立ってくれればよいと口にした。また，アルのことを愛しそうに「スクーター」とも呼び始めた。母親も息子も明らかに自分たちのやりとりを楽しんでいた。アルの行動や表現は，自分が周りの環境に対して影響を与えているのを感じ取っているのを示していた。アルはより分かりやすく合図を出すことができる段階に進歩していたが，いくつかの発達領域は依然遅れていた。

　アルが生後6カ月で開胸手術を必要とするうっ血性心不全を起こした時，A夫妻は新たな危機を体験した。A夫妻は自分たちが抑うつ的になったことや，無力感や不信感を抱き，「次は一体何が起こるのか」という気分になったと報告した。A夫妻は手術のことをできるだけ深刻に考えないようにしていたが，明らかに疲れ果て悩んでいた。A夫妻はアルがいかに自分たちにとって大切な存在になっているのかに気づいたと話した。

　開胸手術の間，両親は以前の形成手術の時とは違い，ふたりとも病院に待機していた。アルは集中治療室に入れられ，そのことがA夫人にとってプラスに働いたことが分かった。面会は制限され，看護師が世話をしたが，A夫人は自分のことを「よい母親」であると感じることができた。この二度目の危機を経験している間，A夫人の自尊心はアルの出産時のようには急激に抑うつ

的にならずに済んだ。A夫人は悲しんでいたが，その悲しみはアルやアルの置かれた状況に対するものであった。アルがすっかり回復した後，A夫人は自分のアンビヴァレントな気持ちの両側面を表現することができた。A夫人はアルに「あなたはとてもよい子ね。私たちはあなたの世話をするけれど，はっきり言うと，時にはあなたを雪の中に放り出したいって思うこともあるのよ」と言った。但し，このようなアンビヴァレントな気持ちはすべての親たちが経験するものである。

　アルが生後9カ月の時，A夫人はもはや医療スタッフに八つ当たりして怒りを表すことはなくなり，その代わり自分の怒りを適切に語ることができるようになった。アルが遺伝歴を持つ稀な子どもの最初のひとりで，医学雑誌に掲載されることを知り，アルの両親は自分たちの自尊心が傷つかないように，意識の上では遺伝的欠陥をある種の「特質」と捉えるようになった。生後11カ月には，A夫妻は家族の再統合のレベルに達し，そしてアルを家族の中に受け入れることができるようになり，家族全員の要望に注意が向けられるようになった。A夫妻はふたりで外に出かけられるようベビーシッターを毎週手配し，自分たちの初めての家を購入した。

　生後12カ月の訪問では，アルは機敏で愛嬌があった。しかし，声を発することはほとんどなく，協調運動は上手くいっていなかった。研究グループは乳幼児に刺激を与えるプログラムを家族に紹介することを考えたが，実行には移さなかった。A夫人は家族の新居を楽しみにしており，その間アルが入院することを望んでいなかったためである。

　生後20カ月時のフォローアップでは，A夫人はもはや激しく自分を哀れんだり，貶めたりはしていなかった。しかし，未だに抑うつ的で疲れているように見えた。アルの口蓋裂の手術を完了して家族は新居に引越し，A氏は新しい仕事に就いて出世し，給料も上がった。A夫人は家事をしたり，家の中を飾り付けたり，母親としての自分の役割を楽しんでいた。そして，A夫人はアルが保育園のプログラムに参加できるようになれば，パートタイムで仕事に戻りたいと口にし始めた。ウェイトレスになるという考えは捨てていた。いまやA夫人は刺激を受けるだけでなく，自分の有能感を高めてくれるような関心領域で仕事に就きたいとも話していた。

　このフォローアップの時点では，アルが歩いたり走ったりする様子は著しくぎこちなかった。社会性や情緒的発達も遅れているようで，発声は限られ，1歳程度のレベルの機能であった。幸せそうであったが，人や物に接近する際に

は臆病で，物を手に入れる時にも自己主張するのではなく母親を当てにする傾向があった。A夫人はアルに応じて，アルが課題をひとりで達成できるようになる助けをしようとせず，母子間にはいくらか共生的な愛着が継続していた。

　このフォローアップの訪問の後，私たちはアルを乳幼児に刺激を与えるプログラムに紹介した。私たちは子どもの発達を心配し，他児との交流がアルに役立つと考えた。また両親にとっても，スタッフや他の親たちと関わりを持つことが役立つと考えた。両親は私たちの申し出を受け，プログラムに強い関心を示し，アルには援助となる多くの機会をできる限り提供したいと望んだ。A夫人は以前は，口唇口蓋裂の子どもの家族との接触を望まなかった。いまやA夫人はそのプログラムへの参加を喜んで受け入れ，そのプログラムを主催する発達遅滞児協会 the Association for Retarded Children に脅威を感じることもなかった。

　両親はふたりとも，アルに発達上の遅れがあることを分かっていた。そして，両親はアルが短い人生で医療によってたくさん傷つけられたことを力説した。アルがたくさんの外科手術を受けながらも発達し続けていくことを両親とも願い，遅れの可能性については語らなかった。しかし，A氏は近くに住むもう少し幼い子どもと比較してアルの機能を評価することができ，それがA夫人を動揺させた。両親は自分たちがアルの生活の様々な出来事への対応を学んでいること，何か起きればその状況に合わせて対応し続けるであろうと語った。ふたりともアルが障害を補うための方法や自分の人生で何らかの喜びを持つ方法を見つけてくれればよいという願いを表明した。

家族B

　ボニーは誕生時から両目に先天的な白内障を患っていた。ボニーは可愛らしく抱きしめたくなるような子どもであった。活発で興奮しやすく，さらに元気でもあった。ボニーは目の焦点を合わせることがなく，両親と視線を合わせることもなかった。興奮や動揺はおしゃぶりをくわえるか，B氏に抱っこされると治まった。両親にはボニーの目が発達しているのか，ボニーにはどのような視界が開けているのかを知る術はなかった。

　両親は感じのよい人たちで，常識的な洋服に身を包み，実際の年齢よりも少し老けて見えた。B夫人はボニーが生まれる1週間前まで働いており，出産後の数年は仕事に戻らないつもりで育児休暇をとった。妊娠は計画的で望まれていたものであり，結婚7年目に実現した。B夫人は娘，B氏は息子を望んで

いた。B夫人は自然分娩での出産を望んでいた。長く重い陣痛となり，ボニーは帝王切開で生まれた。両親は最初健康で小さな女の子が生まれたと思ったが，2日目にボニーが重い白内障を患っていることを知った。両親はショックを受け，怒りや無力感，絶望感，つまり「打ち砕かれた」ような気持ちを感じた。両親は魔術的な考えや混乱，不信感，自責感を表した。たとえば，B夫人はすぐにボニーが盲目の赤ん坊ではないかと想像していたが，この想像を口にすることで，それが現実化しないかという思いから，そのことを医者に尋ねるのを恐れていた。ふたりとも見通しが甘かったことで自らを責め，妊娠中にB夫人が問題の原因となることを何かしたのではないかと思いを巡らせた。

　産科医はB夫妻にボニーには何らかの特別な配慮が必要になるだろうと告げた。B夫人はすぐにボニーを世話したいと思っていた。それはボニーは何も見えないため，感触によって人を識別するようになるだろうと考えたためである。ボニーの世話をして触れていたいという願いは，分娩後の感染症のせいで阻まれることになった。そして，母親とボニーは7日間引き離された。B夫人の情緒不安定さはボニーがすぐにB氏のことを好きになり，自分を求めなくなるだろうという思い込みに表れていた。やっとボニーに触れるのを許可された時，B夫人はボニーに触れたり授乳したりすることを怖れた。B夫人は自分を欠陥のある人物と見なし，自分の子どもに不適切な対応をするのではないかと恐れてもいた。B夫人はボニーが泣くことを，周囲に適応するための機能の過敏さの表れではなく，むしろ自分が母親として不適格であることの証拠であると考えた。ふたりの眼科医に相談したところ，ボニーに必要な外科手術のタイミングやその回数については異なる提案がなされ，B夫妻はその決断に混乱して小児科医に助言を求めた。ボニーは2カ月半の時に右目の外科手術を受けた。手術の日が近づくにつれて両親の不安はどんどん高まり，ボニーがその前に洗礼を受けられるように，両親は手術を1週間遅らせることにした。

　一度目の右目の手術後，手術をした目はおそらく見えるようになるだろうと両親は告げられた。その2週間後，角膜がぼんやりと曇り，両親はボニーの右目にもう一度手術が必要になることを知った。6週間後に行われた二度目の手術後は，3週間眼帯をしていなければならなかった。そして，両親は右目が出生前から正常に発達していなかったこと，その目はまったく見えていないことを知った。両親の期待と不安は揺らぎ続けた。ボニーの左目は右目と比べると大きかったため，眼科医はこちらの目については楽観的であった。B夫妻は裏切られたように感じ，眼科医への信頼を失い始めていた。ふたりは眼科医が

「間違った望み」へと導いているのではないかと考えた。両親の不安や心配は左目の手術が行われるまで続いた。ボニーが生後8カ月を迎えるまで，両親には自分たちの子どもが目に障害を持つのか，あるいは全盲か分からなかった。

　B夫人はこの期間中，抑うつ的になっていた。B夫人は計画よりさらに早く仕事を再開することによって，現実から目を逸らした。これはどうやら自分の能力への自信や自尊心を取り戻す援助となったようであった。B夫人は自分に欠陥がないことを証明するために，文字通り自分の子どもから離れることを必要とした。B夫人は自分の痛みや怒りといった気持ちを認められず，否認や回避という不安定な防衛機制を用い続けた。仕事上の能力や，自分の不在中に赤ん坊の日常的な世話が上手くいくように計らう能力を通してB夫人は自尊心を取り戻し，赤ん坊と直接的に関わる上で満足のいく方法をいくつか見つけていった。たとえば，B夫人はボニーに触れたり，軽く揺らしたりする遊びをした。その遊びに母子は一緒に微笑んだり，大声で笑ったりした。こうして可愛らしい笑顔の女の子を求めるB夫人の願いは達成された。B夫人は徐々に仕事のスケジュールを調整し，必要のある時は融通を利かせてボニーを医者に受診することができるようになった。このことはB夫人に自分がよい母親であると感じさせるのに役立った。情緒不安定な時期には，B夫人は自分自身や子どもの外見を過剰に気にした。ボニーには常に可愛く上品な洋服を着せており，他の人がボニーの可愛さを口にすると誇らしく感じた。ボニーは障害を持っていたが，他の発達面は順調に進んだ。

　ボニーの生後数カ月間，B夫人が情緒的に上手く応じられる状態ではなかった頃，B氏が主たる養育者の役を担っていた。しかし，B氏もかなり抑うつ的になっていた。それまでB氏は自分がボニーの世話をすることなど考えてもいなかった。乳児の子育ては「母親の役割」と考えていたためである。最初の頃，B氏がミルクを与えていたので，ボニーはB氏のことが好きなのだろうとB夫人は思い込み，時々，自分の能力を疑い，B氏に競争心を抱くこともあった。B氏は妻が少しずつボニーの養育者になろうと努力するのを歓迎し支えもした。しかし，B氏は密かに妻を傷つけ，妻と競っているようであり，自分の方が妻よりもっときめ細やかにボニーに対応していることを主張した。しかし，B夫人は自分のこころの安定を取り戻していく過程で，親として有能であるという感覚も育くんでいった。ふたりは子育てに関する課題を共に背負い続けていたが，B夫人が養育者としてよりよく機能するようになり，ふたりの子育ての役割は徐々に変化していった。

ボニーが三度目の外科手術を受ける直前，生後8カ月を迎えた頃，ボニーの片方の目がやがて見えるようになることを両親はまだ知らなかった。その頃，B夫人はボニーが自分を必要としていることや，たとえボニーの目が見えないとしても，自分にはボニーの母親たる資格があると感じられるようになった。手術の結果にかかわらず，B夫人は自分とボニーが「お互いを知る」ことができるように仕事の休暇を取ろうと決心した。

　左目の白内障が摘出された後，両親はボニーの左目が見えるようになることを知って安心した。両親は手術後にボニーの視界が劇的に変化することを願っていたので，そうならなかったことに落胆した。しかし，ボニーが目を使うことで徐々に発達が促されることに気づいた。B夫人は全盲状態から見える状態へと変化するまでの間，娘と一緒に時間を過ごすために3カ月の休暇を取った。2歳になるまでにボニーの運動能力，言語能力，対人関係能力は十分に発達し，B夫人は明らかに自分が物事の結果に影響を与えることができることを理解するようになった。ボニーは上手く調節を行い，周囲に適応し，落ち着いていた。ボニーは自分のしたいことと言葉を結びつけて文章を作れるようにもなった。対象恒常性を獲得していることも確かで，記憶力もよく，自分のいる環境の状況や出来事を識別することもできた。大きくなったらボニーは右目を覆っている混濁を取り除く手術を受けることになっており，そうすればもっと普通に見えるようになるであろう。

家族C

　チャールズは4週間早産で生まれ，左右の指が3本ずつくっついており，胎生期間に比してやや低体重で，呼吸の障害があった。チャールズはかなり神経質で気分の変わりやすい赤ん坊のようであった。また，痙攣するように動き，大きく目を開いて小さな刺激にも過剰に反応し，周囲に上手く適応できなかった。それは満期産で生まれた低体重の多くの赤ん坊と似ていた（Als et al., 1976）。チャールズが自分の状態を調整し，周囲に上手く適応するには継続的援助を必要とした。チャールズは生後14カ月から21カ月の間に指を分離させるための手術を4回受けた。

　C夫人はほっそりとした魅力的な女性で，自分の外見に自信を持っていた。妊娠中は働き，出産後は2カ月の休みを取って仕事に復帰するつもりでいた。C夫妻は共に気楽に話しに応じることもあれば，言語化を拒否することもあった。C夫妻は以前の喪失体験を語ることはできたが，それらを現在の体験と結

びつけることはできなかった。

　妊娠は計画的で，Ｃ夫人が望んでいたものであった。しかし，Ｃ氏は妊娠にアンビヴァレントな気持ちを抱いていた。両親とも娘の誕生を望んでいた。Ｃ夫人は自然分娩で出産し，母乳で育てたいと思っていた。しかし，妊娠6カ月の時に妊娠中毒症で入院することとなった。このために，Ｃ夫人は出産前の親のための講習に出席できなかっただけでなく，妊娠期間のすべてを生まれてくる赤ん坊を迎えるためのこころの準備に当てることができなかった。

　Ｃ夫人は罪悪感，自己無価値感，無力感，絶望感，自責感という感情を特徴とするような自己愛的な精神バランスの崩壊を経験した。Ｃ夫人は情緒的にも不安定で突然泣き出したり，不安げに笑ったりするかのどちらかであった。Ｃ氏は手の障害よりもむしろチャールズが早産で生まれたことに動揺したと語った。Ｃ氏は障害についての落胆も多少は報告していたが，障害は手術で治療可能であることを強調することでその心配を否認，あるいは重大事と考えないようにしていた。しかし，Ｃ氏がチャールズのことを恥じていることは，Ｃ氏がチャールズのくっついた指に気づかれないように，その手に手袋をかぶせたいと願っていたことからも明らかであった。

　Ｃ夫人が乳房からの授乳を断念したのは，妊娠の合併症や早産，乳児の軽い先天奇形によって自分を落第者と感じていたためであった。Ｃ夫人の自尊心の低さや不安はチャールズとの初期の愛着の妨害となった。Ｃ夫人はチャールズに優しく，思いやり深く辛抱強くもあった。しかし，自分のことを否定的に語ることからも，Ｃ夫人が自分の能力を認めていなかったことは明らかであった。チャールズが何を望んでいるのか，またはチャールズを援助する方法を自分が理解しているのか，Ｃ夫人は自信がなかった。Ｃ夫人はチャールズの行動や反応を見ては自分を責めた。これは好ましくない共生関係の諸側面を表していた（Lax, 1971）。たとえばチャールズが排便に問題を抱えると，Ｃ夫人は「これは私のせいよ。私はこの子にもっとうんちをして欲しいとずっと思っているのです」と語った。そして，「この子は目を開ける前に笑って，私がどんなに混乱しているのかを見るんです」とか，「この子が起きて笑っている時は，まるで謝っているみたいなんです」とも話した。

　Ｃ夫人はチャールズが覚醒している短い間に，チャールズと関わり楽しむ方法を徐々に見つけていった。そして，ついにＣ夫人はチャールズが目を覚まして覚醒している時間を引き延ばし，遊びながらやりとりを促すことができるようになった。チャールズは一生懸命に笑い，舌を動かし，様々な音程で発声

し，視線を交わし，手足を動かして母親と関わりを持った。これらの行動はＣ夫人の母性的感情を引き出すのに役立った。チャールズは父親がより直接触れたり，跳ねさせたりすることにも我慢して，満面の笑みを浮かべていた。これがＣ氏を喜ばせ，息子への愛着を育んだ。

　Ｃ夫人は自分と子どもの外見にプライドを持っており，Ａ夫人やＢ夫人ほど退行して現実から目を逸らしたり，回避したりはしなかった。これらふたりの母親とは異なり，Ｃ夫人は自分が落第者であるという気持ちや自らの落胆を認め，それに持ちこたえ，助けを求めることができた。これはＣ夫人がある意味，それほど精神的に傷ついていない証かもしれないが，子どもの障害が比較的軽微で，授乳の喜びや対面や視線を合わせてのやりとりを阻むほどではなかったこと，そして生後１年間に手術を必要としなかったことも影響しているのであろう。大まかに言えば，最初の衝撃や動揺の後に生じた生後３カ月の情緒不安定は，一次的にはチャールズが早産で生まれたことやそれに伴う神経の未発達と関連したものであり，先天奇形は二次的なものであった。周囲に適応するためのチャールズの機能や気質の過敏さもこの神経の未発達に起因していた。生後４カ月目にはチャールズは自分の未発達な部分を実によく補えるようになっていたが，両親がチャールズのくっついた指に注意を向け始めたのはこの頃であった。この時，両親は再び自分たちの傷つきと落胆を刺激された。

　家族Ｂと同じく，家族Ｃは手術の時期と回数について相反する提案を受けていた。正しい決断をするにあたって両親は混乱し悩んだ。Ｃ氏は，「先天奇形は予め決まっていたものであり，起こるべくして起こった。私たちはそれを受け入れなければならない。いまやチャールズが受ける治療の決定は私たちの手にかかっているのです」と話した。チャールズはそれぞれの指を切り離すための最初の手術の時だけ入院した。その時，両親は交代でチャールズに付き添った。その他の手術は，両親の要望通り基本的に外来治療で行われた。両親はこれ以上の入院はチャールズに良くないと考え，自宅でのケアを望んだ。外科的治療後はいつも，チャールズは全快するまで手に包帯を巻いていた。２歳時にはチャールズは自分の手を完全に使うことができたが，その指は正常には見えなかった。チャールズはとても活発で敏捷で愛嬌があり，正常な発達レベルの範囲内にあったが，言葉には少し遅れがあった。敏感な気質のせいで，チャールズは相当な環境の整備と構造化を必要とした。

家族Ｄと家族Ｅ

　ダンは生下時から，唇にはイチゴ状血管腫^{原註4)}，首には腫瘍があり，耳は大きくて低位に付いており，目の間隔が開いていた。ダンには手術は必要なかった。ダンはとても大人しく周囲にちゃんと適応できる子で，熱心に何かをじっと見つめ，愛想よく笑い，元気に母乳を飲んだ。

　Ｄ夫人はがっしりとして静かで，いくらかよそよそしい感じのする女性であった。Ｄ氏は小柄で静かで内気な感じの男性であった。ふたりは４年半同棲していたが，結婚はしていなかった。妊娠は計画外であったが，望まれたものであった。Ｄ夫人は自然分娩で出産し，母乳で育てることを望んでいた。長く重い陣痛の後，帝王切開が行われた。母親は産後の感染症で生後３日間はダンから離されていたが，母乳を与えることはできた。Ｄ夫人はそれまで復職するつもりであったが，結局家にいることを選択した。

　家族Ｅの子どもであるイブは誕生時から右耳がなく，先天性の耳管閉鎖症と診断されていた。生後３カ月時のＸ線写真では，イブには鼓膜があり，その耳で75％の音は聞こえていることが分かった。手術による危険性と聞こえない部分はイブが上手く補っていることを考慮し，両親はイブに耳管再構築の手術は行わないと決めた。そしてイブが成長した時に外に耳たぶを付けることにした。

　両親にとって妊娠は計画外であり，ふたりともアンビヴァレントな気持ちを抱いていた。Ｅ氏は外国で生まれ育ち，夫婦は子育ての実践に期待するものが異なっていた。さらに，Ｅ夫人は失職したばかりで，Ｅ氏は無職だった。両親はふたりとも家族の名前を継いでくれる男の子を望んでいた。妊娠末期の頃には，Ｅ夫人は母親になることを心待ちにして，自然分娩を希望していた。Ｅ夫人は最後の３カ月間に感染症を患い，赤ん坊に抗生物質の害を心配していたが，難産にはならなかった。

　イブは大人しく，周囲にちゃんと適応することができ，聡明で敏捷で熱心に何かを見つめ，元気に母乳を飲む子であった。乳児期の頃からイブは笑ったり，見つめたりして他者と関わっていた。２歳頃までには，イブは賢くて元気な少女になっており，聞こえない25％の部分は上手く補われていた。

　子どもの障害を発見しても，Ｄ夫人やＥ夫人はあまり動揺しなかった。ふたりともなぜ障害が生まれたのかについて合理的な考えを持ち，それゆえに，

原註4) 血管が苺のような塊になっている［編者］。

自分たちの自尊心を守ることができた。D夫人は友人の赤ん坊が亡くなってすぐにダンを身ごもった。D夫人は自分の子どもは生まれてくるべき意味を持っている，そしてこの子は自分の友人の亡くなった赤ん坊の代わり（Cramer, 1976）だとも思っていた。E夫人は障害のある自分のきょうだいを自分自身に必要な適応のモデルと考えることができた。加えて，D，Eそれぞれの母親は出産前の期待のいくらかは叶えることができた。これが自分たちの親としての自我理想の側面を維持するのに役立った。たとえば，ふたりとも母乳を与えることができた。そして目に見えるものではあったが，子どもは比較的軽微な障害で生まれた。つまり，ダンとイブの障害は自分の状態を調整したり，表情を表したりすることを直接的に妨げるものではなく，その障害のせいで親にサポートとなる対応を引き出すための合図を与えることができなくなるというものでもなかった。さらにまた，ダンとイブは大人しく，周囲にちゃんと適応できる子どもで，親に事態の調整を早急，且つ激しく要求するわけではなかった。D夫人もE夫人も子どもに愛着を持つことは困難でなかったが，やはり最初は自分自身を疑い，非難する気持ちを克服しなければならなかった。さらに，これらの母親たちも生後6カ月に向けて母子の共生的な関係からの分離を推し進めることに対応するため，精神内界での葛藤（Mahler et al., 1975）を解消しなければならなかった。

考　察

障害のある乳児の子育てにおける課題は健常児のものと似ており，いずれも課題は共感性を必要とし，乳児の出す合図を学び，覚醒している時間を整え延ばし，欲求不満への耐性が徐々に発達するよう乳児を援助していくことである。しかし，A，B，C夫人にとって，子育てで成功を収めることは最初とても困難であった。影響を与えている現実の，そして精神内界の多数の要素があるため，どのような解釈も困難である。母親たちの反応のいくらかは子どもを自分の否定的な部分の延長と感じていたことによって引き起こされていた。その結果，子育てという仕事に捧げるエネルギーの量は制限された。障害それ自体，および乳児の気質という現実的側面，相互作用を行う能力や周囲に適応する能力，発達の進み具合，もしくは発達の遅れが親の認知や対応を左右し，母親の精神不安定の激しさや適応過程に影響を及ぼすということも重要であった。これら3人の母親は自分たちに乳児たちが与える合図や赤ん坊の能力を理解する

力が自分たちにあるという自信を持てないでいた。家族ＤやＥにとって，これらの問題はそれほど極端なものではなかった。解決にあたって重要な部分は，これらの両親の自尊心を再び確立すること，つまり自己愛的な傷つきを癒すことである。それは親子の相互作用とは別の場面で生じることが多い。

　両親の適応や対処についての試みを理解する際，奇形自体は別として，こころをかき乱すような現実的出来事が次々と起こることを見逃してはならない。たとえば，これらの親たちは帝王切開や早産，特別な検査のための子どもとの分離，子どもより早い母親の退院，特別に難しいケアが必要であることなど，様々な状況が合わさった経験をしている。これらの出来事は両親の精神内界におけるバランスを崩すのと同様に，子どもとの関係性確立の妨害となった。そうした両親の自己感に対する侵襲を自分たちの自尊心への一撃，そして自尊心を回復する試みにとって邪魔なものと感じた両親もいた（Reich, 1960; Jacobson, 1976）。初産であることや子育てという仕事は通常でも精神を不安定にさせるために，出産時に奇形を知ることはかなり高いストレスをもたらす。さらに，医療的介入や将来の不確定さがいっそうの負荷を課す。

　精神内界に対する侵襲も起こる。望み通りの赤ん坊の喪失だけでなく，両親の望みや期待の喪失も影響を及ぼす。両親は子どもとの間に望んでいたような関係が実現しないことに落胆し苦しむ（Joffe & Sandler, 1965）。子どもは健全な自己愛的愛情を注がれ，落胆や期待外れということが生じなければ，大抵は自己の延長，しかも肯定的部分として経験される。出産における心理学的課題のひとつは，子どもを自己の一部やパートナーと見なすこと，しかし同時に，自分とは別の人間であると見なすことである（Bibring, 1959; Bibring et al., 1961）。奇形を持って生まれると，子どもは自分が否定的，もしくは欠陥と捉えている部分の象徴となることもあり，この課題の達成はより困難になる。

　私たちは両親が出産時の奇形に対して示す反応や適応は３つの段階を辿ることを観察した。

1. 最初の衝撃と落胆が表れる時期。それは自尊心が傷つけられたと強く感じていることを表す。
2. 精神内界における不安定さが露呈する時期。ここでは自尊心の喪失，苦痛を伴う感情，不適切な防衛が見られ，時には乳児を不適切に扱うこともある。
3. 精神内界におけるバランスが回復される時期。ここでは両親の自尊心が

再生され，苦痛を伴う感情の存在が認識されるが適切な防衛が用いられ，より相応しい形で乳児と出会い，その要求に合わせることができるようになる。

　精神的に不安定な時期，もし両親が乳児のことを自分たちとは別々の人間としてではなく，むしろ自分の否定的な部分であると考えれば，子育てに対する親の能力は損なわれる。これらの両親の適応を助けるための課題は次のようなものである。それは乳児のよい側面を認め，乳児が自分たちの劣っている部分を象徴するものではなく，自分たちとは別の個人であると考えられるようになること，自分たちが子どもに対して熱望したものや理想，望んだ関係の喪失を悲しむこと，そしてやがて自尊心を取り戻し始めるにつれて，健常児の発達に必要なものと同じく，特殊な乳児の発達に必要なものを理解し，終わりなき苦しみという現実の条件の中で親になることの喜びを体験する方法を見つけることである。

　健常な乳児は健全な適応過程を進展させるだけではなく，親の世話を必死に引き出す（たとえば Robson, 1967; Bowlby, 1969; Brazelton & Als, 1979）。奇形のある乳児はこの過程での両親との同盟が希薄である。A 夫人と B 夫人の反応には，微笑の不足や，授乳に関する問題，視線を交わすことによるやりとりが成立しないことなど，通常であれば母性的反応を引き出すはずの存在の不足，もしくは歪曲が母子の初期の愛着を危険に晒す状況を作り上げていることが表れている。これらふたりの乳児が目を覚ましていること，そして姿勢や興奮を制御することを親に手伝ってもらうためには，通常とは異なる構造が必要とされた。それは顔の奇形が目に見えるものであることや合図を与える際にそれがまっすぐに伝わらないこと，扱い難い気質であることが原因となっていた（Als, 1979; Als et al., 1980a）。乳児が喉を詰まらせながら泣き叫ぶことでふたりの母親は圧倒された。特に，精神的に不安定な育児の初期にはこれらのことが母親たちの無力感や自分たちが親として不十分であるという気持ちを強くした。

　残念ではあるが，精神的に不安定なこの時期には両親がまだ乳児とよい同盟を結べていない。両親は現実的な一連の侵襲を体験しているだけではない。自分自身の自尊心の低下と，障害の重さやそれが目に見えることが相互に作用し，それが自分たちや子どもについて抱くよい感情に影響を及ぼす。最もひどく傷ついた感情を経験し，不安定な時期を最も長く経験した母親は，乳児の性別や，

出産方法，望んでいた授乳の方法など，出産前に期待していたものとの落差に多くの落胆を感じていた。これらの経験が自尊心を低下させた。このような経験はたとえ乳児が健常児であっても子育てに問題を生じさせる危険は高いであろう。また悲しいことであるが，両親は絶えず目に付く障害を負った乳児に生命を授けたわけであり，このことが母親と乳児の早期の相互作用を困難なものとした。

　奇形のある乳児の誕生で結婚が破綻するという考え方と反して，私たちは家族E以外では皆，大人同士が各々お互いを補完してバランスをとるような形を取っていることに気づいた。ボニーの誕生でB夫妻はお互いに補完し合うような形をすぐに形成した。それは家族内によくある役割分担のようなもので，そのおかげで乳児の欲求は満たされた。片方の親が情緒的に上手く対応できない場合には，もう一方の親が世話を引き受けた。概して，片方の親が「食事係」となると，もう一方が「遊び係」を引き受けた。必ずしもそうではないが大抵の場合，これらは古典的な母親，父親役割によってパターン化されていた。両親がどちらも働いている家族の場合には，育児は最終的にはもっと均等に分担され，それが多くの家族が行き着く妥協点となった。

　障害のある乳児の出産や子育ては，時と共に多くの夫婦を互いに親密にする。しかし，夫婦各々の適応過程の段階が異なっている時には夫婦関係が上手く行かなくなることもある。特にB夫妻の夫婦関係にはとても大きなストレスが課されていた。B夫妻は自分たちの赤ん坊を自分の否定的な部分の延長と感じ，子育てにステレオタイプ化された考えを持っていた。そして，B夫妻には柔軟性や適応性を持つ自我の強さが欠けていた。B夫人は痛みを認めることも，それに耐えることもできなかった。そして，自尊心を回復するため字義通り現実から目を逸らさなければならなかった。B氏は抑うつ的になっており，心気的症状を呈していた。B氏は妻が自分の仕事を通して自尊心を回復するまで一時的にフルタイムで母親の役割を引き受けた。アイコンタクトがとれなかったことや乳児の視力の限界が8カ月もの間確かではなかったことが適応過程を悪化させた。しかし，B夫妻は共に前よりも自分たちがカップルとして上手く機能するようになり，最後には精神不安定の状態から抜け出すことができるだろうと信じていた。

　両親の自尊心の回復過程で転機となったのは，親が子どものことを自分たちとは別の人間と捉え，ひとりの人間として，個人として認めることができる様々な側面を乳児に見出した時であった。フィードバックをもらえる乳児との

経験は，視線を引きつけたり，愛情を込めて抱っこしたり，おっぱいを吸わせたりといった陽性の行動に親の注意を向けさせることに役に立ち，そのことで両親は乳児と楽しい時間を過ごし，親であることを享受できるようになった。

　自尊心の回復過程で親子に望ましい愛着が発達するにしたがって，両親は乳児からの合図を理解し，自分たちの特別な赤ん坊を適切に世話したり，上手く対処しながら乳児を保護することができるようになった。これは出産時の奇形がない乳児の親にも当てはまる。両親は徐々に補助自我として機能できるようになり，乳児が外界の刺激を処理したり，興奮を抑えたり，状態を調整する過程の学習を援助した。自尊心の回復は各家庭でそれぞれ異なるタイミングで起きた。家族 A や B では望ましい愛着の形成と乳児との相互関係の成立が遅れたものの，両家族とも両親と乳児がやりとりを始めるという形で相互関係は成立した。たとえば，ボニーは母親と特別な声の遊びや，父親と手を伸ばして摑んだり，抱っこする遊びを展開するようになった。一方，アルは母親に活発にブーブー唸って腕を廻し，父親にねだるような眼差しを向けて頭をふんぞり返らせた。すると，母親はもっと刺激の強い方法でアルと遊び，父親は快くアルを抱き上げて優しく揺らしたり，移動させたりした。本研究で取り上げた乳児たちは奇形のない乳児たちと同様，生後数カ月でそれぞれの両親と上手く関わる方法を見出した。これらの反応は乳児たちの見知らぬ人との関わり方とは異なっていた。

　ここでの知見は奇形のある乳児の親の悲嘆の過程に関するこれまでの研究と符合し，またそれを展開させるものである（Solnit & Stark, 1961; Olshansky, 1962; Kennedy, 1969; Johns, 1971; Drotar et al., 1975; Irvin et al., 1976）。両親は望んでいた乳児の喪失を悲しむ必要があった。それは落胆した自分自身のためでもあり，現実の赤ん坊やその子の障害のためでもある。私たちは悲嘆の作業を行うためにはまず乳児を自分と分離した存在と見なし，自分の否定的な部分の延長と考えない必要があることを一律に見出した。たとえば，A 夫人が自分の悲しみを自覚できるようになるには，ある程度の自尊心を取り戻し，アルの母親であることにもっと自信を持ち，アルを自分とは別の存在であると考えることが必要であった。この知見は，喪の過程の展開にとっても自他の分離の必要性を主張する発達理論が当てはまることを裏付けている。拒絶や現実から目を逸らすこと，回避や過保護な状態が続いている場合は，親がまだ子どもを分離した存在として経験していないことを示している。この研究が終わる時点でも目の前で両親の悲しみは続いていたが，その悲しみは子どもやその現

実の問題に向けられたものであり，自分への哀れみという気持ちはほとんどなかった。このことが両親が被った傷への適切な解決策のひとつでもあった。

しかし，適応することは勿論平坦な道程ではない。2年間の研究を通してずっと，各々家族は手術の結果や障害が将来にもたらす影響や，自分たちの子どもが障害を理解し，それに順応していくことを親としてどのように手助けできるのかを心配し続けていた。正常な発達速度に沿った発達やポイントとなる発達課題の達成ができない時や医学的な処置が必要とされる時は，両親には不安や抑うつ，自責感が引き起こされた。しかし一度，精神内界の本来のバランスが取り戻されると，両親は不安を徐々に適切に扱えるようになり，退行することも減った。両親は自分たちの反応パターンを識別し，危機に対して自分たちが行っていた以前の対処法を再構築できるようになった。この過程によって，両親は自分たちの現在の苦痛や不安を率直に認めることができ，同時に自分たちの対処法や対処能力の向上も認められるようになった。

精神的バランスの回復が進んでいることの臨床的な兆候は次のような点に見られた。

・前述したような相互作用のパターン
・乳児を家族の一員として受け入れること。その結果，家族各々のメンバーの欲求が満たされた。たとえば，母親は乳児の世話を誰かに任せて，配偶者や自分のために時間を使うことができるようになった。
・親と乳児の価値下げが行われなくなること。たとえば，母親は前よりももっと自分の身体に気を配りはじめ，子ども抜きで旅行や社交に参加するようになったり，乳児を連れて親戚のところに行ったり，祖父母や友達を家に招待して乳児に会わせたりするようになった。
・自尊心の調整を行う領域ができること。たとえば，母親は仕事を開始したり，自分の評価を高めるような活動を始めたりするようになった。
　自分とは別の存在として子どもという像が明白にこころに描けるよう発達すること。たとえば，5つの家族の両親は自分たちの子どもの能力や徐々に増してくる特殊性を有する障害について説明できるようになり，障害を直接的に認め，それが自分たちや子どもに与える影響も話し合えるようになった。

これらの家族は適応のために多くの巧みな方法を利用した。それは両親に回

復力や熱意，能力があり，心的外傷に直面しながらもそれらを子どもにもたらしていることの証であった。たとえば，B氏はボニーの行動を学び，手術後，何らかの変化が行動に現れていないかを調べるためにボニーの視力を測る独自の「検査」を開発した。精神的バランスを回復するために，両親は自分の子どもの正常な部分に焦点を当て，徐々に自分の心配を障害から別の部分に転換した。この点に関して言えば，A氏は多数の異常があったアルが左利きであることにも言及していた。A氏は，「世界は左利きの人のためには作られていない」と心配していた。多くの両親は様々な巧みな方法を利用して自尊心を守っていた。それは自分の赤ん坊を他の「もっと劣る」赤ん坊と比較したり，起こりうる障害を序列化してみたり，似たような子どもを持つ他の親たちの能力に焦点を合わせたりするというものであった。

　すべての家族はその環境で協力者を見つけることが必要であった。家族Bの場合は，宗教が物心に及ぶ援助を提供していた。家族BとEでは，頼もしくも親戚などの家族が肯定的なフィードバックや励ましを提供していた。両親は皆，時には将来に目を向け，安心感が訪れることを望んだ。しかし，この望みはどのような人生が展開するのかという新たな心配を引き起こすことも多かった。それらは成長したら子どもが自分たちのことをどのように思うのか，他の人たちが子どもにどんな対応をするのかといったものであった。

　さらに，両親は特別な目標を設定していた。両親は乳児の障害のいくつかの部分が修復可能であるという現実に焦点を合わせ，日々，個々の障害に向き合おうと試みた。時間の経過自体が癒しの過程の一部であった。乳児の障害を最初に知った時のことを振り返る時，両親はそれらの初期の日々を危機的時期として想起し，自分たちが徐々に前よりバランスのとれた感情の状態に成長してきたと感じていた。

本研究から得られる臨床的示唆

　家庭訪問と組み合わせた発達研究のアプローチは先天奇形を伴う子どもの両親に臨床的な援助モデルを提供している。このモデルは親と乳児の関係に焦点を合わせ，両親の自尊心を高め，乳児への愛情や乳児との相互関係を育むのに役立つ介入方法を提案した。

　本研究では両親が研究の協力者として関わっていたので，その自尊心は直接的に支えられた。親たちがどのようにしてこの過程，つまり能力強化への取り

組みと関わっていくのかを知るための研究チームの調査を手伝ううちに，親自身も自分たちの子どもについて学ぶ過程に参加していった。研究チームは，乳児と両親を 2 人組，または 3 人組として捉えることによって親たちに情緒的な懸け橋を与えた。その一方で，チームのメンバーはブラゼルトン新生児行動評価法（Brazelton, 1973）や親と乳児の相互作用を録画したビデオ（Tronick, 1982）で評価された乳児の特定の能力を両親と話し合うことによって，親子がそれぞれ別々の存在であることや，親子それぞれが持つ能力を強調した。

　私たちはデータ収集で用いた道具が教育や予防目的にも利用可能であることに気づいた。両親が援助者のブラゼルトン新生児行動評価法の施行を観察することは，子どもが自分とは別の存在であり，障害は特定の領域に限られていることを理解するのに役立った。検査により，乳児が障害によって受ける影響を受容し，乳児が自分の発達促進に自らの能力を用いる支援を行える可能性に光が当てられた。

　乳児と母親が遊ぶという人工的構造の検査室の設定では，母親はいかに乳児が母親である自分とその他の人を区別しているのかを知ることができた。研究チームが障害にもかかわらず乳児を繰り返しビデオに録っていたことによって，両親は自分たちの乳児と自分自身の価値の認識を変え，障害を否認せず，乳児たちに焦点を当てることに自信を得た。C 夫人は，自分のことを落第者と感じていた最初の数カ月，研究チームがチャールズを「素晴らしい赤ん坊」と考えているのを知って励まされたと語った。検査室での経験は母親と乳児の間に対面での相互作用を促進させた。最初，自分の子どもの顔と対面していない時だけしか補助自我としての機能を提供することができなかった A 夫人を含め，本研究に参加していた母親は皆，検査室での顔を向き合わせた相互作用を家でも練習した。このやりとりが促進されたのは，両親が乳児の特定の行動に調子を合わせ，それを受け入れ，理解する方法を習得するのを研究者が援助したおかげであった。自分の赤ん坊のことを知り，あやし，刺激を与える能力が高まることで，両親は苦痛よりもむしろ喜びを感じるようになった。

　家庭訪問は両親自身の過去を明らかにし，研究チームのメンバーとやりとりすることである程度の満足感を得る機会を提供した。親たちは自分の気持ちを表現するように促され，そのおかげで乳児と関わっている他の専門家たちを迷うことなく自分たちの味方であると考えることができた。そして，親たちは自己感の傷つきに関する思いを適宜説明した。特に，B 氏は自らの苦痛の激しさや自分が欠陥品であるという気持ち，自分の子どもがこの欠陥を世間に晒して

いるという感覚を探求し始めるにしたがって，語ることが自分に有益であると感じ，それによって安心感を抱いた。とりわけ新生児との初期の親密感から子どもが分離し，生後間もない乳児の頃の親密さが変化してくると，カップルセラピーや，親子の相互作用と子どもの発達についての話し合いが開始された。

結果，研究チームは一連の介入を開発した。

- 第一に，私たちは両親一人ひとりが自分の子どもの行動体系や様式に関する特定の知識を獲得する援助を行うことに焦点を合わせた。
- 第二に，親と乳児の相互作用について話し合い，チームはいかに乳児が母親を必要とし，母親に反応し，母親と父親を区別しているかを頻繁に指摘した。これは両親の競争心の減少に役立った。なぜなら親同士が各々相手と同じようになろうとするのではなく，むしろいかに補い合っていて，そうすることが乳児により豊かな機会を提供することを理解したからである。
- 第三に，観察過程の進展につれて，研究チームは時に親と乳児の相互作用に介入したり，両親の特別な問題に言及したりした。その問題とは，傷ついたという感覚や悲嘆の作業の必要性，両親が採りうる他の選択肢，夫婦関係などである。また時には限界設定や就寝のための手順，癇癪を起こした時の対応など，子育てについても話し合った。また，両親と乳児が上手く適応していない場面を私たちは適宜介入せずに観察していることもあった。それによって，両親は子どもをコントロールする自分なりの方法を見出すことができるようになった。

効果的な介入とはどのようなものかを判断するには，家族システムを認識しておくことが必要であった。つまり，親たちが感情を識別し理解したり，反応や適応を理解する認知的枠組みを持てるようにするなどの情緒的な援助や，子どもの発達や親と子どもの相互作用についての教育的な援助から利益を得ることができるかを査定するのである。今回の研究対象の両親の適応には，子どもに対して正常で現実に基づいた悲しみを感じることや，自分自身のアンビヴァレントな気持ちに気づくことが含まれていた。研究チームが関わっていなければ，この家族の適応や子育ての過程がどのように進展したかは分からない。研究チームはさらなる危機の予防に明らかに役立ち，乳児への両親の愛着を強化する助けとなった。本研究の結果は，第一子として生まれた乳児が先天性の奇形を伴っている場合，両親には自分たちの問題と自我の健全性の水準の両方に

特化した共感と援助が必要であることを明白に示唆している．研究結果は，親として十分な能力があるのかという問題や，両親の自尊心の回復の問題は最後まで継続することを確信させるものであった．それゆえに治療的援助が継続されること，そしてその援助は子どもと家族のあらゆる側面を包含することが必要である．

　臨床家は両親の自尊心の傷つきに対して特別な注意を払い，両親が自尊心を再構築し，親としての健全な自己概念を育て，乳児との望ましい関係を構築する援助をする必要がある．親や，親と乳児を中心に据えた介入は，新生児の誕生後できる限り早期に行われるべきである．そうすれば，歪曲したパターンが固まることなく，親子の強く望ましい情緒的な関係を生むような新たな機能の段階に移行できる．

　本研究で対象となった乳児たちの出産時の障害は，少なくとも部分的には修復可能なものだった．しかし，障害がより永続的なもので広範囲に及んでいる場合にも，両親の自己イメージが傷つき，程よい，もしくはしばしば，最適な子育てに伴う自尊心が回復する過程は類似することを私たちの臨床経験は示している．修復が叶わない障害を持っている子どもの親に一生必要とされるものは家族Aで説明されたものと近似している．もし，乳児が期待に外れて，両親の精神不安定や自己価値感の傷つきが想定される場合には，乳児の能力を強調し，乳児を親とは別々の存在と見なし，両親の自尊心を改善するような親と乳児へのアプローチが必要とされる．

要　約

　本研究に参加した両親は，障害のある乳児の誕生を精神内界と現実を基盤とした様相を伴った本質的な心的外傷として体験していた．両親の反応は複雑な要因が相互に関連することによって影響を受ける．奇形の重篤さや修復の可能性，それについてどのような説明を受けたか，必要とされる医学的処置の内容，両親が子どもに事前に抱いていた期待，親として自分たちをどのような視点で捉えているか，それまでのストレス対処法，夫婦関係の質，両親自身の親子関係の経験，乳児の気質や相互作用に対する能力，周囲に適応する能力，そして短期的，長期的にどれくらい未知の要素があるか，奇形が与える影響，子どもや家族への衝撃，環境的な支援の役割によってもその影響は変化する．両親は自分たちの自己感に対する侵襲を次々と経験し，それが自尊心に影響を与え，

子育ての過程を妨害する。私たちは両親の反応の中に3つの異なる段階を観察した。最初は衝撃や落胆、怒り、自尊心の傷つきが感じられる段階、苦痛を伴い精神内界が不安定になる段階、そして精神内界のバランスや逞しさを徐々に回復させる段階である。精神が不安定な間は、親が子どもを自分が否定している部分と見なすことによって、子育てに関する能力が低下することもある。両親にとっての適応過程は自尊心を回復し、子どもを自分とは別の存在であると見なし、この子どもの親であることに喜びを体験するための道を見つけ出すことである。

さらに本研究は、両親が経験する苦痛は望んでいた乳児という心的イメージの喪失だけではないことを示唆している。親たちは、落胆させられた自分自身、乳児とある特定の関係を築くという願いを叶える満足の喪失、そして現実の赤ん坊とその障害のために、悲嘆の作業を行うことも必要である。有効な子育てが行われるようになるには、乳児が両親に自分自身の否定的な延長として見なされないように、親と乳児の間に十分な精神内界の分離が達成されなければならない。本研究の臨床的示唆のひとつは、悲嘆の作業の過程を成功裏に始めるために、まず両親の傷ついた自尊心に関心を向ける必要性があるということである。もうひとつの示唆はこのような両親には援助が必要であり、それは早期に行われ、過程が進展しても継続されるべきであるというものである。子どもや、子どもの置かれた状況に対して悲しみを感じる気持ちは、その悲しみが自分や子どもの価値下げの延長でさえなければ、それ自体は当然のものであり、予期されるものである。

参考文献

Als, H. (1979) Social interaction In *Social Interaction and Communication in Infancy*, ed. I. C. Uzgiris. San Francisco: Jossey Bass, pp. 421-41.

Als, H. (1982) The unfolding of behavioral organization in the face of a biological violation. In *Social Interchange in Infancy*, ed. E.Z. Tronick. Baltimore: University Park Press, pp. 125-60.

Als, H., Tronick, E.Z., Adamson, L. and Brazelton, T.B. (1976) The behavior of the full-term yet underweight newborn infant, *Developmental Medicine and Child Neurology*, 18: 590-602.

Als, H., Tronick, E.Z. and Brazelton, T.B. (1980a) The achievement of affective reciprocity and the beginnings of the development of autonomy, *Journal of American Child Psychiatry* 19: 22-40.

Als, H., Tronick, E.Z. and Brazelton, T.B. (1980b) Stages of early behavioral organization. In *High-Risk Infants and Children*, ed. T.M. Field, S. Goldberg, D. Stern and A.

Sostek.New York: Academic Press, pp. 181-204.

Bibring, E. (1953) The meaning of depression. In *Affective Disorders*, ed. P. Greenacre. New York: International University Press, pp. 13-48.

Bibring, G.L. (1959) Some considerations of the psychological processes of pregnancy, *Psychoanalytic Study of the Child*, 14, 113-21.

Bibring, G.L., Dwyer, T.F., Huntington, P.S. and Valenstein, A.F. (1961) A study of the psychological process in pregnancy and of the earliest mother-child relationship, *Psychoanalytic Study of the Child*, 16, 7-92.

Bowlby, J. (1969) *Attachment and Loss*. New York: Basic Books.（黒田実郎他訳：母子関係の理論（改訂新版）．岩崎学術出版社，1991.）

Brazelton, T.B. (1973) Neonatal behavioral assessment scale. In *Clinics in Developmental Medicine* no. 50. London: William Heinemann.

Brazelton, T.B. and Als, H. (1979) Four early stages in the development of mother-infant interaction, *Psychoanalytic Study of the Child*, 34, 349-69.

Cramer, B. (1976) A mother's reactions to the birth of a premature baby. In *Maternal Infant Bonding*, ed. M.H. Klauss and J.H. Kennell. St. Louis: Mosby, pp. 156-66.（竹内徹・柏木哲夫訳：母子関係の原点を探る．医学書院，1979.）

Drotar, D., Baskiewitz, B.A., Irvin, N., Kennell, J.H. and Klauss, M.H. (1975) The adaptation of parents to the birth of an infant with a congenital malformation, *Pediatrics* 56: 710-17.

Freud, A. (1960) The child guidance clinic as a center of prophylaxis and enlightenment.（予防と啓蒙のセンターとしての児童指導クリニック．牧田清志・黒丸正四郎監修／牧田清志・阪本良男・児玉憲典訳：ハムステッドにおける研究（下）．アンナ・フロイト著作集 8．岩崎学術出版社，1983.）

Greenberg (Mintzer), D. (1979a) Parental reactions when an infant has a birth defect. Read at the Biennial Meetings of the Society for Research in Child Development, San Francisco

Greenberg (Mintzer), D. (1979b) Parental reactions to an infant with a birth defect. Unpublished doctoral dissertation, Smith College School for Social Work.

Irvin, N., Kennell, J.H. and Klaus, M.H. (1976) Caring for parents of an infant with a congenital malformation. In *Maternal-Infant Bonding*, ed. M.H. Klauss and J. H. Kennell, St. Louis: Mosby, pp. 167-208.（竹内徹・柏木哲夫訳：母子関係の原点を探る．医学書院，1979.）

Jacobson, E. (1976) The regulation of self-esteem. In *Depression and Human Existence*, ed. T. Benedek. New York: Int. U. Press 169-81.

Joffe, W.G. and Sandier, J. (1965) Notes on pain, depression, and individuation. *Psychoanalytic Study of the Child*, 20: 394-424.

Johns, N. (1971) Family reactions to the birth of a child with a congenital abnormality. *Medical Journal Australia*, 1 : 277-82.

Kennedy, J. (1969) Implications of grief and mourning for mothers of defective infants. Unpublished doctoral dissertation, Smith College School for Social Work.

Kohut, H. (1966) Forms and transformations of narcissism, *Jounal of the American Psychoanalytic Association*, 14: 248-72.（伊藤洸監訳：自己愛の形態と変容．コフート入門．岩崎学術出版社，1987．）

Lax, R. (1971) Some aspects of the interactions between mother and impaired child, *International Journal of Psychoanalysis*, 43: 339-44.

Mahler, M.S., Pine, F. and Bergman, A. (1975) *Psychological Birth of the Infant.* New York: Basic Books..（高橋雅士・織田正美・浜畑紀訳：乳幼児の心理的誕生――母子共生と個体化．黎明書房，1981．）

Mintzer, D. see Greenberg, D.

Olshansky, S. (1962) Chronic sorrow, *Social Casework*, 43: 190-3.

Reich, A. (1960) Pathological forms of self-esteem regulation, *Psychoanalytic Study of the Child*, 15: 215-32.

Robson, K. (1967) The role of eye-to-eye contact in maternal-infant attachment, *Journal of Child Psychology and Psychiatry* 8: 13-25.

Solnit, A.J. and Stark, M.H. (1961) Mourning and the birth of a defective child, *Psychoanalytic Study of the Child*, 16: 523-37.

Tronick, E.Z. (1982) *Social Interchange in Infancy*, Baltimore: University Park Press.

第16章　アマンダ——乳房としての母親を見出した哺乳瓶で養育された乳児の観察と考察[原註1]

フランシス・グリアー

　1歳の誕生日を迎えた時，アマンダは観察者の私には極めて健康そのものの赤ん坊に見えた。生命力に満ち，こころから人生に夢中になっており，とても直接的に自分の不満を言ったり，望みを伝えたりすることができ，好奇心に満ち溢れ，困難と闘うことができ，母親やきょうだいである6歳のベンジャミンや4歳のレイチェルたちとよい関係で結ばれているように見えた。私は直接に見ていないが，アマンダは父親とも情緒的な絆でしっかりと結ばれていると報告されていた。

　本論では，週1時間の定期的な観察に基づいた特別な視点から，アマンダの誕生から生後12カ月までの発達の一部を辿ってみたいと思う。

　まず最初に，私はふたつの特徴に焦点を当てたい。第一に，前述のように生後12カ月でのアマンダのパーソナリティは，生後間もない頃から母親の乳房とよい関係にあった乳児に期待されるような多くの特徴を備えていた。しかし，アマンダのパーソナリティはお決まり通りに導かれたものではなかった。なぜなら，アマンダは乳房から授乳されず，哺乳瓶で授乳されていたからである（勿論，哺乳瓶で赤ん坊に授乳している多くの母親は，数々の理由のために哺乳瓶を使用しているが，母乳を与えている母親と同じように深く赤ん坊を愛し，赤ん坊と上手く愛情をやりとりしている。裏を返せば，母乳で授乳している母親の中には，情緒的に赤ん坊にまったく接触していない母親もいることは言うまでもない）。この観察事例で興味深いのは，この母親のパーソナリティに，隠喩的に言えば乳房よりも哺乳瓶とより強く結びついていると解釈される

[原註1] フランシス・グリアー Francis Grier は the British Institute of Psychoanalysis で訓練を受けている間に本論文を書いた。この論文は the *British Psychoanalytical Society*, 16.2.00 にジョーン・ラファエル=レフ Joan Raphael-Leff の執筆した論評（本書第17章参照）と共に発表された後，the *Journal of Infant Observation* で出版された。ここには同ジャーナルと著者らの寛大なる許可を得て再録された。

ような特徴が明確に存在していることである。母親はかなり冷たくてよそよそしく，乱雑さを徹底的に嫌って厳格に統制していた。そして家の中にひきこもりがちであり，最も暑い夏の日でさえも決して窓を開けなかった。しかし，次第に母親はあまり窮屈にならず，より自然に自分の赤ん坊と関わるようになった。したがって，本論の根底にあるテーマは母親が自分の赤ん坊によい「乳房の経験」を与えられるようになるために，母親自身の発達をいかに赤ん坊に助けられたかについて探求することである。

このことから，私はこの観察で実際に乳房から母乳を飲む経験はそれほど重要ではないことが証明できると考えた。しかし同時に，乳房そのものが身体的，情緒的豊かさを持ち，それを経験し損なう子どもは何か基本的なことを経験し損なっているかもしれないという事実を軽んずるつもりはない。だが，私は乳房の背後にある母親のこころが持つ統合する性質の重要性を強調している。これはビオン（Bion, 1962, p. 35）がアルファ機能[原註2]として言及している。

私が明示したいこの観察の第二の特徴は，アマンダの人生における年上のきょうだいの重要性であった。既に触れたが，アマンダには兄（6歳）と姉（4歳）がいた。したがって，人生の最初からアマンダは家族というグループ全体の一部であった。母親は十分に世話をして，アマンダのための時間を特別に確保し配慮しようと努めたが，勿論，他のふたりの子どもたちの求めにも同じように応じ続けなければならなかった。特にふたりの子どもたちはかなり騒がしい性格であったので，アマンダとの関わりによって直接的に，または母親に要求することによって間接的に，最初からアマンダに大きな影響を与えた。母親は自分のエネルギーと配慮をどのように配分するかを絶えず決めなければならなかった。勿論，アマンダもそのふたりに大きな影響を与え返していた。家族力動はアマンダの誕生によって長きにわたって変化した。私がこれから示すように，特にレイチェルがアマンダの誕生によって一番脅威を感じていたが，これには妥当な理由がある。レイチェルは一番年下で唯一の女の子であるという地位をあっという間に永久に失ってしまったからである。レイチェルはアマンダをこの上ない疑いとアンビヴァレントな思いで見ていた。そして，この姉妹間の難しい関係を何とかするのが，母親の主な仕事のひとつとなった。それについてはこれから例を挙げて説明していきたい。

私は生後9日目にアマンダの両親と会った。アマンダはこの出会いの間ずっ

原註2）このプロセスを経て，感覚データの情緒的な体験が理解可能なものとなり，意味を与えられる。

と穏やかに眠っていた。母親のジェーンはアマンダが3人目の子どもということもあり，自分のことを「ベテラン」と称した。しかし，ジェーンとその夫のデイヴィッドは，各々の母親に自分たちがいかに育てにくい子どもであったと思われていたかを続けて説明した。ふたりはそれぞれ自分たちが絶え間なく叫び声を上げていたことを語った。後の観察で，ジェーンは自分の母親についてしばしば語り，母親がどれほど乱雑や騒音を嫌っていたかを強調するようになった。私はジェーンが自分の子どもたちを母親とは違った形で育てることを本当は望んでいたのではないかという印象を受けた。そして，ジェーン自身がこのことに気づかなければならなかった。ジェーンが「育児の達人」になった一方で，デイヴィッドは自分たち夫婦に子どもたちと一緒に過ごす能力がないと，とてもはっきりと意識しているようだった。私の観察のまさに最後に，デイヴィッドは実家の家族と一緒に2週間外国で過ごさねばならなくなり，上のふたりの子どもを連れて行った。デイヴィッドは平日に子どもたちを託児所に預けた。しかし，勇敢にも週末は気晴らしに子どもたちをビーチに連れて行った。デイヴィッドは携帯電話を持ち，ほぼ15分おきに妻に電話をして，子どもという未知の世界にどのように対処すればよいのかを確かめた。たとえば，砂浜では子どもたちのサンダルを脱がせるのかどうかなどである。ジェーンは育児の達人としての自分の役割を明らかに楽しんでいた。しかし，ジェーンはかなり孤立感も抱いており，（これから本論の中で検討していくように）外部にも内部にも自分を援助する人物はほとんどいないと感じていたようであった。とりわけ自分はどことなく世捨て人のようでもあると感じていたようであった。

　観察開始後ずっと後になって，私はジェーンがロンドンのシティで職業的に成功を収め，第一子の誕生で仕事を辞めることを余儀なくされたと感じていたことを知った。これはジェーンにとって予想外のことであった。つまり，赤ん坊や母親になることが，自分にとってそれほど圧倒的に重要なことと思えるとは予想していなかったのである。ジェーンは有能な人間として成長し，株式売買においても有能であった。これと同じく，今では子育てにおいて自分の有能さを示していた。しかし，ジェーンは母親としての役割の中で，まだどこか不安定でサポートされていないと感じているようであった。このことは，デイヴィッドがかなり長時間働き，しばしば外国に出張することで悪化していた。そのため，ジェーンは長い間子どもと一緒に家で寂しく過ごすことが多かった。これは，家に定期的に赤ん坊の観察者が来るという，あまり一般的でない提案の快諾を促す要因のひとつになったのかもしれないと私は思い返している。こ

のような打ち解けない女性のわりには，ジェーンはとても温かく私に接し，観察の終了を明らかに残念がっていた。ジェーンは私の中に優しい姿や存在を見いだし，そのような私を無意識的に利用したいと望んでいたのだろう。それは自分を支え，また子どもたちに試みて実際に上手く行くことも多かった育児法の証人となってくれる存在であった。その育児法でジェーンは，特に三番目の赤ん坊には貴重で温かな人生の始まりを授けようとし，ジェーンはその人生の始まりから，赤ん坊が自分の人生の中心にいるのが正しいのだと認めることによって，赤ん坊が中心にいることを受け入れた。ジェーンは自分自身の乳幼児期に，望ましいタイプの女の子になるよう育てられてきたと感じていたような印象であった。ジェーンは自分の赤ん坊のパーソナリティが明らかになるにつれて，それをありのままに受け入れたいと強く思っているように見えた。

　3日後の2回目の訪問で，私は出産についての話を聞いた。

　　出産はとても早く2時間半で終了した。ジェーンはとても苦しんだ。産気づいた当初ジェーンは，狂ったように掃除機をかけ，部屋をきれいにしていた。そして，これがいよいよ出産が始まるという身体の兆候だと気づいた。その時のジェーンの心理状態は，自らの説明によれば，取り乱すのは嫌だというものであった。デイヴィッドの母親はちょうど通りを下ったところに住んでいた。しかし，ジェーンは真夜中に義母を起こしたくないと思っていた。他のふたりの子どもたちは，「ちゃんとした時間」つまり午後2時と4時に生まれていた。結局ジェーンは家族の夕食を作り，子どもたちを寝かしつけ，その後にようやく，決定的な激しい痛みを感じた。ジェーンとデイヴィッドは病院に向かい，2時間半後にすべてが終わった。ジェーンの母親がそれから1週間家にいた。しかし，ジェーンが家事をすべて行っていたので，母親とデイヴィッドは何もすることがなく「間抜けみたいに」そこに座っていた。

　この話から私には，ジェーンがこのように手際よい出産の望ましさを強調することで，自分の母親といかに同一化しているかということが明らかになったが，人生の始まりのより生物的だが混乱した側面が，この望ましい出産を脅かしているようにも見えた。さらにジェーンは母親の期待に沿うことなく，とてもてきぱきと家事を片づけ，母親から世話を受ける機会を失った。ジェーンはなぜ母乳で育てなかったのかについても説明した。

　　ジェーンはベンジャミンの時に母乳を試みた。しかし，ベンジャミンの出産はかなりの難産であり，長時間にわたった末，緊急帝王切開となった。その後，ジェーンはす

ぐに乳腺炎になってしまった。すべての経験がとても苦痛に満ちた恐ろしいものであり，ジェーンは母乳に再挑戦する気にはなれなかった。今回，夫はもう一度挑戦してくれるようジェーンに頼んだ。ジェーンは激しくこころを動かされたが，苦しみの記憶を思い起こすと，それを断念せざるを得なかった。

このことすべてが，ジェーンが新しい赤ん坊と楽しく過ごすことができないことを予言しているかのようであった。しかし，同じ日の観察で生後12日目のアマンダはとても幸せそうに見え，安らかに自分の新しい世界を探索していた。そして，アマンダがお腹のガスで苦しみ出すと，ジェーンは根気よくそれを感じ取ってアマンダの世話が上手くできることを示した。

ジェーンはその場，その時に適したあらゆる姿勢で，しかも常に細心の注意と関心を払いながらアマンダを抱こうとした。アマンダは落ち着いたり，活発に動いたり，苛々したり，顔をくしゃくしゃにしたりした。時には悲しみが強くなり泣き叫ぶこともあった。そして悲しみが突然おさまり，何かを探し求めるかのように見回した。……アマンダは自分の口を使って再び探索し始めた。時折アマンダは服の上から，胸などジェーンの身体の一部を吸ったりした。ジェーンはアマンダのあやし方が分からなくなり，困り果ててついに「私にはアマンダがげっぷをしたいのか，もっとミルクが欲しいのか，さっぱり分からないわ」と語った。そう言葉にすることで，ジェーンは救われたようであり，それから再び落ち着いた。アマンダは母親の胸と首の間に，居心地のよい場所を見つけ，そこでじっとしていた。（私の想像では）ふたりとも温かな感触を慈しみ，苦痛の不在に浸っていた。しかし，すぐに苦痛が戻ってきてアマンダは泣き叫んだ。
　ジェーンはミルクの時間になったと感じ，それを用意し，アマンダを抱っこして，話しかけ，歌いながら，アマンダの不快な気持ちに触れ，それを言葉で表した。……それからジェーンはアマンダを落ち着かせて自分に寄りかからせると，哺乳瓶の先をアマンダの口に入れた。すぐに反応があり，あまりに突然に静かに吸い始めたので，私たちふたりは笑った。アマンダは5分ほど十分にミルクを飲むと，口の中に乳首を入れたまま眠り，時々目を覚ましては吸った。ジェーンはアマンダと一緒にとても静かに座っており，注意を向けながらたまに歌を口ずさんだ。

この記録の抜粋では，後にアマンダのパーソナリティや母親・娘関係の基本的な特徴となる多くの興味深い側面が強調されていると考えられる。それはかなり直接的に不満を訴え，自分の望みを伝えるアマンダの能力を示していた。母親はいつも十分に娘に寄り添い，愛情深く共感しながら応えていた。母親は

現実のおっぱいを与えることはできなかったものの，アマンダが喜んで自分の身体に触れるのを許していた。ジェーンはある時，ひとりで悩むが，自分をコンテインする観察者として私を無意識に利用することができたので，こころの平静を再発見できたようである。アマンダもまた，この極めて早期の段階でさえも欲求不満に耐える高い能力を見せていた。アマンダは母親の声も含め提供されたものをとても上手く利用できているようであり，欲しいものがもらえなくても混乱していないようであった。この記録の抜粋からも明白であるが，アマンダは食糧だけでなく，慰めや愛情を求めるために直感的に乳房を探し求めていた。ジェーンは服の上からだけであるが，アマンダが心地よい乳房を上手く見つけられるようにして，哺乳瓶でアマンダに授乳していた。アマンダは悲しくなった後でも，世話をされるとすぐに落ち着いた。そしてこれは今後の全観察の中でほぼ常に一定した特徴となっていた。時々セミナーの討論の中でこの種の相互作用を検討する時，私たちはアマンダが乳房としての母親を乳房なしで体験していると考えた。

　この観察の中では，ジェーンは観察の体験を利用し楽しむことができることも示された。ジェーンは次のように述べた。

「実際にアマンダを見ているのはとっても面白いんです。本当に，私は今までにこんな風に誰か他の人と一緒に，アマンダを見たことなんてなかったし。あなたもお分かりのように，とてもたくさんのことが起こり始めるのですから」……ジェーンが話している時，どちらかと言えばこのことがジェーンにとって未知のことであるかのように，自分の赤ん坊に関心を持ち，赤ん坊を探求しているように思えたが，その声には悲しい響きもあった。

　このことは既に，ジェーンがある人物を渇望していることの裏付けであったと考えられる。ジェーンが渇望していたのは，物事の優先順位を決定する能力とは異なる態度で赤ん坊と一緒にいて，赤ん坊に思いやりを持ち続けられるように助けることができる人であった。私はその悲しい響きはジェーン自身が赤ん坊の時にこの体験をしていなかったことのメランコリーの感覚を伝えるのではないかと考えた。そして，おそらくジェーンの他のふたりの子どもたちが赤ん坊だった時に，ふたりの情緒的な世界をあまり見ることがなかったことへの後悔を伝えているのではないかとも思った。

　ジェーンはまた，

他の子どもたちが，アマンダのことをどんなにか愛していて，いかによくアマンダと遊んでくれるかを話した。私は子どもたちがアマンダのことをどう思っているのか尋ねた。ベンジャミンはただアマンダが大好きなだけで，一緒にいるとわくわくするようです。……けれども，レイチェルは違うようですとジェーンは答えた。レイチェルはかなり嫉妬していた。しかし，赤ん坊に決して八つ当たりはしなかった。「誰に八つ当たりするのかお分かりでしょう」とひとり頷いていたジェーンが，すぐにレイチェルについてはっきりとした声で話し出した。ジェーンは冷蔵庫から物を，特にアマンダの哺乳瓶を取り出すなどアマンダの世話にレイチェルを参加させることで，レイチェルの嫉妬を避けられると言った。レイチェルはそういうことを喜んでやってくれるのだ。

私はアマンダが生後19日目の3回目の観察でベンジャミンに会った。ベンジャミンはアマンダにとても強い興味を持っていた。ベンジャミンはとても優しくアマンダと遊んでいたが，その後アマンダが泣き始めた。それはかなり穏やかな泣き方であり，特にベンジャミンに反応したわけではないと思われた。しかし，アマンダの泣き声はベンジャミンを相当不安に陥らせたようであった。ベンジャミンはアマンダを泣き止ませようとして，次々と色々なことを試した。歌を歌って宥め，それからガラガラを段々と激しく鳴らしたが，ついにそれを椅子にぶつけてしまった。ジェーンがその間に入りアマンダを抱き上げると，アマンダは落ち着いた。しかしベンジャミンは，

> アマンダにべたべたとまとわりつき，キスをして体中を撫でまわした。だがアマンダを突っついたり，ぎゅっと抱きついたり，キスをする時に噛んだりすることも多かった。私は母親が許容する境界線上を彷徨うベンジャミンの能力にただ感心するばかりだったが，母親は段々とベンジャミンに苛立ってきた。しかし，母親は怒ることなく，ベンジャミンのテーブルの上から遊べる物を見つけてあげながら，アマンダを撫で続けていた。アマンダはベンジャミンの注意が自分に向いていることをむしろ楽しんでいたのではないかと思う。アマンダはとても興味深げであり，時には興奮したり，何か叫んだり──そしてベンジャミンを再び探し求めて周りを見回した。

次週，ジェーンは私に次のように述べた。

上のふたりの子どもは午後6時には寝るので，子どもたちが平日デイヴィッドに会うことが実際はいかに少ないかをジェーンは語った。ジェーンは引き続き，ベンジャミンがどれほどアマンダのことを大好きであるか説明した。そして，ベンジャミンが将

来この小さな女の子の赤ん坊と結婚することをどんなに強く決意しているかについても述べた。ジェーンはこのことについて笑った。一方，レイチェルはアマンダに強く嫉妬し，乱暴であった。ジェーンはレイチェルにアマンダの頭を叩いちゃだめと上手く教えることができなかったため，それがいまやレイチェルの大きな野望となっていた。

　このようにして，波乱に富んだ家庭生活はアマンダの人生の最初から特色をなしていた。私はベンジャミンとは時々会っていたが，ベンジャミンは実際のところ，通常は上述の例よりもずっと優しく慎重にアマンダを扱った。一方，レイチェルは小さな妹に対しかなり強烈にアンビヴァレントで，しばしば葛藤的な関係を築いていた。レイチェルはアマンダに対して随分と乱暴であることが多く，時々直に叩いたりもした。おそらく，レイチェルは一番年下という貴重な地位を奪われてしまったことに，特に傷つき怒っていたのだろう。レイチェルはアマンダをできるだけ刺激しようと試み，この直接的な取り組みの中でいつも成功した。このようないくつかの出来事は本論の後半で述べたい。

　きょうだいがいるにもかかわらず，アマンダの人生の最初の時期は母親との真の密着に支配されていた。次の抜粋はその典型である。アマンダは生後19日目であった。

　ジェーンはアマンダにフェンネル茶をあげていた。アマンダはすぐに大人しくなり力強く吸った。間もなくアマンダは飲むのを止めてまどろんだ。少し経ってからジェーンはアマンダを揺り椅子に移し，アマンダがそこで眠っている間に家事に取りかかれることを，ジェーンは明らかに期待していた。しかし，アマンダはすぐに目を覚まして手足を動かし，それから口も動かしながらどうしていいのか分からない様子で探索していた。アマンダはぐずり，それから泣き出した。ジェーンがやって来て，アマンダはお腹が苦しそうだと私に話した。しかし私はアマンダがおいしく食事を味わった後すぐに母親と親密になったのに，それが突然，奪われてしまったと感じたのではないかと考えた。そして実際に，ジェーンはアマンダが疝痛で苦しんでいることを話し続けていたが，げっぷをさせるのではなく，とても自然で優しいやり方でアマンダを自分の胸にもたれさせて抱っこしようとした。その抱っこはアマンダが大好きなものであった。アマンダは静かになり，満足そうに喉を鳴らした。私の印象では，これが自分と赤ん坊が望み必要としていたことであると，ジェーンには直感的に分かっていたようだった。ところがそれが認識されることはなく，お腹の張りやげっぷの話が続いた。

　その後，楽しく静かな時間が続いた。10分ほどの間，母親と娘はお互い静寂さの中にいた。ジェーンは差し迫っていた家事を一旦休止していた。ふたりはお互い仲良

さそうに見つめ合っていた。……アマンダは両手を上げて母親を触り，母親の顔を探索しながら，足をぶらぶらさせていた。ジェーンは時計を見てミルクをあげる必要性を話し始めた。4時間おきにあげるべきだが，アマンダには日中は3時間おき，夜は5時間おきにミルクをあげる必要があって，自分はそのようにしているとかなりきっぱりと断言した。それはまるでジェーンが非難される危険に晒されているかのようであった。

私がこの一例を選んだのは，ジェーンの「原初的母性的没頭」（Winnicott, 1956）の状態が説明でき，またジェーンとアマンダが相互に理想化していることが明らかであるからである。クライン（1952）は安定したよい内的対象を確立するために，健康的な理想化がどの赤ん坊にも必要であると考えた。この時期にお互いが相思相愛であることは明らかであった。しかし，私はジェーンがある内的対象と苦闘しているのも明確であったと考えている。その対象はジェーンが娘と楽しみ過ぎることを禁じており，たとえば要求に応じて自然な形でミルクを与えるのではなく，スケジュール管理に従ってミルクを与えるべきだと主張するのである。ウィニコットは次のように記述している。

　　授乳の問題の多くは，数日間，完全に赤ん坊に合わせるよう母親に助言することによって治癒できることに気づくのに，私は何年もかかった。私が気づかなければならなかったことは，このように赤ん坊の要求に合わせることは母親にとってとても楽しいが，精神的サポートなしにはそれができないということであった。……母親はそうしたいと思えば思うほど，それを怖いと思うのである。（Winnicott, 1948）

ジェーンにとって，喜びを知り満喫することへのこの困難さは重要な意味があった。そして，観察者を受け入れたもうひとつの無意識的な動機はジェーンのこの問題解決の援助にあったのではないだろうか。ジェーンを描写するのに適した言葉は「厳格」であると，私は感じるようになった。なぜなら，私はこの言葉にアンビヴァレントな意味があると考えているからである。つまり，その言葉は実直さと温かみのなさ，さらには愛情の欠落という特性までも同時に想起させるからである。ジェーンのパーソナリティの中核的側面はまさしくこの境界線上にあるように思われた。ジェーンの厳格な実直さは少しは赤ん坊の助けとなるように感じられた。これは多くの点から見ても明白であろう。ジェーンは私に絶対に無駄話をせず，観察のほとんどは実質上静寂さの中で行われた。音楽が背景に流れていることなど一度もなかった。観察が6カ月を過ぎた頃，私は偶然にもジェーンの生い立ちについて詳しく知る機会をようやく得た。

その日，アマンダは私の訪問中ほとんどずっと寝ていた。ジェーンは決して私に個人的な質問をしなかった。ジェーンのこの厳格さの一面がどのようにアマンダとの関係へと変換されたかについては，アマンダが生後7週目の私の訪問で明らかとなった。

> 母親と赤ん坊はそれから5分ほど一緒に遊んだ。アマンダはジェーンの膝の上で母親と向き合っていた。……アマンダはゆっくりと目を覚ましていき，母親に微笑み始めた。ジェーンはいつも微笑み返し，優しい声で囁いた。しかし，ふたりの遊びの多くは，大抵静かであり，この時も実にとても穏やかであった。アマンダはいろいろな形に口を動かし，特によくO（オー）の形にした。そしてジェーンもそれを真似た。特にアマンダは閉じた口をとてもゆっくりと開けることに熱中していたので，唇が柔らかなパクパクという音を立てた。アマンダがこれをするとジェーンは優しく笑って，同じことをした。とても静かな背景だからこそ行うことのできるふたりの遊びの中には，特別なきめ細かさがあった。母子は絶えずお互いに視線を合わせていた。

　私は観察の全過程を通して，アマンダがかなりの音楽的な聴覚を発達させていることに気づいた。また，おそらくこの静かで心遣いの行き届いた背景が，音を注意深く聞き，創造的に反応するというアマンダ自身の生来の能力を発達させることに役立ったことにも私は気づいた。
　しかし，ジェーンの厳格さはかなり柔軟性のない，冷たい，防衛的で強迫的な側面も持ち合わせていた。最初に記述したように，ジェーンは夏の最も暑い日にも，庭に面した窓やドアを締め切っていた。ジェーンは近所の子どもたちが失くしたボールを取りに庭の中に入ることを嫌い，子どもたちが次々とボールを取りに来た時も，夫が親を訴えるぞと脅すのを喜んだ。時折，私がレイチェルよりもアマンダの観察に集中することで，レイチェルは我慢の限界を超えて露骨に苛ついた。しかし，ジェーンはレイチェルが欲求不満に耐えやすくなるようにと，まったく何もしないことが多く，傍に控えながら，激怒した3歳児が自分の言うことを聞き，ただ従順で静かになることを期待していただけだった。次の最も印象的な例は，アマンダが5カ月3週目の時に見られた。それはこの訪問の最後のところで起こり，アマンダがちょうど疲れた兆候を示し始めた時であった。これはかなり頻繁に起こることであった。ジェーンはいつもアマンダをベッドや椅子の中で眠らせる前に，アマンダが自分から眠くなるのに任せていた。しかし，この時ジェーンはすぐにアマンダを2階に連れて行き，こう言った。……

「アマンダは多分泣いているうちに寝入ってしまうでしょう」。そして，このことはその後に起こったことを極めて正確に表現していた。ジェーンはアマンダをベッドに下ろした。……そして，アマンダの枕元にあったオルゴールを鳴らした。次に，「じゃあまたね」とだけ言うと，部屋から出てドアを閉めた。アマンダはすぐに泣き始めたが，ジェーンは静かに階下に降りて台所へ行き，レイチェルとゲームを始めた。インターコムは外れていたが，観察の残り10分の間，アマンダの泣き叫ぶ声ははっきりと絶え間なく聞こえ，完全に狂ったようになることもあった。この背景の音楽に包まれて，そこに座っているのはいたたまれない感じであった。一方，レイチェルと母親はゲームを続けていた。その経験はジェーンたち3人全員にとってどんなものなのか，そしてこれが日常的な出来事なのか，私は疑問を抱いた。

　この特別な出来事は，近々予定されているアマンダの洗礼式の頃に起こった。ジェーンはこの洗礼式に大きな不安を感じていた。ジェーンの親戚全員が来ることになっていたため，準備は完璧でなければならなかった。その洗礼式の後，ジェーンは安堵したようであった（それは首尾よくいき，「アマンダは私たちに恥をかかせなかったんです」）。内的には反リビドー的な母親に同一化していたのかもしれないが，ジェーンにこのような側面がいつもある程度存在していることを私は感じ取っていた。すなわち，それは完璧主義で断固としたものであり，部分的にはジェーンの頑張りや能力を生み出していた。しかし，その完璧で断固としたところは，たとえばジェーンが赤ん坊と共に過ごすのを楽しむことが正しいと思うことを困難にさせる一因となっていることを，ジェーンは何気なく知っていたのだろう。ここで引用した例の中で攻撃されたのはアマンダだけでなく，赤ん坊に関心を示していることを明言していた私であった。しかし，私の役割の一部は厳しく批判的なジェーンの一部から赤ん坊とジェーン自身を保護するのに力を貸すことだったのではないかと思う。

　似たような雰囲気はおむつ交換でも見られた。全観察期間の中で，私は一度しかおむつ交換を見ることはなく，入浴を見ることは一度もなかった。ジェーンは早い時期に私がこの問題を掲起した時は，私がこれらを観察することに対してかなりオープンであるように見えた。私は特に男性の観察者であるがために，これを見る必要があると感じた。なぜなら，ジェーンと一緒に2階のプライベートな部屋に入るためには，極めて特別な許可を要することを私は分かっていたからである。したがって，（生後6週目の時の）観察でアマンダがうんちをしておむつを替える必要が生じた場面に私が出くわした時，ジェーンが，

アマンダを抱き上げて,「臭いわね,こっちへいらっしゃい」と言いながら,2階へ上がっていった時には驚いた。私は決心しかね台所に留まった。そして,2階に声をかけ,そちらに行ってもいいか尋ねようかどうか考えた。しかし,私はそこで待ってジェーンが戻ってきた時に話そうと決めた。

　すぐにジェーンは清潔な匂いを漂わせ,腕に抱いたアマンダに微笑みかけながら戻って来た。私たちが再び腰を下ろした時,私が「私はあまり侵入的になり過ぎたくはないのですが,もしまたおむつを交換する時には,一緒に2階に上がってもいいですか」と尋ねると,ジェーンは「勿論,いいですよ」と答えた。

　この経験から,私は自分があまりにも遠慮し過ぎていたかもしれないと気づいた。私たちはセミナーのグループでこのことについて話し合った。そして,私が男性として1階と2階の間に明確な境界を引き続けていたことが特に注目すべき点であることが判明した。ジェーンはおそらくおむつ交換を絶対に見せられないというわけではなく,アマンダが女の子なのでむしろ気が進まなかったのだろうという意見の一致に至った。おそらく,ジェーンは私に娘の性器を見せるのを望まなかったのであろう。赤ん坊が男の子だったら違ったのだろうか。時が経ち,アマンダが明らかにうんちをしても,ジェーンがおむつを取り替えないことが重なったことから,私はジェーンが本当はおむつ替えを私が観察するのに強い抵抗感を持っていたという結論に達した。私は訪問の時間を変更して,アマンダの入浴を見に来てもいいか尋ねた。私の訪問が家族の他のメンバーと一緒にいる時になるよう考えてのことだったが,ジェーンはこの申し出をきっぱりと断った。その後,ある観察でジェーンは赤ん坊を連れた友人たちを招待しもてなしていた。母親の中のひとりが,私の目前で自分の娘のおむつをかなりオープンに動揺することもなく替えた。この後すぐ,アマンダが23週目の観察の時間に,ジェーンはアマンダのおむつを交換しに行くと私に知らせた。私が同席してもいいか尋ねると,ジェーンは「ええ」と答えた。しかし,このおむつ交換は,

> まったく無駄がなく,母親も赤ん坊も楽しむでも辛そうでもなく,それはどうでもよいことのように見えた。ジェーンはアマンダの寝室で高性能のおむつ交換マットを使い,終始段取りよく行った。ジェーンは完全に正確で緻密な動きをしていた。アマンダはおむつ交換にまったく何も関心がないように見えた。それより前の不快な状況が去ったこと以外,おむつが交換されたことで,アマンダが嬉しかったのか安心したのか私には分からなかった。……それは,私たちがすぐに階下の台所に戻ることを示しているように思えた。

したがって，結局，この待ち望んでいたおむつ交換は期待外れに終わった。これはジェーンが述べた自分の母親ととてもよく似ているジェーンの一部分であると思われた。そして，赤ん坊はジェーンと同じように活気がなく機械的に反応していた。それは他のほとんどの時間でのふたりのやりとりとはかなり異なっていた。

寝室の使用に関しては，アマンダは生後6週目にほとんど大騒ぎすることもなく，両親の寝室から自分の部屋に移った。アマンダはいつも一晩中ぐっすり眠っているようであった。この家族は皆，早起きの習慣があり，5時過ぎに起きていた。したがって，早朝にアマンダがひとりになる時間は長くなかった。アマンダは睡眠中，夢を見ている形跡を時折示した。生後14週目の時，観察の中で私はアマンダが寝ているのを見た。その時，アマンダはふたつの夢を見ていた。

ひとつ目は悪夢のようであった。アマンダは四方に体を動かし，泣き顔になり，そして少し泣いた。それは悪夢に対する苦痛に満ちたとても低い声で，苦しんでいるように見えた。しかし，暫くすると緊張を緩め，深い眠りに入り，微動だにしない状態へと戻った。

5分程で，アマンダは再びあちこちに体を動かし始めた。そして，今度はくすくす笑い，微笑み，声を立てて笑った。これもまた少しの間続いた後，静かになった。

これらの夢からはアマンダがかなり異なる内的体験をしていることが示された。ふたつの夢の時間が近接していることから，一夜の間に起こる夢が同じ潜在的夢思考からどのようにして生じ，それが混合された物としてどのように一緒に解釈されるべきであるのかというフロイト（Freud, 1900）の解説が思い起こされる。

アマンダとジェーンの融通のなさや厳格さ，自発性が互いに影響を及ぼし合うもうひとつの領域は，食事に関することに表れていた。アマンダは生後8週目に初めて三種混合ワクチン注射を受けた。私はその6日後に訪問した。アマンダはワクチン以来，授乳を嫌がるようになり，ジェーンは授乳の間隔を4時間空けていた。

そうしないと，アマンダは少し口に入れた途端に残りを吐き出し，本当に気持ち悪そうであった。もしジェーンがもう少し長くアマンダを待たせれば，本当にお腹が空いてもっとミルクを飲むだろう。「でも，アマンダを長く待たせると自分を残酷だと思

ってしまうんです」と。
　私はアマンダが筋硬直の発作に煩わされていることに気づいたが，アマンダはそれに対していつも心積もりができていないように思われた。ジェーンはアマンダを抱き上げ，フェンネル茶を与えた。それはすべてテーブルの上に用意されていた。ジェーンはアマンダを膝の上に乗せて座った。アマンダがとても熱心に哺乳瓶を摑むと，ジェーンは安堵のため息をついた。アマンダの手はジェーンの手を握っていた。しかし，すぐにアマンダは顔を別の方向に背け，苦痛と不快な様子を示して身体をあちこちに動かした。ジェーンはアマンダをしっかりと抱きしめ，あなたは時々悲しくて惨めな気持ちになるのねと話しかけ，鼻を擦り合わせ，そして時にはアマンダの顔がジェーンの額に触れるように抱き上げた。アマンダは間違いなくこれが大好きであり，自分の頬を母親の額に気持ちよさそうに擦りつけながら，自分の頭を左右に動かした。心地よい時間はほどなく終わり，アマンダは再び身悶えして泣き始めた。そして，一，二度，かなり大きな苦痛から泣き叫び，金切り声を上げた。ジェーンはアマンダへの心遣いが行き届いており，直感的であったように私には思えた。ジェーンは時折立ち上がると，アマンダを肩に抱き，話しかけ，背中を擦り，顔が腕の外に出るように支えながら歩き回った。この体勢の抱っこは，間違いなくアマンダに多くの安らぎを与えていた。アマンダは明らかに母親に苦痛をぶつけながら泣いており，母親と関わり，母親の応答の顔を覗きこみ，時々母親の胸を拳骨で叩き，体にぴったりと自分の頭をすり寄せようとすることもあった。
　したがって，ジェーンが，「なぜあなたはお話ができないのかしら。何が問題なのかあなたが話すことができればよいのに。『アー，アー』はどういう意味なの。あなたがどうしちゃったのか私には分からないわ。私はどうすればいいのかしらね。あなたが欲しいのはミルクなのかしら。それが最終的な答えなのかしら。多分違うでしょうね」と述べた時には私は驚いた。

　このことは，赤ん坊が自分の苦痛に最終的に答えてくれるものとして必要なものが，乳房としての母親のこころと現実の乳房であることを，ジェーンが苦痛を伴いながら感じた場面のひとつであったと考えられる。そして，これがジェーンが使わないと決めていたものであったことは，辛いことだったと思う。また勿論，男性の観察者として，これは父親が自分がそこにいることにしばしば気づく典型的な状況であると私は考えた。このような状況下で，苦しんでいる赤ん坊と向き合っている時に，父親はできる限り応答しようとするが，父親はあるひとつのものがないことに，そしてそれを持てないことに気づくのである。それは女性の身体であり，ある時にはそれが実際，赤ん坊の要求に見合う唯一の解決法と感じられる。そして記録にはアマンダが母親を助ける力や，まさに自分が必要としているものを母親に伝達する力も詳細に描出されている。

アマンダが生後 16 週目の時,私は食べ物についての次のようなやりとりを観察した。アマンダは幸せそうにくすくすと笑っていた。しかし,

> 次第に,不満な声の調子がアマンダのコミュニケーションに加わった。初めは苦痛に満ちた顔つきや叫び声が時々あったが,それが頻発するようになった。ジェーンの応答はアマンダにそれを忘れさせ,楽しませようとすることだった。「まあ,苛々する時間ね」とジェーンは言い,アマンダにキスをした。または「困った子ね。そう,困った子よ」と言ったり,アマンダのお腹をくすぐったり,鼻にキスをしたりした。アマンダは暫くの間はやや幸せな気分へと戻ったが,その後,不満を募らせた。時々アマンダは,隣にあるテーブルの上の哺乳瓶を見つめた。その中には少し水が入っており,ジェーンはそれをアマンダにあげていた。しかし,アマンダはいつもすぐに哺乳瓶から顔を背けるので,ジェーンは,「入ってるのはお水だけなのよ。それでは足りないかしら」と言った。ジェーンとアマンダは時々他の2組の母親と赤ん坊と一緒に過ごすことがあり,これが偶然,今日の観察前にあったとジェーンは私に説明した。それはアマンダがその友人たちに会ってとても興奮し,いつものようにミルクを飲み終えることができなかったことを意味した。ジェーンは私に1時間半くらいしたらアマンダに次の哺乳瓶を与えるつもりであることを語った。ジェーンがその時まで我慢しなければならないかと思うと私のこころは沈んだ。しかし,ジェーンはそうしなかった。ジェーンがアマンダの顔にナプキンを当てると,アマンダはすぐに激しく興奮した。「ええ,そうよ」とジェーンは言うと,アマンダと一緒に立ち上がり,電子レンジまで連れて行くと,ミルクの入った哺乳瓶をその中に入れた。アマンダは何が行われているのかを間違いなく正確に知っていた。なぜならアマンダの不満な声は止み,にこやかに笑い,息づかいや他の声の調子がかなり興奮し始めたからである。
>
> それからジェーンは戻ってくると,座ってアマンダによだれかけを付けた。これまでのことはすべて,アマンダにとって尋常でないくらい長い時間に思われた。そして,アマンダはジェーンが哺乳瓶を口に差し込むまで,口を大きく開けながら(「小さな雛みたい」とジェーンは言ったが)まさにそこに座っていた。安らぎが即座に訪れた。

アマンダが母親に意志を伝えるひとつの方法を見つけたことは明らかであった。たとえばこのエピソードでアマンダの口の開け方を見ても,ジェーンはそれを愛おしく思うことに気づいたのだった。

> 5分の間中,アマンダはその経験に没頭しているようだった。最初,アマンダは腕や手を動かしながら勢いよく吸っているように見えたが,すぐに落ち着き,さらに感覚的な経験へと移行していくように見えた。アマンダの両手は忙しそうにジェーンの手や哺乳瓶を撫でたり,触ったりしていた。アマンダがジェーンの片手を押し退けたの

で，哺乳瓶は最後にはふたりの手の片方ずつで支えられることになった。アマンダの足は時折上下した。まぶたは半分閉じ，やがて完全に閉じられた。そして，アマンダは時々目をあちこちに動かしたので，白目の部分が見えた。これらの（恍惚としているようにも見える）瞬間に，アマンダは腕も半分持ち上げ，再びゆっくりと下ろした。

　しかし，アマンダは突然哺乳瓶から手を離し，上半身や頭を起こしたので，より直立した姿勢になった。そして，ほんの少しの間，至福の笑みを浮かべながら眩暈を起こしたように大きく体を揺らした。「酔っぱらってるわ」とジェーンは言った。

　ジェーンがかなり厳格に統制を課さなければならないという感情と，自分の子どもにより自然に対応したいという矛盾した願望の狭間にいるように見えた理由を，この観察が描出できていないのではないかと私は危惧している。また，ジェーンがその葛藤からより応答的な方を選ぶという決意を固めることを促す者として，観察者を無意識に使用したかもしれない可能性がどのくらいあるのかということも描き出せていないのではないかと私は思っている。

　同じような内容のことが，アマンダが生後17週目の次の訪問で見られた。アマンダは風邪を引いており，少し苦しそうで不機嫌であった。アマンダが不満を漏らし始めると，ジェーンはそろそろご飯の時間であると告げた。赤ん坊が口の中に握り拳を入れようとするというジェーンの説明から，アマンダがご飯を待とうと奮闘していることをジェーンがどれほど面白く思っているのかが，今一度提示された。そして，このことが自分の赤ん坊を愛しいと思わせ，アマンダに責められていると感じないようにしていた。

　アマンダが風邪を引いていたため，授乳は私が前に観察していたものとは違った。アマンダは鼻からしか息ができず，それもほんの少しだけであり，ずっと鼻をふんふんと鳴らしていた。そのため授乳は難作業で，アマンダは身体全体を必死に動かしていた。アマンダはすぐに相当疲れてしまったが，上手に哺乳瓶を吸っていた。アマンダはお腹が空いていた。

　それから，私は哺乳瓶の上にある母親と赤ん坊の手がふたりだけのデュエットを奏で始めたことに気づきとても感動した。つまり，ジェーンが哺乳瓶を持ち，アマンダは片手で母親の手を撫でていたのだった。そして，ジェーンはアマンダが手を撫でるのに対して，自分の指の1本を動かしながら応えていた。表向きには鼻を鳴らす音がより際立ち，どんどんエネルギッシュになっていく授乳の中で，この静かなコミュニケーションが続いた。

　数分後，アマンダはお腹いっぱいミルクを飲むと，大きなげっぷをしながら哺乳瓶を口から外した。「ありがとう」とジェーンは言った。

第16章 アマンダ 267

　私が観察した多くの哺乳瓶による授乳の中で，この観察素材は乳房の特質をかなり感動的に描写しているように思われる。
　ジェーンは18週目頃からアマンダに離乳食を与え始めた。私が初めてこれを目にした時，実際にアマンダはまったく離乳食に魅力を感じていなかった。しかし，これはおそらく離乳食自体が本質的に嫌いであるというよりも，その観察中，母親がレイチェルの相手をしていたことに苛立っていたことと関係していたのだろう。ところが，その同じ回でアマンダが「唸り」始めたことが注目すべき点であった。それは大きくてかなり男性的な声であり，おそらく父親の声や母親が上の子どもたちを叱る時の低くて大きな声と関連していたのだろう。この時，アマンダは離乳食を食べさせようとする母親を叱るためにそれを使用していたようであった。しかし，その唸り声の中には絶望と欲求不満の響きも感じられた。離乳食が哺乳瓶に取って代わるのではないかと，アマンダが心配していたと示唆されるかもしれない。アマンダは離乳が始まりそうであるという前概念的なものを持っているようであった。そして，アマンダは唸ることでこのことにかなり力強く抵抗しているように見えた。アマンダは父親になることさえも望んでいたのだろうか。アマンダが離乳食を食べるとすれば，アマンダは母親を共有しなければならなくなり，家族の一員にならなければならないだろう。
　ジェーンは結局そのメッセージを受け取り，「あなたの欲しいのはミルクなんでしょ。他のものじゃだめなのね」と言った。ジェーンは哺乳瓶を与え，アマンダはそれをしっかり掴むと，珍しくミルクを飲み干した。間もなく，私はアマンダが離乳食を熱中して食べているのを観察した。生後23週目には，山場を迎えることのないおむつ交換も観察されたのだが，その週に，私は以下のような記録を書いた。

　　ジェーンはアマンダの食べ物とスプーンをテーブルの上に置き，アマンダを椅子に下ろした。それからジェーンは食事を与えた。その食事がどれほど苦労もなく途切れることもなく，手際がよく，きちんとしていたかを私は伝えたい。食事はとても素早く終了し，大騒ぎもなく奇妙と言ってもよいくらいであった。まさに最初から，アマンダは明らかに食事の時間に興奮し，それを楽しみにしていた。実際，ジェーンがアマンダを椅子に下ろす時，アマンダは小さな乳児のようにジェーンの乳房をジャンパーの上から探した。ジェーンは一匙すくうと，アマンダの前に持っていった。するとアマンダは自分の口を大きく開け，それを口の中に入れた。アマンダはそれを楽しんでいるように見えた。アマンダはそれを貪欲にがつがつ食べることもなく，手間取るこ

ともなかった。アマンダは明らかにお腹を空かせており，楽しく過ごしてもいた。全体から見ると，アマンダはただ単に一口分を食べると，次の一口の準備をしているだけのように見えた。母親はこれに調子を合わせ，次の一口を用意した（または母親が差し出したスプーンにアマンダが合わせていたのか）。ジェーンはアマンダにぴったりと合わせて食事を与え，決して溢すこともなく，またアマンダの口に小さな食べ物がついていれば，何であっても注意深く拭き取った。そのようにして食事は続いた。一品目が終了するとジェーンは即座に冷蔵庫に向かい，チーズを取り出した。アマンダはそれを同じようにして食べたのだが，新しい味を確かめるために，まさにその初めての一口を少し長く味わっていただけのようだった。

　食べ物との関与は，母親と娘との交流のとても多くの特徴を示していた。つまり，両者ともによい体験を楽しんでいたのは明らかであった。しかし，食べ物に関してはあまりに整然とされており，効率のよい部分もあり，それは充実した喜びを，またはあまりに多くの不快を排除した。私はアマンダが食事中にだらだらと食べるのをジェーンが許すのを見たことはなかった。ジェーンは食べ物で遊ぶのも決して許さなかった。概して，アマンダは本当にお腹が空いていることを表現するまで食事を与えられなかった。一方，ジェーンはアマンダの食事を自分で作ることに多くの時間を割き，頑張っていた。ジェーンが食べ物の用意に細心の注意を払っていることは明らかであった。そして，アマンダがジェーンの料理を楽しむかどうかということは，ジェーンにとって相当大きな問題となっていたと考えられた。食べ物の用意はおそらくジェーンのこころの中では無意識的に乳房の特質と関連していたのだろう。つまり，それはジェーン自身が自分の内部の深いところから提供できたものであった。食べ物に関してアマンダは食欲旺盛であったので，母親はアマンダがいつも料理をさもおいしそうにたいらげるのを見ることができるというご褒美を与えられた。そして，母子は十分に満足できる食事が本当の意味では経験できなかったのとまさしく同じように，決してひどい騒ぎになることもなかった。アマンダは実際に，食べ物を拒絶して母親に否定的な感情を向けることができなかった。もしアマンダがそうしようとしても，ジェーンはそれをアマンダが空腹ではなかったと受け入れて，ただ単に食べ物を片づけるだけであった。

　いまや，アマンダはきょうだい，特にレイチェルとより充実した関係を築いていた。レイチェルは偶然を装って，何とかしてアマンダとかなり危ない接触を持とうとすることが多かった。たとえば，アマンダが生後20週目の時，ベンジャミンとレイチェルはアマンダの周りでかなり騒々しく遊んでいた。私は

以下にそれを記述した。

　ほとんど混沌としているかのような状況がアマンダの周りに展開していたことを考えると，アマンダが総じて，一度にあるひとつの要素を目で追えることに気づいて私は驚いた。アマンダはベンジャミンを見つめ，目で追って部屋中を見渡すか，同様にレイチェルのことを目で追うかであり，時々母親の方を振り向いて笑いかけた。

しかしながら，

　それから，レイチェルは両端にふたつのボールのついた1本の長いプラスチックを持って，段々と興奮してきた。レイチェルはそれを周囲に投げつけ振り回し，キッチンの床の表面に激しく打ちつけた。ジェーンはきっぱりとレイチェルを叱りつけた。しかしその後，母親が目をどこかに逸らしていた瞬間（これはすべてあまりに素早く起こったので，レイチェルが意図的であったのかは確かでない），レイチェルはアマンダの近くでボールのついた紐をぐるぐる回しながら歩き，ボールのひとつがアマンダの目に当たった。私の不安は高まり，前に体を傾けると，自然に反応して「ちょっと」とやや鋭い声で言った。ジェーンはすぐに振り返り，「外に出て行きなさい」とレイチェルに向かって言った。ジェーンはレイチェルを連れて，さっさと部屋の外へと出て行った。ベンジャミンはこのことすべてをまったく気にも留めず，自分の遊びを続けていた。まもなくベンジャミンはふたりの後について外に出た。
　アマンダはこの災難に明らかに驚いていたが，最初はまったく声を出して反応することができなかった。アマンダは少し気を失いかけていたのではないかと思う。確かにアマンダの表情からは活発さや陽気さがすべて失われていた。私はアマンダの少し後ろにいたので，アマンダは私がそこにいることを知らなかったと思う。それから，アマンダは周囲を見回し，誰もいないことを知り，かなり怯えているように見えた。しかし，アマンダがぐずるように泣き始めたその時に，ジェーンが少ししょんぼりした上の子どもたちと一緒に部屋に戻ってきた。アマンダは目を皿のようにしてジェーンを見ると泣くのを止めた。ベンジャミンとレイチェルはすぐにもう一度悪戯を始めたが，ジェーンがかなり穏やかに，子どもたちが絵を描く道具，紙やクレヨンを取り出し，子ども専用テーブルの上に置くと，子どもたちは座って絵を描き始めた。

　こうした光景から，アマンダは人生の初めから興奮や愛情，嫉妬，憎悪という力動を持ったきょうだいの一員であるという事実がくっきりと浮かび上がってくる。
　アマンダが生後21週目の訪問のまさに最初で，私は次のことを記録した。私がアマンダを見た時，

アマンダの目は輝いており，健康に満ちているように見えた。アマンダは私に大きく笑うと，腕や足をあちこちに振り動かし始めた（どういうわけか，私にはこの観察でアマンダが少し成長したように見え，急にもう「ただの」小さな丸ぽちゃの赤ちゃんではなくなったように見えた）。

それはまるでこの月齢からアマンダが内的な連続性を有し，自分自身の内部が上手く組織化され，思考が可能となり，外的な対象をとてもよく認識し，それと関与可能なことが明らかなようであった。おそらくこのように見えたのは，部分的にはアマンダが離乳食を食べるようになって，母親をそれほど「貪り食う」ことがなくなったからであろう。アマンダが文字通り母親を貪り食うことは一度もなかったのだが。

アマンダの成長を窺い知ることができる観点のひとつは，次々に複雑になる発声であった。生後20週目に，

アマンダはげっぷをすると，とても高い音から発声を始めて，唸り声とガラガラ声の混ざった音でそれを終わらせた。ジェーンはこれがアマンダの新しい音だと説明した。最初，この音にジェーンは本当に不安になった。それはアマンダが病気かと思ったからであった。しかし，その後それはただもっといろいろな音を発することを試みているだけであることに気づいた。

翌週，

ジェーンとアマンダはほとんどずっと声を出しながら一緒に遊んでいた。アマンダは多くの異なる高さの音を発しており，まるで自分の音階やアルペジオを練習しているかのようであった。ジェーンはアマンダを真似て，時には自分自身の音を少し加えた。

これらのふたつの例から，アマンダ自身の試みとジェーンの応答の両方が示された。ジェーンは応答する中で，（文字通り）アマンダに同調することによって娘を支え，また時折さらなる探索を促すことができた。しかし，その音は苦痛を表す音域でもあった。アマンダが5カ月半の時，私はアマンダが姉のレイチェルと遊んでいるところを観察した。アマンダは興奮し，そしてその声は，

陽気で愉快なものから興奮へと変わり，狂ったようなキーキー声になった。しかし，アマンダを本当に苛々させ，体験を悪いものへと変えたのはレイチェルが音でアマンダを攻撃した時であった。レイチェルは絶叫したり，突然金切り声を上げたり，囁いたり，ものすごく高い声で歌ったりした。アマンダは泣き出し，顔が皺くちゃになっ

た。レイチェルはこれを見ると，電光石火のごとくベルのついたおもちゃを摑み，アマンダの前で踊りだした。アマンダはすぐに笑いながらこれに加わった。間もなくしてレイチェルは，アマンダが泣く危険はなくなったと判断したようであり，それから再び音を使ってアマンダを苦しめ始めた。アマンダはすっかり恐がって辛そうになり，顔色が青くなり，そして目を閉じた。

5カ月3週目の時，アマンダは赤ちゃん用の椅子に座っていた。しかし荒れ狂って，

> 方々を蹴り，腕を力強く振り回した。……ジェーンがアマンダにガラガラを与えると，それをあちこちに激しく動かし，その音と雰囲気に夢中になった。アマンダは何回もそれを椅子の頭の後方部分にゴツンと激しくぶつけた。時々，アマンダはそれで自分をひどく打った。……しかし，アマンダはそのことを気にしていないように見えた。ほとんどの時間アマンダは声を出さなかったが，時々声を上げた。そして，その声は強い「オゥ，オゥ，オゥ」という音となって騒々しい気分と調和していた。

こうしたように，アマンダの発声は話し言葉の抑揚により近いものと，より純粋で旋律に溢れ音楽的なものとに明らかに区別され始めた。

実に早い時期から，アマンダにいろいろな人々の区別がついていることは明らかであった。アマンダがちょうど生後8週目の時，

> 私が玄関から中に入った時からずっと，アマンダは私から視線を逸らさなかった。そしていまや，アマンダは長い間，私を見つめて私と関わろうとし始めた。
> 　アマンダは私を知ることに完全に没頭するようになった。30分間ずっと，アマンダは他のことを何もしなかった。時には私をじっと見つめたり，時には睨みつけたり，時には関心を持って観察したり……急にものすごく笑うことも，こころの中で静かにクスクスと笑っているように見えることもあり，眉をひそめることもあった。……アマンダの口はずっと忙しく動いていた。
> 　30分後［ジェーンは10分ほど部屋を離れていた］，アマンダは不安になり始めた。……それから間もなく，アマンダにとって事態は徐々に悪化し……初めアマンダは内的な苦痛をこうむりながらも，私と意志を通わせる関係を持ち続けることはできており，視線や不満の声でいわばそのことを私に伝えているようであった。しかし，それはエスカレートし，苦痛は段々と増して，もはや私を母親のほどよい代理物，またはその延長として使用することができなくなった。母親が戻ってくると……

ここでは，このとても幼い時期にアマンダは母親との確固たる関係を十分に安心できるものと感じることができていたようであり，その結果，私という別

の人物と親しい繋がりを持てていた。しかし，暫くしてかなり長い時間が経つと，アマンダは母親と自分との繋がりを失う危険の真っ只中で恐怖を感じ始めたと考えられる。そして，アマンダは見知らぬ馴染みのない人物に呑み込まれるか，またはその人物のところに置き去りにされるかのような恐怖を感じ始めているようにも見えた。生後15週目，哺乳瓶でミルクを飲んでいる最中に，

> アマンダは飲むのを止め，眉を上げ私を見た。……その後15分間，アマンダは私と乱暴に戯れていた。……アマンダは身体全体を動かして私の方に身を乗り出し，喉をゴクゴクと鳴らし，くっくと言って喜び，少し歌い，泡を吹き，両目を閉じて片目だけ開け，私を見て急にクスクス笑った。アマンダは眉毛を上下に動かし，眉をひそめ，そして笑った。

7ヵ月4週目に，私は次のことを告げられた。

> それはアマンダが最近，父親に恋をしたということであった。アマンダは父親が来るとすぐに父親を求めて手を伸ばし，父親から離されることに我慢できなかった。

翌週，アマンダが一般に男性が好きなだけでなく，女性を恐がり始めたと私は聞かされた。たとえば，アマンダは祖父よりもむしろ祖母とよく会い，よい関係を築いていたにもかかわらず，祖母を嫌って恐れ，特に祖父には媚びるように，大好きであるかのように振舞っていた。それから，

> ジェーンはおよそ5分おいて2本の電話を受けた。この時，素早くアマンダが自分のしていたことを全部止めて，電話の最初からとても熱心に見聞きしていたことに，私はこころを打たれた。暫くすると，アマンダは自分の遊びに戻った。しかし，それからジェーンが私とかなり長い間話していると……アマンダは最初は特に関心を持たなかった。……しかし数分後，アマンダは30秒ほど遊びを止めては，注意深く私か母親のどちらかを見つめるということを始めた（客観的で，詮索的な様式で）。それから，私たちが5分ほど話していると，アマンダは私たちを交互に見始めた。アマンダはその度に自分の遊びに戻って，その遊びを続けそれに没頭することができた。しかし，明らかにアマンダは私たちのことで頭がいっぱいだった。なぜなら，すぐにアマンダは再び私たちの一方を見上げ，じっと見つめては，もう一方もじっと見つめたからである。私はアマンダがあたかも自分の観察から情報を集めて，詳細に検討しているように見えていることに感動した。……

そして，この成熟した過程は数週間に及んで続いた。アマンダは母親との二

者関係の中にふたりきりでいる時も，または家族のグループの一員としている時も，このふたつの状況下ではかなり居心地がよさそうであった。しかし，アマンダはこれらの状況と3人でいることとの違いをとても強く認識していた。アマンダは私をかなりよく識別するようになり，とても自由に私と関わることがよくあったが，アマンダにとって私が訪問する時間の最初は困難であることが多かった。それはまるで，心的に母親との二者関係から三者関係へと移行することを許容するのが難しいと感じているかのようであった。三者関係の中ではすべてにおいて関係の複雑さが増し，特に排除されるという可能性が生まれる。

アマンダが他者間のまたは自分と他者とのより複雑な関係について観察し，考えることが次第にできるようになるにつれて，アマンダは自分のことについて気づき始めた。8カ月1週目には，

> アマンダはずっとひとりで鼻歌を歌っていたが，時々突然甲高い笑い声を出すと，次にそのこと自体を笑うので，ジェーンも私もいつも自然に反応して同じように笑った。そうするとアマンダは喜んでいるように見えた。

自分が笑っていることにアマンダが気づくことは，健康な心理的発達の核となる構成要素である内省的自己（Fonagy et al., 1991）が展開し始めたことを明示していると考えられた。

さて，ここで私は自力で立つことに関して，アマンダの身体的，情緒的発達に話を移すことにする。7カ月2週目までに，アマンダは「完全に自力で，明らかにとても楽しそうに，ジェーンの膝の上に背筋を伸ばして座って」いた。この時，ジェーンは歩行器を組み立てており，少し当惑しながらもこう言った。

> ジェーンは「この手のもの」は使わないだろうと今までいつも断言していた。しかし，ちょうどアマンダがしっかり立てない段階にあった時，友人から歩行器を借りたいという気持ちを抑えることができなかった。こうして，ジェーンはアマンダをその中に入れた。最初，アマンダはあまり嬉しそうではなかったが，すぐに（1分以内には）元気になり，歩行器の前のおもちゃに興味を示し始めた。アマンダは特に電話で遊ぶのが好きだった。アマンダは何回も電話を鳴らしたが（それは自転車のベルのような音がした），これを行う度に，勝ち誇った気分でやっと大きく笑いながら私を見た。「アマンダがまたやって見せてるわ」と母親は言った。

この後の数分間，アマンダは自在に歩行器を使い，操縦できることを嬉しそうに見せた。この赤ん坊用の歩行器は，アマンダの生活の重要なテーマとなった。その後，私は実はベンジャミンとレイチェルが以前それを使っていたことを知った。つまり，それは借り物ではなくまさに家族の歩行器であった。ジェーンはそれを使うのを奨励すべきか，そして私が同意してくれるかを明らかに危惧していた。しかし，セミナーの討論で私たちはジェーンが歩行器を使おうとした動機は，ジェーンが汚れや混乱を嫌っていたことによるかもしれないと考えた。ジェーンはアマンダがハイハイすることへのアンビヴァレントな気持ちを時折はっきりと口にしていた。つまり，ジェーンはハイハイが発達を促すという理由からアマンダにハイハイして欲しかったが，家中をハイハイして体を汚したり，食器棚を開けたりすることなどを考えるとそれを嫌がった。ジェーンは自分がアマンダの後からゆっくりと四方八方追いかけて行かなければならないと述べた。歩行器は動きがかなりコントロールしやすく，機能的に見え，その中に入っていれば，アマンダが食器棚を開けようとすることを止めさせることができないとしても，実際に開けることは不可能であった。

　レイチェルと妹とのかなり乱暴な関係は続いていた。しかし，次の私の記録の抜粋では，時々姉に威圧され打ち負かされるものの，同時にアマンダが前よりも自分自身を維持できるようになってきたことが示されていると考える。アマンダはかなり逞しくなっていた。たとえば，8カ月3週目におもちゃのコマで遊んでいる時，

　　レイチェルは戻って来ると，すぐにアマンダに襲いかかった。ジェーンは椅子へと引っ込み，ちょうど女の子たちより上に座っていた。レイチェルはアマンダの顔にぶつかりそうなところまで顔を持っていき，アマンダにわめき散らした。私はとても驚いたが，アマンダはそうでもなく，笑いまくると自分の頭をレイチェルの頭に押しつけた。レイチェルもこれをやり続け，ついにアマンダは後ろに倒れて，大きなゴツンという音を立てながら頭を床に打った。アマンダは泣き出したが，誰もそれほど気にかけていないようだった。特にレイチェルはそのようであり，妹の気を紛らわすためにすぐにおもちゃを探した。そのおもちゃはオルゴールであった。レイチェルはちょうどアマンダの隣で，急いでそのねじを巻いて，それを置いて鳴らした。アマンダはすぐに泣くのを止め，喜んで微笑み，それから「グー，グー，グー」と言いながら音楽に加わり，再び腕を動かした。レイチェルが素早くそれを取り去るとアマンダは狼狽した。それはレイチェルの望んでいた目的であるように見えた。……レイチェルはアマンダのお腹の上で果てしなく唇と舌でブーブーという音を鳴らした。最初アマンダ

はこれが気に入って，クスっとしたり笑ったりしてクッションの上を動き回った。しかし，すぐにそれが迫害的となったことは明らかだった。アマンダは恐がり，それからパニックになった。ジェーンがレイチェルに優しくするよう命じると，レイチェルは今度はコマを探しに出ていった。アマンダが立ち上がるのをジェーンが助けると，アマンダはすぐに気持ちを立て直し，ふたつのお気に入りの対象，つまり姉とコマが自分の所に戻ってきたのを見てとても喜んでいた。

しかしそれから 10 分後に，

レイチェルは突然遊びに飽きて部屋を出て行った。アマンダはジェーンの足下のクッションの山の中に倒れこんだ。ジェーンはアマンダに「やっと平和になったわね」と言った。しかしそれからすぐに（アマンダに対して）「分かっているでしょうけど，私にはああいうことはできないわ」と付け加えた。ジェーンはアマンダを抱き上げて膝の上に乗せた。少しリラックスした後で，アマンダは顔を上げて母親に大きく笑いかけた。それからジェーンはアマンダと一緒に遊び始め，アマンダの頭を自分の膝の上に乗せ，足を持ち上げてそれらを合わせてパチンと叩いた。アマンダは大きく身体をくねらせ活発に動いた。そしてジェーンは 2，3 回アマンダの足を上下させた。姉と一緒に過ごした後は，アマンダには生気が漲っているようであり，その後に落ち着くのは難しいことが分かった。ジェーンは「小さなテロリストはもう行ってしまったのかしら」とアマンダに 2，3 度尋ねた。アマンダはあくびをして，少しぐずりだし，それから元気になった。

この抜粋は私が訪問していた間ずっと姉妹に観察された典型的な相互作用である。これらの相互作用はアマンダの兄や姉との関係がパーソナリティの発達にどれほど大きな影響を与えるかを示していると考えられる。全体的に見ると，アマンダはレイチェルの侵害に極めて上手に対処できていたと思われる。勿論，アマンダは興奮したり，最後の例に見られたように，時にはそれに耐えられなかったりもした。私は母親が時々レイチェルの攻撃がエスカレートするのを許していたことに驚かされた（それはアマンダだけでなく，レイチェルの助けにもなっていなかったように私には思えた）。しかし，ジェーンはいつもはこのような瞬間にアマンダの求めに応じることができた。そして，アマンダは少しの間（隠喩的な）乳房を必要とする小さな赤ん坊に戻った後に，いつも元気を取り戻して，たとえそれが眠ることであっても，次のことへの準備ができていた。ベンジャミンとレイチェルが騒々しく遊んだり，母親とごたごたを起こしていることが何度あったとしても，アマンダは見たところはまったく冷静に自分自身の活動を続けているようであった。アマンダは以前からそれをすべて聞

いていた。アマンダが学校の遊び場に行くようになれば，実に上手く自分自身の世話ができるようになるのはおそらく間違いないであろう。レイチェルや母親とのこうしたかなり強烈で激しい経験は，あらゆる局面でのアマンダの発達を促進し，アマンダが移動できるようになったことがそこに含まれていることはとても明白であった。アマンダは驚くほど早く歩行器の使い方を習得した。そして，私はすぐに自分がそれをアマンダの車，それどころかスポーツカーと見なしていることに気づいた。ジェーンと私はアマンダが「スピードを上げてあちこち動き回る」ことについて話した。しかし，この無機物的であまりに安易な乗物によって，アマンダは深刻な情緒的困難に陥った。特に前述したように，それはアマンダが望む場所には行けるが，歩行器からは出られない場合にであった。当然，その時アマンダは大きな恐怖と息苦しさを感じた。すべての観察の中で，特にこの側面に観察者として耐えるのが最も困難であったことに私は気づいた。つまり，アマンダは人生に対する意欲に溢れた聡明な女の子のように見え，困難と格闘する能力や好奇心を生まれながらに授けられており，それを日常的に示していた。そのため，アマンダに何か危険なほどに楽なものを与えることはハイハイや実際の歩行というさらに難しい段階を回避させることになり，とても無益なことであり，困難な課題をこなしやり遂げる能力を損なわせ，それを鈍らせる危険があるように思われた。しかし，これらの不安や判断が正しいのかは最後まで分からなかった。アマンダが歩行器で体験するまさにその範囲内では，彼女は実に一生懸命動き，歩行器を制御して自分の思い通りに動かすことができるようになった。そして，アマンダは実際歩行器を使用することによって，ハイハイや歩くことをまったく止めたわけではなかった。既述したように，ジェーンは特にハイハイを促してはいなかった。しかし，それにもかかわらずアマンダは座っている姿勢からハイハイの姿勢へと自分で上手く体勢を変え，それから自分の足を試しに動かし始めた。そのため，それを実際に発見したジェーンは好き嫌いにかかわらず，アマンダを手助けしなければならなかった。歩行に関しては，9カ月目に，

　ジェーンがお腹のあたりを軽く支えていれば，アマンダはもうかなり上手く歩くことができるようになったと，ジェーンは私に伝え，それから実演してくれた。
　ジェーンはアマンダを引っ張り上げて立たせた。それからお尻を軽く支えると，アマンダは歩いた。全体重を自分の足にかけて，片足ずつ交互に持ち上げたりするという意味では，それはまさに歩行であった。母親に支えられながらアマンダが，台所を

うろうろと歩き回るのを見て私は驚いた。レイチェルがちょうどやって来て，小さな子ども用のテーブルでぬり絵をするためにノートを広げた。アマンダはこのテーブルを目ざして進み到達した。それから，少し母親に支えてもらいながらテーブルの横に立ち，大声で笑い，姉からぬり絵帳とペンを次々に奪い去ろうとした。レイチェルはかなり不機嫌になって，少し離れた床の上にぬり絵帳を持って行った。アマンダはすぐにぐるりと向きを変え，母親を引き連れながらレイチェルを追いかけた。するとレイチェルはテーブルに戻ってきた。このようなことが，4回ほど起こった。……

ふたりの女の子はそれから，お互いをからかいながら，とても仲良く遊んでいた。

レイチェルが部屋を後にすると，アマンダは姉について行きたがった。そしてアマンダは（母親がバランスを取りながら）すぐに台所から出ると居間に向かった。そこでレイチェルを発見すると，アマンダはとても喜んだ。アマンダは姉ににこっと笑いかけると，喜んで自分の腕を上下に動かし，「オー，オー，オー」という発声をリズミカルに繰り返した。アマンダがソファーに座っているレイチェルの所に歩いていくと，ジェーンはぎりぎりの瞬間にアマンダを抱き上げて，レイチェルの膝の上に乗せた。ふたりの女の子たちはこれが好きであり，レイチェルはアマンダの髪を撫でた。しかし，それからアマンダはレイチェルの髪をひと摑みすると激しく引っ張った。レイチェルは叫び声を上げ，急いで台所に逃げ込んだ。ジェーンがアマンダを持ち上げて歩く姿勢へと戻すと，アマンダは執拗に姉の後を追いかけていった。台所で出会ったふたりは，興奮して大声で笑い叫び合った。

私は以前から多くの出来事を頻回に目撃していたが，姉妹たちの間のこのいくらか熱狂的であるが陽気な遊びはその後も続いて展開し，危機に発展することもなかった。

本論を終えるには，この短い場面が適しているであろう。なぜなら，そこにはこの一連の観察における多くの重要で典型的な特徴が集約されているからである。そこには「前へ，上へ」と発達するアマンダの感覚や，歩行への強い思いや喜びが示されている。またジェーンがこれを手助けし，自分の子どものことをとても嬉しく思っていることも示されている。さらに，ジェーンとアマンダがお互いを慕い続けていることに注意を払うことも重要である。まさにジェーンがこの回の観察や他の回の観察において，アマンダがどこを探索したがろうとも，後ろからついて歩いてその「歩行」を手助けするという意味で，アマンダに仕える者として進んで多くの時間を費やしていたように，ジェーンは心理学的にもまさに自分の娘の後ろにいて発達を手助けしたいと望んでいるように

思われた。ジェーンには冷たいくらいの防衛的な厳格さがあったが，このような温かさや愛情，娘の発達を待ち望む思いはより強い傾向となったように思われた。

　この状況はジェーンがアマンダの人生の最初から，かなり一貫してどんな様子であったのかを象徴しているように私には思われる。そして，おそらくこの状況はアマンダが明らかにそうであったように，哺乳瓶で育てられたアマンダのような赤ん坊がなぜ温かく，優しく，好奇心旺盛で力強い人間へと成長することができるのかに関する私の最初の問いについて，他の何よりも優れた答えとなるだろう。そうした赤ん坊は母乳で育てられ，安定した愛着を形成している子どもに対して私たちが連想しがちな特性を示している。そして，レイチェルにとってこの場面は，アマンダが嫉妬されいじめられる赤ん坊でいることにまさに終止符が打たれ，代わりに本当の遊び友だち，つまり本当の妹になった転換点と考えられる。実際，この観察とすぐ次の回はベンジャミンも一緒にいて，アマンダが子どもたちのグループの第三のパートナーになり，もう「ただの」赤ん坊ではなくなったことを明示していた。

参考文献

Bion, W.R. (1962) *Learning from Experience*. London: Wiliam Heinemann, Medical Books; reprinted London: Karnac, 1984.（福本修訳：経験から学ぶこと．精神分析の方法Ⅰ──セヴン・サーヴァンツ．法政大学出版局，1999.）

Fonagy, P. et al. (1991) The Capacity for Understanding Mental States: The Reflective Self in Parent and Child and Its Significance for Security of Attachment. *Infant Mental Health Journal*, 12/3.

Freud, S. (1900) *The Interpretation of Dreams*. London: Hogarth, 1953.（高橋義孝訳：夢判断．フロイト著作集第2巻．人文書院，1968.）

Klein, M. (1952) Some Theoretical Conclusions Regarding the Emotional life of the Infant. In: *Envy and Gratitude*. London: Hogarth, 1975.（佐藤五十男訳：幼児の情緒生活についての二，三の理論的結論．メラニー・クライン著作集4．誠信書房，2000.）

Winnicott, D.W. (1948) Paediatrics and Psychiatry. In: *Collected Works: Through Paediatrics to Psychoanalysis*. London: Karnac, 1992.（北山修監訳：小児医学から児童分析へ──ウィニコット臨床論文集Ⅰ．岩崎学術出版社，1999.）

Winnicott, D.W. (1956) Primary Maternal Preoccupation. In: *Collected Works: Through Paediatrics to Psychoanalysis*. London: Karnac, 1992.（小坂和子訳：原初の母性的没頭．小児医学から精神分析へ──ウィニコット臨床論文集〔北山修監訳〕．岩崎学術出版社，2005.）

第17章 カニバリズムと救いとなるもの——いつも乳房が一番よいのか[原註1]（アマンダに関する考察）

ジョーン・ラファエル-レフ

　私は，本論でフランシス・グリアー Francis Grier の鋭い感性による観察とその精巧な症例提示を授乳に関して論じるが，その素材の豊かな細部に一つひとつこだわることなく，様々なテーマを描き出すために利用したい。特に，私は哺乳瓶による授乳に相対する母乳による授乳が内包する意味に焦点を当て，最後に乳幼児観察の実践に纏わるいくつかの問いを提起したい（独立した「ひとりの赤ん坊というものはいない」とドナルド・ウィニコット Donald Winnicott が観察したことは有名だが，それを踏まえた「乳児-養育者」観察でも「精神力動的」観察でもなく，「乳幼児観察」という呼び名がこの訓練方法に付けられているのは興味深い）。最終的に，私は観察者と被観察者，観察者の性別，および二者関係の中の三者性の提唱についていくつかの点に簡単に触れたい。

乳房による授乳

　これらの論点のうちのひとつ目は，とても多くの精神保健関連の専門家たちに共有される基本仮説である。それは哺乳瓶による授乳は，乳房による授乳と比べれば常に二番手でしかないというものである。本論で私が主張したいことは，母乳による授乳は母親と赤ん坊両者にとって，愛情の込もったお互いにとっての大きな喜びとなりうるが，それは時には「かいじゅうたち」が支配する悪夢にもなりうることを忘れてはならないということである。「母子一組」にとっての情緒的傾向は両者の間で決定され，乳房であれ哺乳瓶であれ，授乳の経験は両者の関係性の質についての暗示と効用の双方を示していることは明白

原註1）この論文は以前に the British Psychoanalytic Society の Scientific meeting 16.2.00 で，フランシス・グリアー Frances Grier の論文（本書第16章参照）に対する指定討論者として共に発表された。

である。したがって，哺乳瓶による授乳が激しく官能的で親密なものとなるかもしれず（ジェーンとアマンダの指遊びの繊細な「デュエット」が示すように），その一方で，乳房による授乳でも機械的でよそよそしいものとなり，拒否的あるいは支配的になることさえもあるかもしれない。

　皮肉にも「乳房」に関する精神力動的な定式化においては，人間の身体ではなく理論的な抽象概念がモデルとなっている。人間の身体はひとつの乳房ではなくふたつのふくよかな物体を彷彿とさせるであろう。私はただ言い回しについての屁理屈を言っているのではない。すなわち，乳房と肌と肌の触れ合う哺乳瓶による授乳との主な相違のひとつは，ひとつではなくふたつの乳房が存在するという事実にあると思われる。さらに重要なことに，乳房による授乳は母乳の量や成分，その飲みやすさが哺乳瓶による授乳とは違って，色々であることに特徴がある。片方の乳房での授乳の最初からもうひとつの乳房に移る前のげっぷに至るまで，母乳の飲みやすさが異なるのである。私たちは乳房から授乳されている赤ん坊が，自分は空になった最初の乳房を手放すことができ，ふたつ目の乳房から続きをもらえるという信頼感をいかに発達させるか観察できるだろう。

　乳房による授乳は絶妙にバランスの取れた経済システムであり，乳児の要求に応じて母親のミルクの生産自体が増減され，需要に伴って供給が行われる。乳房による授乳を中心として発達するそのシステムの中で，赤ん坊は相互作用の性質を決定する上で積極的な役割を演じる。なんと母乳の量だけでなくその中身までもが変化する。1回1回の授乳は喉の乾きを癒すやや水っぽい母乳が素速く運ばれてくることから始まる。そして，次々と精力的に吸われることでその母乳は次第に多くの栄養分を含むようになる。誰の援助がなくとも，乳房で授乳される乳児は空腹の度合に応じて授乳の持続時間を測り調整する。そして，栄養豊富な後半の乳を促すことが困難になると吸う力を変化させ，吸うのを止めたり，休んだり，遊び飲みをする時を決定する。

　これに対して，哺乳瓶のミルクの濃度や流れ出方は授乳の間一定であり，哺乳瓶が十分に傾けられれば最初から最後まで吸う力を変化させる必要はない。また粉ミルクはいっそう濃く，1時間から3時間ごとに「補給」の必要がある母乳で授乳されている赤ん坊よりも長い時間持ちこたえる。これが意味するのは，母乳で育てる母親で4時間ごとに授乳をしようと思う人や，そして／また，授乳の時間を計ることで規則的に授乳を短く切り上げる人が，栄養補助として哺乳瓶を採用しなければならなくなるということである。反対に，哺乳瓶で授

乳される赤ん坊は母親の介入がなくともより長く「持ちこたえ」，赤ん坊の摂取量は客観的に量ることができる。

　母乳には抗体が含まれ，「いつでも」利用できるというメリットが存在しており，哺乳瓶や乳首を殺菌し，粉ミルクをすくい取って混ぜ適温まで温める必要がない。それにもかかわらず，多くの母親にとって哺乳瓶による授乳の感情的なメリットがこれらの理由よりも勝る。特に，哺乳瓶による授乳は互いに独立していながら一緒に共有できる活動であり，ミルクの消費される量が測定できる。これは自分自身の育児の資質が適切なのかどうか疑いを持ったり，または赤ん坊を育てることに心配を抱いたりする女性にはとても重要である。なぜなら哺乳瓶による授乳はひどく空腹にさせることも，過度に与え過ぎることもないからである。実際，授乳での困難や，自分が発病するのではないかという恐怖，自分の母乳の質が「薄い」かもしれないという不安，毒を含んでいるかもしれないという空想によって，女性は初期段階から母乳による授乳を補うもの，またはその代用として哺乳瓶による授乳を採用するようになってきたのかもしれない。多くの母親にとって（そして，結果として多くの乳児にとって），哺乳瓶による授乳がこころの平穏を与えることで，哺乳瓶が一番よいという感情が生み出される。

　母親と乳児の想像上の至福の「共生」と，ウィニコット（1956）が母親になりたての女性の夢想と見なした「原初的母性的没頭」というその帰結を私たちが理想化しているために，私たちは時々次のような事実から目を逸らすことがある。それは特に第一子の場合，多くの両親にとって出生後の最初の数日，数週間に，この経験が「原初的母性的迫害」となることが多いという事実である。この用語は私が名付けた（Raphael-Leff, 1999）。生まれたばかりの赤ん坊との親密な出会いは情緒的な経験を活性化させる。つまり，心地よい温かさや穏やかな安らぎが急激に湧き上がったかと思うと，表現しようのない苦痛と激しい困窮に襲われることで引き起こされた完全なパニック状態や高い緊張の瞬間が訪れることがしばしばある。

　事実，これに関連して考えてみると，1995年の英国の統計では女性が母乳で育てる心積もりでいた場合でも，誕生時に赤ん坊に母乳を与えるのはたった66％の母親に過ぎず，1週間目で56％まで落ちこみ，6週間目では42％，4カ月目まで母乳で育てている女性は英国ではたった4分の1に過ぎないのである。母乳で育てる率は1990年の64％から1995年には68％，2000年には70％へと上昇したが，増加した大多数は社会階級Ⅰ[訳註1)]の高齢の初産婦たちであり，16

歳で教育を終了した母親ではたった38％であった（社会階級や地理的な地域，出生順序は分布率，発生率，持続期間と関連がある。4カ月目まで母乳で育てている女性は北アイルランドでは12％なのに比して，ロンドンに住む社会階級Ⅰの女性では63％に上る）。ジェーンの状況の中で最も重要なのは，母乳で育てるかどうかが，前の子どもとの経験に密接に関係しているということである。以前は母乳で育てていなかった母親が，新しく生まれた赤ん坊を母乳で育てようと試みたのはたった26％に過ぎない（保健省，2000）。

　もし母親の身体の分泌液から赤ん坊が養分を得て育つことを母親が是認するならば，母親は永遠に「いつでも呼び出し可能」であり，赤ん坊の気まぐれな気分に合わせて洋服を通してミルクが滲み出てくるのである。母親は母乳を飲み干されてしまう危険を感じるだけでなく，自分の養育の質が赤ん坊の体重や顔の色つや，満足のレベルにすべてひっくるめてはっきりと示されてしまうと感じるのである。聖女と娼婦のように母性と性欲を分離させておく傾向にある文化では，母乳で授乳するという性的親密性や母乳での授乳によってオルガズムを感じて子宮が収縮することにショックを受ける新米の母親もいるかもしれない。温かく肌が触れ合うことを喜んで受け入れ，官能的に身体の世話をすることで代償的に大きな満足を覚える母親もいる一方で，剝奪された母親は自分のパートナーまたは実は自分が惜しみなく子どもの世話をしていることで，赤ん坊を妬ましく思うかもしれない。つまり，いわば自分自身の乳房に羨望を抱くのである。また，赤ん坊の「がつがつした」飢えに愕然とし，「貪り食われる」と感じる母親や，かつての自分を想像させる要求がましい赤ん坊というスプリット・オフされた側面と連結した乳児を嫌悪する母親もいるかもしれない。したがって，私たちは「本物」（Klein, 1936）に対する貧弱な「代用品」に過ぎないという哺乳瓶の見方がある一方，中には哺乳瓶が救いの一手になる「母子一組」もいると想定することも可能だろう。なぜなら迫害されたり，危険に晒されたりしながら母親が嫌々母乳で育てることは，乳児の精神的健康にはほとんどよい効果をもたらさないからである。

親密さと自らが晒されること

　グリアーの観察記録の中で，ジェーンという母親は赤ん坊が胸の中で満足そ

訳註1）世帯主の職業によって7つの社会階級に分類され，社会階級Ⅰは弁護士，判事，医師，大学教授など専門職を職業としている。

うに鼻を擦り寄せていることに，安堵しているようであった。母親は敏感にアマンダの授乳のリズムに調子を合わせ，ひょっとしたら観察者がいない時には肌と肌を触れ合わせながら娘に哺乳瓶で授乳していたかもしれない。無意識的空想にせよ意識的空想にせよ，ジェーンの空想について私たちの情報が不十分なために，娘に母乳で授乳しないと初めから決めていたとアマンダの母親が伝えたようなことが母親の心配事であったのかどうか，私たちはただ推測することしかできない。しかし，観察者はジェーンがアマンダに食べ物を準備することで，ふたりが喜びを見出していることを指摘している。ジェーンは自分たちに害を及ぼすことのないサークルの外側に危険を投影することで，ふたりの親密さを守っているように見える。つまり，それは効果的に混乱を寄せつけず，閉ざされた窓と庭の柵の向こうに悪いものを留めておくことである。しかし，哺乳瓶でミルクを与える準備をし，赤ん坊が乳房に触れようとするのを止めさせ，ジェーン自身が身体接触を控えたりする時にも，私たちは決してジェーンがそれを強迫的に行っているという印象は抱かなかった。ジェーンは乳腺炎の疼痛を想起したため，乳房による授乳を止めたと主張している（ちなみに，乳腺炎の疼痛は胆石の疼痛に次ぐほどのものと見なされている）。空腹の小さな口が貪り食われ，炎症を起こした乳房の傷つき出血した乳首に喰らいつくという過去の苦しい体験と結びついた時，母乳に用心深くなることはよくあることである。加えて，ジェーンが緊急の帝王切開の後，すぐに乳腺炎になったとすれば，ジェーンはその時の生命の危険を伴う手術からの回復の途上にあっただけでなく，おそらく初産の息子の困難で苦しい出産の長い試練に未だに苦しみ続けていたのかもしれない。

　養育者は誰もが新生児の原始的感情に退行的に染まることに脅威を感じるが，このことは生物学的な母親には特に衝撃をもたらす。フランシスの指摘のように，母親は父親にない女性の身体を持っている。私の臨床経験では，女性の脆弱性という特質はこのように極めて生殖的な身体を持つがためなのである。出産による体力消耗や身体的打撃，縫合の傷やホルモン変動という身体的な体験だけでなく，新米の母親は自分の子どもによって自分が剥き出しになると感じる。外見的にも行動的にも母親の体から生まれてきた赤ん坊は，良かれ悪しかれ母親が創造することのできるものを世界に示す。逆に言えば，母親の内にいた赤ん坊は母親のすべてを知っているように見え，母親の秘められた才能や短所をすべて内から曝け出すように見える。子どもは母親の最深部の感情や乏しい才能に批判的であると思えることも，子どもの泣き声がすべて母親の不十分

さへの不満や非難と解釈されることもある。母親自身の乳児期の空想や，子育てや融合への痛切な憧れが再び誘発されると，赤ん坊の世話は自分の母親からの世話や世話の不備に関する感情についての前言語的な力強い記憶をも活性化させる。

　西欧では，ほぼ半数の母親が（そして子育てに関与する多くの父親もBallard & Davies, 1996）出産後の最初の2年間に何らかの形で産後の障害を経験することは驚くべきことではない。私が考えるには，特に最初の数週間に経験される激しい疲労感が経験のなさや不安，睡眠の剥奪，また胎脂や羊膜，産褥排泄物，初乳，尿，便，粘液，嘔吐物，そしておそらく母乳のような原始的物質（フランシス・グリアーが「人生初期の有機汚物」と言及しているが）との無媒介な接触と相関関係にある。このことによって，新米の親は自分自身の乳児期の未終結な過去の記憶へと陥ってしまう。

　小さな赤ん坊の原始的情動への退行的吸引力は大人の防衛を解除する。まだ言語のない赤ん坊との親密な出会いは前象徴的経験を生き返らせるだけでなく，養育によって太古的養育者を含んだ自分自身の赤ん坊の自己が内在化された表象が再び活性化される。したがって，養育者が自分の大人の能力に完全に責任を持ち，それが最も強く必要とされるまさにその瞬間に，養育者はまた自分自身の中の未解決な乳児的情動を解放することによって，最も危険に晒される。

　私の考えによれば，現代の産後の疲労感の蔓延は，工業化以後の都市での孤立と赤ん坊との接触を排除する社会の階層化の独特な結びつきが見出される。多くの初産婦にとって，病院から退院する赤ん坊は自分が初めて出会う新生児である。その母親は誰かが乳房から授乳するのを見た経験が今までになく，自分がまさに直面しようとしている激しく刺激され大いなる労力を要する二者関係に対して，経験的，感情的にも準備ができていなかったかもしれない。核家族がより小規模になり，家族があちこちに拡散することは自分が親になる前に乳児と交わることによって，自分自身の早期の苦しい経験を乗り越えるという機会がほとんどないことを意味してもいる。

　したがって，乳房からの授乳が最適な方法であるという，私たちが大切に温めてきた信念を再検討する際に，現実の世界から目を背けるのは止めなければならない。その現実の世界で選択の自由が与えられれば，現代社会と同じく発展途上社会においても，多くの女性はこの神秘的な喜びを持つ親密な関係を控えることを選択するだろう（粉ミルクを溶かすためのきれいな水がない地域では，しばしば悲惨な結果を伴うが）。これは新しい出来事でもない。哺乳瓶や

低温殺菌ミルクの発明前には，経済的必要性や個人的選択，都会女性の母乳の濃度は「薄い」とされる社会通念から赤ん坊たちは乳母に預けられた（Hufton, 1997）。さらに，歴史上明らかになったのは 15 世紀から 19 世紀のヨーロッパのパリのような都市では，貴族だけでなく職人までもが生活スタイルに合わないという理由でたった 5％の赤ん坊しか自分の母親の乳房から授乳されていなかったということである。不幸にも，母乳を与えることのできる女性が不足していたために，乳母による養育のために田舎や孤児院へ送られる大多数のうち，時には 3 分の 2 の赤ん坊が 1 歳の誕生日前に亡くなっていた（Badinter, 1981）。

親の指向

論文の中でフランシス・グリアーは哺乳瓶で授乳する人により強く認められると思われている性格傾向について，暗に言及している。つまり，それは「この母親のパーソナリティには，乳房よりも哺乳瓶とより強く結びついていると解釈されるような特徴が明確に存在していることである。母親はかなり冷たくてよそよそしく，乱雑さを徹底的に嫌って厳格に統制しており」，侵入に対して恐怖症的であるように見えた。私自身の研究で（Raphael-Leff, 1985, 1986），これを明確にする様々なクラスターが詳細に描写されており，これは他の研究者（たとえば，Sharp, 2001; Scher, 2001; Scher & Blomberg, 1992, 1999 など）による大規模な長期的研究によってもいまや追認されている。促進群とされた母親たちの母性の指向は，理想化された赤ん坊に順応することに一身を捧げることである。促進群の母親は要求があり次第乳房から授乳し，普通より遅く離乳させ，母親として独占的に世話することを好む傾向にあり，自分たちの赤ん坊を甘やかすことを自分のことのように楽しむ。それと対照的に，私が制御群と名付けた母親らの指向では，野蛮で非社会的な赤ん坊を社会化させることが自分たちの課題と見なされ，赤ん坊に社会に順応することを期待している。制御群の母親はスケジュールに従って授乳し，早くから固形食を導入する。そして，哺乳瓶で授乳することを好んでいるにもかかわらず，最初の数週間は乳房からの授乳を行う者もいる。それは赤ん坊の免疫のためだけでなく，自分たちが妊娠前の体型に早く戻ると告げられたからである。制御群の母親は子育てを分担する（それ自体が哺乳瓶による授乳を必要とする）傾向がある。それは都合がよいという理由だけでなく，時に自分たち自身の赤ん坊の自己の否認された側面と無意識的に連結した赤ん坊に過度に接することを避けるためでもある。

大規模な研究において，これらの両グループではより高いレベルで母親の分離不安があることが見出された。前者は安定した愛着が形成されるが「神経質で依存的な」赤ん坊になりやすい傾向があり，後者はより高率でアンビヴァレントで不安定な愛着が形成された赤ん坊になる傾向がある。内的世界の変化からやりとり群という三番目の指向を持つ母親が抽出される。この群の母子は母親か赤ん坊のどちらかが適応するという決まった方法ではなく，不確かな状態が許容され，事態はその場その瞬間のメリットによって取り決められる。この三番目の相互作用のパターンは憎悪と愛情への不安がそれぞれの特徴である先のふたつのパターンのように，初期の同一化が演じられたり否認されたりするよりむしろ，共感や相互のやりとり，アンビヴァレンスへの気づきが基盤となるように見える。最後に，四番目の反応は両極群であり，ひとりの赤ん坊に対して同じ母親の中でふたつの対立する指向がお互いに競い合う。この不一致は母親自身に内在化された両親間の争いや，自分自身の柔軟性のない一面と応答性の高い一面との対立，または取り入れられたステレオタイプの「女性的」側面と「男性的」側面の対立や，女性解放論と子ども中心という理想の間に見られるようなより意識されたイデオロギー的な矛盾を反映しているのかもしれない。

　ジェーンのケースの場合，効率性を好む点や「冷たい」無関心さという特徴は制御群と共通しているが，自然な温かさや共感的な思いやりの深さ，情動調律を促進させることが同時に備わっていたように思われる。その結果，厳格さは緩和され，観察者がジェーンの内面にある完璧主義（者）的な要求を打ち砕き，楽しいことを楽しみ過ぎないよう厳しく禁止することを止めさせることに寄与している。この内在化された厳格さとジェーン自身の厳しい昔の母親との繋がりについて，私たちは推測することしかできない。この提示資料から私が評価するとすれば，ジェーンは厳格であるにもかかわらず（おそらくそのおかげで），この赤ん坊との相互作用の中で自分の内的世界の限界をうまく克服して，「互いにやりとりする」ことができるようになった。たとえ過去に葛藤があるとしても，この時点で既にジェーンは不確かさに耐えて赤ん坊と自分自身の不安を抱え持つことができ，一見したところ統合されたよく発達した能力を示している。ジェーンは最初からアマンダが自分の気分を伝える能力に思慮深く気を配り応答している。一方，赤ん坊も同様に母親の注意深さに調和しそれを補っているように見える。詳細な記述から，ジェーンは自分自身と自分の子どもたちの複雑な感情に見事なまでに気づいているようであり，段階的な失敗をもたらし，それぞれの子どもの年齢に適した世話を与えることができている

第17章　カニバリズムと救いとなるもの　287

ように見える。そして,ジェーンは生き生きとした相互作用を楽しむものの,興奮し過ぎることや葛藤が大きくなっていくことを制御しているように思える。アマンダも同様に元気いっぱいきょうだいたちと関わり,自分の母親の愛情深く穏やかな存在の中で安心し,葛藤や不在に徐々に耐えることができるようになっているように思える。

観察者と被観察者

　精神力動的な乳幼児／養育者の観察に関する私の最後の要点に移ろう。数年間に及ぶ乳幼児／養育者の観察の実践は,セラピストや保健医療の専門家のための訓練としてしばしば用いられている。観察は強い逆転移感情に耐え,対処する訓練として役に立つ。これらの逆転移感情が発展して情緒的雰囲気になることを許容することも,批判的または治療的に行動して逆転移感情を一掃することもなく対処する訓練である。観察者は観察する家族と契約を結ぶが,それはセラピストと患者または訪問看護師とクライアントとの契約とはまったく異なるものである。観察者はその家族の中では客であるが,特権があるものの不安定で不確定な性質を有する立場に置かれる。1週間のうち1時間という短い時間,生活の一部分が公開されるのだが,観察者はその家族による私的な開示はすべて部分的なものであり,保護されたものであることに気づかねばならない。その上,母子の断片的な姿は観察者の推論に過ぎない考えや,理解する上での不足を補いたいという願望を必然的にもたらすことへと繋がる。このようなことを討論する毎週開催される小訓練グループでの観察報告も当然選択されたものであり,観察者の理論的な推測によってフィルターがかけられているのである。理想化された母親の美点が決定的な基準として支持されれば,観察のレンズはさらに歪む。

　観察者は壁に止まるハエである^{訳註2)}と考えるひとつの訓練モデルがある。しかしながら,繰り返しになるが,生身の現実は理想とは異なっており,どんなに観察者が一歩身を引いた態度でいようとも,観察者は観察過程では常に必ず関係者であり寄与者でもあることをいまや私たちは認識している。さらに,観察者は強い作用をもつ異質で自意識的な要素をその観察作業にいつも持ち込んでいる。私たちはかつて規定されていた相互作用をしない観察者と「中立なス

訳註2）a fly on the wall　人に気づかれずに観察する。

クリーン」である分析家との間の類似点について思いを馳せることができるかもしれない。実際に多くの乳幼児観察において，応答的でない観察者によって静かに見守られているという考えはとても奇妙であるため，子どもにとって観察は耐えられないものになるかもしれず，観察者が「立ち去ること」や自分を「見ること」を止めるよう子どもが要求することも珍しくはない。感謝すべきことに，フランシスはアマンダが面白いことをした時や苦痛に満ちている時には，自分がまったく平然としてはいられなかったことを明らかにしている。

　もうひとつの中核を成す問題は，誰がなぜ観察に同意するかである。家族が観察者を受け入れる理由は孤独感や，愛他主義による不安感から自己顕示欲にまで及ぶこともある。これらが「普通の」家庭であるということを私たちは決して当然のことと思ってはいけない。ジェーンの場合，その動機は直感的な温かさよりも「有能さ」を優先させる自分の性向を和らげるような優しい支持的な存在として観察者を無意識的に利用することであったと，観察者は卓越した敏感さから推測を巡らせている。三度目の母親としてジェーンはまた，観察経過の中で距離を置き過ぎることも夢中になり過ぎることもなく，自分の力で観察の体験に取り組めるほどに母親としての能力に自信を持っていた。

　最後に，私はここで性別の問題に触れようと思う。私は観察においても分析においても，そこに関係する者の性別が相互作用の上で重大な要因になると考える。ここでは観察者は男性である。そして熟練した妻とは対照的に（不在の）父親が「無能である」という家庭の中で，観察者は育児の機微に通じているように見える。母親と赤ん坊はこの時の観察者がそうであるように，観察者が男性であることの影響に気づいている。ある観察では男性観察者の存在のために乳房による授乳が行われないこともあり，また他の観察では観察者が自己顕示欲や服従心，競争心を煽る人物となることもある。同じように女性の観察者の存在が母親の過去から転移された感情を活性化させることもある。

　最後に述べたいことは，アマンダの二者関係と三者関係の区別についてと，三者の中で関わることのできる能力の成長についてである。いまや新生児の研究者はこれらが生後数カ月で生じることを認めている。この時期，赤ん坊はコミュニケーションが自分たちに向けられたものか，他者に向けられたものかを明らかに区別している。両親が共に同席した相互作用のビデオ記録を分析すると，3人目を排除するのではなく3人目を引き入れるという乳幼児の意志が明らかになる（Fivaz-Depeursinge & Stern, 1999）。したがって，特にこの観察者の場合には，観察者が姿のない眼差しではなく，肉体と性別を持つ第三の存

在をなしていることを認識していた。それによって，必然的に「二者関係の」過程が変化するのが観察された。私の考えでは，これらの最後の点からフランシス・グリアーの報告にも示されているような心配りのあるアプローチが重要であるということが証明される。グリアーの報告は慎重に観察を解釈し，観察者が不在の時に営まれる生活に対して意味を注意深く見出している。できる限り多くの観察者がここに挙げられたような偏見のない率直な報告から発見を出し合うことで，理論的な見解が補われ，実験研究が補完され，それによって私たちが刺激を受けて長い間大切に温められてきたいくつかの理論について再考できるようになることが望まれる。

参考文献

Badinter, E. (1981) *The Myth of Motherhood – An Historical View of the Maternal Instinct*. London: Souvenir Press.

Ballard, C. and Davies, R (1996) Postnatal depression in fathers, *International Review of Psychiatry*, 8: 65-71.

DOH (2000) *Infant Feeding Survey*. Statistical Press Notice, Department of Health.

Fivaz-Depeursinge, E. and Stern, D. (1999) *L'intersubjectivité dans le triangle père mère/bébé*, University of Lausanne, presentation to Family Therapy conference, Paris, 14. 10. 99.

Hufton, O. (1997) *The Prospect Before Her: A History of Women in Western Europe 1500–1800*. London: Fontana.

Klein, M. (1936) Weaning. Chapter 18 in: *Love, Guilt and Reparation and Other Works 1921–1945*. London: Hogarth, 1975.（三月田洋一訳：離乳．メラニー・クライン著作集3．誠信書房，1938.）

Raphael-Leff, J. (1985) Facilitators and Regulators: vulnerability to postnatal disturbance, *Journal of Psychosomatic Obstetrics & Gynaecology*, 4: 151-68.

Raphael-Leff, J. (1986) Facilitators and Regulators: conscious and unconscious processes in pregnancy and early motherhood, *British Journal of Medical Psychology*, 59: 43-55.

Raphael-Leff, J. (1999) Primary maternal persecution. Chapter 3 in: *Forensic Psychotherapy and Psychopathology Winnicottian Perspectives*. Kahr, B. (ed.) Brett Kahr, London: Karnac.

Scher, A. (2001) Facilitators and regulators: maternal orientation as an antecedent of attachment security, *Journal of Reproductive Infant Psychology*; 19: 325-33.

Scher, A. and Blomberg, O. (1992) Facilitators and Regulators: cross cultural and methodological considerations, *British Journal of Medical Psychology*, 65: 327-31.

Scher, A. and Blomberg, O. (1999) Night-waking among one-year-olds: a study of maternal separation anxiety, *Child Care Health & Development*, 25: 295-302.

Sharp, H. and Bramwell, R. (2001) An empirical evaluation of a psychoanalytic model of mothering orientation and the antenatal prediction of postnatal depression, *Archives of Women's Mental Health*, 3: suppl. 2: 14

Winnicott, D.W. (1956) Primary maternal preoccupation. Chapter 24 in: *Through Paediatrics to Psycho-Analysis*, London: Hogarth Press, 1982.（小坂和子訳：原初の母性的没頭．小児医学から精神分析へ——ウィニコット臨床論文集〔北山修監訳〕．岩崎学術出版社，2005．）

第IV部　マネージメントに関する問題

　最後のセクションは親の感情だけではなく，乳幼児や親の治療を行うにあたって専門家が受ける衝撃を扱う方法を記述している。様々な期待や転移感情は，クライエントと心理療法的作業を行う「ケースワーカー」の間の交流の重要な側面であり，治療関係の中に歪みや予期せぬ不調和を生む原因となることがある。これらについては，第18章でイスカ・ザルツバーガー – ウィッテンバーグ Isca Salzberger-Wittenberg が明示し，これらの微妙な感情が治療に及ぼす影響に対する専門家の注意を促そうとしている。

　第19章では，ジョアンナ・ホーソン Joanna Hawthrone が，幼い赤ん坊の様々な能力や意識の状態について説明し，親や乳幼児の理解に基づく治療のさらなる援助を提供している。ホーソンは新生児の情緒や行動の特性，個々の特質を評価するために，人間やそれ以外の刺激に対する反応のレパートリーなどから作成されたブラゼルトンの新生児行動評価尺度を紹介している。この尺度では18の反射作用のチェックにより，自己を静めたり，自己調整を行う赤ん坊の能力に関するプロフィールが分かる。体系的な観察から成るこの方法は世界中の臨床医や研究者によって使用されている（たとえば，本書においてもミンツァーとそのグループが第15章で，マリーも第20章で扱っている）。

　いまや数多くの研究から，抑うつ状態の母親は自分の子どもたちから距離を置いたり，関与しない傾向にあるか，侵入的かつ敵対的であるか，そしてどちらの場合の母親の相互作用も感受性や応答性の低さと関連していることが知られている。一方で，母親の抑うつ状態が子どもの認知発達の悪さの予測因子となることも明らかにされている。しかしながら，リン・マリー Lynne Murray は新生児行動評価を用いて，母親の抑うつ状態が（それが回復した後もずっと）赤ん坊に影響を及ぼすだけでなく，ある特定の乳幼児の属性が母親の抑うつを生む潜在的な要因となることを確証した。調査結果は，産後の精神障害に対する危険が高い群と低い群の両方で，期待と現実のずれがうつ病に繋がることを示していた。マリーの大規模な前方視的研究での結果は新生児の運動制御の悪さや過敏性，苛々しやすさが，母親がうつ病となる危険性をなんと5倍にも跳ね上がらせることを明らかにしている。

母親の混乱は次のふたつの章のテーマとしても扱われている。しかし今度は，それは新生児の死という心的外傷やそれが母親やきょうだい，そして次の妊娠に与える影響と関係している。スタンフォード・ボーン Stanford Bourne やエマニュエル・ルイス Emanuel Lewis，エリザベス・ブライアン Elizabeth Bryan は，この領域での豊富な臨床経験と知見のある専門家であり，死や悲嘆の作業，その後の妊娠の扱いに関し，精神力動的な理解と実践的な助言を提供している。ボーンらはこれらの問題が遺族とその世話をする専門家の双方に起こす複雑な気持ちの探求を行っている。最後の最終章で，ステラ・アクアローネ Stella Acquarone は自らの膨大な親-乳幼児心理療法の経験を頼りに，摂食に関する障害に焦点を当て，これらを分類し，心理療法的モデルやマネージメントに関する問題についての多くの治療症例を取り上げている。前述のように，授乳や食事に関する問題の背後には母親のうつ病や精神科的な問題，虐待やネグレクトといった態度，心的外傷となるような妊娠出産や，家族の機能不全がある。逆に，あやすのが難しかったり，気質的にとてもむずかる過敏な赤ん坊が母親を混乱させ，それが不安定感を増大させてしまうという不安のサイクルを生じさせる場合もある。

　結論として，本書に収めたすべての論文に共通する分母を引き出すとすれば，それは早期のやりとりは乳児と親／両親（そして，親子の健康を世話する人々）の情緒的な問題に満ち，その中にいる未解決のかいじゅうたちを呼び覚ますということである。親-乳児のペアの気質的なコンビネーションは家庭によって異なるため，個々の家庭はそれぞれの「情緒の様相」を展開させ，その中で初期のやりとりが形作られていく。生後直後から乳児には反応してくれる他者に向かって，対話による相互作用を自ら主導し，それに参加する能力が備わっている。しかし，養育者が乳児の基本的なリズムに敏感ではなかったり，乳児の熱狂的な興奮に素気なく，または侵入的に応えたりする場合には，乳児は生来の潜在能力を生かすことができず，むしろ無意識のうちに先に養育者の気分を受け取り，無気力状態や拒否的，反抗的，もしくは養育者の期待に従順になる。反対に，もし母親の表情が赤ん坊の「鏡」となっていれば，赤ん坊は親の情動を引き起こす「引き金」や親自身の過去の未解決の幼児的な問題を再現させる触媒となり，原始的な力や最初の養育者のこころの中にある無意識の中の自分たちの表象を再活性化させる。家族の場合，誰かひとりの症状はもっと広い範囲の相互作用の機能不全や世代間伝達を表していることが多い。しかし，私たちはまず精神分析的理解によって問題の背後にある複雑な意味を予想でき

る。つまり，問題の重要性は文脈によって多岐にわたり，行動の現れ方は各々異なっていても共通した原因を有している。また反対に，ひとつの症状が個人や家族の様々な意識，無意識の含蓄を表していることもある。プラス面としては，乳児期の問題に対しては，適切な時期に心理療法的な介入を行えばとても効果が出やすい。なぜなら，乳児はまだ完全に確立されておらず，固定してもいないからである。そして，親も自分たちが受けた養育よりもさらに良いものを提供したいという動機が極めて高いからである。私たちが見てきたように，何世代にもわたって漂っている「おばけ」や，大人になるまで異議を申し立てられないまま残されている邪魔者を追い払うのはもっと難しい。

　私たちの最初の喩えに戻ると，私たちはある程度までは常に自分たちの精神の「不思議なメモ帳」という最早期の装置に荒々しい文字を残している。しかし，本書の中の多くの，そして様々な論文が確証しているように，自らを意識する能力や過去を振り返って考える能力を発達させることによって，私たちは自分自身そして前世代から伝達された無意識の経験の激しさを軽減することができる。私たちは共感的な理解を通して癒しを見出せば，たとえ心許無くとも，人間の脆さや内なるかいじゅうと和解する感覚に再び到達するだろう。

第18章　精神分析的洞察と関係性[原註1), 訳註1)]

イスカ・ザルツバーガー－ウィッテンバーグ

I　ケースワーカーがクライエントとの関係に持ち込む感情

　ここでは便宜的に「ケースワーカー[訳註2)]」や「クライエント」といった単語を用いることとする。私は常に援助を必要としている，そして援助を提供する人々や個人について想定している。また，簡便にするために，ワーカーを「彼女」，そしてクライエントを「彼」と表記する[訳註3)]。ただし，提示した症例の素材の中で，実際の人物の性別を示す場合はそれに従った。両者は異なるアプローチではあるが，お互いを発見し合うために切望して出会う。新しい経験ではあるが，両者の関係性や特に最初の接触はそれぞれ相手がその場に持ち込む態度によって大きく影響を受けるであろう。

　ワーカーはクライエントをひとりの人間として真に知っていく過程で，耐えられない感情に気づくことが重要である。さもなければ，ワーカーは助けたいという自分の願望やスーパーヴァイザーや上司の言動にこころを奪われてしまうかもしれない。または，ワーカーは自分がどれほど上手く作業しているかを見せびらかすことばかりに陥り，これらの邪念が面接に影を落とし，自分の理解や反応が歪むこともある。ワーカーがこれらの感情を予め吟味し，面接中に生じるその感情を監視し続けることができれば，今ここで起きていることを自

原註1)　この論文は，『*Psycho-Analytic Insight and Relationships*（精神分析的洞察と関係性——クライン派のアプローチ）』イスカ・ザルツバーガー－ウィッテンバーグ Isca Salzberger-Wittenberg 著として，1970年に Routledge and Kefan Paul より出版された。著者と現在著作権を持つ Francis & Taylor の許可を得てここに再収録された。

訳註1)　本論文は『臨床現場に生かすクライン派精神分析——精神分析における洞察と関係性』（監訳：平井正三，岩崎学術出版社）に，武藤誠によって訳出され収録されている。

訳註2)　以下，本文では caseworker, worker 共にワーカーと訳した。しかし，平井訳の「心理的援助者」という用語が内容的には適切であろう。

訳註3)　ここでは代名詞として何を使うかを言っているが，本論では極力「ワーカー」「クライエント」と訳した。

由に観察し理解できるだろう。ワーカーはまた，1回の面接から次の面接までにクライエントについての先入観を取り除かなければならない。毎回ごとに新たな始まりがあり，共有された知識や経験がある場合も，ワーカーは何にも囚われることなく新たな気持ちでクライエントと会い，クライエントのパーソナリティの異なる一面が表面化し，変化したり発達したりすることを認める必要がある。

ワーカーが抱く期待や恐怖は数えきれず，それは直面している問題の性質だけでなく，個人のパーソナリティや経験にも左右される。次に，今までに私が出会った事例から典型的なものについて触れていきたい。

ケースワーカーの大きな期待
援助する親になること

多くのワーカーはクライエントと向き合いながら援助しようと試み，自分自身をよい両親の役割であると見なしている。社会福祉に貢献したいというワーカーの願望は，状況や関係性を修復したいという深い欲求から湧き出ているのかもしれない。しかし，この目的を達成するためには，修復への熱意がクライエントにとって現実的で，利益をもたらすものでなければならない。「善行者」はいまや侮辱的な言葉であり，誰かが突然侵入してくるというイメージを湧かせる。それは援助を必要としている人のニーズも熟慮することなく，自分がいかに上手くこなせるかを性急に示そうとするようなイメージである。それが行き過ぎればとんでもないことだが，このようなやり方には危険が潜む。特に初心者の場合，それはクライエントに（こころの奥ではワーカー自身に）自分が有能であることを証明しなければならないからである。ワーカーが事実関係を完全に把握せず，自分が与えるアドバイスがクライエントにもたらす意味を判断できない場合，自分が価値のあることをしていると自らを安心させる必要に迫られて，アドバイスをしてしまうこともある。他にも，ワーカーは自分の役割の限界を超えて，クライエントの人生にかなり過度に介入してしまうかもしれない。するとクライエントはワーカーを専門家というより，活動的な両親の役割を完全に引き受けてくれる人と信じて誤解してしまうかもしれない。ワーカーは自分の関与しているケースの負担を自分自身の中で勘案しながら，何を実際に提供できるのか，そして自分に何ができるのか明確にしておかなければならない。

寛容であること

　クライエントの役に立つ両親になりたいという願望から，ケースワーカーは親切で，優しく，寛容でありたいと思うかもしれない。こうした特質は援助を必要としている人々のケアを信頼して任せられる人には確かに望ましい。しかし，優しく，親切で，寛容な態度をあまり取り過ぎると，クライエントの攻撃的感情や行動を緩和しそうになったり，またはそれらと共謀しそうになったりする態度との区別が不能になる。私たちはクライエントの感情を認識し，それらに持ちこたえる能力を基礎とした寛容さと，クライエントの敵意ある態度や陰性感情を恐れるあまり，どうにかして寛容的に言い繕ったり，言い訳したりすることとを区別する必要がある。後者の場合，ワーカーはクライエントと裏取引を行っている。すなわち，その感情がワーカーにとってあまりにも耐え難く認められないために，それを無視したり，何か別のものと見なしたり，そこに存在しないかのように振舞おうとする。これが寛容さでないことは極めて明らかであり，クライエントはワーカーが敵意や抑うつ，絶望に耐えられないのだと理解するだろう。もしワーカーがこれらに耐えることができなければ，クライエントはどうやって耐え得るのであろうか。

　ここで例をひとつ挙げよう。Ｘ夫人は精神科ソーシャルワーカーとの面接を3回キャンセルした。Ｘ夫人は毎回，言い訳をした。一度目は電車に乗り遅れた，次の時は具合がとても悪かった，三度目は忘れていたとＸ夫人は言った。その日Ｘ夫人は約束時間の30分後に電話を掛けてきて，とても間に合いそうにない，面接に出かける予定でいたが，パン屋の配達を待つと決めた，しかし配達が遅れたため，バスには乗れたが，電車には乗り遅れたと5分間喋り続けた。ワーカーはＸ夫人が遠方からやって来ることの大変さに同情し，Ｘ夫人が来週に来室できるかを尋ね，都合のつく時間を申し出た。Ｘ夫人は答えをはぐらかし，伺うつもりであり，何とかなるでしょうと曖昧な返事をした。ワーカーはその時，それをそのままにしておいた。次週，Ｘ夫人は現れず，電話も手紙もなかった。

　ワーカーが外的な困難さを認め，同情したことは確かであるが，ワーカーはクライエントの感情を扱っただろうか。Ｘ夫人は面接に行きたくないと思い，内的な理由を表現するのを避けるために外的な要因を用いたことにワーカーはまったく言及しなかった。葛藤状態の最中で面接に来られなかったクライエントのジレンマから，ケースワーカーは逃げていた。外的な困難さだけでなく内的な困難さを少しでも認識し言語化していれば，クライエントは葛藤に苛まれ

た自分を理解するワーカーの能力をある程度信頼したかもしれない。そうすれば，おそらくクライエントは来室できただろう。しかし，クライエントが完全に治療を止める決心をしていたと仮定しよう。その場合，ワーカーはX夫人が行きたくないと言える手助けをしたことになり，ワーカーがそれに耐えることができる人として体験され，クライエントに安心を与えることになったであろう。そうでなければ，クライエントは「親切な」ワーカーを拒絶したという罪悪感を持ち続け，後にやはり助けを求めたいと望んだとしても，戻ることはできないと思うかもしれない。

　ワーカーの中には，クライエントを失うことにかなり罪悪感を抱き，どんな状況下でもクライエントにしがみつく人もいる。しかし，成人のクライエントは治療に対する責任と望めば治療を中止する自由とを有している。ワーカーはまた，対応できるスタッフの数より助けを必要としている人々の数の方が多いことに気づいてもよいのかもしれない（勿論，これらの記載は保護観察中や特定の子どもの治療のケースのように，ワーカーが会い続けなければならない法律上の義務がある時には当てはまらない）。

理解するということ

　ワーカーは訓練と経験を積み重ねていることから，クライエントの理解に役立つ人間関係に関する知識を自分が有しているという気持ちになることは正当であると思うかもしれない。しかし，自分は博識で他の人と比べて優っているという感覚には警戒しなければならない。人間に関する理論の知識を得ることで，人を理解する鍵を与えられた訳ではなく，このような知識がその人の生きた経験の一部にならなければ，知識を得ても未消化のまま，無思慮に応用されることになる。クライエントは理論が具体化されたものではない。クライエントは人間であり，他の人と似た基本的な関係性のパターンを有しているが，皆それぞれが複雑で独特なパーソナリティを有している。

　ここに，知識を無思慮に応用することの危険性についての例を挙げる。ある医療ソーシャルワーカーは，遺糞症の7歳の少年の事例を扱っていた。生活歴の聴取の際，少年の母親が最近パートタイムの仕事を始めたことが分かった。すぐにワーカーはこれが少年の遺糞の原因であり，その子が母親の不在によって剝奪され，不安定になったと確信した。母親は子どもの下校時にはいつも家にいること，学校が休みの時は仕事をしていないことをワーカーに説明したが，無駄だった。母親が働いていたという事実は，そのこと自体が剝奪や子どもの

病気の原因と解釈された。これによりワーカーは子どもの症状のより深い原因を探ることができなくなった。

　ここには，ふたつの誤った考えがある。まずひとつ目はどんな事例においても子どもの母親が働くことは悪く，有害であるということであり，ふたつ目は情緒障害の原因が常に両親にあるということである。あらゆる関係性の中にはふたりの人間がいる。そこで私たちが当初から分かっていることは，ふたりの間の繊細な相互作用の中で何か上手くいかないことが起こったということだけである。それぞれの相手，その相互作用のあり方の詳細が分かるまで，私たちは何が問題で，何が原因となっているのかについて言及できない。人間同士の相互作用やパーソナリティ内の様々な部分についての考えを整理するのを促すために，理論は定式化される。しかし，どんなふたりであっても，その間で為される表現や布置が同じという訳ではない。個々の事例は何か新しいものを発見させる機会をワーカーに与えるのである。

ケースワーカーの不安

　クライエントと面接するワーカーに付きまとう不安のいくつかを提示しよう。不安はこのような責任ある仕事に従事するために私たちが支払う代価の一部である。さらに，自分の所属している機関が権威や知識を持っているがゆえに，クライエントが自分を信頼していることを知って罪悪感が増す。自分はクライエントの感情を理解することができるようになるのだろうか。クライエントを傷つけないだろうか。たとえ受容的であったとしても，自分の前に提示された問題に侵入されたり，クライエントのように抑うつや不安に圧倒されたりしないだろうか。面接中の沈黙にどう対処するつもりなのだろうか。これらの不安はどれも軽々しくは無視できない。不安を体験しているという事実は，初心者が自分の感情を知り，その対処を試みていることを示している。このような不安を遠ざけず，ワーカー自身の問題が治療過程を妨げ，歪めていないかを確認するためには，スーパーヴィジョンが必須である。

　ここでは，よく出会う不安のうち3つしか論じられないため，他の不安については第三節で論じるつもりである。初心者はクライエントの感情を探求する上で，それらを「徹底的に掘り下げること」や，「傷つけること」への不安を時に口にする。これと関連して，心理学的洞察とは，「X線の目で」誰かのこころを見透かすという考え方がある。これらの言葉は暗に攻撃行動を含んでおり，その人の願望や関心を理解することなく，勝手に押し進めるようなものである。

ここではこのような不安について子どもの頃の起源を探ることはしない。これについては第二節で検討する。ここでは次の3つの不安について探求したい。

過去を探求し徹底的に掘り下げること

初心者のケースワーカーは，時にクライエントの過去を「探求すること」や「徹底的に掘り下げること」が好きではないと言う。実際，そのように試みるのは間違っている。初心者がそのように言うのは誤解に基づいてのことだろう。クライエントが来室するのは現在困難な状態にあるためである。したがって，過去を掘り下げる必要はない。クライエントの過去は今でも活動中で，影響を与えているという限りにおいて重要だからである。したがって，そのルーツを求めて子どもの頃に遡ることがあるとはいえ，今ここにおいて過去の足跡を辿ることができるのである。おそらくワーカーを過去への探求に駆り立てるのは，現在進行中の自分自身との情緒的関係への不安なのであろう。ここでひとつの例を挙げよう。若い男性がワーカーの休暇前に，自分はさよならを言うのが大嫌いで，最近友人に「見捨てられ」置き去りにされたことに怒りを感じたと手短に話した。これらの感情は幼児期に母親の腕の中で支えられていないと感じたり，母親が不在の時に喉の渇きを感じたりした時に初めて経験されたのだろうと考えることは正しい。しかし，クライエントが今ここでそれに言及しているのは，ケースワーカーとの分離を自分の問題を抱えたまま置き去りにされたかのように，つまりサポートされておらず，さらに心的に授乳が必要であると体験していたためである。クライエントはケースワーカーとの関係の中で，その瞬間に作動している自分自身の赤ん坊の部分を持ち込んでいるのである。

傷つけること

傷つけることへの不安は様々な起源を持つ。つまり，ワーカーがクライエントの感情が表出されることを許容すると，自分のどんな力が解き放たれるのか，事態がコントロールできなくなるのではないかと恐れることもある。通常ケースワークでは無意識の感情を深く取り扱わないが，もしこうした感情をクライエントが容易に利用できるなら，クライエントがもっと害を及ぼしそうな他の場所でそれを表出させるよりは，ケースワーカーの目前で表出する方がずっと安全かもしれない。ワーカーは自分自身の反応を心配に思い，ある情動がひどくこころをかき乱し，自分にとってあまりに痛々し過ぎることに気づくかどうか，また自分がクライエントをコントロールできないことを恐れているのでは

ないかと自問自答しているかもしれない。

　ワーカーはもし自分が不適切なことを言えば、クライエントを傷つけるのではないかという不安に陥るかもしれない。クライエントがあまり混乱していなければ、それほど脆弱ではないので、的外れの言葉が全体のバランスを覆すことはない。クライエントが痛々しい感情を体験するのをそのままにしておくことが苦しみを引き起こしていると、ワーカーは感じるかもしれない。しかし、実際クライエントはこのような感情を共有することができれば、大きな安心を見出すであろう。ワーカーが情動的苦痛に耐え、持ちこたえることができれば、クライエントはワーカーを取り入れ、同一化することができるようになる。それによって、クライエントは自分自身や他の人にさらに寛容になることができるだろう。

Ｘ線の目で見ること

　心理学的洞察によって、私たちは本当にＸ線写真を撮る機械のように誰かのこころの中を覗くことができるのだろうか。この恐れはしばしば自分のパーソナリティがスーパーヴァイザーに見透かされているという初心者の憂慮と結びついている。初心者は実際の状況が大きく異なっていることにすぐに気づくだろう。私たちが理解していることはせいぜい進行していることの断片に過ぎず、すべてのステップはクライエントとの協力に依拠している。作業は共同して行われるものであり、クライエントによっていつでも妨害されたり、事実上中断されたり、関係が絶たれたりする。こうしたことが作業の限界であり、必須条件である（この章の例と比較して欲しい）。しかしながら、実際のところ人間の行動や表情、声、態度、姿勢などは、クライエントについて多くのことを私たちに伝え、それらを見たり聞いたりしようとする私たちに手がかりを提供してくれることは明らかである。このようなセンスを持ち、そこから推論を導くためには必ずしも訓練される必要はない。母親はしばしば自分の幼い赤ん坊のこころの状態に鋭い直感を働かせ、これを基に赤ん坊の欲求に対応する。母親が自分自身の乳幼児的不安を十分にワークスルーし、赤ん坊の不安を受け入れ抱えることができると、このような心的親密さが生じる。クライエントをより良く理解するために必要なことは、見聞きするという機械的な援助ではない。必要なのは、人と人は別個の存在であり、異なるという限界を乗り越える努力をする中で、他の人が一体どのような存在であるかに敏感に気づく能力である。

Ⅱ　クライエントが関係性に持ち込む感情

大きな期待
　クライエントはワーカーに会うずっと前から，ワーカーがどんな人であって欲しいのか，自分に何をしてくれるのかについて先入観を持っている。これらの期待の質はクライエントの成熟度に左右される。しかし，誰の中にも満たされない願望があるため，あらゆる新しい冒険に私たちの理想的な期待がかき立てられることも多い。それはあたかも，「今度は違う。この人は私がずっと待ち望んでいたことをすべて与えてくれるだろう」と言っているかのようである。私たちの期待が理想に留まっている限り，それは達成されることはない。期待が適度な場合に限り，それが叶うチャンスがある。

クライエントの苦しみを取り除くために
　基本的に，クライエントが望む理想はワーカーがすべての苦しみを除去してくれるというものである。クライエントはワーカーがそのために何をすべきかを伝えるかもしれない。たとえば，「私が家を手に入れれば，私の妻はきちんと子どもの面倒を見るだろうし，私はもうパブには行かないだろう」。そうでなければ，クライエントはワーカーをあたかも神使のように扱うかもしれない。「何をすべきか教えて下さい」，「誰が正しいのか教えて下さい」，「私はあなたの言うことを何でもします」，「何が一番正しいか分かりますよね」などの態度は，個人治療でもグループでも繰り返し経験される。ワーカーに解答を出させ，決定を下させるという圧力は無知や不確かさ，自己嫌悪，物事が上手くいかない時の罪悪感と結びついた情動的苦痛を避けることから生じる。もしワーカーがこのような要求を呑まなければ，ワーカーは何も価値あることをしてくれないと言われ，敵意の対象となることもある。
　クライエントが問題を自分から取り除く別の方法は，問題に挑み理解する努力をせず，それを垂れ流すことである。ワーカーが，「クライエントは初回であまりにも私に語り過ぎたので，面接にはもう来ないだろう」と言うことがある。このような着想はクライエントがワーカーをゴミ箱として使用し，自分の問題をワーカーの中へ大量に排出しているということを暗示しており，ワーカーがそれをすべてそのクライエントの元に戻したり，その人を責めたり，恥をかかせたりしてしまうと，クライエントはおそらく恐怖に苛まれるかもしれないことを示唆している。

重荷を抱えるのを助けてくれる人を探すということ

　もしクライエントが、一時的に不安を抱え、重荷を共有し、解決を見出すよう援助してくれる人を探しているとしたなら、それは現実的に役立つ関係性の基盤になりうる。「問題を取り上げて私の話を聞き、本当に興味を持ってケアしてくれたのは、あなたが初めてです」というのは感謝の表現である。これはよい聞き手となって不安を抱えてくれる人を見つけたいという人間の欲求がどれほど大きく、この欲求が満たされることがどれほど稀なことかを示している。

愛されるということ

　愛されることは、すべての人の最も熱烈な願望である。最深レベルでは、あらゆる欠点や短所も含め、ありのままの自分が愛されることを意味する。これは誰かが私たちをより広い感性で理解し、拒絶しないことを必要とする。クライエントのより成熟した部分が切望しているのはこのような理解である。しかし、真実が分かってしまった時、愛され続けることが可能かどうかは常に疑わしい。したがって、ワーカーは自分がお互いのよい性質を誉め合うことで成り立つような関係性に巻き込まれることに気づくことがある。こうしたことが起きる場合、ワーカーはクライエントと自分自身の悪い側面に何が起こったのか自問しなければならない。もし、ワーカーが愛され賞賛されたいという欲求から、自分自身が理想化されることを許容するならば、そのワーカーはクライエントが現実の避けられない挫折や失望に直面することを援助していることにはならない。一方、クライエントはなおいっそう、怒りを外の誰か、たとえば配偶者などに集中させることになるだろう。

クライエントにつきまとう不安

咎められること

　クライエントが自分自身または家族や外の世界との関わりに失敗したために援助を求めてやって来る時には、自分が批判されるという考えに陥りやすい。クライエントは自責の念で一杯であり、「すべて私のせいです」と言ったり（そんなことはあり得ないのだが）、喧嘩腰の態度になったりする。「私を調べても無駄です。ジャネットの行動を説明できるものは家族の中には何も見つからないはずです」という会話は、ある母親が精神科のソーシャルワーカーに最初に発した言葉であった。このような発言は、面接の目的は非難することで、面接は道徳的な告発に終わると母親が推測していることを暗示している。罪悪

感から重要な情報を伝えないようにしたり，誰か他の人を咎めたりするという結果になることもある。たとえば，「それは学校のせいだと思います」，「うちの子がその少年と付き合ってからすべてが始まったのです」などである。

　クライエントは，なぜ自分が敢えて理解しないのか，または理解できないかを説明するために，単純な外的理由を選ぶ傾向がある。しかし，これには肯定的な側面もある。つまり，もし本当の原因が発見されるならば，解決策も見つかるのかもしれないと考えているからである。

罰せられること

　罰せられるのではないかという不安は罪悪感や道徳観によって導かれる。子どもをケアする職員たちが出会う子どもたちの中には，両親の離婚への強い罪悪感や責任感から，罰として意地悪な里親の下に送られることを期待する子どもたちがいる。保護観察官は権力を行使する者として，ここでは特有の問題を抱えている。もし保護観察処分中の少年少女が以前に懲罰的な方法で扱われたことがあるならば，保護観察官のちょっとした懲罰的態度にもいっそう敏感になるだろう。犯罪者は故意に保護観察官を挑発して怒らせて懲罰的にさせるように振舞い，それから犯罪者自身と同じように，非理性的でコントロールの効かない者であると保護観察官に思い込ませることで，自分を正当化することもあるかもしれない。

見捨てられること

　クライエントがワーカーのことを信頼し，自分自身のことを十分語れるようになればなるほど，クライエントは自分をとても脆弱であると感じるかもしれない。クライエントに期待が生まれるが，自分の問題が解決される前にワーカーに見捨てられるかもしれないと不安にもなる。ワーカーがクライエントに初めからどこまで関与すれば十分かを評価するのは難しいかもしれない。クライエントに会うというまさにその行動を通して，ワーカーは信頼感と依存感情に対する責任を受け入れる人として自分自身を位置付けている。ワーカーは，クライエントが助けを必要としているのはパーソナリティの大人の部分ではなく乳幼児の部分であり，面接には主にそれを持ち込んでくるということを忘れてはならない。過去の両親と同じように，クライエントはワーカーの行動があたかもすべて自分に関連していると解釈しがちである。たとえば，もしワーカーがクライエントを他の人に紹介すれば，それは自分の問題がとても深刻でワー

カーがそれに対処できないからなのかと，もしワーカーが休暇を取ればワーカーは自分をケアしてくれないのだろうかと，もしワーカーが仕事を辞めれば自分はワーカーの治療の能力を奪ったのではないかと考える。これらはクライエントに押し寄せる多くの不安のうちの一部に過ぎない。

Ⅲ　転移と逆転移

転移とケースワークにおけるその応用

　ワーカーもクライエントも出会うずっと前からお互いに期待を抱くことを提示してきた。こうした考えは各々の過去の関係性のパターンを基盤とするものであり，それらが現在に転移されたと考えられている。

　このような感情の転移は新しい関係性に重要な影響を及ぼす。ゴスリング (Gosling, 1968) が示すように，転移は私たちの (a) 新しい状況の認知の仕方，(b) 解釈の仕方，(c) 影響の与え方に影響を及ぼす。なぜなら，私たちの態度は仮説に基づいて，自分たちの期待に添う相手の反応を導き出す傾向にあるからである。(a) の例としては，自分の子どもの問題にひどく責任を感じていた女性が，ワーカーを自分を批判し咎める者として見なしていた例が挙げられる。(b) の例としては，ワーカーに過度に依存した結果，ワーカーが休んだと解釈したクライエントがいた。(c) の例としては，刑罰を科せられると予期していた若い犯罪者が保護観察官に挑発的なやり方で振舞ったため，ついには保護観察官が攻撃的で懲罰的な方法で実際に反応するということが挙げられる。

　したがって，ワーカーは転移された感情の性質に気づくことが最も重要である。このような感情が過去から転移されたものであると認識することは，ワーカーが状況をより客観的に理解することに役立つ。クライエントがワーカーに経験する愛情や憎悪，依存といった深い感情はワーカーの個人的技量よりも，クライエント自身がこのような感情が再び活性化される関係性の中に自分がいることに気づくことと関連があるかもしれない。さらに，ワーカーがこのようなことに気づいていれば，クライエントと共謀したり，クライエントに操作されたりした結果，クライエントに自分が悪者や理想的な人に仕立てられ，クライエントの非現実的な期待に沿ってしまうのを防ぐのに役に立つだろう。クライエントは感情の行動化を促されるのではなく，この感情に気づき，現実の状況と照らし合わせ，欲求不満に対処できるように仕向けられる。

転移の概念

転移という現象の発見はジークムント・フロイト Sigmund Freud（1895）の貢献によるものである。ヒステリーの女性クライエントが精神科医に恋をする傾向にあることに気づいた時，フロイトは当初これを分析治療の妨害と見なした。しかし，その後賢明にもフロイトはここで起きたことはクライエントが以前に誰か他の人に，たとえば少女が父親に抱いたような感情を再体験しているという結論に達した。このような感情は葛藤を生み，抑圧され，ヒステリー症状をその出口とすることが見出された。精神分析的設定の中で，それらの感情が再び現れる。後に，フロイトは憎悪や嫉妬，競争心などに関係したあらゆる類の早期の葛藤が，分析者との関係の中に持ち込まれることに気づいた。「過去の精神的な体験のすべてはけっして過去に属するものになるのではなく，医師という人間との現実的な関係としてふたたび活動し始めるのである」［細木照敏・飯田真訳］。このような反復によって，早期の葛藤は理解され，変化が可能となった。それによってフロイトは，クライエントの過去を再構成することを大いに可能にした。多くの大人の分析を基に，フロイトは子どもの性的発達についての仮説に到達することができた。その後，直接子どもを観察することでこれらの正当性が証明された。

メラニー・クライン Melanie Klein（1952）の業績によって，転移の概念はふたつの方向に拡大された。第一に，クラインは転移を抑圧された葛藤だけでなく，関係性の基になる早期の情動すべてを含むとした。第二に，子どもの分析から示されたように，転移されたものはより成熟した要素と一生を通してずっと続く乳幼児のあらゆる感情状態であるという理解によって，この概念は深められた。

この後に記述する転移はクラインの理解によるものである。私たちはこの後，大人の中に存在する「子どもと赤ん坊の感情」の本質について考察し，それらのルーツを乳幼児期まで辿る必要があるだろう。

逆転移

面接状況の中に過去から転移された期待や恐怖，問題を持ち込むのはクライエントだけではなくワーカーも同じである。たとえば，ワーカーは目前にいるクライエントの中に自分の母親のある部分を見るかもしれず，その結果，まだ自分は小さな少女で目の前にいる大人を助けることはできないと感じるかもしれない。また，あるカップルとの面接では，ワーカーの自分の両親との関係に

おける嫉妬の問題によって，カップルの一方に反対して，もう一方を支持してしまうかもしれない。また，ワーカーはクライエントを理解し，思いやりたいという願いよりむしろ，他人の私生活に侵入したいという欲求に動かされることで過度に詮索的になるのかもしれない。その生活とは，ワーカーが排除されていた両親の秘密の生活に侵入したいとかつて切望していたのと同じものなのかもしれない。また，ワーカーは，このような傾向を恐れるあまり，自分の自然な好奇心を抑えてしまうこともある。

　ワーカーには，子ども側に味方して両親に反対する傾向が一般にある。なぜなら，人は人生において上手くいかないことはすべて両親のせいにしたいと願うからである。勿論，ワーカーは批判的態度を取らないことを理論的には了解している。しかし，実際に子どもが拒絶されているように見えたり，または母親が子どもに憎悪を表したりする場合，特にこのようなことが起こりがちである。私たちは，「この女性がこの子どもにこのような感情を抱くのはどうしてなのか」と尋ねることができるように，自分自身を十分に切り離して，母親の困難さを認識する必要がある。そうすれば，母親の敵対的，さらには残忍な感情が，結局私たちの本質とそれほど懸け離れていないことに気づくだろう。なぜなら，私たちはきょうだいや受け入れられない自分自身の子どもの部分に対して，似たような感情を自分自身の中に隠し持っているからである。時に，ある特別な問題がワーカー自身の問題と極めてぴったりと一致し，ワーカーはそれに目をつぶったり，逆に関与し過ぎてしまったりすることもある。

　逆転移という言葉は，ワーカーが自分の過去から転移し，不適切にクライエントやその問題に当てはめる感情を意味するものとして作り出された。一般的なクライエントが，もしくは特別なクライエントまたは特別な問題が，ワーカーの中にあるワーカー自身の未解決な問題を誘発する傾向がないかを確認するためには，スーパーヴィジョンや自己吟味が重要である。ワーカーの未解決な問題が誘発されれば，ワーカーの理解は歪み，クライエントとの相互作用は妨げられるであろう。

　近年では逆転移という言葉は違った意味でも用いられるようになってきた。すなわち，クライエントから転移された感情をワーカーが受け入れた結果，ワーカーの中に生じた反応を説明する言葉として用いられる。これらの感情が正確にクライエントの感情を映し出していると仮定できるのであれば，それはクライエントの理解に最も有用なガイドとなる。それらの感情が，まだ表現されていない感情の手がかりを私たちに示すこともよくある。たとえば，あるクラ

イエントは援助を望んでいないと私たちに繰り返し述べているにもかかわらず，クライエントの中の子どもの部分はまるで母親のケアを必要としているかのように，私たちの中に大きな心配を引き起こすかもしれない。または，あるクライエントが去った後に絶望的な気分になることは，クライエントの怒りの爆発の背後にクライエント自身の中の絶望した惨めな部分が存在することの唯一の手がかりとなるかもしれない。休暇後，数週間本の陰に隠れて座り，明らかに私や治療を完全に拒絶していた子どもがいた。これは休暇中私がその子にしたことにどんな気持ちを抱いたのか，会えないことがどれほど恐ろしいことであったのかを伝えるためのその子のやり方であった。このような場合，自分自身に問いかけることで核心に触れることができるようになる。すなわち，このクライエントは私に何をさせたいのか。そうすることで，クライエントは自分について，関係性の本質について，自分が他者に与える影響力について私に何を伝えているのか。さらに，私たちはこれが妥当な直観なのか，クライエントが伝えていることに関する反応なのか，私たちが面接状況の中に投じているものについて反応しているだけではないかを自問自答してみる必要がある。このような問いかけを行うことによって，自分自身やクライエント，そして「今ここで」の関係性の本質について，さらに理解が深められるのである。

参考文献

Freud, S. (1895) Psychotherapy of Hysteria, *Standard Edition of the Collected Works*, vol. 3. London: Hogarth & Institute of Psychoanalysis. （懸田克躬訳：ヒステリー研究．フロイト著作集第7巻．人文書院，1974.）

Freud, S. (1905) Fragments of an Analysis of a case of Hysteria, *Standard Edition of the Collected Works*, Vol. 7, London: Hogarth and Institute of Psychoanalysis. （細木照敏・飯田真訳：あるヒステリー患者の分析の断片．フロイト著作集第5巻．人文書院，1969.）

Klein, M. (1952) The origins of transference, *Envy and Gratitude, The Writings of Melanie Klein*, vol. 3. London: Hogarth & Institute of Psychoanalysis. （舘哲朗訳：転移の起源．メラニー・クライン著作集4．誠信書房，1985.）

Gosling, R. (1968) What is Transference? The Psychoanalytic Approach Ballier. Tindall & Cassel.

第19章　赤ん坊の言葉を理解すること[原註1]

ジョアンナ・ホーソン

　誕生間もない赤ん坊は，刺激に対してただ受動的であるだけでなく，とても洗練された複雑な存在として考えられている。乳幼児と両親の関係は双方向の相互作用であり，個々の赤ん坊が両親や環境に対してどのように反応するかを理解するためには，赤ん坊をよく見て赤ん坊のサインを観察することに時間をかける必要がある。誕生したばかりの時は，関係性を形成するには脆弱な時期である。この時期に母親が経験したことや受けたサポートが，母子の関係性のあり方を決定する（Hawthorne & Richards, 1999）。相互作用のパターンは3カ月で形成され，肯定的であれ否定的であれ，この期間に赤ん坊が経験したことが，自分の世界に対する理解や安全感に影響を与えることになる。またこの時期，赤ん坊の脳は驚くべき早さで成長しており，適切な発達のために必要なものを環境から取り入れることも知られている。しかし，このことは赤ん坊が養育者との信頼関係を築くためには，自分の行動が肯定されているという経験や養育者からの応答が必須であるということを意味している。もし，赤ん坊が自分たちの行動にいつも不適切に応答されれば，自分たちの世界や養育者は安全ではなく予測できないという感覚を作り上げるだろう（Rutter & Hay, 1994）。

赤ん坊は何ができるか

　赤ん坊は誕生時には既に驚くべき能力を持っている。赤ん坊は自分の母親や父親の声を特定することができる（そして，赤ん坊は人間の声を好む。人間の声は適正な調子と大きさを保持しているのである）。赤ん坊は母親の匂いや，母親の顔と見知らぬ人の顔との識別ができ，大人が味わう4つの基本的な味覚を味わうことができる（Cole & Cole, 2001）。赤ん坊は音のする方向を向

原註1）この論文は，2001年のエセックス大学で開講されたCPSのサマースクールのために執筆されたものである。

き，自分の目や頭を使って動いている物体を追うことができる。赤ん坊はある決まったパターン，特に暗さと明るさのコントラストを選択して見ることができ，そして最も好むのは人の顔の形である。

しかし，赤ん坊にとって一番重要なのは対人関係を持ちたいという欲求であり，もし赤ん坊が人との十分な相互作用なしに長期間放置されたら病気になってしまうことがある。赤ん坊は驚くほど社会的スキルを持っている（Klaus & Klaus, 1998; Murray & Andrews, 2000）。最近の研究では，赤ん坊は喜びと悲しみの表情の違いを検出できることが解明されてきている。赤ん坊は大人の注意を引くために，誕生の時から力強い注視ができる。泣いて大人の注意を惹きつけ，あやしに応じることで大人に報酬を与える。あたかも「社交ダンス」のように，互恵性を持って対人関係上の相互作用に応答し，そのことは後の会話や「ギブ＆テイク」の関係に繋がる。ある研究では，赤ん坊の吸って休むという授乳リズムが，後の「やりとり」行動の原型になることを示唆している（Brazelton & Cramer, 1991）。赤ん坊は舌を突き出したり，しかめっ面をしたり，唇を尖らせるという身振りを模倣することができる。頬をなでられた時，授乳の準備ができた乳首の方を向くというように，赤ん坊は決まった行動が褒美をもたらすことを学んでいる。赤ん坊は他の人とのコミュニケーションを可能にするために「予め調律されている」。

行動の状態――睡眠と覚醒

赤ん坊のすべての行動は，行動の状態の文脈において理解されなければならない。たとえば，赤ん坊は眠りたければおっぱいを飲まないだろうし，遊びたい時のような覚醒した状態にあれば，眠りにつきたいと思わないだろう。ある状態から別の状態に即座に変化する赤ん坊もいて，そういう赤ん坊の扱いは楽ではない。一方，ゆっくり目覚めてしばらく覚醒し，それからぐずって眠りにつくという赤ん坊もいるだろう。赤ん坊の状態を特定することは，両親が自分の赤ん坊特有のパターンを知り，次の行動を予測する手助けとなるだろう（Brazelton & Nugent, 1995）。

6つの意識状態

1. 深い眠り――目はしっかり閉じられ，呼吸は深く，運動の伴う活動はなく規則的である。この状態の時，成長ホルモンは活発に分泌されている。

2. 活動的な（浅い）眠り——目はしっかり閉じられているがぴくっと動いたり，不規則な浅い呼吸や顔面の動きが見られることもある。活動中（または，レム（急速眼球運動）睡眠中）に脳の成長や分化が起きていると考えられている。
3. 半覚醒状態——目は開いたり閉じたりしているが，一見うつろに見える。腕や足は滑らかに動く。呼吸は規則的だが，寝ている時よりも早くて浅い。この状態の赤ん坊は，覚醒した過敏な状態へと喚起されやすい。
4. しっかり覚醒している状態——目は明るく輝いて，体と顔は比較的静かで不活発な状態にある。人の姿や音声によって反応が引き出される。この状態の赤ん坊は両親にとって報いになる。
5. 目覚めているが，ぐずった状態——泣いている状態への移行状態。外部の刺激に応じてあやされたり，魅力的な刺激によって覚醒状態に移行することもある。刺激が多すぎるとひどくぐずってしまう。筋肉がぴくぴくと微細に動き，自分のその動きにぎくっとさせられることもある。
6. 泣いている状態——空腹，痛み，退屈，不快，疲れを伝達する時などのコミュニケーションで，両親の関心と責任感を自然に喚起する。これは養育者を惹きつける最も効果的な状態である（Brazelton & Cramer, 1991）。

　赤ん坊の脳は，自分の状態（睡眠や授乳の時間）を調整するほどには十分成熟しておらず，生後数週間は自分の状態を調整するのに他の赤ん坊よりも多くの手助けを必要とする赤ん坊もいるということを理解しておくのは両親にとって極めて有益である。また，他の子よりも容易く自分を鎮めることができる赤ん坊もいる。鎮めるのが容易であるということは，自分の状態を調節する助けになる。こうした情報は，赤ん坊の行動が自然発生的で，赤ん坊は自分の行動や反応を操作できないということを両親が理解するのに役立つ。

新生児行動評価尺度

　赤ん坊を系統的に観察するひとつの方法は，1973年にブラゼルトンT. Berry Brazeltonによって開発された新生児行動評価尺度（NBAS）の使用である。それは新生児の情動や行動の特徴，そして個々の特質を評価するために開発された。この尺度は，人の顔や声と同様にガラガラやベル，赤いボールな

ど，人や人以外の刺激に反応する時の新生児の行動の能力範囲を評価している。また，この尺度は 18 個の反射を査定し，合計 53 個の特徴を採点することができる。何かを実施するものもあれば，驚愕反応，震え，皮膚の色，他のストレスや無関心のサイン，微笑などのようにただ観察するものもある。

NBAS は両親が誕生したばかりの乳児の能力にもっと気づくように促す方法として，また赤ん坊の気になる部分を確認する方法として，次第に臨床医に広まっていった。自己鎮静や自己調節についての赤ん坊の能力を測定し，それによって養育の情報を提供している。

NBAS は誕生から生後 3 カ月までの赤ん坊と，妊娠 35 週以上で誕生した健康な未熟児に適用可能である。訓練された専門家が両親と共に，ひとりの人間としての赤ん坊を知り，両親の所見を検証することができる。赤ん坊の行動を専門家と家族が同時に見るために，その赤ん坊に注意が焦点付けられ，そのことにより何でも自由に話せるようになる。NBAS は，産後うつ病の母親や未熟児の母親，それに自分の赤ん坊とのやりとりに特に困難を感じている母親に上手く利用されてきた（Nugent & Brazelton, 1989）。NBAS を介入方法として使用した研究では，母親としての自信が増したり，母親 - 乳児間の互恵性の得点が高くなったり，父親の関与が高まったことを明らかにしている（Beal, 1986; Britt and Myers, 1994）。両親は赤ん坊の行動を観察することよって，どんな場合に赤ん坊に過度にストレスがかかっているのか，疲れているのか，空腹なのか，ふざけているのか分かり，いつ適切な応答をしたらよいか気づくようになる。

赤ん坊に必要なもの

赤ん坊は食べ物や睡眠，身体的な温かさだけを必要としているのではない。赤ん坊には情緒的欲求を満たす情緒的に温かく応答性の高い養育者が必要である。赤ん坊は身体ばかりでなく情動的にもコンテインされているという感覚や「抱えられている」という感覚が必要である。次に挙げるものは，ブラゼルトンとクラーマー（1991）による，赤ん坊が必要とするもののリストである。

1. 赤ん坊の長所を見て，困難を助けてくれる観察者
2. 養育者との温かで応答的な相互作用
3. 家族システム内での，フィードバックを与えてくれる対人関係上の相互

作用
4. 応答されることによる発声の強化
5. 起きていることの意味を明らかにし,安全感を促進するために問いかけられ何が起っているのかを答えてもらえること
6. 柔軟性のある構造と規則性
7. 見たくなったり,やりたくなるような面白いこと
8. 人は個々のペースで発達することを理解できる養育者
9. 発達を理解している養育者
10. 赤ん坊が満足しているかどうかが分かり,読み取ることができる行動をするひとりの人間として赤ん坊を理解する中で生まれる母親の自信
11. 生物としての赤ん坊の行動を読み取れること,そして,その行動は赤ん坊が満足しているかどうかの指標となることを理解することがもたらす母親の自信

　これらの概念は,親-乳児関係が健康的なスタートを切るのをどうすれば助けることができるかということを私たちが考える時,とても重要である。

母子精神保健の専門家はどのように手助けすることができるか

　赤ん坊の欲求と能力に気が付いている精神保健に関わる専門家は,赤ん坊のサインに対する養育者の反応や注意力を高めることができる。専門家は新生児行動評価尺度(NBAS)を使って,赤ん坊の情動と行動の特徴を体系的に観察する訓練を受けている。両親が自分たちのアンビヴァレントな感情や喜びや心配を表現できる,オープンで批判されることのない環境を作り出すことによって,母親たちが自分の赤ん坊に同調できるようになること(または,情動調律を得ること)を助けることができる。『情動調律』とは,スターン(Stern, 1985)によれば「共有された情動状態がどのような気持ちなのかを表現する振舞いを見せること」である。

　母親と赤ん坊はお互いに同調しなければならない。赤ん坊の変化を理解する養育者の能力は,乳児の自己感を高める(Winnicott, 1982)。乳児は誕生の時から非言語的な手がかりを経由して,養育者の意識,無意識的な感情をいとも簡単に感じている。母親は生後間もない赤ん坊との関係に,過去の様々な経験を持ち込んでいる。この新しい関係が成功するかどうかは,母親が自らの子育

てをどう理解するかを含む多くの要素や母親が過去の経験とどのように折り合いをつけたのかに左右される。もし母親が安心できていれば、生後間もない赤ん坊のよりよい観察者になり、赤ん坊の欲求を適切に満たすことができる。母親が安心できていない場合には、母親を悩ませている感情を理解するのに専門家の助けを必要とすることもある。

母子精神保健の専門家は、両親が自分の赤ん坊と肯定的な関係を作り上げるのを援助する重要な役割を担っている（Brazelton, 1992）。こうした専門家は新しい家族のとても敏感な時期に影響力のある立場にいて、両親は専門家が自分たちの赤ん坊をどのように扱い、どのように話しかけるのかを観察し、その同じやり方を自分の赤ん坊と相互作用をする時のモデルにするだろう。専門家は正確な情報を両親に伝えるために、赤ん坊ができることをすべて知っている必要があり、最近の研究にも注意を払っておかなくてはならない。赤ん坊の行動に焦点化することは、家族との治療同盟を成立させるのを可能にする。赤ん坊ができる素晴らしいことを強調することで、親は赤ん坊の長所に注目するようになる。赤ん坊には誕生の時からそれぞれパーソナリティと気質があることやある一定の時期にその能力が発達することを両親が理解するのを援助することで、赤ん坊への罪悪感や赤ん坊から拒絶されているという感情が減少する傾向にあることが見出された。また、赤ん坊のあるお決まりの行動が自分たちを困らせようとしていると両親が感じ、それを赤ん坊の故意によるものと考える傾向も減る。両親と母子精神保健の専門家が積極的に関わることによって、最も適切な方法で家族関係が育つのを援助することができるようになる。

参考文献

Beal, J.A. (1986) The Brazelton Neonatal Behavioural Assessment Scale: a tool to enhance parental attachment. *Journal Pediatric Nursing*, 1: 170-7.

Brazelton, T.B. (1992) *Touchpoints: Your child's Emotional and Behavioural Development.* Perseus Books.

Brazelton, T.B. and Cramer, B.G. (1991) *The Earliest Relationship.* London: Karnac.

Brazelton, T.B. and Nugent, J.K. (1995) The Neonatal Behavioural Assessment Scale (3rd edn.). *Clinics in Developmental Medicine*, 137. MacKeith Press. Distributed by Cambridge University Press.

Britt, G.C. and Myers, B.J. (1994) The effects of Brazelton intervention: a review. *Infant Mental Health Jounal*, 15: 278-92.

Cole, M. and Cole, S.R. (eds) (2001) *The Development of Children*, 4th edn., New York: Worth Publishing.

Hawthorne, J.T. and Richards, M.P.M. (1999) Psychological aspects of neonatal care. In:

Roberton, N.R.C. and Rennie, J. (eds), *Textbook of Neonatology*, 3rd edn. Edinburgh: Churchill-Livingstone.
Klaus, M.H. and Klaus, P.H. (1998) *Your Amazing Newborn*. Perseus Books
Murray, L. and Andrews, L. (2000) *The Social Baby*. Richmond: CP Publishing.
Nugent, J.K. and Brazelton, T.B. (1989) Preventive intervention with infants and families: the NBAS model. *Infant Mental Health Journal* 10: 84–99.
Rutter, M. and Hay, D. (1994) *Development through Life: A Handbook for Clinicians*. Oxford: Blackwell Science Inc.
Stern, D. (1985) *The Interpersonal World of the Infant*. Basic Books, New York. (小此木啓吾・丸田俊彦監訳／神庭靖子・神庭重信訳：乳児の対人世界,理論編,臨床編.岩崎学術出版社,1989, 1991.)
Winnicott, D.W. (1982) *The Maturational Processes and the Facilitating Environment*. New York: International Universities Press. (牛島定信訳：情緒発達の精神分析理論.岩崎学術出版社,1977.)

第20章　子どもの行動が母親の精神衛生に及ぼす影響[原註1]

リン・マリー

　母親になることは，大抵の女性にとって肯定的な体験であると考えられている。事実，エジンバラの研究は子どもの出産が実際に精神医学的な防御因子として働くことを示している（Miller, 1989）。その研究では，出産や失職などの様々な出来事と出産以外の中立的，または肯定的な単独での出来事とで，その後にうつ病になる確率を比較した。その結果は，出産による影響は中立的または肯定的な出来事による影響に最も近く，最近，出産した女性は予想よりも不安が少なく，うつ病の程度が軽いというものであった。

　しかしながら，他の諸研究では出産後の女性のうち10〜15％に，産後にうつ病の臨床症状が見出されることが示されている。その症状は他の状況で発症するうつ病の症状とは異なっている（Cooper et al. 1991）。その症状は広範囲に及ぶ抑うつ気分や不安，顕著に際立った焦燥感，通常の日常生活能力の大きな阻害などが認められる。

　産後うつ病は最初の2カ月以内に発症することが多い（Cooper et al., 1991）。その症状の多くは4カ月以内に一時的に改善するが（Cooper et al., 1988, Murray, 1992），いくつかの研究では，ある一定レベルの気分障害は大抵の場合，少なくとも1年は続くことが明らかになっている（Cooper et al., 1988; Pitt, 1968; Nott, 1987）。出産後という要因以外で発症するうつ病と同じく，産後数カ月に発症するうつ病も貧しい住宅事情や経済的困難，無職などの負の社会的，経済的要因と関連していると報告している英国の地域研究もいくつかある（Murray, 1992; Paykel et al., 1980; Cooper & Stein, 1989）。さらに，女性とパートナーの関係性の質を調べると，両者の関係性における対立や信頼の欠如と産後うつ病との間に有意な関連が示されていた（Murray, 1992; Paykel et al., 1980; Kumar & Robson, 1984; Stein et al., 1989; Watson et al., 1984）。実際，信頼の欠如した関係は産後うつ病の患者すべてに共通している。英国の研

[原註1) この論文は1997年に *Health Visitor*, 70/9, 334-5で発表され，著者および学会誌の寛大なる許可を得てここに再収録された。

究で，出産前のその他の変数のうち，産後うつ病の予測因子として唯一共通して見出されたのはうつ病の既往歴であった（Kendell, 1985）。

これらの危険因子が一貫して産後うつ病と関連付けられてきたにもかかわらず，実際にどの人がうつ病になるかを予測するのは遥かに困難である。数千人を対象に，妊娠後期から分娩後を追跡した結果に基づく予測因子でさえも，完璧にはほど遠いものであった（Cooper et al. 1996）。劣悪な環境で生活しながらも何とか健康に暮らしている人もいる一方で，豊富なサポートと望ましい生活環境で暮らしながらも産後に抑うつ気分を主とする気分障害を経験する人もいる。

ひとつの可能性は，子どもの個々の性質の違いがうつ病の発症など母親の体験に影響を与えるというものである。このアイディアに沿った調査は，母子関係と産後うつ病についての研究において重点が移行していることを示している。このような研究では，たとえば生後2～3カ月の子どもと対面するように構造化された状況での相互作用において，うつ病の母親と健康な母親の相互作用のスタイルに顕著な差が見られたことが示されている（Cohn et al. 1986; Field, 1992; Murray et al. 1996; Murray et al. 1993）。

高リスクのサンプルではこれらの違いは顕著である。うつ病の女性は子どもから距離をとる傾向が強かったり，関与しなかったり，侵入的で敵意が見られたりのどれかに当てはまると考えられることが多い。低リスクのサンプルでは，症状はそれほど極端ではないが，それでもやはり子どもに対する母親の感受性，応答性の低さにうつ病が関連していた。また，これらは乳幼児期後の子どもの認知発達の低さを予測することも示唆されていた（Murray et al. 1996）。受けたケアによって子どもが影響を受けることは確かであるが，子どものケアという経験によって母親も影響を受けていることを示す研究もある。うつ病の親が自分の子は育て難い子どもであると話すことは多い。それには，子どもがよく泣く，寝かしつけるのが難儀である，注意を向けるよう要求してくるといったことが挙げられる（Cooper & Murray 1997; Murray, 1997; Seeley et al. 1996）。

ケンブリッジで調査されたふたつの研究対象のうつ病の母親たちからは，子どもの睡眠の問題が報告された。これらの子どもはなかなか落ち着かず，寝かせるためにはベビーカーを前後に揺らすなどの積極的な介入を必要とした。その子どもたちは抑うつ状態で覚醒し，長い間泣き止まない傾向にもあった。さらにもうふたつの研究は，これら子ども側の要因が母親のうつ病と子どもと対

面した相互作用の質の双方に影響を与えることを示唆している。カトローナとトラウトマン（Cutrona & Troutman, 1986）は，子どもの気質の難しさは母親の継続した抑うつ気分と関連することを示唆している。フィールドら（Field et al. 1988）は，うつ病ではない看護師がうつ病の母親の子どもと関わると，看護師自身の行動が，健康な母親の子どもと関わっている時と比較して表情が乏しくなったり，否定的なものになるという変化を示すことを見出した。

　これらの調査結果は，子どもの行動上の特質が母親の気分や行動に大きな影響を与えるという考えと符合する。しかし，これは最終結論とはならない。なぜなら，これらの研究は各々，子どもの誕生後既に2，3カ月が経過した後の調査であり，うつ病の母親に養育されることで子どもが徐々に育て難く，応答性が悪くなっている可能性があるからである。

前方視的研究

　前方視的にこれを調査するために，母親のうつ病の発症に先立って，新生児の初期の行動を測定し，次に出産8週間後の追跡調査で，子どもの性質と母親の気分の関連をチェックする研究が行われた（Murray, Stanley, Hooper et al., 1996）。

　ケンブリッジ産科病院では初産で妊娠後期の女性を対象として，産後うつ病を発症するリスクの高い人たちを探すための質問紙を使った大規模なスクリーニング調査を行った（Cooper et al. 1996）。この調査では38週～42週の間に出産し，子どもの体重が2500グラム以上，アプガースコアー[原註2]が5分値で8以上の女性に研究への参加を呼びかけた。うつ病となるリスクの低い46名（そのうち6.5％にあたる3人が断った）と共に，うつ病となるリスクの高かった女性238名（そのうち21％にあたる50人が断った）が参加を受諾した。

　参加者には，産後1週間以内にふたつの質問紙の回答を依頼した。ひとつは，その時の母親の気分を問う「マタニティ・ブルー」質問紙（Kennerley & Gath, 1989），もうひとつは子どもに対する認知や経験を問う母親と赤ん坊尺度（Wolke, 1995）であった。子どもには生後10日～15日の間に，子どもの行動を測定するための標準化された方法である「新生児行動評価尺度」，つまりNBAS（Brazelton & Nugent, 1995）[原註3]を実施した。この尺度では反射作

[原註2] アプガースコアーは誕生直後にすべての新生児に対して行われる仮死の程度を測るスクリーニング検査であり，赤ん坊の全身状態，生理的反応性を査定するものである。最高値は10である。

用の記録と同様に，刺激範囲での子どもの行動プロフィールを知ることができる。これによって，測定者は子どもの能力や問題を明らかにし，特に環境内の不快な出来事から身を守る能力や自分自身の状態を調節する能力を測定できる。同時に，それぞれの母親の心的状態を測定し，うつ病の母親は調査から除外した。産後8週で母親たちに再会し，乳児の1カ月検診の後，母親がうつ病になっているかを診断するため，調査者は標準化された精神科的インタビューを施行した。その結果，うつ病になる高リスクの女性の32％，低リスクの女性の19％がうつ病になっていた。

次にNBASで測定した子どもの行動と母親のその後の心的状態を調査し，両者の間に有意な関連が見出された。運動制御が悪い子どもの母親がうつ病となる危険率はなんと約5倍に跳ね上がった。うつ病のリスクの高低にかかわらずこの傾向が見られた。母親のうつ病を予測するもうひとつの新生児の特質として過敏性が見出された。このカテゴリーは，小さな刺激にもとても敏感な子どもや抑うつ的になることで素早く反応する子ども，落ち着いた状態に戻るためにはかなりの助けを必要とする子どもを示している。既にうつ病になる可能性が高いと分類されている母親にこのような因子が存在すると，危険率は3.5倍に増加した。

子どもが母親に与える影響を考える際，生後10日目のNBAS検査で測定された新生児の行動が，実際にその時の母親の状態によって引き起こされたものではないことを示すことが重要である。これは新生児の検査が行われた時点でうつ病になっていた母親を研究から除外することで回避された。

しかし，母親の経験や子どもに対する母親の認知と同じように，母親の全体的な気分（そしておそらく潜在的抑うつ状態）を考慮するなら，子どもの行動が母親に与える影響を考えることも重要である。深刻な「マタニティ・ブルー」と，子どもは落ち着かず規則性がないと感じる気持ちのどちらもが，確実にその後の母親のうつ病の予測因子とされた一方で，それでもなお子どもの行動が母親に与える影響の重要性は高い。その他のふたつの調査結果でも，うつ病の予測変数となる子どもの行動の特質は母親側の変数と相関がないことが実証された。まず，出産前の質問紙調査における社会的，個人的危険因子のうち，子どもの過敏性や運動制御の低さの予測因子となるものはなかった。実際，うつ病となるリスクの高低にかかわらず，これら危険因子の発生率は同じであっ

原註3）本書第19章を参照〔編者〕。

た。次に，産後数日間の子どもに対する母親の気持ちや認知と，子どもの実際の行動の間にはほとんど関連がなかった。特に出産前から母親の脆弱性が高い場合，過敏性による行動の程度が強い子どもは育児を著しく困難にすることを想像するのは難しくない。過敏な子どもにとって，昼寝の時間を変えるという単純なことでさえストレスと感じられるかもしれず，このような子どもを落ち着かせるには相当な労力が親に課される。運動制御が悪い子どもの親が抱える困難は明らかにされていないため，事態の把握には詳細な研究が必要である。ひとつの可能性としては，運動制御が悪い子どもたちは養育者とのアイコンタクトの確立，維持が普通より難しく，親にとって一般的な対人的触れ合いを楽しめる機会や，子どもの世話はとても報われるものであると感じられるような関係を子どもと築いているという感覚を享受する機会が少ないのかもしれない。

育て難い子どもの行動が母親をうつ病の危険に晒すもうひとつの理由は，乳幼児期に関して周知されている文化的な信念にある。子どもの発達に関して親が受け取る情報の多くは，「典型的」または「普通の」子どもというものが存在しているかのような印象を与えやすい。たとえば，子どもは食事と食事の間にはたくさん眠り，安らかに過ごすものだといった考えである。もし自分の子どもがこの「普通の」赤ん坊のイメージと合致しなければ，母親はいとも簡単にそれは自分のせいであると思いやすい。このような場合，母親は母親と乳児のためのクリニックなどのサポート手段の利用を躊躇するかもしれない。なぜなら，こうした母親たちは非難されたり，泣いている赤ん坊を連れた母親は自分だけであると想像するからである。

これらの調査結果は，子どもは必ずしも教科書のモデルと一致するものではないということ，赤ん坊に対する親の反応は子どもの行動によって影響を受けることもあるということを，保健衛生の専門家が親たちに気づかせる必要があることを強調している。現在，国民保険機関の行政がバックアップしているレディングのプロジェクトでは，育て難い子どもとその親の援助に有効な方法を保健衛生の専門家たちが研究中である。

参考文献

Brazelton, T. and Nugent, J. (1995) *Neonatal Behavioral Assessment Scale*. London: MacKeith Press.（穐山富太郎監訳・大城昌平他訳：ブラゼルトン新生児行動評価 第3版．医歯薬出版，1998．）

Cohn, J., Matias R., Tronick, E. (1986) Face-to-face interactions of depressed mothers and their infants. In: Tronick, E. and Field, T. (eds.) *Maternal Depression and Infant*

Disturbance: New Directions for Child Development, No. 34. San Francisco: Jossey Bass.

Cooper, P., Campbell, E. and Day, A. (1988) Non-psychotic psychiatric disorder after childbirth: a prospective study of prevalence, incidence, course and nature, *British Journal of Psychiatry*, 152: 799-806.

Cooper, P. and Murray, L. (1997) The impact of psychological treatments of postpartum depression on maternal mood and infant development. In Murray, L. and Cooper, P. (eds.) *Postpartum Depression and Child Development*. New York: Guilford.

Cooper, P., Murray, L. and Hooper, R. (1996) The development and validation of a predictive index for postpartum depression. *Psychological Medicine*, 26: 627-34.

Cooper, P., Murray, L. and Stein, A. (1991) Postnatal depression. In: *The European Handbook of Psychiatry Disorders*. Zaragos: Antropos.

Cooper, P. and Stein, A. (1989) Life events and postnatal depression: the Oxford study. In: Cox, J. and Paykel, E.S. (eds.), *Life Events and Postpartum Psychiatric Disorder*. Southampton: Duphar Laboratories.

Cutrona, C. and Troutman, B. (1986) Social support, infant temperament, and parenting self-efficacy: a mediational model of postpartum depression, *Child Development*, 57: 1507-18.

Field, T. (1992) Infants of depressed mothers, *Development and Psychopathology*, 4: 49-66.

Field, T., Healey, B. and Goldstein, S. (1988) Infants of depressed mothers show depressed behaviour even with non-depressed adults, *Child Development*, 59: 1569-79.

Kendell, R. (1985) Emotional and physical factors in the genesis of puerperal mental disorders, *Journal of Psychosomatic Research*, 29: 3-11.

Kennerley, H. and Gath, D. (1989) Maternity blues: detection and measurement by questionnaire, *British Journal of Psychiatry*, 155: 356-62.

Kumar, R. and Robson, K. (1984) A prospective study of emotional disorders in childbearing women, *British Journal of Psychiatry*, 144: 35-47.

Miller, P. (1989) Life events technology: is it adequate for the task? In: Cox, J. and Paykel, E., Page, M. *Current Approaches to Childbirth as a Life Event*. Southampton: Duphar Laboratories

Murray, L. (1992) The impact of postnatal depression on infant development, *Journal of Child Psychology and Psychiatry*, 33: 543-61.

Murray, L. (1997) The role of infant irritability in postnatal depression in a Cambridge (UK) community population. In: Nugent, J., Brazelton, T. and Lester, B. (eds.), *The Cultural Context of Infancy*, Vol. 3. Ablex: New Jersey.

Murray, L., Fiori-Cowley, A. and Hooper, R. (1996) The impact of postnatal depression and associated adversity on early mother-infant interactions and later infant outcome, *Child Development*, 67: 2512-26.

Murray, L., Kempton, C. and Woolgar, M. (1993) Depressed mothers' speech to their infants and its relation to infant gender and cognitive development, *Journal of Child Psychology and Psychiatry*, 34: 1083–1101.

Murray, L., Stanley, C. and Hooper, R. (1996) The role of infant factors in postnatal depression and mother-infant interactions, *Developmental Medicine and Child Neurology*, 38: 109-19.

Nott, P. (1987) Extent, timing and persistence of emotional disorders following childbirth, *British Journal of Psychiatry*, 151: 523–7.

Paykel, E., Emms, E. and Fletcher, J. (1980) Life events and social support in puerperal depression, *British Journal of Psychiatry*, 136: 339–46.

Pitt, B. (1968) A typical depression following childbirth, *British Journal of Psychiatry*, 114: 1325–35.

Seeley, S., Murray, L. and Cooper, P. (1996) The outcome for mothers and babies of health visitor intervention, *Health Visitor*, 69: 135–8.

Stein, A., Cooper, P. and Day, A. (1989) Social adversity and perinatal complications: their relation to postnatal depression, *British Medical Journal*, 298: 1073–4.

Watson, J., Elliot, S. and Rugg, A. (1984) Psychiatric disorder in pregnancy and the first postnatal year, *British Journal of Psychiatry*, 144: 453–62.

Wolke, D. (1995) Parents' perceptions as guides for conducting NBAS clinical sessions. In: Brazelton, T. and Nugent, J. (eds.), *Neonatal Behavioral Assessment Scale*, 3rd edn. London: MacKeith Press.（穐山富太郎監訳・大城昌平他訳：ブラゼルトン新生児行動評価 第3版. 医歯薬出版, 1998.）

第21章　周産期における双子の一方の喪失のマネージメント[原注1)]

エマニュエル・ルイス，エリザベス・ブライアン

　妊娠中や出産前後に双子の一方が亡くなると，それは思考や感情に困惑的な混乱を与える。それは喪の作業を遅らせ，母親が生き残ったもう一方の子どもを育てるのに悪影響を及ぼすことがある。両親やきょうだいに死んだ赤ん坊への実感を抱かせるためには，あらゆる努力が払われるべきである。特に写真は混乱を緩和し，現実を見つめる助けとなることがあり，悲嘆の過程を促進させ，生き残った子どもの養育を改善させることもある。

はじめに

　出産時や子宮内での死は自然な普通の出来事であるにもかかわらず，それは矛盾し人生の自然な摂理に反するものと感じられる。誕生と死が重なると，苦痛やひどい落胆だけでなく混乱が生じ，現実感が乏しくなる。母親は何カ月もの高まりゆく充足感の後に，突然の空虚感に襲われる。子どもを無事出産した後でさえも，空虚感を経験する女性もいる。しかし，赤ん坊を亡くした母親は痛みや恥ずかしさ，母親として落第であるという気持ち，根拠のない罪悪感などのとても強い感情を抱く。母親は死んだ赤ん坊や生き残った赤ん坊，子どもを産む他の母親に，愛情と憎悪という葛藤的な感情を抱く。悲嘆があまりに強いと，それによって悲嘆の作業から目を逸らしてしまう。一方で理想化を避け，もう一方で慢性的で解決されない悲嘆を避けるために，失ったものへの悪感情をよい感情から分離させなければならない（Bourne, 1968）。

　出産時の死には思考と感情の混乱が関与してくる。その結果，両親の思考は阻害され，現実検討識が蝕まれ，奇妙な反応や行動が起きる。それは赤ん坊を亡くした家族だけでなく，その家族を世話する人々の中にも生じる（Cullberg,

---

原注1）この論文は1988年の the *British Medical Journal*, 297：1321-3に初めて発表され，著者と出版社の許可を得て再収録されている。

1972)。たとえば，ある司祭は死産した子どもを墓地に葬るのを仕方なく許可する代わりに，墓石は空白のままにすることを要求した。

　妊娠中の喪の作業は難しい。正常な喪の作業は悲しみを解決し解き放つまで亡くなった人のイメージをこころに抱えることを必要とする。この過程は妊娠中に必要とされる心的状態を害する可能性がある。それは母親の胎内にいる赤ん坊という観念を大切にするという心的状態で，喪の心的状態と似ているが極めて大きな違いがある。母親は喪の過程には欠かせない悪感情や恐ろしい考えを自分が抱くことで，赤ん坊が危険な目に遭うと感じてしまうだろう。

　妊娠中，または誕生間もない双子のひとりが亡くなった時にも，これと同じ情緒的な複雑さが生じる（Bryan, 1986a）。双子の一方が生き残り，もう片方の子どもが亡くなると，残された家族だけでなく家族を世話する人も，矛盾する心理過程に直面することになる。生き残った赤ん坊の誕生を祝うことや母親の情緒的関与が増えていくことは，悲しみに満ちた諦めや死産の痛々しい空虚感に慣れるという逆の過程と対照を成す（Winnicott, 1958; Lewis, 1979a）。特に具体的な記憶や思い出がなければ，亡くなった赤ん坊は幻のように感じられるかもしれない。悪い思い出は解き放たれるというよりも消失する。生き残った誕生したばかりの赤ん坊を上手く育てるには母親の十分な関与が必要であるため，喪の過程は当然ながら先延ばしになる。そして，それが後に再開されなければ，終わっていない喪の作業の様々な一連の兆候を引き起こすことがある。また一方では，母親が亡くなった赤ん坊のことを執拗に悲しみ，生存している赤ん坊の世話に専心できないこともある。母親が亡くなった赤ん坊（自分の「天使のような赤ん坊」）を理想化し始めると，また特に生き残った子どもが育て難かったり，行動や病気の心配があったりすると，生存している子どもと亡くなった子どもについて過度な感情の分極化が起こることもある。

死にかけている子どもや亡くなった子どもに関するマネージメント

　ひとりの子の死産で記述したように（Lewis, 1976; 1979b; Klaus & Kennell, 1982），両親ときょうだいに危篤および亡くなった赤ん坊の実感を抱かせるためには，あらゆる努力を払わなければならない。双子の一方が危篤状態にある場合には，大切な思い出を作るため，その赤ん坊と特別な時間を過ごすように家族に働きかけるべきである。両親は赤ん坊にできる限りの愛情を与え，世話をしたと思うことで，後に慰めを見出せるかもしれない。

双子の場合は，未熟児で医療機器に囲まれていることが多く，そのために両親にとって赤ん坊は自然でないように感じられる。名前を付けたり抱いたり写真に撮ることによって，赤ん坊は両親にとって現実のものとなるので，これはとても重要である。多くの親は亡くなった赤ん坊の写真を大切にしている。写真は現実を見つめるのを促進し，思い出を作り上げ，生存している子と亡くなった子の混乱を整理するのに役立つ。赤ん坊の思い出や双子の出産の思い出をできる限り満足のいく十分なものにするには，双子をひとりずつ撮った写真や一緒に撮った写真，洋服を着た写真や裸の写真など様々な種類の写真が必要になる。赤ん坊の皮膚に変色が見られる時には，カラー写真だけでなく白黒写真も有効である。このような写真はきょうだいや親戚，友人にも見せやすいだろう。

　亡くなった赤ん坊との体験が完全ではない場合，特に死産の場合には，両親の混乱や現実感のなさといった感覚が強化される。写真を見て思い出すのは，表面的で実体のない手足や顔だけと話す母親もいる。亡くなった赤ん坊を見ただけで抱いていない場合，特に死産やとても未熟な赤ん坊の場合にはひどく困惑する。このような混乱した感情は痛々しいだけでなく，精神病の要因ともなりうる。

　奇形の赤ん坊は両親の罪悪感や混乱を増悪させることが多い。しかし，赤ん坊を見たり抱いたりすること，写真などの変わらない記録を確保しておくことは現実を見つめるのに役立つだろう。たとえどんなに奇形が重篤であっても記録がなければ，多くの親は後に奇形そのものを過大視する傾向にある。そして記憶の中で奇形を過小評価している両親でも悲嘆の作業は妨げられる。医学的記録と共に，予備の写真が常に保管されておくべきである。最初は写真を拒否する（または，破いてしまうことさえある）親でも，後に写真をひどく欲しがることもある。

　写真は生の一部として自然なものであるように，死の一部としても自然なものであるべきである。双子や多胎児を亡くした家族会の会合でも双子の写真の価値が明らかにされている。そこでは双子を死産で亡くした母親5人全員が生存している子どもと亡くなった子どもが一緒に映っている写真があればよかったと語っていた。そして，新生児期に赤ん坊を亡くした10人の母親は皆，これに共感的であった。しかし，数名の医療従事者はこのアイディアに明らかに動揺していた。医療スタッフ自身が失敗したという感覚に苛まれているためかもしれない。しかし，このような死に対する反応はすべて，たとえそれが様々

なものが混ざり合ったものであろうとも，決して異常でも不適切でもないと親や親戚を安心させるため，医療スタッフにはできることがたくさんある。

双子の母親であるということ

　複数の胎児を妊娠した母親は，自分のことを双子（またはそれ以上）の母親であると思い続けている（Bryan, 1986）。ふたり以上の子どもを出産した多くの母親は，たとえば四つ子が生まれてくる予定で3人だけを出産した時に，生き残った子どもたちを三つ子であると考えることに強く憤りを感じている。ある母親は生き残った18カ月になる娘を連れて買い物をしている時に，同じ年頃の瓜二つの双子を連れている母親に会い，自分も双子の母親であると思われたいという欲求を示した。赤ん坊を亡くした母親が「うちも双子なのよ」と言うと，話しかけられた母親は「まあ。じゃあ，もうひとりの小さな女の子はどこにいるのかしら」と尋ねた。先ほどの母親は「家にいるのよ」と答えた。

　「少なくとも，ひとりは元気な赤ん坊がいるのだから」という月並みなコメントは，苦痛や憤りを引き起こす。生き残ったきょうだいが元気であることで，一方の子どもの死に慰めを得るよう親に期待するのは無理である。それどころか，双子のうちひとりだけ生き残った子どもを持つ親は，自分たちが悲嘆を感じることにすら罪悪感を抱いていることも多い。それゆえ，母親たちがこの罪悪感を口にし，混乱した感情を受け入れられるよう援助しなければならない。細やかな援助が為されれば，不安を減少させ，悲嘆の作業を助けることができる。たとえ正論であれ，その死が最善であったと暗に示すことは母親を大いに傷つける。三つ子のひとりを亡くしたある母親は，「まあ，3人も世話するなんて無理だったわよ」と人に言われるのをひどく恐れていたので，決して悩んだり，取り乱したりして見えないように特別に努力をしていた。

　妊娠中の母親のプライドは，特に双子の場合，より暗い側面を持つこともあり，他人に対して意識，無意識的に，勝ち誇ったという感覚を抱かせることがある。それは自分より不幸な人からの破壊的な妬みを喚起する恐れに繋がる。赤ん坊の喪失後，幸福の絶頂から深い恥辱感に突き落とされることもある。間もなく双子の母親になるという満足感はとてつもなく大きく，それになり損ねたことはより大きな失敗となる。生き残った子どもが2歳半になる母親は，同じように赤ん坊を亡くした母親のグループでまるで白状するかのように，「私は，Sの死を受け入れられそうな気がする。しかし，双子の母親ではないこと

を受け入れられないでしょう」と語った。その場にいた誰もがこれに賛同した。

　双子のひとりを亡くした後，生き残った赤ん坊を祝福することができない親もいる。普通であれば子どもが乳児のうちに洗礼を行っただろうと思われる両親がいた。しかし，この両親が洗礼の儀式に臨むことができたのは双子のひとりを亡くして4年後，洗礼と死産した子どもの追悼を一緒に行うという提案を受けた後だった。そこで，両親はやっと受け入れることができたのだ。

　何年もの間，喪の作業が阻害，抑圧されることもある。しかし，それを解決するのに遅すぎるということはない。双子の生き残りであった看護師は，22歳の時，自分の母親に誕生後間もない双子の一方を失った親が直面した困難を記述した看護雑誌の記事を見せた。この母親は初めて自分の感情が特異なものや，奇妙なものではなかったことを実感した。その夫も死産した男の子について決して口にしたことはなかった。しかし，この記事を読んだことで，次第に自分の息子について語り始めた。母親はとても安心し，ふたりの夫婦関係も変化した。

妊娠28週前での誕生と死

　妊娠28週が完了する前に双子のうちの一方を死産（流産）し，生きて生まれたきょうだいが生き延びるか後に亡くなる場合，周産期に赤ん坊を亡くすことに蔓延し，法律的なパラドックスと曖昧さが喪の作業を妨げる困難さに加わる。この経験はある私信で感動的に記述されている（Gabrielczyk, 1987）。

双子消失症候群

　今では，双子の妊娠は3カ月で超音波スキャンによって見つけることが可能であるが，双子の妊娠のかなりの数（半分程度）は，一児の出産という結末を迎える（双子消失症候群）。この早期発見に際し，双子であることを両親に即座に伝えて，後になって落胆する危険を覚悟するかという問題が生じる。多くの親は知りたいと思うであろう。紙様児[訳註1]がかなりの不安を生じさせることもある。これは両親に十分に説明されていないことが多い。後になって生き残った子どもが，自分の誕生には何かしら奇妙なもの，隠されたもの，語られて

訳註1）子宮内で死亡した胎児が胎盤に吸収されることなく，薄い紙のように胎盤に胎児の形態を残して，分娩後の胎盤に存在していること。

いないものや苦悩を与えるようなものがあると感じることもある。生き残った子どもにとっては，お腹の中で亡くなった子どもがいたことが明らかになるよりも，不明確な感じのままである方がより厄介になることもある。どんな場合であっても，生き残った子どもは生き残ったことやアイデンティティについての困惑を受け入れなければならない。

選択的堕胎

　多胎児の妊娠で異常のある胎児を子宮内で殺すことは，両親にとっていまや可能な選択肢である。それができない場合，親は正常な赤ん坊も犠牲にしてふたりとも中絶するか，異常な子どもを身ごもっていることを承知の上で妊娠を継続するかを選択しなければならない。この一見簡単な解決法は，親だけでなく多くの医者にとっても気味悪く恐ろしいものに思える。ここには厄介な倫理的な問題や優生学との難しい繋がりも存在する。したがって，どのような情緒的な問題が引き起こされるのかを同定し，明らかにすることが重要となる。

　生きている赤ん坊が亡くなった子どもの傍らに何週間も横たわっているという考えはひどく不安を生む。その上，もしひとりでも赤ん坊を中絶していれば，否認したいという当然の傾向と忘れてしまいたいという願いはもっと受け入れ難くなるであろう。無意識の罪悪感と不安が増し，悲嘆の作業を害することもある。それから何週間も後，ひとり生き残った赤ん坊の出産を迎えて，ようやく多くの親に赤ん坊を失うことの本当の衝撃が襲ってくる。この時までに，産科病棟のスタッフはその双子の一方のことを「忘れて」いることもあり，死んだ赤ん坊を認め尊重するのを怠ると，それが母親の苦痛を増すこともある。両親にとって，ふたりの赤ん坊が写っている超音波スキャンの写真は，自分たちがかつて多胎児を妊娠していたことの大切なたったひとつの証拠なのかもしれない。

　単なる人工中絶とは異なり，生き残った赤ん坊がいるために，存在していたはずの赤ん坊への意識は高まる。しかし，子どもを失った母親が妊娠中や生き残ったひとりの出産後に，亡くなった赤ん坊の悲嘆の作業を進めるのは難しい課題となるであろう。

残されたきょうだい

　幼い子どもは，妊娠や子どもの誕生に計り知れない関心を持っており，情緒的に巻き込まれてもいる。そして，事実と子どもたちの空想は，驚くほど深く絡み合っている（Lewis, 1983）。幼いきょうだいたちに出産時の死の複雑さを説明するのは，特に難しいことである。後に残された傷つきやすい子どもは通常放置され，その不安の大部分に自分たちで対処することになる。両親もまた，大抵は自分たちの混乱や苦痛によって無力になっており，きょうだいに説明をしたり，情緒的サポートを与えている余裕がない（Bourne & Lewis, 1984）。さらに，双子のうち生き残った子どもを育てる機能が失われることもある。その後，この子どもは生き残ったことへの罪悪感やアイデンティティの混乱を受け入れなければならず，それがパーソナリティの発達に影響することもある。

二重の喪失

　双子の両方が死ぬことはとても悲劇的である。しかし，少なくとも母親の悲しみは十分に実感される。双子の両方を失った母親の感情は，赤ん坊の片方が生き残り，もう一方が死んでしまった母親の感情よりは，混乱が少ないかもしれない。しかし，どちらの母親も子どもを失ったことだけでなく，双子の母親になるという自分たちの夢を失った深い悲しみによる苦しみが続いている間は，サポートが続けられる必要がある。

参考文献

Bourne, S. (1968) The psychological effects of a stillbirth on women and their doctors, *Journal of the Royal College of General Practitioners*, 16: 103-12.

Bryan E. (1986a) The intrauterine hazards of twins, *Archives of Disease in Childhood*, 61: 1044-5.

Bryan E. (1986b) The death of a new-born twin: how can support for parents be improved?, *Acta Genet Med Gemellol (Roma)*, 5: 115-18.

Bourne, S. and Lewis, E. (1984) Pregnancy after stillbirth or neonatal death: psychological risks and management, *Lancet*, ii: 31-3.

Cullberg J. (1972) Mental reactions of women to perinatal death. In: Morris, N (ed.), *Psychosomatic Medicine in Obstetrics and Gynaecology*. Basel: Karger, pp. 326-9.

Gabrielczyk, M. (1987) Personal view, *British Medical Journal*, 7: 295-9.

Klaus, M. and Kennell, J. (1982) Caring for the parents of a stillborn or an infant who dies. In: *Parent Infant Bonding*. St Louis: Mosby, pp. 259-92.（竹内徹他訳：親と子のきずな．医学書院，1985．）

Lewis, E. (1976) Management of stillbirth: coping with an unreality, *Lancet*, ii: 619-20.
Lewis, E. (1979a) Two hidden predisposing factors in child abuse, *Child Abuse and Neglect*, 3: 327-30.
Lewis, E. (1979b) Mourning by the family after a stillbirth or early neonatal death, *Archives of Disease in Childhood*, 54: 303-6.
Lewis, E. (1983) Stillbirth: psychological consequences and strategies of management. In: Milunsky, A. (ed.), *Advances in Perinatal Medicine*, Vol. 3. New York: Plenum, pp. 205-45.
Winnicott, D. (1958) Primary maternal preoccupation. In: *Collected Papers: Through Paediatrics to Psycho-Analysis*. London: Tavistock; Hogarth/Institute of Psycho-Analysis, 1978, pp. 300-5.（小坂和子訳：原初の母性的没頭．小児医学から精神分析へ──ウィニコット臨床論文集〔北山修監訳〕．岩崎学術出版社，2005．）

　双子および多産の死別に関する援助組織 the Twins and Multiple Births Association は自助組織であり，生き残った，または亡くなった双子を持つ親に援助を与えている。41Fortuna Way, Aylesby Park, Grimsby DN37 9SJ, UK で連絡が取れる。［同じような組織は多くの国にも存在している（編者）。］

第22章　死産や新生児の死後の妊娠——心理的リスクとそのマネージメント[原註1]

スタンフォード・ボーン，エマニュエル・ルイス

　周産期に赤ん坊が亡くなると，すべての人が次の妊娠は順調に進んで欲しいと願う。実際に死産を経験するとその後，不安，恐怖，抑うつ，心気症的などの多彩な神経症症状に苛まれることもある（Cullberg, 1972）。表面的に回復してもそれが後に再び活性化することもある。夫婦関係（Meyer & Lewis, 1979），もしくは家族の誰かが危機に晒されることもある。次世代に後遺症が受け継がれ，記念日やライフイベントによって何十年も後に活性化することも多い（Guyotat, 1980）。
　人の痛みは消えるが，死産の喪の作業や真の意味での回復は難しく，時間を要する。喪の作業が達成されると，次の妊娠は慰めや充実感を与えもする。しかし，あいにく新たな妊娠によって喪の過程が突然切り上げられることも多く，それが精神障害を生みやすくする。次に健康な赤ん坊を出産した後に，深刻で奇妙な反応が予期せずして起こることもある（Lewis & Page, 1978）。精神科病棟への入院が必要とされる産後精神病は稀であり，私たちの臨床的な印象では死産そのものよりも，次に生まれる子どもの出産をフォローすることになる確率が高い。ここでは終始，死産について言及しているが，本論を新生児の死に応用することも可能である。ただし，死産と比較すれば新生児の死は元気な子どもを生む，そして考える時間を少し長く持つという経験によって緩和される。

理論的考察

正常な喪の作業とその難しさ

　喪失からの正常な回復には，起きたことを受け入れ，複雑な感情と失った希

[原註1］この論文は1984年7月7日のthe *Lancet*: 31-3に初めて発表された。著者と出版社の許可を得てここに再収録されている。

望を整理して，亡くなった赤ん坊の記憶を健全な視点にまで薄めることが必要である（Parkes, 1972; Bowlby, 1980）。最初，内的世界は亡くなった赤ん坊の身体とこころ，病気の意識，無意識的イメージで占有され，それが心気症や心身症的な病気だけでなく，倦怠感や重苦しさ，生気のなさの一因となる（Freud, 1925; Abraham, 1927）。喪の作業が失敗し阻害されると，症状が慢性化することもあり，表面的には回復しても将来の心的外傷に対して潜在的な脆弱性を有することになる（Guyotat, 1980）。

　死産のような喪失においては，その出来事や感情が本質的に混乱を招くが，その難しさは亡くなった人や周囲の出来事に関する悪感情によっても生じる。大人の場合，喪失に対する長期間忘れていた乳幼児期の反応が再現することが，家族や専門家をひどく悩ませるひとつの特徴である（Klein, 1959）。

死産の後の喪の作業の特別な難しさ

　死産には生と死が混在している。そのため混乱と現実感の欠如という異常な感覚によって，死産は通常の痛みや落胆よりさらに複雑になる（Bourne, 1968）。期待と腹部の膨らみが大きくなった数カ月後に，何も見せるものがない，つまり何事も起きないという感覚麻痺のような突然の空虚感に襲われる（正常な分娩後さえ，女性は空虚感や悲しみが喜びに混在した感覚を味わう）。死産の後，女性たちは自分にまるで何事もなかったかのように暮らすことを周囲から期待されていると嘆く。大抵の場合，母親は病気ではないにもかかわらず，病気の汚名を着せられたと感じる。母親は恥ずかしさや劣等感，理由のない罪悪感を抱く。赤ん坊の遺体が見知らぬ墓地にすぐに葬られている場合，現実感を摑むことは，よりいっそう難しくなる。

　死産の後の情緒不安定の範囲（Bourne, 1979）は愛情と憎悪の葛藤，亡くなった赤ん坊や他の女性，出産に関するその他の複雑な感情にまで及ぶ。それは産科のケアに関する苦情に発展することもある。理想化や慢性的で解決されない悲嘆を回避するためには，失ったものについての悪感情とよい感情を分離しなければならない。

妊娠中の喪の作業

　正常な喪の作業にとって，最終的に決心して手放せるようになるまで亡くなった人を精神内界に内在化し，そのイメージを保持することが必要である。喪の作業には喪失を「認め」，過去に執着することから自分を最終的に解放する，

つまり「手放す」というふたつの部分から成るプロセスがある。一方，妊娠中は実際に母親の胎内にいる新しい赤ん坊という観念を大切に思うための心的状態が必要である。これは喪の作業に必要とされるふたつのプロセスと何となく似てはいるが，実は極めて大きな違いがあり，喪の作業のふたつのプロセスはどちらも妊娠中に必要とされる心的状態を妨害することがある（Winnicott, 1956）。喪の過程に欠くことができない悪感情や恐ろしい考えは赤ん坊を危険に晒すと感じられる。

死産後の妊娠中は，新しい赤ん坊の安全が目下の主たる心配事である。そのため，新しい赤ん坊についての自分の考えや感情と取り組もうと試みながら，まだ自分に刻み込まれている亡くなった赤ん坊への混在した感情について熟慮するのは特に困難である（Lewis, 1979b）。新たな妊娠は喪の作業のための時間と空間を母親から奪う。それゆえに，死産の後に次の妊娠を急かすことは母親を間違った方向へ導く。

マネージメント

死産に対する喪の過程を促す技法はある（Giles, 1970; Lewis, 1979c; Forrest et al., 1981; Klaus and Kennell, 1982; Bourne, 1983）。しかし，私たちは喪の過程が誤った経過を進んでいる時に，どのようにしてそれに気づけばよいのだろうか。

危険信号は特定の症状ではなく，むしろ症状の激しさや，その慢性化に現れる。もしどちらかの親に極端に持続的な悲嘆，慢性化した精神科的障害，亡くなった赤ん坊の非現実的な理想化，新しく生まれる赤ん坊がもたらす癒しの理想化などの状態が見られるようであれば，次の妊娠はおそらく早すぎるであろう。しかし，悲しみや物思いに沈んでいてもそれが通常の程度に収まっていたり，たとえ由緒の分からない非論理的な考えであろうとも，それらを認識する能力やその考えにとり憑かれることなく，むしろ賢明にもそれらを話す能力があれば，私たちは安心してもよい。むしろ死産への反応が乏しかったり，数カ月後に次の妊娠が起きたりする場合には注意が必要である。しかし，特に高齢の女性が次の妊娠を急ぐのを阻止するのは難しい。

安心感を与えることと出産前のケア

死産の後の妊娠では産科の親切なケアが安心感を与えるが，その際，母親と

その家族の不安は抑えつけられるべきではない。むしろ一定の不安が表出されるよう働きかけるべきである。適切な説明にもかかわらず，質問が終始繰り返される場合は，他の不安や悲嘆が質問の背後に隠れ，それらが見逃されていることを示していると考えるべきである。

産科医は常に患者の病歴を聴取しているが，より広範囲な出産に関わる家族歴には十分な注意を払っていない。まさに，これは問題が見落とされ，隠された古い心的外傷がいつか再び活性化されるのを待っているような不幸な家族の動向と共謀してしまう可能性を生む。自分たちのきょうだい，または両親のきょうだいにおける周産期の死を経験している家族の中では，子どもたちは何が起きたか十分に知ることなく当惑や混乱と共に育つ（Guyotat, 1980; Lewis, 1983）。悲惨な出産経験のある母親の娘が成長して婦人科系の問題を持つと，精神障害にも罹りやすくなることがある。このような過去が受け継がれていることを承知していれば，反応は軽減されるかもしれない。したがって，過去の事実を伝えておくことが，娘が自分と母親を区別し，前世代の出来事から現世代の出来事を解放する助けになることもある。

先天性異常と遺伝カウンセリング

先天性異常は両親を亡くなった赤ん坊や自分たちへの，また夫婦間での嫌悪と愛着の激しい葛藤に引き込む。遺伝への恐怖心や非科学的な考えの勢いが激化し，僅かな光明が助けとなることもある。遺伝カウンセリングは避妊や婦人科的な問題だけでなく，面倒な感情や非論理的な恐れを明るみに出す機会を提供する。その結果，こうしたことに関連する論議や調査が促進される。

代理の子ども

死産や新生児の死など死別の後に誕生した子どもは誰でも「代理の子ども」となる危険性がある（Poznanski, 1972）。乳幼児期は先の死別の未解決の喪の作業から引き続いている両親の混乱した願望や期待だけでなく，両親の不安や抑うつ感によっても影響を受ける。その後に起きる問題には，アイデンティティの混乱，ジェンダーの不確かさ，性的な問題，無気力や身辺自立の遅れ，時にはまるで他人の服を着て生きているような生涯続く訳の分からない罪悪感などがある。これらすべては他の死よりも死産の場合さらにひどく複雑になる。「生存者の罪悪感」とこれらすべての問題は，双子の一方が死んでひとりが生き残った場合に最も悲惨になるであろう。

亡くなった赤ん坊に付けるつもりであった名前を新しい赤ん坊に付けることは，その子にとって大きな不幸である。それは母親や家族のこころの中で新しい赤ん坊が亡くなった子どもと曖昧にしか区別されない危険を増すであろう。さらに，輪廻という考えが代理の子どもに別の問題を生じさせ，新しい赤ん坊が古い赤ん坊の埋め合わせをすべきだという期待を高める。医者や助産婦はこれらの危険を早期に察知するのに適した立場にあり，その影響力を行使して，名前が再び使われるのを阻止すべきである。

　家族内の他の人の誕生日や命日（または，その近く）に赤ん坊が生まれることは珍しいことではない。これら偶然の一致が両親の無意識的願望や輪廻の空想，他の魔術的な考えによって予め決定されているかどうかにかかわらず，それらは両親のこころの中で明らかに重要な位置を担う可能性がある。私たちの経験によれば，これらは精神病的なものである。ある人の誕生日が他の人の誕生日もしくは命日と同一のものであることは，新しい赤ん坊と誰かをよりひどく混同させることになる。妊娠中のケアを担当する者は，家族歴や生活歴を基にして今後起こりうる可能性を考えながら，これらの偶然の一致に注意して，影に潜む考えを露見させるべきである。死産から3カ月で新たに妊娠した親には特に注意が必要である。大抵の場合，それは早すぎることが多く，いずれにせよ，最初の命日の前後に出産予定日を迎えることになる。

ケアの継続

　妊娠期間中，患者には母親的または父親的ケアが必要であり，それによって自分の中にあるよい両親という感覚を豊かにすることができる。これが健全な自分に対する自信や楽観主義，そしてよい両親になることの基盤となる。こうした患者には痛みや不安，希望を共有する準備のある人がいることに気づいてもらわなければならない。こうした理想的な感情のやりとりによって，患者は思いやりのある医者や看護師によって支えられ，しかも何もできない子どもや障害者扱いされていないことを実感する。

　思いやりのある励ましに加えて，産科チームは自分たちが臨機応変に対処できる体制にあること，特に緊急な連絡に対応できることを明示しておくべきである。ケアの継続も重要であり，担当者制になっているとしても，母親がチームの中心の数名と確実に親しくなるようにしておくことが賢明である。必要なサポートを完成させ，それを維持するのは難しい。死産の場合は，「チーム制」を採ることで却って皆がケアを怠ることになりやすい。組織の不備と慎重な配

慮の欠如は，これらの患者の虚無感と空虚感といった不安に危うく共鳴してしまう。

産科チーム——カンファレンス

チームの構造の中に予防措置が組み込まれていないと，スタッフのストレスが患者のケアに影響を及ぼすことがある。周産期での死は若いスタッフにとって頻繁に出会うものではなく，十分な臨床的経験が積まれてはいない。ケアと責任が分断され，職業的に耳を塞いだり，目をつぶったり，記憶を失くすことでスタッフの機能不全が露呈するが，これらは死産の場合によく起こる（Bourne, 1979）。チームにはそれぞれが抱えている死産についての思いを話し合う定期的な場が必要である。それは情報や意識を共有し（患者にとってのセーフティネット），経験を共有することで医師や看護師の精神衛生や臨床的知識を促進するためでもある（スタッフにとってのセーフティネット）。

心理療法とカウンセリング

妊娠中，特に周産期の死を経験した女性が心理療法を定期的に受けることは難しい。たとえそうした女性が何度も援助を要求し，普通であれば心理療法を紹介されて当然とされるような心理的に困難な状況を呈している場合であっても然りである。最も重要なのは産科チームとの関係であり，カウンセリングへ紹介されたとしても，それで終わりというものではない。セラピストには解釈の技術があるかもしれないが，それは要注意である。体験の共有やサポートという狙いに絞ると，より成功しやすいが，洞察を追求するあまりにペースを強制すると，激しい抵抗やパニック，治療の中断を招きやすい。解釈は新しく生まれるかもしれない赤ん坊に対する罰や危険として誤解されやすい。心理療法が可能な場合の中心的課題は新しく生まれてくる赤ん坊と亡くなった赤ん坊との区別をつけられるように援助することである。

妊娠についての不安を話し合う時に両親と他の子どもが参加することで，より多くの情報が得られ，お互いの信頼が促進される。きょうだいには自分の誤解を明らかにするための援助が必要とされる。胎児や次子を妊娠している最中の母親への過大な関心という形で，罪悪感やその他の不安が表れるかもしれない。しかし，大人の場合にも同じであるが，不安がまったくないことも危険の兆候である。これらの問題を話し合うことは，子どもが自分たちの苦痛を理解

したり，人に伝えたりするのに役立つ。常に子どもを締め出したり，忘れたりすべきではない。しかし，こうしたことは心理療法に訪れる大抵の人に当てはまることであり，さらにこれは母親よりも父親によく当てはまる。家族同席の面接経験のない臨床家であれば，このような心理療法はやり辛いと感じることもあるだろう。

産褥期

　死産後，次に誕生した赤ん坊の授乳や養育が困難に至ることもしばしばあり，喜びが台無しにされる可能性もある。母親となることの困難さは，かなり深刻であり，親のどちらかが新しい子どもを拒否することもある。また，私たちは子どもへの虐待の危険もあると考えている（Lewis, 1979a）。したがって，次に誕生する赤ん坊への自分たちのいくつかの反応に困惑させられることを覚悟するように妊娠中の両親へ警告しておくべきである。親は過剰な不安は多少予期しているかもしれないが，嬉しいにもかかわらず悲しいこと，つまり亡くなった赤ん坊の痛ましい記憶が再び想起される可能性を警告しておく必要がある。両親は自分たちが時には誕生した赤ん坊を亡くなった赤ん坊の記憶と混同するかもしれないことを理解しておかなければならない。前もって了解しておくことで両親が自分たちの混乱した考えや気持ちに脅かされることを軽減する効果がある。そして，混乱や恐怖を感じることに「許可」をもらえたように感じられれば有益となる。

　喪の作業が次の妊娠によって中断される場合，後の困難を予期しておくことによって未完の悲嘆の作業に備えられる。悲嘆の作業は赤ん坊が無事に誕生するまで延期される。そこでやっと効果的な喪の作業が可能となり，その時が心理療法にとって適切な時期となるであろう。

全身麻酔と帝王切開

　主たる精神病的要素である困惑と現実感の欠如は，前の死産が全身麻酔の間に起こっていると特に激しくなる。帝王切開は亡くなった赤ん坊や次の赤ん坊，そして経験全体についての悪感情をいっそう悪化させるだろう。亡くなった赤ん坊や産科医はどちらも，実りのない苦痛に対する理不尽な恨みの矛先となり，これが次子の妊娠の最中に，いまや改めて賦活された未解決の喪の作業の問題を悪化させる。死産後は，理不尽な不安，体調不良，または病気を患っているという汚名が手術によって増大する。手術は自分自身の目，医療スタッフの目

からも，死産を経験した母親を「患者」にする。健康ではないという証明は，一時的な慰めとなるが，それが続くと次の妊娠への障害となることもある。

次の出産も帝王切開である場合は，これらに特有の危険を予期しておくことがさらに重要となる。これまでの経験を明らかにし，妊娠中にもう一度確認しておくべきである。つまり，事務的な問診やそれに対する回答でこのような問題を片付けてしまうべきではない。不安や記憶に焦点を移すべきである。介入が必要であるとすれば，特に次の赤ん坊も死産の可能性が高い場合には全身麻酔を避けるのが最も望ましい。

もうひとつの死産の可能性

医師が非現実的な期待を持ったり，予測を避けたりすることに共謀してしまうことがある。不安な領域を避けることは簡単そうに見えるかもしれない。しかしそれが後に，さらに大きなトラブルを招く可能性がある。たとえ最悪の状況が再び起こるとしても，死産に対する嫌悪感の克服については多くのことが言及されている (Lewis, 1976, 1983; Peppers & Knapp, 1980; Kirkley-Best & Kellner, 1982)。それは両親が亡くなった赤ん坊を見ること，抱っこしてやること，適切な名前を付けること，写真を撮影しておくこと，お葬式をして名前を記した墓石を作ることである。慎重なマネージメントによって，経験の重さと痛烈さをこころに留めること，困難な喪の作業の過程の開始が促進される。こうしたことによって，やがて来るべき回復に向けての道筋が整えられる可能性がある。

参考文献

Abraham, K. (1927) *Selected Papers on Psychoanalysis*. London: Maresfield Reprints, 1979: 418-80.（下坂幸三・前野光弘・大野美都子訳：アーブラハム論文集──抑うつ・強迫・去勢の精神分析．岩崎学術出版社，1993.）

Bourne, S. (1968) The psychological effects of stillbirth on women and their doctors. *Journal of the Royal College of General Practice????*, 16. 103.

Bourne, S. (1979) Coping with perinatal death: After effects and theory. *Midwife Health Visitor Community Nurse*, 15: 59.

Bourne, S. (1979) Coping with perinatal death: management problems and strategies. *Midwife Health Visitor Community Nurse*, 1979; 15: 89.

Bourne, S. (1983) Psychological impact of stillbirth. *Practitioner*, 227: 53-60.

Bowlby, J. (1980) *Loss, Vol 3: Attachment and Loss*. London: Hogarth.（黒田実郎他訳：対象喪失．母子関係の理論Ⅲ．岩崎学術出版社，1981.）

Culberg, J. (1972) Mental reactions of women to perinatal death. In Morris, N. (ed.),

Psychosomatic Medicine in Obstetrics and Gynaecology. Basel: Karger.

Forrest, G.C., Claridge R.S. and Baum, J.D. (1981) Practical management of perinatal death. *British Medical Journal*, 282: 31-2.

Freud, S. (1925) *Mourning and Melancholia*. London: Hogarth Press and Institute of Psycho-analysis.（井村恒郎訳：悲哀とメランコリー．フロイト著作集第6巻．人文書院，1970.）

Giles, P.F.H. (1970) Reactions of women to perinatal death. *Australia New Zealand Journal of Obstetrics and Gynaecology*, 10: 207.

Guyotat, J. (1980) *Mort/naisance etfiliation: etudes de psychopathologie sur le lien de filiation*. Paris: Masson.

Kirkley-Best E. and Kellner K.R. (1982) The forgotten grief: a review of the psychology of stillbirth. *American Journal of Orthopsychiaty*, 52: 420-9.

Klaus, M.H. and Kennell, J. (1982) Caring for the parents of a stillborn or an infant who dies. In: *Parent-Infant Bonding*. St Louis: Mosby.（竹内徹他訳：親と子のきずな．医学書院，1985.）

Klein, M. (1959) Our adult world and its roots in infancy. In: *Envy and Gratitude and Other Works, 1946-1963*. London: Hogarth Press and Institute of Psychoanalysis, 1980: 247-63.（小此木啓吾・岩崎徹也訳：大人の世界と幼児期におけるその起源．メラニー・クライン著作集5．誠信書房，1996.）

Lewis, E. (1976) Management of stillbirth-coping with an unreality. *Lancet*, ii: 619-20.

Lewis, E. (1979a) Inhibition of mourning by pregnancy: psychopathology and management. *British Medical Journal*, 11: 27.

Lewis, E. (1979b) Mourning by the family after a stillbirth, or neonatal death. *Archives of Disease in Childhood*, 54: 303.

Lewis, E. (1979c) Two hidden predisposing factors in child abuse. *International Journal of Child Abuse*, 3: 327.

Lewis, E. (1983) Stillbirth: psychological consequences and strategies of management. In: Mitunsky A. (ed.), *Advances in Perinatal Medicine*, vol. 3. New York: Plenum.

Lewis, E. and Page A. (1978) Failure to mourn a stillbirth: an overlooked catastrophe. *British Journal of Medical Psychology*, 51: 237.

Meyer, R. and Lewis E. (1979) The impact of a stillbirth on a marriage. *Journal of Family Therapy*, 1: 361.

Parkes, C.M. (1972) *Bereavement. Studies of Grief in Adult Life*. London: Tavistock.（桑原治雄・三野善央訳：死別——遺された人たちを支えるために．メディカ出版，2002.）

Peppers, L.G. and Knapp R.J. (1980) *Motherhood and Mourning*. New York: Praeger.

Poznanski, E.O. (1972) The 'replacement child' a saga of unresolved parental grief. *Journal of Pediatrics*, 81: 1190.

Winnicott, D.W. (1956) Primary maternal preoccupation. In: *Collected Papers. Through Paediatrics to Psycho-analysis*. London: Tavistock, 1958.（小坂和子訳：原初の母性的没頭．小児医学から精神分析へ——ウィニコット臨床論文集〔北山修監訳〕．岩崎学術出版社，2005.）

第23章　乳幼児期の授乳や食事に関する障害

ステラ・アクアローネ

　授乳や食事は基本的な相互作用であり，精神的，身体的，情緒的な栄養を与える楽しい状態へと展開する。授乳や食事の問題は未熟児出産や長期間の外科的治療，原因不明の脆弱性による虚弱体質，またはリラックスしたり，刺激的な関係が母子間に生起する余裕を奪うような母親の精神への無意識的プレッシャーなど，心的外傷となるような過去の関係性に起因していることがある。

　診断分類では一次診断として授乳や食事に関する問題に焦点が当てられ，子どもの食物の摂取や維持，吸収のバランスを悪くすることを促進したり，そうなりやすくしたり，またはその結果として起こったりする母親の行動が記されている。

　私の運営する親・乳幼児クリニックに紹介された3,520のケースのうち，704ケースは授乳および食事に関する問題が原因であり（うち12％は外国人の母親や家族である），4％は障害のある子ども，3％は発育不良，5％は関係性および睡眠の問題を併発していた。

　セラピストが（大抵の場合には，個人分析を受けることによって）自分の無意識的反応に対する個人的洞察を得て，乳幼児研究や発達の十分な知識を有し，親・乳幼児心理療法家によるスーパーヴィジョンを受けていれば，授乳や食事に関する問題は5～7回のセッションで短期に効果的な援助をすることができる。セラピストは発達中の赤ん坊の病状を悪化させたり，致死の危険を感じるため，授乳や食事に関する問題を抱える赤ん坊（発育不良の赤ん坊など）に恐怖や苦悩を抱く。専門家は否認によってこのような感情に対処したり，これらの赤ん坊や親と無意識のうちに距離を置くという手段を取ることが多い。専門家のこうした行動は子どもへの親の内的態度を反映していることもある。なぜなら，子どものこころの中に世話をする親が存在していないことが健全な発育を阻害しているためである[原註1]。

全体的文脈から見た授乳および食事

授乳や食事が発達にとって重要とされる要素をここに列挙する。
・飢えという辛い体験を満たす
・情緒的な触れ合い，赤ん坊との言語，非言語的コミュニケーションなど，その他の喜ばしい体験を創造，展開する機会を提供し，赤ん坊が主導権を取り，時間を管理し，交渉することなどを可能にする
・赤ん坊の注意を新たな方法や雰囲気の探索と創造に向ける
・赤ん坊の心的状態，身体的状態を映し出す
・赤ん坊各々の要求に調律するための基盤を提供する
・授乳や食事が円滑に進展すれば，母親は赤ん坊を抱えることや赤ん坊の不快な体験を心地よい体験に変えてあげること，つまり赤ん坊の要求に応じることができる
・様々な感覚を組織し，日内リズムを設定する
・身体と精神が一体化する空間と場所を確保する
・神経学的，免疫学的，認知的，社会的など，その他の情緒的な関係や発達にとっての基盤を作るのを助ける

以上の通り，授乳や食事は乳幼児期における最も豊かな経験のひとつである。食に関することが円滑に進まなければ，行動のあらゆる側面，またはほとんどの側面が危機に陥る。すると，赤ん坊は何とか自分の感情を育むために，母親や世話をしてくれる人との豊かな出会いを別に見出さなければならない。そこで，こうした赤ん坊は他の子よりも長く起きていて，もっと抱っこされたり，度々遊んでくれるよう要求し，他の領域で問題を起こすことがある。

授乳や食事に関する障害を最も適切に評価することができるのは，より広い文脈での母子の相互作用の中である。表情，匂い，声，合図，感触が重要なのは，これらが母子の互いに関する認識の中に豊かで，複雑だが神秘的な領域を形成し，赤ん坊の脳や感情，認知，神経学的組織，免疫システムを刺激するためである。

原註1）これは，『*Hospitalism and Depression*』についてのスピッツ（Spitz, 1947）の映像で視覚的に示されている。スピッツの論文では，赤ん坊が母親を失った時の悲嘆の反応としての乳児期のうつ病と「施設病」を区別している。施設では，赤ん坊は母親やその他の養育者との愛着を形成することができず，それゆえに情緒的にも身体的にも発達することができない。

母親は数多くの内的対象，自分の母親や父親，夫，赤ん坊，そしてその他の人の心的表象を有し，これらと共に，またはこれらを通して赤ん坊と関わっている。赤ん坊は自分の欲求を満足させてくれるものの前概念を有している。その前概念には母親の前概念が含まれており，それが現実とのやりとりの中で適切な内的対象となって，よいものや時間の概念が育てられ，待つことを学ぶ。しかし，母親や乳児がこれらのコミュニケーションを行えない状況もある。

　授乳や食事に関する問題の背後に母親のうつ病や精神疾患の既往，虐待やネグレクト的な態度，心的外傷となるような妊娠や出産の体験が認められることがある。特に赤ん坊が耐えられないほどに母親の気分の変化が大きい場合，この傾向が高くなる。逆に，赤ん坊が虚弱体質であったり，赤ん坊が敏感な場合に，母親がその個性を理解できないと感じて戸惑ったりすることもある。悪循環が生じ，不安定な状態がさらなる不安を招くこともあり，それは母子関係が上手く機能していないことの指標となる（Winnicott, 1952）。

　象徴的に言えば，家族の脆弱状態や将来についての不安をセラピストが受容することで，ある早期の重要な体験が再びもたらされる。心理療法のモデルは，自分たちのこころの中に母親を抱え，心理療法での「夢想」を通して新しい体験や過去の体験が姿を現すのを可能にするというものである。母親というのは自分が想起し，内的に同定することができる自らの早期の養育体験へのアクセスを確保することが必要である。語り好きな文化の中では，もし可能ならば語ることは役立つが，養育体験が心的変化にとって鍵になる。親が赤ん坊の体験と共にいること，母親と子どもの不安に耐えることを助け，愛情や理解，忍耐をもって母子をサポートすることが心理療法の技術の要素である。赤ん坊の手助けにセラピストが関わることや，家族が円滑に過ごせると信じることも等しく重要である。セラピストは試行したり，内省したり，配慮と敬意を持って治療を行う必要がある。セラピスト，母親，赤ん坊という三角形がバランスの取れた視点や空間，安全な治療の展開を可能にする。父親もまた迫害することなく，配慮を持って考え，行動し，コミュニケーションを調整する必要がある。このようにして，私たちは内的状態や感情，反応，辛い記憶や拒否されてきたものへの気づきに到達する。

授乳や食事に関する障害のタイプ

　治療に含まれる心理療法的アプローチは子どもの発達段階に一致していなけ

ればならないため，11 タイプの授乳および食事に関する障害を 3 つのグループに分類した（傍点で記した項目は治療や症例を提示している）。

生後 1 カ月から 3 カ月までの授乳や食事に関する障害
1. ホメオスタシスと関わる授乳や食事に関する障害(発育不良に繋がる)

生後 6 カ月までの授乳や食事に関する障害
2. 文化に関わる授乳や食事に関する障害
3. 愛着に関わる授乳や食事に関する障害（拒食と発育不良）
4. 分離と個体化に関わる食事に関する障害（拒食と発育不良）
5. 選択的拒食（ひとつのものしか食べない）
6. 固執的な授乳や食事に関する障害（1 年経っても，哺乳瓶，または乳房からしか飲まず，離乳や離乳食に移行しないという問題を呈する）

それ以降に生じる授乳や食事に関する障害
7. 過食（貪欲さ）
8. 異食行動(これにはふたつのタイプがある。ひとつは壁材や土を食べるタイプで，この障害の子どもにはミネラル不足の検査が必要である。もうひとつは髪や綿，ふわふわしたものを食べるタイプである。これには窒息死の危険が伴い，他の葛藤を示唆している)
9. 反芻行動（子どもは，食べ物を吐き戻すようになる。これは自分を安心させるような方法として使われている。これは一般的なものではなく，現実への適応不良を表す他の指標や飲み込む能力の検査が必要である）
10. 心的外傷後の授乳や食事に関する障害
11. 特別なケアの必要がある子どもの授乳や食事に関する障害

3 カ月以降の赤ん坊には，母親との愛着形成上の問題が起こることがある。6 カ月以降，赤ん坊が分離，個体化し始めると，母親が子どもとの違いや子どもの分離を受容ができなくなることもある。特に母親が若く分離を難しいと感じるような不安定な 10 代である場合や子どもが虚弱な場合によく起きる。

心理療法の技法

セラピストの主な仕事は赤ん坊の心的表象や基本的な感覚運動体験に同調し，それらを母親に説明し，子どもと交流することの難しさに共感することである。セラピストは文化的な背景と文脈のダイナミクス，母親が一夫一婦制の関係の中で父親と一緒にいるのか，それとも一夫多妻制の混乱した中にいるのかにも密かに注目している。共通言語がない時には通訳を見つけることができるだろうか，それとも非言語的コミュニケーションやビデオを再生，モデリングの技法を使わなければならないのだろうか。相談の開始時は陰性転移を明らかにしておく。セラピストが異なる文化圏の人である場合，この事実を認識しておく。起きていることを注意深く観察し，母親の文化や家族のしきたりに関する説明に関心を示し，それに慎重に敏感に耳を傾ける。母親が周りに対して本来持っている能力を強化し，その能力に価値を置き，現在の家族やずっと昔からの家族の歴史に繋がっているという感覚を大切にする。同じく，セラピストは自分たちのこころの中で起きていることにも慎重に注意しなければならない。これによって，自らの逆転移が質問やコメントの手引きとなって母親的反応が生起するようになり，母親の子育てに共感し，授乳や食事の全体のプロセス／儀式に浸透している象徴的意味の理解が可能となる。セラピストは露呈している問題の根本に巻き込まれることが重要である（Acquarone, 1987, 1992, 1995）。

ホメオスタシスに関連する授乳障害

赤ん坊は生後3カ月までに内的自己調節機能に，外的には母親との関係に障害を持つことがある。母子の情緒的距離が大きく離れ，赤ん坊が適切にまたは発育に十分な栄養を上手く得られないこともある。ホメオスタシスの障害は過敏性や注意の転導，相互の調節における障害に起因する調節障害と関連している。母親は疲れ，大抵は不安になったり，罪悪感を抱くなどの悪循環を作り上げている。

シルビア――生後10日目

シルビアは帝王切開で生まれ，体重は2ポンド（訳註：約900g）であった。シルビアはとても過敏で，かなり頻繁に泣き，母乳の飲みは悪いが回数は多く，いつも抱かれたがっているようであった。母親は子宮の縫合部位から感染

し，泣きたいほどの辛い思いをした。夫は働いており，私は夫から相談を受けた時，妻の母親か友人に家に来て助けてもらえるよう頼んだ方がよいと提案した。帝王切開は緊急で，母親はそのことにショックを受け困惑していた。赤ん坊は小さく過敏で人間不信になっており，未だ痛みに苦しみ悩んでいる母親と上手く関係を形成できなかった。母親は赤ん坊の個性を認めて，自分の気持ちを理解し，困難な出産を思い起こすことで，自分の母親に助けを求めることを自分に許し，それを受け入れることができた。祖母は母親が自分のペースで授乳し，赤ん坊が母親の腕の中ですくすくと成長することができるようにした。そして，祖母は母親に話しかけ，母親がより強くなるよう助け，赤ん坊のいる生活や行事，赤ん坊に関する見識を深めさせた。5カ月になるまでにシルビアは授乳パターンを確立し，よく眠るようになった。

ビバリー──生後 15 日目

母親はビバリーの授乳に大きな葛藤を感じていた。赤ん坊は父親をとてもよく認識しており，父親が留守番電話の録音で話しかけると泣き止んだ。母親がビバリーを泣き止ませることは難しかった。母親自身は母乳で育てられてはいなかったが，自分の娘は母乳で育てようと決心していた。母親は自分のきょうだいたちが母乳で育てられたことを理想化し羨ましく思い，自分は忘れられていたと感じていた。母親は自分と赤ん坊の関係を邪魔する他の要因には気づいていなかった。ビバリーには外見的には問題はないが，将来的に軽度精神遅滞や不妊の可能性のある染色体異常が羊水穿刺で見つかっていた。母親自身は45歳で，もう二度と妊娠するチャンスがほとんどないことを知っていた。両親は双方とも妊娠の継続を決められずにいたが，その診断や自分たちの判断に関わる情緒的動揺を扱うためにカウンセリングを求めることはなかった。その後，母親は心的外傷となった頃のことについて話すことがどんなに必要だったかに気づいた。

考　察

身体的または調節機能の問題は，赤ん坊のシルビアとその母親が一緒にいる時のリズムや喜びを作り出すことを不可能にしていた。ビバリーの母親は授乳を理想化しており，自分のきょうだいや自分の母親との関係，今では父親と赤ん坊との関係をも羨んでおり，授乳という喜びに溢れた関係を自分の赤ん坊と結ぶことができなかった。ビバリーは母親の不安が溢れ出ていることに憤慨し

ており，授乳しても十分に飲むことができなかった。シルビアもビバリーも不規則な行動や反応パターンを示していた。赤ん坊の場合，これは感覚運動の過敏性や欲求不満や痛み，不快さ，静寂さ，その他の正常な体験に耐えることの難しさに原因がある。母親にとってその子が初めての赤ん坊であったり，他の子どものことで忙しかったり，母親がいとも簡単に欲求不満に陥ったり，扱いにくい赤ん坊のパターンを調整することができないこともある。このような場合には，1週間の授乳チャートを作ってすべての授乳を記入することが役に立つ。これは母親がパターンを調べる助けになる。

文化的葛藤に起因する授乳や食事に関する障害

　新しい国での生活に適応することに困難を抱え，喪失に関する不安やアイデンティティの混乱，自分が傷つく恐れなどを体験している母親は，新しい文化を攻撃者として認識するようになることがある。この妄想的な不安は，孤立感や伝統的な慣習や信念から切り離されているような気持ちに対する防衛として働くが，健全な愛着を形成する能力に悪影響を及ぼし，その結果赤ん坊が成長するための能力は阻害される。それ以上に，そうした母親は自分の家族に何が利用可能な資源やサポートなのか気づかないこともある。

ジャネット――生後7日目
　ジャネットの母親はトルコ人で，ジャネットは生後3日目から乳房や哺乳瓶を吸うのを拒み，傾眠状態が続いていた。母親は見合い結婚でロンドンにやってきて妊娠し，赤ん坊を出産した。母乳を与えることで，子宮を収縮させるホルモンが分泌された。それは母親を混乱させるような類の性的興奮を引き起こし，幼児的欲求や不安，恐れを再活性化した。病院という設定，母親をサポートする家族がいないこと，身体的変化のすべてが赤ん坊との絆を形成する母親の能力を麻痺させた。身体的興奮や感情の上での喪失を理解すると，母親は赤ん坊の気持ちと自分の気持ちを分けられるようになり，自分の権利を持った個人としてジャネットを見られるようになった。

キップ――生後6週目
　キップの母親はガーナ人であり，キップは三女の後の第四子として生まれた。キップは傾眠傾向があり，ミルクを飲まず，気難しい赤ん坊だった。母親はア

フリカでキップを妊娠し，夫と一緒に英国に来て，上の子どもたちの養育の援助をしてくれた大家族の元を離れた。キップの世話は極端に難しく，母親はこれ以上は耐え難いと思っていた。母親は自分の祖国や文化，大家族のサポートを失い，突然 4 人の子どもに上手く対処しなければならない状況に差し迫られた。この苦境のすべてを十分話した後，その母親は自分がいかに自分の妄想的不安を英国のコミュニティーや近所に投影していたか，この馴染みのない新しい状況で混乱して怒っている原始的な赤ん坊の自分が抱えられることをいかに必要としていたかを考え始めた。

ラミッシュ──生後 8 カ月目

ラミッシュの母親はインド人であった。ラミッシュは発育不良で，固形物を拒絶していた。母親は英語をほとんど話せず，りんごのピューレをいつも持参していた。その母親は英国のベビーフード（たとえば，シリアルや赤ん坊用のピューレ）以外の食べ物は子どもに与えてはいけないと教えられていた。母親自身はスパイシーな物を食していたが，子どもにはそのような食べ物は与えないよう助言されていた。母親は子どもにとって何が相応しいのかと混乱し，異文化の中での違和感を認めてもらう必要があった。その結果，母親は自分自身で情報を選択することが可能になった。

アレック──生後 13 カ月目

アレックの母親はロシア人で，アレックは発育不良であった。ビデオには，赤ん坊を抱いて食べさせながら怒っている威圧的な母親が映っていた。母親は家や面接室では赤ん坊を膝に乗せ，まるでアレックが 3 カ月児かのように自分の左腕にもたれかからせていた。母親は赤ん坊の左腕を自分の左手で掴み，赤ん坊の右腕を背中の後ろにやっていた。母親の右手はりんごピューレを赤ん坊の口に運ぶのに忙しかったが，赤ん坊は口に入れるとすぐに吐き出した。赤ん坊が探索し，主導権を握り，試し，話し，食べ物を選り好みすることは許されなかった。その「母親の腕の中にいる赤ん坊」は，まだ話せないことで拘束され，表現されない怒りや欲求不満による息苦しさ，窮屈な気持ち，無力感を抱いていた。アレックは様々な検査のために何度も入院させられた。それは家にいる他のふたりの子どもの面倒と，英国で誕生した赤ん坊への義務との間で引き裂かれるという母親の不安を煽っていたに違いなかった。母親に自分たちを映したビデオを見せることで，母親は自分自身に関する自分の感情をよりよく

理解して表出し，英国で誕生した赤ん坊に関する自分の心的表象を理解することができるようになった。面接室で，赤ん坊の動きをさらに自由にさせるように励ますことによって，母親にこれまでとは違う食事の方法を探す自由を与えることにもなった。

エラン──3歳

　エランの母親はアラブ人であった。エランは哺乳瓶でしかミルクを飲まず，それ以外の方法はすべて拒否していた。そのため，家庭医（GP）や訪問保健師はとても心配していた。母親は常に問題の釈明の言い訳をし，嘘をついていたことを後日に認めた。母親が子どもにかなり強い怒りを表現していることは明白だったが，この嘘は自分自身を擁護するための文化的に容認され得る母親なりの方法であった。母親自身の父親は母親が7歳時に家族を見捨てた。その後，母親は学校に行くことなく，自宅で5人の弟や妹の面倒を見ることを余儀なくされた。20歳時，既に9人の子どもがいる男性との結婚が決められた。おそらく母親は自分を虐げたと感じている男性への復讐として，自分の怒りを小さな無力な男の子に投影していた。まったく進展が見られず，セラピストが失敗したという感覚を抱いた。これは母親が自分の無力感をセラピストの中に転移し，セラピストが逆転移によって敗北感を味合わされていたという感覚だが，それを認めると，母親と息子の関係は改善し，子どもは正常に食事を摂ることができるようになった。母親は長期にわたる個人精神療法を開始した。

考　察

　正常な発達では，赤ん坊は母親に主に陽性の過去の体験を甦らせる。しかし，これらの症例では，妄想的不安が，侵略する恐れや自己が解体する恐れのような陰性の体験を甦らせた。それは授乳のプロセスを妨害し，重篤な問題を引き起こした。夫に従って（おそらく，少なくとも最初は自分たちの利益と合致するため）自国を離れたことに対する怒りや恨みはスプリットされ，自分たちの陰性感情は英国で生まれた赤ん坊に投影される傾向にあった。その赤ん坊は自分とは違う国の人のように思え，その国の食べ物を与えなければならないと感じていた。セラピストは通訳を使うという困難さがなければ，これらの初期の介入がより効果をもたらし得たことに気づくかもしれない。母親が自分たちの文化や自分が世話された体験と繋がっていることを強く前向きに感じるよう励ますことによって悲嘆の過程が促進される。母親は新たな環境が批判的で馴染

みがなく異質で意地悪，間違いだらけで怖くて迫害的であるという考え方から，より建設的で自信を持てる態度に前進することができるようになる。

心的外傷後の授乳や食事に関する障害

　心的外傷となる，または心的外傷後に生じる授乳や食事の障害は，入院や偶然に口に運ばれた食べ物の一片などで息が詰まった結果としても起きうる。セッションの中で，親は自分たちの心的外傷となる出来事の体験や，自分たちが赤ん坊や新しい生活に抱いている不安，恐れ，空想や錯覚を話す。子どもは忍耐と決意を持って，プレイ（好んで柔らかいおもちゃを使って）の中で，または絵を通して心的外傷の瞬間に起きたことをそのまま再現する。その結果，一度内的な素材が活性化，あるいは再び賦活されると，心的外傷は完全にコントロール可能なものとなる。作業を反復的に繰り返し，自分たちの問題の解決法を見つけることをゆっくりと始めるためには，数回のセッションを必要とする。

アンジェリカ──20カ月目

　アンジェリカは極端な発育不良で，固形物を一切食べず，哺乳瓶から僅かなミルクを飲むだけだった。放射線科医から両親は奇形を伝えられ，アンジェリカは帝王切開で未熟児として生まれた。その時母親は40歳，父親は50歳であり，10年の同棲後の計画妊娠だった。アンジェリカと両親はまったく対等だった。アンジェリカには規則や制限はなく，家族揃って当てもなく床をゴロゴロし，怯えているように見えた。8カ月での心的外傷体験的な出産とその余波は，完全に両親の理想的な計画やふたり一緒の楽しい生活を駄目にした。両親は奇形児を想像し，運命の悪戯を信じられず，赤ん坊が怪物のように見えるかもしれないと涙して絶望を感じた。その後，両親は保育器に入った赤ん坊を見た。赤ん坊は小さくチューブでいっぱいであったが正常であった。放射線科医の誤診だった。衝撃の後，両親は困惑し怒りを感じた。それから数カ月が経っても，夜のパニックの中で形成されたかいじゅうのような姿をした子どもの幻影がアンジェリカの障害となった。アンジェリカは保育器の中で両親との接触もなく，ひとり闘い続けた。アンジェリカは身体的，感情的な混乱に耐えたが，知らないうちに両親の罪悪感や空想に巻き込まれていた。両親が食べ物やアンジェリカとの関係に向き合えなかったので，食卓に食べ物が並ぶことはなかった。赤ん坊のチューブは，両親に自分たちがアンジェリカに対して行った間違

いや与えた傷を常に思い出させた。可愛らしいおもちゃでのプレイの中で，アンジェリカは劇的に病院や家庭での状況を再演した。アンジェリカのこころの中の両親は小さくて弱く，一方自分はナイフで悪漢と戦うことのできる力強い人物であった。夜の闘いは両親が愛らしいおもちゃを与えてからも表面化した。おもちゃを与えたことは家族の「変化」を表しており，一家でそれらを使って上手に遊んでいた。残り4回のセッションは，すべての問題をまとめるのに役立った。アンジェリカは両親と一緒に食卓のものを食べ始め，両親はそれをとても喜んだ。その翌年，母親がもう一度妊娠し，アンジェリカは問題を再発させたが，今回は睡眠の問題であった。アンジェリカは母親の妊娠や調子の悪さ，母親の身体の中とは言え，食物が入っていくお腹の中でなく，その内側で成長している赤ん坊の意味についての説明や詳細を必要としていた。アンジェリカは徐々にすべてのものを食べ始めた。フォローアップでは，両親にアンジェリカがひとりの人間であるということの受容度が増していること，両親の産前，産後の心的外傷体験に対する喪の過程が適切に進んだことが示されていた。ふたり目の子どもに関する問題は報告されなかった。

他のハンディキャップを併せ持つ授乳や食事に関する障害

　この変種は632名中6名であり，専門家に紹介されてくる理由としては最も低かった。これらは産科医や小児科医から紹介されてくるが，出産時に障害があると診断されるか，その後に障害が発見されるかのどちらかである。

リサ――生後5週目

　リサの母親は中国人で，ダウン症候群の赤ん坊であった。その母親は乳児集中治療室から子どもを退院させたくないと激しく怒って，スタッフや夫に対して罵声を浴びせた。リサはしっかりとした声を出し，自分の感情やこころの状態を伝えるのに長けていた。義母が最近亡くなり，中国の慣習によって，母親はひとりになってしまった義父のことを優先しなければならなくなった。上のふたりの子どもやダウン症候群の赤ん坊，義父が住むには家は小さすぎ，母親は母親的なサポートや心的エネルギーが枯渇していると感じていた。数回の面接でやっと，母親の怒り，つまり困惑と引き裂かれた忠誠心が複雑に合わさった気持ちを3週間後に退院する新生児から分離させることができた。母親と子どもが健全な愛着を形成し，赤ん坊の情緒が発達するのを援助するためには，

隔週で 10 回の家庭訪問が必要とされた。このことは母親に，身体的，精神的な境界やイメージ，信号伝達，自分自身と関わる必要性とその方法を説明することで達成された。母親は，発育するために何よりも母親の世話と配慮を必要としている子どものための空間をこころの中に作り出すことができた。

アビゲイル──9 カ月目

アビゲイルの母親は英国人で専門職についており，アビゲイルは少し前に脳性麻痺であると診断された。母親の口にできない怒りや不満がアビゲイルに伝わり，アビゲイルは母親の左腕に抱かれていないと絶えず泣き叫んでいた。セラピストはビック（Bick, 1968）の対象関係における皮膚とその機能の概念，スピッツ（Spitz, 1957）の母親の悲嘆と関連した情緒的飢餓が身体に及ぼす影響の重要性に関する研究，フェレンツィ（Ferenczi, 1929）の望まれない赤ん坊は希死念慮を持つという理論，アダムソン-マセド（Adamson-Macedo, 1984）の未熟児や低体重出生児に対する触覚刺激を利用した治療方法に従った技法を基礎とした。アビゲイルの欲求を母親に考えさせることで，対話が開かれた。そこで，赤ん坊からの転移や，セラピストの中でのアビゲイルの心的状態に関する逆転移を通してコミュニケーションが取られた。母親にはセラピストと安定した共感的関係を維持する一方で，赤ん坊を撫でることで陽性の基本的な皮膚のコミュニケーションを確立するよう促した。セラピストは新しい欲求へのアビゲイルの反応を解釈し，説明し続けた。隔週 18 回のセッション後，アビゲイルの内的世界が発展し始めた。赤ん坊と母親が相互に形成していた心的表象を変化させるための治療には，さらに隔週で 18 回のセッションを要した。やっと母親は自分の感情に触れ，アビゲイルと安定した愛着関係を深め，アビゲイルは情緒的に安定したやり方で発達を続けることができるようになった。フォローアップでは，家庭と学校での健全な発達が見られた。

考　察

身体的，知的にハンディキャップを背負った子どもたちを扱うには，セラピストはしばしば精神分析的心理療法の範囲を拡大して，感覚や触覚のレベルのコミュニケーションを利用する必要がある。これによって，対象関係の最初の舞台が始まることが可能になる。それは，母親が赤ん坊をひとりの人間であると認めることを促進し，その結果，赤ん坊は適切な愛着を形成できるようになる。リサの母親は心理療法を始めるのに必要な心的空間を創造することができ

ると，ダウン症候群である赤ん坊がひとりの人間であることに気づき，発見するようになるために援助を必要とした。リサ自身は，皮膚の触れ合いを通した対人間のコミュニケーションや，触覚による身体的境界の発達や楽しい陽性の体験に付随する言語的表出を必要としていた。母親が自分自身，そして子どもの個人的な困難に対する洞察を得るには，十分な期間の定期的なセッションを要した。

参考文献

Acquarone, S. (1987) Early interventions in cases of disturbed mother-infant relationships. *Infant Mental Health Journal*, 8: 4.

Acquarone, S. (1992) What shall I do to stop him crying? – Psychoanalytic thinking about the treatment of excessively crying infants and their mothers. *Journal of Child Psychotherapy*, 2: 1.

Acquarone, S. (1995) Mens sana in corpore sano: Psychotherapy with a cerebral palsy child aged 9 months. *Psychoanalytic Psychotherapy Journal*, 9: 1.

Adamson-Macedo, E. (1984) Effects of very early tactile stimulation on very low birth weight infants. Ph.D thesis. University of London, Bedford College, Faculty of Science.

Bick, E. (1968) The experience of the skin in early object relations, *International Journal of Psychoanalysis*, 49: 484-6.（古賀靖彦訳：早期対象関係における皮膚の体験．メラニー・クライン トゥデイ②〔松木邦裕監訳〕．岩崎学術出版社，1993．）

Ferenczi, S. (1929) The unwelcomed child and his death instinct. *International Journal of Psychoanalysis*, 10.

Spitz, R. (1957) *Dialogues from Infancy,* selected papers, Emde, R.N. (ed.). New York: International University Press.

Winnicott, D.W. (1952) Anxiety associated with insecurity. In: *Collected Papers: Through Paediatrics to Psychoanalysis*, ch. 8, pp. 97-100, London: Hogarth, 1982.（妙木浩之訳：安全でないことに関連した不安．小児医学から精神分析へ――ウィニコット臨床論文集〔北山修監訳〕．岩崎学術出版社，1989．）

本書で使用されている精神分析的用語解説

愛着理論 ATTACHMENT THEORY 英国の精神分析家ジョン・ボウルビィの研究を基本とする発達理論である。それは人間の赤ん坊は他の哺乳類と同じく、愛着を形成する生得的な能力を有していると主張するものである。泣く、吸う、しがみつく、微笑するなどの本能的な行動は養育者との接触を維持し、その世話を引き出す役割を果たす。

圧縮 CONDENSATION 無意識におけるこころの機能。夢における表象のように、この機能によっていくつかの異なる要素は合体される。

アルファ機能 ALPHA-FUNCTION 英国の精神分析家ビオンが使用した用語。(内側および外側の源泉からの) 生の感覚データを貯蔵可能な視覚、聴覚、臭覚の印象に変換する能力を示す。

アンビヴァレンス AMBIVALENCE 同じ人に対して愛情と憎悪が (交じり合った感情としてではなく、矛盾した/スプリットされた感情として) 共存すること。

移行対象 TRANSITIONAL OBJECT ウィニコットの概念であり、内側にあるのでもなく外側にあるのでもない、子どもの一部であるが「私でない」ものであり、養育者の特質を象徴するような次元を提供する安心できるおもちゃや物を指す。大人になると、遊びや創造性、文化的体験が同じような「中間領域」、つまり移行空間で行われる。

陰性治療反応 NEGATIVE THERAPEUTIC REACTION 精神分析的治療の中で抵抗を示す患者が治療の進展を喜んで受け入れず、陰性反応を示す局面。

エディプス・コンプレックス OEDIPUS COMPLEX フロイトが命名した概念であり、幼い子どもが両親の一方と結合したいという願望と同時に、最愛の親の愛情を得る権利を主張するもう片方の親に嫉妬深い憎しみを抱くこと。

置き換え DISPLACEMENT ひとつの考えからエネルギーを分離させ、無意識的連想の「連鎖」に従って、もうひとつの考えにそのエネルギーを注ぎ込むプロセスを指す。

解離 DISSOCIATION (心的外傷となる) 出来事の知覚とそれが引き起こす

情緒的体験の間の繋がりを絶つこと。

抱えること HOLDING　英国の精神分析家ウィニコットが用いたもので，「絶対的依存」の最中にある発達中の赤ん坊が示す，次々と変わっていく身体的，心理的な要求に細かく気づくことのできる，信頼性の高い敏感な世話を指す概念。しかし，「徐々に失敗が重なる」ことによって赤ん坊は次第にこれらの機能を引き継いでいく。

逆転移 COUNTERTRANSFERENCE　患者に対するセラピストの情緒的反応。逆転移は両者のこころの中の無意識のプロセスへの手がかりを提供するものである。

恐怖症 PHOBIA　ある特定の状況に限定された不合理な恐怖で，「浮動性」の不安を繋ぎとめておくのに役立つものとされる（閉所恐怖，広場恐怖，蜘蛛恐怖など）。

原光景 PRIMAL SCENE　両親の性交に関する想像上の，または現実の光景を指す。原光景の意味や要点は，それぞれ子どもの発達段階に応じた自らの性欲動の方向性に従って再解釈される。

原初的母性的没頭 PRIMARY MATERNAL PREOCCUPATION　ウィニコットの概念で，母親が同一化を通して直感的に赤ん坊の要求を理解し，満たすことのできる心的状態。

行動化 ACTING OUT　想起する代わりに行動を利用すること。

コンテインメント CONTAINMENT　ビオンが提示した概念であり，赤ん坊が不安をコンテインできるようにする母親の世話や，赤ん坊の不安をコンテインして代謝する能力を指す。その後，赤ん坊の不安は「解毒され」受け入れ可能な形に変えられて赤ん坊に戻される。

罪悪感 GUILT　罪悪感は思いやりや内在化の能力があることの証である。

自己愛 NARCISSISM　健全な自己愛から，感情的に過剰に自己に囚われた状態まで範囲は広い。

自体愛 AUTOEROTIC　乳児期初期に赤ん坊が自らの身体的経験に本能充足を感じること。

自由連想 FREE ASSOCIATION　自由連想とはフロイトによって創案された無検閲のコミュニケーションの形態であり，今日もなお精神分析の基本原則でもある。

情動 AFFECT　考えに付随する感情。

性愛的発達段階 LIBIDINAL PHASES　フロイト（およびアブラハム）が，乳

幼児の性欲動が向けられる部位によってその発達段階を区分したもの。乳幼児の発達には，口唇期（吸いつきと嚙みつき），肛門期（排出と保持），男根期（露出と不安），性器期という一連の流れの形式がある。

性感帯 EROTOGENIC (erogenous) ZONES 性的快感が生じる身体領域や性的興奮の中心として働く身体領域。

対象 OBJECT 大抵は，その人が愛情を抱いている人物を指すことが多い（たとえば「対象選択」という場合，自分と似たような相手を選ぶ自己愛型対象選択や，自分とは異なる相手や自分の要求を満足させてくれる相手を選ぶ依存型対象選択がある）。

脱備給 DECATHEXIS 情緒的繋がりが失われること。

男根的母親 PHALLIC MOTHER 母親が男根的な力を持っている，もしくは母親が自己の内部に父親のペニスを保持しているという空想。

超自我 SUPER-EGO フロイトの概念で良心や自己批判者，検閲官としての役目を担う自己の一側面。親からの禁止や要求，社会的に必要とされるものを内在化して形成されると考えられている。

重複決定 OVER-DETERMINATION 症状や考えの意味には，いくつもの複数の無意識的要素や水準が寄与していることを示す用語。

転移 TRANSFERENCE 特に精神分析的状況の中で，無意識的願望や原始的情緒体験が現在の出会いによって再活性化，反復され，実現すること。

同一化 IDENTIFICATION 次に挙げるようなものを通して，人と人の間の身体的境界が心的に混ざってしまうこと。

　原始的同一化——自己と他者の融合，または混同。

　投影同一化——自己の一部分を相手に「挿入」することで空想において相手を支配しようとすること。

　取り入れ同一化——その身体的適応の原型である体内化と同じく，相手を自己の内部に「呑み込む」ことによる空想における適応の一形式。

投影 PROJECTION 自分の中で拒絶したものを他人に排出したり，帰属させたりすること。

内在化 INTERNALIZATION （「内的対象」においてそうであるように）重要な関係性をこころの内部に表象する過程。

備給 CATHEXIS フロイトが使用した用語であり，自分や他者，考えの中に心的エネルギーを注ぎ込むことを示す。

否認 DENIAL 心的外傷となるような知覚が現実に起きたことであると認める

のを拒むこと。

被分析者，アナライザンド ANALYSAND　精神分析を受ける人（患者，クライエント）。

不安 ANXIETY　今まさに起ころうとしている主観的に定義された危険を知らせる精神身体の信号（分離や去勢など特定の不安と関連していることもある。もしくは抑うつ不安や妄想的不安のように性質も多岐にわたる）。

ベータ要素 BETA ELEMENTS　ビオンの用語であり，未消化の生データを示す。それはこころに抱えることができないので排泄されなければならない。

防衛 DEFENCES　内的，外的に引き起こされる痛ましい体験を認識することや，統一性を脅かすものから自らを守るために使用されるメカニズム。最も一般的な防衛は**否認**，**投影**，**スプリッティング**，**解離**，**魔術的または強迫的打消し**，**退行**である。

抑うつ，うつ病 DEPRESSION　喪失に対する健全な反応から，喪の作業の精神病的な形態まで領域は広く，必要としながら憎悪してもいる内的対象に対して向けられることが多い。

抑うつポジション DEPRESSIVE POSITION　幼少期の発達に関するメラニー・クラインの理論において創案された概念である。この局面で，乳児は自分が愛する人と憎悪する人が，（「よい」母親と「悪い」母親ではなく）ひとりの同じ人間であるという重大な問題を認識する。また，償いたいという願いが生じる。

人名索引

A

Abraham, K.　　*332*
Acquarone, S.　　*292, 344*
Adamson-Macedo, E.　　*351*
Adelson, E.　　*106*
Ainsworth, M.　　*153*
Als, H.　　*223, 240*
Andrews, L.　　*310*
Atreya, E.　　*107*
Austin, Grice & Strawson　　*34*

B

Bacon, F.　　*24, 25, 27*
Badinter, E.　　*285*
Balint, E.　　*101*
Beal, J.A.　　*312*
Benedek, T.　　*63*
Berube, M.　　*216*
Bibring, G.L.　　*222, 239*
Bick, E.　　*2, 3, 142, 351*
Blon, W.　　*3, 69, 71, 252*
Blake, W.　　*220*
Blomberg, O.　　*285*
Bollas, C.　　*66*
Bourne, S.　　*292, 323, 329, 332, 333, 336*
Bowlby, J.　　*10, 12, 38, 47, 51, 57, 240, 332*
Brazelton, T.B.　　*12, 13, 14, 45, 50, 143, 223, 240, 245, 291, 310, 311, 312, 314, 318*
Britt, G.C.　　*312*
Bruner, J.　　*32*
Bryan, E.　　*292, 324, 326*
Byng-Hall, J.　　*142*

C

Campos, J.　　*51*

Canny, P.　　*144*
Cohn, J.F.　　*50, 53, 54, 57, 58, 317*
Cole, M.　　*309*
Cole, S.R.　　*309*
Cooley, C.H.　　*6*
Cooper, P.　　*152, 316, 317, 318*
Cramer, B.G.　　*12, 13, 14, 142, 151, 238, 310, 311, 312*
Cullberg, J.　　*323, 331*
Cutrona, C.　　*318*

D

Darwin, C.　　*8*
Daws, D.　　*100, 142*
Douglas, J.　　*167*
Drotar, D.　　*242*

E

Emde, R.N.　　*16, 52, 53, 56, 65, 141, 142*

F

Ferenczi, S.　　*351*
Field, T.　　*52, 57, 317*
Fivaz-Depeursinge, E.　　*288*
Fogel, A.　　*52, 53*
Fonagy, P.　　*273*
Forrest, G.C.　　*333*
Forsyth, B.W.C.　　*144*
Fraiberg S.　　*99, 100, 106, 123, 124, 141, 142, 148, 154, 176*
Frankl, V.　　*213*
Freud, A.　　*138, 222*
Freud, S.　　*xxv, 8, 38, 90, 93, 94, 101, 105, 183, 188, 205, 263, 306, 332*

G

Gabrielczyk, M.　　*327*

Gath, D.   318
Gianino, A.   48, 49, 55, 56
Giles, P.F.H.   333
Goffman, I.   64
Gosling, R.   305
Gough, D.   22
Green, A.   18, 101, 183, 201, 204
Green, R.   215
Greenberg (Mintzer), D.   223
Grier, F.   209, 210, 279, 282, 284, 285, 289
Guyotat, J.   331, 332, 334

H

Halliday, P.   30
Hamilton, P.   52, 55
Hannan, E.T.   52
Harlow, H.   38
Hawthrone, J.   291, 309
Hay, D.   309
Heidegger, M.   215
Hoban, R.   171
Hooper, R.   318
Hopkins, J.   100, 142
Hubley, P.   30, 32
Hufton, O.   285
Hurd, C.   170, 173, 177

I

Ilse, S.   215
Irvin, N.   242
Izard, C.   48, 51, 53

J

Jacobson, E.   239
Joffe, W.G.   239
Johns, N.   242
Johnson, C.   173
Jung, C.G.   205

K

Kaye, K.   53
Kellner, K.R.   338
Kendell, R.   317
Kennedy, J.   242
Kennell, J.   324, 333
Kennerley, H.   318
Kirkley-Best, E.   338
Klaus, M.H.   310, 324, 333
Klaus, P.H.   310
Klein, M.   9, 83, 92, 259, 282, 306, 332
Knapp, R.J.   338
Kohut, H.   222
Kumar, R.   316

L

Lacan, J.   7, 21
Lax, R.   235
Lewis, E.   292, 324, 329, 331, 333, 334, 337, 338
Lewis, M.   59
Lipton, R.C.   143
Lorenz, K.   38

M

Mahler, M.   238
Malatesta, C.A.   51, 53
Malloch, S.   31
Mayer, M.   172, 177
Mead, G.H.   6
Meyer, R.   331
Miller, L.   142, 316
Milne, A.A.   172
Mintzer, D.   209, 291
Murray, L.   12, 18, 30, 291, 310, 316, 317, 318
Myers, B.J.   312

N

Newton, R.   213

Nott, P.   *316*
Nugent, J.K.   *310, 312, 318*

O

Olshansky, S.   *242*

P

Page, A.   *331*
Parkes, C.M.   *332*
Paykel, E.   *316*
Piaget, J.   *35, 38*
Peppers, L.G.   *338*
Pine, F.   *65*
Pines, D.   *183*
Pitt, B.   *316*
Poznanski, E.O.   *334*
Provence, S.   *143*

R

Raphael-Leff, J.   *68, 70, 281, 285*
Reich, A.   *239*
Richards, M.   *32, 309*
Richman, N.   *167*
Robson, K.   *240, 316*
Roustang, G.P.   *191*
Rutter, M.   *309*
Ryan, J.   *35*

S

Salzberger-Wittenberg, I.   *291*
Sameroff, A.J.   *141*
Sandler, J.   *66, 239*
Sartre, J.P   *214*
Schafer, W.   *118*
Scher, A.   *285*
Searles, H.   *9*
Seeley, S.   *317*
Sendak, M.   *xxvi, 161, 171, 178, 179*
Shaffer, R.   *39*
Shapiro, V.   *106*
Sharp, H.   *285*

Sheeran, L.   *32*
Sinason, V.   *213, 214*
Solnit, A.J.   *242*
Spinelli, E.   *214*
Spitz, E.H.   *100*
Spitz, R.   *9, 11, 341, 351*
Stanley, C.   *318*
Stark, M.H.   *242*
Stein, A.   *316*
Stern, D.   *12, 16, 17, 59, 142, 151, 183, 288, 313*
Stevenson-Hinde, J.   *142*
St James-Roberts, I.   *142*

T

Tatuam, J.   *30*
Trevarthen, C.   *1, 2, 11, 12, 47, 50*
Tronick, E.   *2, 47, 48, 49, 50, 54, 55, 56, 57, 58, 245*
Troutman, B.   *318*

W

Watson, J.   *316*
Weinberg, K.   *52*
Whitney, G.   *209*
Williams, G.   *171*
Winnicott, D.W.   *1, 2, 9, 13, 14, 15, 16, 17, 141, 142, 147, 153, 167, 201, 202, 259, 279, 281, 324, 333, 342*
Wise Brown, M.   *170, 177*
Wolf, K.M.   *9*
Wolff, P.   *36, 51*
Wolke, D.   *318*
Wright, K.   *1*

事項索引

あ行

愛情と憎悪　172, 269, 286, 305, 323, 332
愛着　10〜13, 38, 113, 114, 134, 153, 196, 225, 235, 236, 238, 240, 242, 278, 286, 343, 350, 351
　　──理論　10, 43, 142, 353
　　共生的な──　231
アイデンティティ　5〜8, 175
　　──の混乱　346
赤ん坊
　　偽りの──　208
　　ほどよい──　80
　　よい──　69, 70, 75, 76, 80
　　悪い──　69, 70, 76, 80
遊び／プレイ　35〜37, 79, 119, 127, 165, 198, 242, 349
圧縮　353
アルファ機能　3, 93, 95, 96, 252, 353
アルファ要素　93〜95
アンビヴァレンス　74, 76, 202, 286, 353
言いようのない恐怖　3, 94, 126
遺棄　108, 111, 113
意識の萌芽　3, 94, 97
依存　12, 26, 28, 78, 85, 186, 304, 305
　　──と分離　3, 83
イマーゴ
　　父親──　204
　　母親──　195
陰性治療反応　192, 353
インプリンティング　38
打消し　190
映し出し　15, 16, 23, 27, 28, 30, 76, 226, 307
うつ病　2, 24, 54〜58, 72, 75, 106, 114, 184, 317, 356
　　産後──　17, 312, 316〜320
　　乳児期の──　195
　　母親の──　17, 18, 26, 57, 151, 195, 291, 312, 317〜320
エディプス・コンプレックス　198, 200, 202〜208, 353
エディプス状況　160, 161
応答性　2, 17, 18, 58, 78, 101, 114, 264, 291, 312, 317
狼男　205
置き換え　78, 84, 92, 95, 101, 199, 202, 228, 353
おばけ　xxvii, 99, 177〜182, 293
　　赤ちゃん部屋の──　103〜139
親になること　67, 68, 105, 167, 211, 220, 296
　　母──　125, 130, 237, 253, 316

か行

かいじゅう　xxv〜xxvii, 2, 63〜82, 99, 100, 161, 170, 172, 178〜182, 226, 292, 293
介入
　　心理療法的な──　140〜155, 293
　　早期──　18, 141
　　予防的──　154
概念作用　89, 91, 92, 95, 96
回避 avoidance　95, 110, 153, 184, 190, 209, 228, 233, 236, 242
回避 evasion　90〜93
改良　90, 91, 95
解離　202, 353
会話の原型　11, 30
抱えること　xxvii, 1, 301, 324, 341, 354
鏡　xxvii, 1, 6〜9, 15, 17, 226, 292 → ミラーリング
　　──役割　14, 15, 21〜29
家族システム　246, 312

カニバリズム　197, 208, 279〜290
感覚データ　93, 95, 96, 97
間主観性　1, 35, 37〜39,
感受性　2, 3, 30, 71, 167, 213, 291, 317
感情
　——システム　52
　——状態の鋳直し　16, 17
　——の表出　51, 54, 55, 128〜130, 300, 301
　——の分極化　324
記憶痕跡　201, 205, 206
機能不全
　家族の——　100
　スタッフの——　336
　相互作用の——　292
　胎盤——　70
基本的信頼　176
虐待　105, 120, 124, 127, 134, 138, 143, 144, 292, 337, 342
逆転移　101, 126, 154, 287, 305〜307, 344, 348, 351, 354
客観化　38
境界　56, 64, 66, 72, 74, 75, 78, 83, 175, 262, 351
　自我——　200
共感　113, 128, 152, 153, 178, 226, 247, 255, 286, 344
　——性　17
　——的　27, 63, 71, 117, 122, 235, 286, 293, 351
共時性　13, 35, 43
共生　281
　——関係　74, 235, 238
　——的な愛着　231
鏡像段階　27
協調運動　230
強迫　75, 77, 101
　——観念　109
　——的　77, 101, 117, 118, 149, 190, 191, 260, 283
　反復——　4, 197

恐怖症　285, 354
去勢不安　208
拒絶　94, 116, 117, 138, 142, 143
近親相姦　109, 117, 138
空間　3, 64, 91, 99, 333, 351
　心的——　351
　創造的な——　192
　想像の——　175
　内的——　65, 68, 72, 83
空想　xxvi, 66, 70, 72, 76, 83, 170, 172, 178, 198, 206, 207, 281, 283, 284, 329, 349
　——と現実　67, 204, 209
　——の行動化　76
　原光景——　202〜208
　死体愛の——　207
　授乳に纏わる——　210
　万能的——　92, 96
結合の崩壊　192
解毒　3, 69
限界設定　163, 165, 167, 246
原光景　202〜208, 354
現実
　——と空想　67
　——の乳房　264
　——の母親　9
現実化　15, 88〜92, 97, 206
現実感　26, 92, 186, 323, 325, 332, 337
現実原則　90, 92
原初的母性的迫害　281
原初的母性的没頭　259, 281
攻撃性　4, 179, 198, 200
口唇期　200, 204, 205, 208
行動化　80, 124, 127, 129, 186, 202, 305, 354
肛門期　200, 204
合理化　209
個体化　343
固着　200, 203, 204
言葉の原型　2
コミュニケーション
　——システム　42〜60

間主観的―― 35
情緒の―― 42～62, 64～67, 73
非言語的―― 8, 9, 34, 111
無意識による―― 183～193
コンテイナー 68, 69, 71
皮膚―― 84～86
コンテイニング 3, 83
コンテイン 3, 64, 66, 68, 72, 81, 83, 95, 158, 167, 175, 256, 312
――する対象 84, 85
コンテインメント 1～4, 76, 100, 354

さ行

罪悪感 xxvii, 72, 109, 117, 118, 133, 147, 162, 191, 192, 225～227, 235, 298, 299, 302, 304, 314, 325, 332, 336, 344, 349, 354
生存者の―― 329, 334
再演 xxvi, 4, 17, 67, 103, 104, 111, 126, 350
再活性化 63, 99, 206, 284, 292, 305, 331, 334, 346
再構成 85, 86, 190, 306
再体験 63, 67, 80, 117, 130, 135, 139, 306
三角関係 78, 196, 198, 201
三者
――関係 273, 288
――性 279
自我 126, 192, 197, 199, 200
――境界 200
――の健全性 246
――の強さ 241
――の統合 199
補助―― 123, 242, 245
視覚的断崖 51
自己 2, 28, 58, 59, 67, 92, 93
――の構造 58
――の単一性 67
偽りの―― 207
情動的―― 14, 15, 18
内省的―― 273

自己愛 96, 195, 204, 207, 239, 354
――的 199, 204, 235
――な傷つき 206, 239
――な万能感 206, 207
――の傷つき 196, 208, 222
思考 89, 90, 95, 96, 270
――作用 89
――の障害 88
自己感 xxvii, 7, 14, 15, 239, 247, 313
自己経験の情動的中核 66
死産 331～339
自責感 228, 232, 235, 243
自尊心 45, 59, 73, 147, 209, 222～250
自体愛 198, 354
実存主義 209, 214, 216, 220
嫉妬 72, 73, 77, 151, 160, 257, 258, 269, 278, 306, 307
「自分」と「自分でないもの」 2, 21
自閉症 140
社会化 xxvii, 38, 57, 172, 285
社会的解発機構 38
自由連想 8, 354
授乳や食事に関する問題 100, 103, 140, 292, 340
昇華 199
情緒
――障害 140
――的飢餓 104, 133, 351
――的衝動 96
――的発達 18, 21, 230, 273
――的目標 2
――の表出 52
象徴 72, 132, 167, 174, 226, 239, 240, 278
――化 78
――的 69, 77, 99, 107, 176, 205, 284, 342, 344
情動 354
――調律 154, 286, 313
神経症 86, 112, 114, 194, 331
転移―― 194

新生児行動評価尺度（NBAS） *143,
223, 245, 291, 311, 313, 318, 319*
新生児の死　*292, 331〜339*
心的外傷　*12, 184, 199, 244, 247, 292,
340, 345*
　　——後　*343, 349, 350*
心的崩壊　*201*
親密さ　*64, 72, 84, 129, 153, 171, 246,
282, 283, 301*
信頼感　*xxvii, 280, 304*
心理療法
　台所での——　*111, 113, 135*
睡眠
　——と覚醒　*93, 310*
　——に関する問題　*100, 103, 140, 156
〜168, 350*
スーパーヴァイザー　*295*
スーパーヴィジョン　*299, 340*
スプリッティング　*83, 84, 192, 204*
スプリット　*154, 348*
　・オフ　*282*
性愛化
　防衛的——　*202*
性愛的発達段階　*354*
性感帯　*355*
精神
　——疾患　*7, 342*
　——病　*xvii, 7, 75, 92, 108, 120, 122,
144, 145, 191, 204, 325*
　——病理　*21, 50, 57, 58, 89, 114, 140
〜142*
精神病理　*141*
精神力動的アプローチ　*140, 142*
精神力動的観察　*xvii*
性的
　——快感　*198*
　——空想　*202*
　——興奮　*198, 199, 207, 346*
　——衝動　*96*
世代間伝達　*63〜81, 99〜101, 103〜139,
148〜152, 156〜168, 183〜192, 292, 293,*

331, 334, 344〜352
絶望感　*226, 232, 235*
前概念　*89〜92, 267*
前言語　*1, 2, 22*
　　——的　*2, 12, 63, 66, 71, 99, 284*
前象徴的　*99, 284*
選択的
　　——堕胎　*328*
　　——排除　*211*
選択的応答　*132*
先天奇形　*222〜250, 325*
羨望　*133, 188, 189, 282*
相互作用
　　——の修復　*2, 43, 45, 48, 55〜59*
喪失　*10, 76, 101, 115〜118, 132, 185〜
193, 195〜200, 239, 240, 242, 332, 346*
　　——体験　*117, 133*
　愛情——　*196*
　意味の——　*196〜198*
　自尊心の——　*239*
　心的イメージの——　*248*
　対象——　*208*
　乳房の——　*199, 204, 208*
　双子——　*323*
躁的サディズム　*198*
粗大運動　*114, 119*

た行

退行　*9, 26, 87, 208, 236*
　——的　*165, 198, 283, 284*
胎児検査　*211〜221*
代謝　*69, 71, 79, 81*
対象　*355*
　——化　*17*
　——関係論　*10*
　——恒常性　*176, 234*
　——喪失　*195, 208*
　——の永続性　*176*
　移行——　*157, 353*
　援助——　*200*
　原初的——　*83*

主観的——　　22
転移——　　200
内的——　　67, 70, 74, 80, 90, 93, 101, 259, 342
母親——　　87
変容——　　66
悪い——　　90, 91
体内化　　198, 355
胎盤のパラダイム　　68〜70
代理の子ども　　334〜335
ダウン症　　212〜221, 350, 352
脱備給　　196〜201, 355
束ねる機能　　3
束ねる力　　2, 83
男根期　　205
男根的母親　　204, 355
誕生の小休止　　68
知性化　　199, 215
乳房
　——としての母親　　3, 210, 251〜278
　——の喪失　　199, 204, 208
　偽りの——　　207
　現実の——　　264
　存在しない—— no-breast　　90, 91
　「不在の」—— 'absent' breast　　90
　よい——　　90, 252
　悪い——　　90, 207
抽象化　　96
超自我　　183, 192, 194, 355
調節　　234
　——機能　　344, 345
　自己——　　59, 312
　自己指向的——行動　　49, 50, 56, 58
　相互——　　42〜44, 59
　他者指向的——行動　　48〜50
重複決定　　77, 355
調律　　13, 16〜18, 53, 55, 57, 60, 310, 341
治療技法　　8, 87, 96, 106, 110, 123, 135, 156, 201, 333, 344, 351
治療同盟　　104, 118, 121, 137, 150, 314
償い　　79, 197, 198

適応過程　　17, 209, 223, 238, 240, 241, 248
デッドマザー　　17, 194〜208
転移　　3, 110〜111, 117, 118, 124, 128, 188, 190, 194, 201, 202, 205, 208, 288, 305, 348, 351, 355
　——神経症　　194
　——性うつ病　　194
　——抵抗　　126, 127
　陰性——　　127, 130, 344
トイレット・トレーニング　　100, 103, 141, 158
同一化　　2, 16, 17, 28, 74, 75, 78, 80, 83, 101, 131, 136, 138, 139, 157, 181, 187〜192, 197, 207, 208, 254, 261, 286, 301, 355
　一次的な——　　201
　鏡映——　　197
　攻撃者への——　　128, 131, 134, 135, 138, 139
　ヒステリー的——　　198
　病的な——　　135, 136, 138
　無意識的——　　196
投影　　39, 92〜94, 153, 154, 159, 179, 184, 191, 192, 198, 204, 347, 348, 355
　——性現実化　　206
　——同一化　　3, 83, 85, 86, 90〜96
　「過剰な」——　　92
　現実的——　　92, 93, 95, 96
統合失調症　　9, 85, 144
洞察　　xxvi, 80, 117, 126, 129, 174, 220, 295, 299, 301, 336, 340, 352
同性愛　　200, 204, 207
取り入れ　　3, 83, 84, 93, 94, 189, 192, 199, 200, 286, 301, 309, 355
　再——　　93, 94

な行

内在化　　3, 57, 65, 69〜71, 101, 141, 183, 284, 286, 332, 355
内的
　——空間　　65, 68, 72, 83

――資源　68
――世界　xxv, 68, 74, 183, 184, 286, 332, 351
――体験　263
――対象　67, 70, 74, 80, 90, 93, 101, 259, 342
　よい――　259
二者
――関係　46, 47, 65, 72, 78, 273, 284, 288, 289
――システム　44
――性　91
乳幼児
　――‐親心理療法（親‐乳幼児心理療法）　100, 141, 142, 147, 148, 292
　――観察　83, 84, 85, 142, 209, 279, 287～289
　――研究　1, 12～14, 32, 37, 42～62, 309, 310
　――的不安　301
認知　12, 31, 36, 51, 238, 246, 305, 320
ネグレクト　75, 109, 111, 118, 120, 126, 127, 129, 189, 292, 342

は行

排出　66, 67, 69, 302, 355
排泄　3, 69, 70, 71, 90, 91, 94, 95
破壊
　――性　xxvii, 199, 201
　――的　198, 207
剥奪　73, 80, 142, 282, 284, 298
　母性――　110
発育不良　58, 140, 340, 343, 347, 349
発達ガイダンス　100, 110, 118, 137, 141, 148
母親
　――イマーゴ　195, 205
　――対象　87
　――になる（こと）　68, 125, 130, 237, 253, 316
　――のうつ病　17, 18, 26, 54～57, 111, 151, 195, 291, 292, 312, 317～320, 342
　――の顔　xxvii, 5～29, 152
　環境としての――　14
　現実の――　9
　よい――　69, 76, 229
　抑うつ的な――　26, 50, 54, 58, 101, 291
　悪い――　69, 75, 76, 108, 228
母親の原初的没頭　354
反射　xxvii, 312
　――作用　38, 291
　情動的――　38
万能感　92
　自己愛的な――　206
反復　79, 105, 111, 138, 139, 152, 206, 208, 306
反復強迫　4, 197
被害感　72, 96
ひきこもり／現実から目を逸らすこと　209, 225, 228, 242
備給　195～207, 355
微細運動　114
微笑　2, 9, 11, 13, 15, 42, 46, 51, 52, 113, 114, 240
悲嘆の作業／過程　242, 246, 248, 292, 323～329, 337
ひとりでいられる能力　172
否認　73, 74, 116, 142, 185, 186, 188, 190, 191, 207, 209, 233, 286, 328, 340, 355
皮膚　351, 352
　――感覚　2
　――コンテイナー　84～86
　――の機能　84
　――の体験　83
　第二の――　3, 84～87
被分析者，アナライザンド　356
表出
　感情の――　51, 54, 55, 128～130, 300, 301
　情緒の――　52
表象　56, 57, 59, 60, 68, 70, 72, 74, 99,

126, 142, 209, 210, 284, 292
　無意識的―― 2, 70
不安　356
　壊滅―― 84
　去勢―― 208
　原始的―― 4
　乳幼児的―― 301
　迫害―― 84
　分離―― 286
　妄想的―― 346～348
　抑うつ―― 84
夫婦関係　77～80, 156, 203, 209, 222, 241, 246, 247, 316, 331, 344
不思議なメモ帳　xxv, 293
不信感　229, 232
プレスピーチ　32, 33, 35, 37
分離／別れ　xxvii, 10, 12, 14, 21, 38, 75, 76, 100, 115, 157, 158, 162, 169～173, 195, ～197, 208, 228, 238, 239
　――不安　119, 286
ベイリー乳幼児発達検査　107, 114, 119, 137
ベータ要素　95, 356
変容　3, 66, 68
　――対象　66
防衛　22, 23, 26, 63, 65, 67, 74, 76, 84, 112, 123, 126, 135, 136, 138, 196～198, 204, 208, 209, 233, 239, 284, 356
　――的　50, 58, 67, 137, 200, 215, 260, 278
　　――性愛化　202
防壁　70
ホールディング　201
ほどよい
　――赤ん坊　80
　――親　80
　――子育て　247
ホメオスタシス　47, 344～346

ま行

魔術的な考え　232, 335

未消化な残存物　3, 63, 99～101
見捨てられ感　128, 170
見捨てられること　63, 115, 119, 126, 138, 300, 304
ミラーリング　1, 17, 51, 78 → 鏡, → 映し出し
無意識
　――的同一化　196
　――的表象　2, 70
　――によるコミュニケーション　183～193
貪り食い　69, 270, 282, 283
夢想　3, 94, 342
無力感　63, 77, 83, 122, 135, 136, 138, 196, 225, 229, 232, 235, 240, 347, 348
喪の作業／過程　201, 207, 208, 242, 292, 323～329, 331～338, 350
模倣　12, 31, 34, 36, 52, 53

や行

融合　66, 72, 74
夢　63, 170, 172, 181, 263
　悪―― 159, 161, 166, 176, 180
夢思考　3, 95, 263
よい
　――赤ん坊　69, 70, 75, 76, 80
　――経験　72
　――子　134
　――乳房　90, 252
　――内的対象　259
　――母親　69, 76, 229
　――もの　72, 74
　――両親　296
抑圧　123, 129, 200～202, 306
抑うつ　54, 72, 77, 185, 202, 233, 243, 297, 299, 316, 331, 356
　――感　24, 27, 188, 190, 194, 227
　――状態　317
　――的　18, 204, 229, 230, 233, 319
　――的な母親　26, 50, 54, 58, 101, 291
　乳幼児の―― 38

抑うつポジション　356
欲求不満耐性　90〜92, 238, 256

ら・わ行

リズム　13, 14, 16, 17, 33, 113, 156, 174, 175, 283, 292, 310, 341, 345
理想化　2, 72, 74, 199, 259, 285, 287, 303, 323, 324, 332, 333, 345
離乳　157, 158, 267, 270, 285, 343
悪い
　——赤ん坊　69, 70, 76, 80
　——対象　91
　——乳房　90, 207
　——母親　69, 75, 76, 108, 228
　——もの　73, 225, 270
ワークスルー　79, 87, 118, 208, 301

症例

ウィニコット．鏡としての母親の顔
　例証Ⅰ　隠された抑うつ　24, 25
　例証Ⅱ　見られること　25, 26
　例証Ⅲ　母親のうつ病の影響　26, 27
　例証Ⅳ　自己の成り立ち　27〜29
トロニック：情緒のコミュニケーション
　2組の対照的な母親・乳児の相互作用　45
　養育者の介入の実例　48
ビック：第二の皮膚の形成
　乳幼児観察——アリス　84, 85
　統合失調症の少女——メリー　85, 86
　成人の神経症患者　86
　子どものセラピー　86
フライバーグ他：赤ちゃん部屋のおばけ
　聞こえなかった叫び——ジェーン　106〜119
　接触を避けること——グレッグ　119

〜139
ホプキンス
　発達ガイダンス——ハンナ　144〜148
　乳幼児‐親心理療法——ベティー　148〜152
ドーズ
　分離——ダンカン　157
　トイレット・トレーニング——モリー　158
　悪夢——ジョアンナ　159
　嫉妬——アダム　160
　働く母親——ヘンリー　162
　シングル・マザー——ドーン　165〜167
バリント
　3世代の症例——ケイ　184〜193
ミンツァー他
　家族A——アル（多数の先天奇形）224〜231
　家族B——ボニー（視覚的な障害）231〜234
　家族C——チャールズ（早産，手の障害）234〜250
　家族D——ダン（「代わりの」赤ん坊）237, 238
　家族E——イブ（耳が聞こえない）237, 238
グリアー
　乳幼児観察——アマンダ　251〜278
ザルツバーガー・ウィッテンバーグ
　大人の症例——X夫人　297, 298
　子どもの症例——遺糞症　298, 299
　例——分離　300
　3つの例——期待　302
　3つの例——転移　305
　子どもの症例——分離　308
ルイス
　3つの例——死んだ双子の母　326
アクアローネ
　授乳や食事に関する障害——ホメオス

タシス
シルビア　　344, 345
ビバリー　　345
授乳や食事に関する障害―文化的葛藤
ジャネット　　346
キップ　　346〜352
ラミッシュ　　347
アレック　　347, 348

エラン　　348
授乳や食事に関する障害―心的外傷後
アンジェリカ　　349, 350
授乳や食事に関する障害―他のハンディキャップを併せ持つ場合
リサ　　350, 351
アビゲイル　　351

監訳者略歴
木部　則雄（きべ　のりお）
1983年　京都府立医科大学卒業
同　年　聖路加国際病院小児科
1986年　帝京大学医学部付属病院精神神経科
1991年　タヴィストック・クリニック児童家族部門に留学
現　職　白百合女子大学 文学部 児童文化学科 発達心理学専攻教授
著訳書　こどもの精神分析（岩崎学術出版社），クラインとビオンの臨床講義，入門メルツァーの精神分析論考（共訳　岩崎学術出版社），クリニカル・クライン（共訳　誠信書房），こどものこころのアセスメント（監訳　岩崎学術出版社），自閉症の精神病理への展開（監訳　明石書店）
担　当　第2, 6, 7章

訳者略歴
長沼　佐代子（ながぬま　さよこ）
慶應義塾大学法学部卒業
慶應義塾大学大学院法学研究科公法学専攻修士課程修了
白百合女子大学大学院文学研究科発達心理学専攻博士課程単位取得満期退学（博士 心理学）
現　職　白百合女子大学大学院 非常勤講師，白百合女子大学 発達臨床センター（臨床心理士）など
担　当　序説等，第1, 3, 8, 12, 14, 15, 20, 21, 22, 23章，用語解説

長尾　牧子（ながお　まきこ）
上智大学文学部卒業
白百合女子大学大学院文学研究科発達心理学専攻修士課程修了
現　職　練馬区立総合教育センター（臨床心理士）
担　当　第9, 13, 16, 17, 18章

坂井　直子（さかい　なおこ）
上智大学文学部卒業
白百合女子大学大学院文学研究科発達心理学専攻修士課程修了
現　職　白百合女子大学 学生相談室（臨床心理士）など
担　当　第4, 5, 11, 19章

金沢　聡子（かなざわ　さとこ）
青山学院大学文学部卒業
白百合女子大学大学院文学研究科発達心理学専攻修士課程修了
現　職　白百合女子大学 学生相談室（臨床心理士）
担　当　第10章

母子臨床の精神力動
―精神分析・発達心理学から子育て支援へ―
ISBN978-4-7533-1032-6

監訳者
木部 則雄

2011年11月9日　第1刷発行
2024年　6月30日　第3刷発行

印刷　日本ハイコム(株)　／　製本　(株)若林製本工場

発行所　(株)岩崎学術出版社　〒101-0062　東京都千代田区神田駿河台3-6-1
発行者　杉田　啓三
電話 03(5577)6817　FAX 03(5577)6837
©2011　岩崎学術出版社
乱丁・落丁本はおとりかえいたします　検印省略

青年期のデプレッションへの短期精神分析療法
サイモン・クレギーンほか著　木部則雄監訳
CBT との比較実証研究と実践マニュアル

クラインとウィニコット──臨床パラダイムの比較と対話
J・エイブラム／R・D・ヒンシェルウッド著　木部則雄／井原成男監訳
二大分析家を臨床体験から徹底比較

発達障害・被虐待児のこころの世界
M・ラスティン他編　木部則雄監訳
精神分析による包括的理解

こどもの精神分析──クライン派・対象関係論からのアプローチ
木部則雄著
こどもの空想，攻撃性や悩みに真摯に向き合うセラピストのために

新釈 メラニー・クライン
M・リカーマン著　飛谷渉訳
クライン理論へのさらなる関心の扉を開く

ウィニコットを学ぶ──対話することと創造すること
館直彦著
「ともにいること」を重視する治療論への誘い

改訳 遊ぶことと現実
D・W・ウィニコット著　橋本雅雄／大矢泰士訳
時代を先取りしたウィニコット最後の論文集

新版 子どもの治療相談面接
D・W・ウィニコット著　橋本雅雄／大矢泰士監訳
待望の新版！ 卓越した治療技法と臨床感覚を生き生きと再現

フロイトを読む──年代順に紐解くフロイト著作
J・M・キノドス著　福本修監訳
フロイトと出会い対話するための絶好の案内書